Studien und Materialien
zum Straf- und Maßregelvollzug

herausgegeben von
Friedrich Lösel, Gerhard Rehn und Michael Walter

Band 20

„... die im Dunkeln sieht man nicht."

Perspektiven des Strafvollzugs

Festschrift für Georg Wagner

Willi Pecher
Günter Rappold
Elsava Schöner
Henner Wiencke
Bernhard Wydra (Hg.)

Centaurus Verlag & Media UG 2005

Die Herausgeber sind (ehemalige) Kolleginnen und Kollegen aus dem Bayerischen Strafvollzug und Mitglieder des Arbeitskreises der Psychologen im Justizvollzug e.V., in dem Georg Wagner Ehrenmitglied ist:

Willi Pecher, Diplom-Psychologe, Gefängnispsychologe in der JVA München und Lehrbeauftragter für Rechtspsychologie an der Universität München;

Günter Rappold, Diplom-Psychologe, bis 2004 Abteilungsleiter in der JVA Landsberg a. L.;

Elsava Schöner, Diplom-Psychologin, Leiterin der Sozialtherapeutischen Anstalt Erlangen;

Henner Wiencke, Diplom-Psychologe, Abteilungsleiter in der JVA Amberg;

Bernhard Wydra, Jurist und Diplom-Psychologe, bis 2003 Leiter der Bayerischen Justizvollzugsschule Straubing.

Die Deutsche Bibliothek – CIP-Einheitsaufnahme

Bibliographische Information der Deutschen Bibliothek
Die Deutsche Bibliothek verzeichnet diese Publikation in der
Deutschen Nationalbibliographie; detaillierte bibliographische Daten
sind im Internet über http://dnb.ddb.de abrufbar.

ISBN 978-3-8255-0446-5 ISBN 978-3-86226-277-9 (eBook)
DOI 10.1007/978-3-86226-277-9

ISSN 0944-887X

Satz: Vorlage der Herausgeber
Umschlaggestaltung: Antje Walter, Hinterzarten
Umschlagabbildung: Prof. Dr. Georg Wagner

Zu diesem Buch

Denn die einen stehn im Dunkeln
und die andern stehn im Licht.
Und man sieht nur die im Lichte,
die im Dunkeln sieht man nicht.

Bert Brecht: Dreigroschenoper

Georg Wagner hat sich ein Leben lang mit dem Strafvollzug beschäftigt, einer sog. Negativ-Institution, die nie glänzt, sondern eher im Dunkeln bleibt und immer wieder auch schnell ins Zwielicht gerät. Beruf im Strafvollzug und universitäres Engagement waren bei ihm stets eng verquickt. Im Gegensatz zum externen Strafvollzugsforscher, der sich auf Beobachtung und Befragung stützen muss, stand ihm die Introspektion als Erkenntnisquelle zur Verfügung. Er war als Gefängnispsychologe zuerst von 1963 bis 1972 in der Justizvollzugsanstalt Landsberg tätig, dann bis zu seiner Pensionierung 1992 in München-Stadelheim, dort bald in leitender Tätigkeit, zuerst in der Sozialtherapeutischen Abteilung für Sexualstraftäter, dann zuständig für die Jugendabteilung und die Behandlungsstationen.

Mit hartnäckiger Ausdauer, aber auch in Loyalität und Verbundenheit zu den Menschen in dieser Institution – Personal und Gefangene – hat er immer wieder das System analysiert, das er in seinem wohl bekanntesten Werk als absurd betitelt hat. Doch er hat es nie bei der Analyse des Problems belassen, sondern Stellung bezogen, Partei ergriffen, Zivilcourage gezeigt. Aristoteles betrachtete die Entrüstung als Tugend und zwar als das rechte Mittelmaß zwischen der Gleichgültigkeit und dem Jähzorn. Georg Wagner ist manchmal angeeckt und hat gerade dadurch viel bewegt. Ein Strafvollzug, der – wie der Name nahe legen könnte – nur vollzieht und sich nicht an der kriminalpolitischen Debatte beteiligt, ist ihm suspekt. Seine schonungslose Analyse war jedoch nie Selbstzweck, sondern sollte Veränderungen aufzeigen und anbahnen. So geht es auch in der Festschrift wesentlich um Perspektiven des Strafvollzugs.

Seine Lust an der hartnäckigen Analyse, am Betrachten aus ungewöhnlichen Positionen heraus und seine Freude am Diskurs haben Georg Wagner fast zwangsläufig an die Universität geführt. Seit 1973 hat er an der Ludwig-Maximilians-Universität München den Lehrauftrag in forensischer Psychologie, seit 1984 – also seit über 20 Jahren – ist er dort Honorarprofessor. In Bezug auf die Etablierung der Psychologie im deutschen Strafvollzug kann man Georg Wagner ohne jede Übertreibung als Pionier bezeichnen.

Seine Beschäftigung mit den Nachtseiten der menschlichen Psyche und der gesellschaftlichen Prozesse hat Georg Wagner über die Rechtspsychologie hinausgeführt. In seinem Buch ‚Der rationale Wahn – Nuklearaggression und Abwehrsystem' oder in Zeitungsbeiträgen wie beispielsweise ‚Faszinosum Mord. Das Töten schafft sich mit der Zahl der Beteiligten seine eigene Legitimation: Gedanken über eine anthropologische Konstante' hat er auch das Gebiet der politischen Psychologie betreten.

Die Herausgeber – als Vertreter des Arbeitskreises der Psychologen im Justizvollzug e. V., in dem Georg Wagner Ehrenmitglied ist – ehren mit dieser Festschrift den Kollegen, Mentor, väterlichen Freund, aber auch den hartnäckigen Diskussions- und Streitpartner zu seinem 75. Geburtstag am 14. November 2005.

Nach persönlichen Vorworten gliedert sich die Festschrift in vier Abschnitte, entsprechend den Schwerpunkten in Georg Wagners Veröffentlichungen. Die Kapitelüberschriften greifen dabei Titel seiner Bücher und Zeitungsartikel auf:

- ‚Das absurde System' – Strafvollzug im gesellschaftlichen Wandel
- ‚Psychologie im Strafvollzug' – Das Rollenverständnis des Psychologen
- ‚Eine Sitzkur, nicht mehr' – Möglichkeiten und Grenzen der Behandlung im Strafvollzug
- ‚Juliette und die Bombe' – Gesellschaft, Gewalt und Sicherheit

Ungewöhnlich für eine Festschrift: Der Jubilar kommt zweimal selbst zu Wort. (Er kann es nicht lassen!) Das erste Kapitel beginnt mit einem aktuellen Beitrag von Georg Wagner: ‚Vier Jahrzehnte Strafgesetzgebung und Strafvollzug – Bericht eines Insiders', das letzte Kapitel endet mit dem Reprint eines Zeitungsartikels von 1987: ‚Juliette und die Bombe'.

Unser besonderer Dank gilt den Autorinnen und Autoren der Festschrift. An deren überwältigender Bereitschaft zur Mitwirkung und an der Vielfalt ihrer beruflichen Positionen wird ersichtlich, welcher Anerkennung sich der Jubilar in allen Bereichen des Strafvollzugs, der Rechtspsychologie, Kriminologie und darüber hinaus erfreut.

Im Herbst 2005

Dr. Willi Pecher   Günter Rappold   Elsava Schöner

Henner Wiencke   Bernhard Wydra

Inhalt

Persönliche Vorworte

‚Das absurde System' – Strafvollzug im gesellschaftlichen Wandel

‚Psychologie im Strafvollzug' – Das Rollenverständnis des Psychologen

‚Eine Sitzkur, nicht mehr' – Möglichkeiten und Grenzen von Behandlung im Strafvollzug

'Juliette und die Bombe' – Gesellschaft, Gewalt und Sicherheit

Persönliche Vorworte

Georg Wagner an der LMU – einige Splitter der Erinnerung

von Lutz von Rosenstiel

„Tief ist der Brunnen der Vergangenheit" heißt es wiederholt im Einführungskapitel „Höllenfahrt" des großen Josephsroman von Thomas Mann. Und – tatsächlich – für Georg Wagner und auch für mich ist der Brunnen der Vergangenheit inzwischen tief geworden. Zumindest gemessen an dem für Menschen so wesentlichen Kriterium einer individuellen Lebensspanne. Subjektiv mag dies alles kurz und überschaubar erscheinen. Manches, das 30 oder mehr Jahre zurückliegt, taucht in der Erinnerung auf, als sei es gestern gewesen. Ähnlich wie man sich ja selbst meist für sehr viel jünger hält, als man von den Jungen gesehen wird.

Die Bilder des Gestern in der Vorstellung sind keine Fotografien. Die Psychologie, die wir beide und wohl auch die meisten Leser dieser Zeilen studiert haben, lehrt überzeugend, dass unsere Wahrnehmung ein aktiver Prozess ist – selektiv, fixierend, organisierend. Und für die Erinnerung gilt dies entsprechend. So ist denn fast alles, was wir aus einer verflossenen Zeit zu berichten wissen, zu einem Teil, der mehr oder weniger groß sein kann, an Fakten orientiert, für die auch andere Zeugnis geben können. Zu einem beachtlichen Teil aber ist unser Bild von gestern Ausdruck eigener Motive, Wünsche und Stimmungen, so dass Berichte von damals stets gleichermaßen „Dichtung und Wahrheit" sind, ob wir dies nun wollen oder nicht.

Ich lernte Georg Wagner 1959 oder 1960 kennen, als ich, von Freiburg im Breisgau kommend, im Sommersemester 1959 mein Psychologiestudium, das ich in Freiburg bei Robert Heiss begonnen hatte, in München fortsetzen wollte, um dann – geplant waren ein oder zwei Semester – nach Freiburg zurückzukehren. Es kam anders; ich blieb in München hängen, was vielerlei Gründe hatte, die – man bedenke mein damaliges Lebensalter – auch privater Natur waren. Ein Konsemester von mir war Georg Wagner. Er war etwas älter als ich, hatte sein soziales Netz, traf andere Kommilitonen als ich und so begegneten wir einander relativ selten. Wir lebten zwar in einer gleichen Vergangenheit, aber wir hatten nicht die gleiche. Allerdings war seinerzeit das Institut für Psychologie noch überschaubar. Es gab nur einen Ordinarius, den in seiner Würde und Weißhaarigkeit alle überstrahlenden Philipp Lersch, und ansonsten den eigenwilligen, in freundschaftlichem Kontrast zu Lersch stehenden Gast des Instituts, August Vetter, und darüber hinaus manche ältere und jüngere Mitarbeiter des Lehrstuhls, die – ganz an Lersch orientiert, wenn auch manchmal wider den Stachel löckend – für unsere Ausbildung sorgten. Man kannte sich, auch die Studierenden untereinander, und – heute kaum vorstellbar – man siezte sich, sprach sich mit dem Nachnamen an, auch wenn man sich immer wieder in den gleichen Lehrveranstaltungen traf oder in einer längeren Unterbrechung für ein, zwei Stunden im „Hahnhof" in der Leopoldstraße die Nachmittagssonne genoss und einen Pfälzer Wein, meist den „1a" für 60 Pfennige, gemeinsam trank.

Georg Wagner war ein guter Student, ruhig, eher zurückhaltend in den Seminarveranstaltungen, in seinen Beiträgen jedoch die Aufmerksamkeit der anderen auf sich ziehend. Dies lag nicht nur daran, dass er als etwas älterer ohnehin neugieriges Interesse auf sich zog und seine langsame prononcierte Redeweise die Bedeutung seiner Worte unterstrich, sondern es war fraglos wesentlich auch dadurch begründet, dass er etwas zu sagen hatte. Dies war manchmal etwas kraus, kam aus quer liegenden Gedanken, war originell und von persönlicher Lebenserfahrung durchtränkt.

Wir beide machten – falls mir hier das Gedächtnis keinen Streich spielt – im gleichen Jahr, und zwar im Frühjahr 1963, das Abschlussexamen, das „Diplom". Dabei wirkte nun bereits ein zweiter Lehrstuhlinhaber, Rudolf Bergius, mit, ein Berliner Professor, der in der Tradition der dortigen Gestaltpsychologie stehend ein Außenseiter war. Er verließ bald das Münchner Institut, auch einer gewissen Unverträglichkeit mit Philipp Lersch wegen, in Richtung Tübingen.

Sowohl Georg Wagner als auch ich reüssierten im Abschlussexamen und waren – so meine uns schmeichelnde Erinnerung – die Besten unserer Examenskohorte. Und mein vermutlich irrendes Gedächtnis sagt mir mit einer hohen subjektiven Evidenz, dass Georg Wagner und ich bis auf die zweite Stelle hinter dem Komma die gleiche Durchschnittsnote im Diplomzeugnis erreicht hatten, obwohl ich sein Zeugnis niemals gesehen hatte und er natürlich das meine auch nicht.

Dann trennten sich unsere Wege, die ohnehin niemals die gleichen, aber doch eine Zeit lang parallel geführt waren. Ich schloss mich für eine kurze Zeit dem „Psychologischen Dienst" des Arbeitsamts München an, kehrte dann gerne und reumütig zunächst als wissenschaftliche Hilfskraft, später als Verwalter einer wissenschaftlichen Assistentenstelle und schließlich als Assistent an das Psychologische Institut zurück. Er ging in die Praxis, wobei mir eher zufällig zugetragen wurde, er sei innerhalb des Strafvollzugs tätig, was mich gleichermaßen in faszinierender und irritierender Weise berührte.

Dann – knappe 7 Jahre nach dem Abschluss des Diploms – verlor ich Georg Wagner gänzlich aus den Augen, ging nach Augsburg und nahm dort, nach einer turbulenten, in den Nachwehen von 1968 stehenden Gründungsphase, in die ich mich voller Begeisterung gestürzt hatte, am Aufbau einer WiSo-Fakultät teil.

Meine erste Professur war der Wirtschaftspsychologie gewidmet und ich wurde innerhalb einer Wirtschafts- und Sozialwissenschaftlichen Fakultät zu einem verhaltenswissenschaftlich orientierten Ökonomen, während Georg Wagner – er arbeitete, wie ich später sicher erfuhr, tatsächlich als Psychologe im Strafvollzug – sich zumindest auch mit den Nachtseiten der menschlichen Psyche und der gesellschaftlichen Prozesse auseinander setzte und entsprechend offen war für psychodynamische Betrachtungsweisen sowie für die seelischen Prozesse in ihrer phänomenalen Gestalt. Ihm lagen daher psychoanalytische Theorien oder andere tiefenpsychologische Konzepte näher als jene Formalisierungen und Mathematisierungen, mit denen wir uns seinerzeit – neugierig und die angelsächsischen Psychologen bewundernd – herumschlugen.

Im Frühjahr 1977 ging Arthur Mayer, der auf Betreiben von Philip Lersch als dritter Lehrstuhlinhaber nach München gekommen war und die Betriebspsychologie als Sozialpsychologie des Industriebetriebs vertrat, in den Ruhestand. Er war mein Doktorvater gewesen und hatte sich in der Berufungskommission vehement dafür eingesetzt, mich zu seinem Nachfolger zu machen. Dies war sicherlich keine einfache Aufgabe gewesen, denn ich war keineswegs allen im Institut willkommen, war ich doch von einem Psychologen zu einem eher „unseriösen Wirtschaftswissenschaftler“ verkommen. So war es dann möglicherweise Edmund Heinen, der als Betriebswirt in der Berufungskommission im Interesse seiner Fakultät für mich votierte, der den Ausschlag gab und die Fortsetzung einer von Arthur Mayer gegründeten Tradition in München sicherte.

Die erste Sprechstunde, die ich zu Beginn des Sommersemesters 1977 in der Bauerstraße 28 in Schwabing, wo sich unser Institutsbereich, den ich in Organisations- und Wirtschaftspsychologie umgetauft hatte, befand, war völlig überfüllt. Viele hatten auf die Neubesetzung des Lehrstuhls gewartet, um Betreuung für ihre Diplomarbeit, ihre geplante Dissertation und ähnliches mehr zu finden oder die einen wohlwollenden Gutachter für das eine oder andere Vorhaben suchten. In der langen Reihe der Wartenden saß – ich erinnere mich sehr wohl – ein Mann, der nun wahrlich das übliche studentische Alter bei weitem überschritten hatte und dessen Gesicht mir vertraut vorkam. Es gelang mir aber nicht, es schlüssig einzuordnen. Diese Erinnerungslücke irritierte mich. Dies um so mehr, als dieses Gesicht – vermutlich bedingt durch das lange Warten – durch Zeichen der Ungeduld und der Irritation gekennzeichnet war. Schließlich kam die Reihe an ihn. Er stellte sich vor. Es war – kaum sagte er dies, war's mir wieder klar – Georg Wagner, der, ausgewählt von Arthur Mayer, im Rahmen eines Lehrauftrags die forensische Psychologie vertrat und mit mir darüber sprechen wollte, ob sich dies auch künftig fortsetzen ließe. Ich fragte ihn, warum er sich denn in die Warteschlange zur Sprechstunde gesetzt und nicht einen Sondertermin vereinbart habe, worauf er nicht weiter einging. Mir war es sehr willkommen, dass er ein organisationspsychologisch hoch relevantes Gebiet, das Feld der „totalen Organisation“, des Gefängnisses, vertreten wollte, von dem ich nun – bedauerlicher Weise und zum Glück – nicht das Geringste verstand.

Ich erfuhr dann auch, dass es eine gar nicht so kleine Gruppe von Studierenden gab, die das Angebot von Georg Wagner sehr schätzten, und dass es sich dabei um einen interdisziplinären Kreis handelte, in dem sich neben Psychologen insbesondere Soziologen, Pädagogen, Juristen und Kriminologen befanden. Bald wurde mir klar, dass innerhalb der Lehrveranstaltungen von Georg Wagner höchst Originelles und qualitativ Hochwertiges geboten wurde, denn in der Süddeutschen Zeitung erschien ganzseitig aus der Feder des renommierten Professors der Kriminologie, Horst Schüler-Springorum, eine Besprechung, die ein jüngst erschienenes Buch von Georg Wagner zum Gegenstand hatte, der darin unseren Strafvollzug in seiner Ideologie und seiner Durchführung als „absurdes System“ bezeichnete. Der Rezensent lobte dieses Buch sehr, solidarisierte sich über weite Teile mit dessen Inhalt und erhoffte sich von diesem eine systemverändernde, aufrüttelnde Wirkung. Gemeinsam mit Schüler-Springorum führte Georg Wagner in der Folgezeit mehrere Lehrveranstaltungen durch, die freilich intensiver von Kriminologen und Juristen als von Psychologen zur Abrundung ihrer fachlichen Kompetenz genutzt wurden.

Wenig später kam Georg Wagner wieder zu mir, jetzt freilich nicht in die überfüllte Sprechstunde, sondern zu einem vereinbarten Sondertermin. Er habe eine Bitte, sagte er mir. Er beabsichtige zu habilitieren und wolle mich fragen, ob ich ihn dabei unterstützen würde. Nun hatte ich die Erfahrung einer derartigen Prozedur gemacht und es nicht gerade als sonderlich angenehm erlebt, mich als erwachsener Mensch – trotz fraglos gegebenen Wohlwollens der Gutachter der Kommission – einem Prüfungsverfahren zu unterziehen. Georg Wagner aber war – wenn man eine Steigerungsform des Wortes erwachsen erlaubt – sehr viel „erwachsener“ als ich es seinerzeit gewesen war, und so fragte ich ihn, ob er sich dies denn wirklich antun wolle und was er damit bezwecke. Er strebe nicht nach einer Professur, sagte er mir, sondern er wolle – weil er die Arbeit mit Studenten schätze – autonom als Hochschullehrer arbeiten dürfen und auch studentische Qualifikationsschriften betreuen. Wir berieten, was man tun könne. Ich suchte auch das Gespräch mit Schüler-Springorum und so kamen wir gemeinsam schließlich zu dem Beschluss, eine Honorarprofessur an der Universität München für Georg Wagner zu beantragen, was auch von der Juristischen Fakultät unterstützt wurde. Der Akademische Senat der Universität München musste schließlich darüber befinden und dieser war – das war mir bekannt – eine keineswegs leicht zu nehmende Hürde. Da ich allerdings damals bereits seit einiger Zeit die Fakultät für Psychologie und Pädagogik im Senat vertrat und auch die Juristen sich uneingeschränkt positiv äußerten, wurde die Hürde ohne all zu große Probleme genommen und Georg Wagner als Honorarprofessor an der LMU installiert.

Dies wurde im kleinen Kreis in der Wohnung des „Jungprofessors" gefeiert. Auch Heiner Keupp war mit seiner Frau dabei und wir aßen – daran erinnere ich mich noch – unter anderem sehr guten Kuchen aus der Küche der Gastgeberin, sprachen über manches und – so glaube ich – über den Islam. Ein guter Freund Georg Wagners hatte sich zu dieser Religion hingezogen gefühlt und sodann als deren Angehöriger Broschüren für christliche Zielgruppen über den Islam verfasst, die ich mir auslieh, mit großem Interesse las und dann geradezu hektisch in meinem Chaos suchen musste, als ich sie zurückgeben wollte.

Über lange Jahre traf ich nun Georg Wagner bei der Planung eines neuen Semesters, wenn er seine Lehrveranstaltungen ankündigte und auf der Suche nach geeigneten Zeiten und Räumen war. Wir telefonierten auch, wenn es Schwierigkeiten gab oder es um die Förderung von Studentinnen oder Studenten ging. Und dann natürlich – eine Aufgabe, die seiner neuen Rolle entsprach und die er gerne wahrnahm – besuchte er regelmäßig die Sitzungen der Habilitationskommission. Konzentriert und interessiert verfolgte er die Vorträge der jungen Wissenschaftler, hielt sich bei der anschließenden Diskussion und Befragung meist zurück, meldete sich gelegentlich und stellte eine Frage bzw. kommentierte in einer Weise, die mich an die Seminare während seines Studiums erinnerte. Niemals bewegte er sich im „mainstream". Seine Aussagen kamen leise aber deutlich artikuliert, enthielten vielfach eine explizite oder implizite Kritik an dem, was derzeit Psychologie ist, und verrieten einen sehr eigenen und eigenwilligen Standpunkt. Letztlich schimmerte häufig die Grundfrage durch, wo denn bei dem, was der junge Wissenschaftler da triebe, die Seele geblieben sei und damit der eigentliche Gegenstand der Psychologie. Deutlich erkennbar wurde in solchen Situationen, dass Georg Wagner die Psychologie noch bei Philip Lersch und August Vetter erlernt hatte. Die Jüngeren in der Kommission – je nach Standpunkt – lächelten ein wenig darüber, waren irritiert, manchmal auch die eine oder der andere verärgert, aber oft auch beeindruckt und zu einem intensiveren Nachdenken veranlasst. Einmal – das will ich nicht leugnen – habe auch ich mich geärgert. Das war, als in der Abstimmung nach dem wissenschaftlichen Kolloquium Georg Wagner gegen die Annahme der zweiten Habilitationsleistung, den Vortrag und die Diskussion, eines von mir betreuten Kandidaten stimmte. Nach meinen Kriterien hatte dieser Kandidat sich vorzüglich geschlagen. Ich fühlte mich auch dadurch bestätigt, dass der unmittelbar nach Abschluss des Verfahrens – das insgesamt trotz der Gegenstimme äußerst erfolgreich verlief – einen Ruf an eine andere Universität erhielt. Georg Wagner hatte seine Leistung jedoch anders gesehen als die überwältigende Mehrheit der Kommission und er hatte die Zivilcourage, seine abweichende Sicht auch öffentlich zum Ausdruck zu bringen. Wie es ihm ja insgesamt – man denke an einige seiner Publikationen, die ein gesellschaftliches Ärgernis waren – wohl niemals an Mut gefehlt hatte.

Weiterhin fanden die Lehrveranstaltungen von Georg Wagner das Interesse vieler Studierender aus ganz unterschiedlichen Fakultäten, obwohl er inzwischen ein Alter erreicht hatte, in dem andere Hochschullehrer längst der Universität den Rücken kehren und sich die Mühe der Lehre und der Mitwirkung an Sitzungen nicht mehr antun. Und so kam dann schließlich eines Tages Georg Wagner – ein wenig krumm und schmächtig geworden – zu mir, um mir mitzuteilen, dass er zumindest bis auf Weiteres und vielleicht auch endgültig seine Mitarbeit in der Fakultät einstellen müsse. Ich drückte ihm mein aufrichtig empfundenes Bedauern aus und fragte ihn nach den Gründen. „Ich persönlich", so meinte er, „würde noch gerne ein wenig weiter machen, aber meine Frau bedarf der Pflege. Ich muss mich intensiver um sie kümmern und das schließt das Hereinfahren nach München zur Universität aus."

Aber er hatte vorgesorgt. Es war ihm wichtig, dass die forensische Psychologie weiterhin im Lehrangebot des Instituts blieb, und so nannte er mir einen der Herausgeber dieser Schrift, Willi Pecher, als geeigneten Kandidaten. Herr Pecher stellte sich dann bei mir und bei den Kollegen der Institutsleitung vor, fand dort uneingeschränkte Akzeptanz und führt nun die Arbeit von Georg Wagner weiter.

Diesen sah ich kurze Zeit darauf, im Jahre 2002, wieder, als Klaus Schneewind und ich gemeinsam das hundertste Semester als Hochschullehrer am Institut für Psychologie der Universität München feierten. Viel Zeit war vergangen. 25 Jahre zuvor hatten wir beide am gleichen Tag unseren Dienst als Lehrstuhlinhaber in München angetreten, damals zu den jüngsten Professoren der Fakultät zählend. Nun feierten wir ein Vierteljahrhundert später als die Senioren unser Jubiläum. Georg Wagner hat – zunächst als Lehrbeauftragter, dann als Honorarprofessor – länger als wir seinen ehrenamtlichen Dienst geleistet. Ich fragte ihn, wie es seiner Frau gehe. Er lächelte. „Deutlich besser", sagte er leise, „aber jetzt geht es mir selbst schlecht."

Georg Wagner hat mit seinem Rückzug von der akademischen Lehre eine Lücke hinterlassen. Er stand und steht für eine Psychologie, die den Menschen als Ganzen in seinem Erleben und Verhalten zum Gegenstand wählt und nicht mosaikhaft kleine Ausschnitte unter die Lupe der Analyse nimmt, wie dies heute ja meist der Fall ist. Er stand und steht aber auch für eine humane, am einzelnen Menschen und einer menschlichen Gesellschaft orientierte parteiische Psychologie und ist dafür Beispiel, dass man Stellung beziehen soll. Auch dies ist selten geworden. So werden viele, die bei ihm studierten, aber auch Kollegen und Kolleginnen ihn vermissen und darauf hoffen, dass er doch gelegentlich die Möglichkeit findet, den vermutlich noch immer bestehenden Wunsch in die Tat umzusetzen, eine der Habilitationskommissionen zu besuchen. Als Honorarprofessor steht ihm dieses Recht ja lebenslang zu.

Zusammenarbeit mit Georg Wagner in der Aus- und Fortbildung

von Albert Bickel

Die Alleinstellung mag dir nicht immer nur angenehme Seiten zeigen. Sie fordert den Kämpfer, den überzeugten in dir. Andererseits gibt sie dir auch die Chance, anerkannter Wegweiser zu sein, willkommene Orientierung zu schenken.

(Helmut Walch, 2002)

Lieber Georg,

aus Anlass Deines 75. Geburtstags wurde ich vom „Arbeitskreis der Psychologen im Justizvollzug e. V." gefragt, ob ich nicht Lust hätte, in Deiner Festschrift einen persönlichen Beitrag im Vorwort zu schreiben. Ja, ich hatte Lust, ein paar Momente aus meinen – unseren – Erlebnissen in Aus- und Fortbildungsveranstaltungen der Bayerischen Justizvollzugsbediensteten aufzugreifen und zu schildern.

Unsere erste Begegnung fand 1963/64 anlässlich einer Vorstandssitzung der Landesarbeitsgemeinschaft hauptamtlicher bayerischer Bewährungshelfer in der Justizvollzugsanstalt Landsberg statt. Die drei Vorstandsmitglieder, die Herren Janker, Pelikan und Bickel, wurden vom Anstaltsvorstand, Herrn Groß, und Dir begrüßt und eingeladen, unter Deiner Führung die Anstalt vor unserer eigentlichen Vorstandstätigkeit zu besichtigen. Die anschließende Diskussion mit Dir über unsere Eindrücke bei der Besichtigung war vor allem geprägt von Deiner schon damals kritischen Einstellung zum Vollzug und einer möglichen Resozialisierung von Strafgefangenen. Für uns junge Bewährungshelfer eine Ernüchterung mehr. Unser Berufsideal und unsere gläubige Resozialisierungsüberzeugung hast Du – unserer Meinung nach – in Frage gestellt. Es waren aber nicht nur Deine Argumente über die eingeschränkte Machbarkeit der Beeinflussung Strafgefangener, die uns erschreckte. Auch Deine überzeugende, kaum Widerspruch zulassende Gesprächsführung ernüchterte uns und hinterließ noch lange Nachdenklichkeit, gepaart mit Widerstand und einer abschiednehmenden Traurigkeit. Wir wollten den Psychologen doch als Verbündeten sehen!

Wir lernten uns näher kennen. Ich verstand immer besser, dass Deine Dir eigene Kompromisslosigkeit in Grundsatz- und Sachfragen auch als nachhaltige Hilfe für mögliche Veränderungen sowie dem Bewahren und Verteidigen brauchbarer Strukturen dienen kann.

Diese Ersterfahrung mit Dir haben neben meiner Person vermutlich alle diejenigen machen dürfen, die Deinen weiteren Weg als Vorgesetzter, Lehrer, Dozent und Fortbilder in deiner herausfordernden und kraftvollen Art begleiteten.

Unsere weiteren Begegnungen fanden zunächst auf der Ebene von Fortbildungsveranstaltungen der bayerischen Bewährungshelfer im Richterheim in Fischbachau statt. An eine dieser Veranstaltungen erinnere ich mich ganz besonders: Du warst als kompetenter Gruppenleiter für ein bestimmtes Thema vorgesehen. Ich hatte Interesse und Neugierde genug, in Deine Gruppe zu kommen. Der Informationsmarkt zur Gruppenfindung war äußerst lebendig und dynamisch. Einige Kollegen, die ich hinsichtlich der Produktivität und Arbeitsfähigkeit der von Dir zu leitenden Gruppe befragte, waren, soweit sie bereits Erfahrungen mit Deiner Fach- und Gruppenleiterkompetenz hatten, vom Arbeitserfolg überzeugt. Eine gewisse Ambivalenz und Skepsis gegenüber Deinem Leitungsstil und dem vermuteten hohen Anspruch an die Mitarbeit war ebenfalls nicht zu überhören. Einige grinsten und meinten ausgesprochen wohlwollend und scherzend, dass ich wohl bei „Clarence“ gut aufgehoben wäre. Es sollte offenbar eine Anspielung auf eine sehr beliebte Fernsehsendung mit einem sehbehinderten Löwen sein. Obwohl dieser immer noch ein angriffslustiger Löwe war, erlaubte seine Behinderung – im Film – eine sonst unübliche menschliche Annäherung und Furchtlosigkeit. Eine etwas respektlose Metapher für Dich? Und/oder ein Autoritätsproblem zwischen Lehrer und Schüler? In diesem Fall wurde dieses Bild erfreulicherweise wohlwollend und als Qualitätsprädikat benutzt.

Im Verlaufe unserer langjährigen Zusammenarbeit ist mir aber immer wieder diese Figur des zugänglichen und trotzdem kämpferischen Löwen eingefallen. Irgendwann sagtest Du von Dir: „Eigentlich bin ich ein ängstlicher Mensch“, aber wenn es um das Aushalten in Außenseiter-, Autoritäts- und Sündenbocksituationen geht, hat die Angst für Dich offenbar nur noch marginalen Wert. Du kämpfst wie ein Löwe, wenn wissenschaftliche und berufspolitische Wirklichkeiten und Fragestellungen Deinen Widerspruch und Widerstand hervorrufen. So kennen Dich die Kolleginnen und Kollegen als Abteilungsleiter in der Vollzugsanstalt, als leitenden Psychologen und Sprecher der bayerischen Vollzugspsychologen, in der Aus- und Fortbildung an der Bayerischen Vollzugsschule, an der Universität und Fakultät, in Wort und Schrift und ... und ... und ...

Ich landete in Deiner Gruppe. Deine geschliffene und logische Falldarstellung und ihre Lösung haben mich ergriffen und begeistert. Und wie viele andere war auch ich von Deiner Sprachgewandtheit und Überzeugungskunst getroffen. Deiner Aufforderung, nunmehr Diskussionsbeiträge zu liefern, konnten wir nur schwer nachkommen. Wir hatten den Eindruck, es war alles gesagt, was zum Thema zu sagen war. Deine Verblüffung und unerfüllte Erwartung waren spürbar. Ich bin aber sicher, dass Dich ein positiv reflektiertes Ergebnis dieser Arbeitsgruppe zumindest informell erreicht hat.

Ein Teil der bayerischen Bewährungshelfer wurde 1967/68 verbeamtet und musste eine entsprechende Verwaltungsprüfung ablegen. Du warst einer der Prüfer in Psychologie. Charakteristisch für Dich war, wie ich präzise, nicht locker lassend hinterfragt und geprüft wurde. Ich war stolz darauf, vor Dir bestanden zu haben.

1969/71 nach Absolvierung einiger Zusatzausbildungen, u.a. als Supervisor und Trainer für Gruppendynamik, lernte ich in diesem Zusammenhang Rudolf Schmuck kennen, den damaligen Anstaltsleiter der Justizvollzugsanstalt Niederschönenfeld, später der JVA Stadelheim. Ihm war die zusätzliche Aufgabe gestellt, ein Ausbildungskonzept für die Beamten des allgemeinen Vollzugsdienstes, des mittleren Werkdienstes und des mittleren Verwaltungsdienstes sowie ein übergeordnetes Bildungskonzept der verschiedenen Laufbahnen zu erarbeiten. Zu der Zeit war ich in der Sozialtherapeutischen Versuchs- und Erprobungsanstalt in Erlangen tätig. So war es Herrn Schmuck möglich, Dich und mich in das Vorbereitungs- und Leitungsteam für die damals noch ambulant stattfindenden Lehrgänge sowie für Schulungs- und Fortbildungsmaßnahmen auch an die noch zu gründende Bayerische Justizvollzugsschule zu berufen.

Wir drei waren dann auch das Leitungsteam für die der bayerischen Justiz übertragenen überregionalen Einführungslehrgänge für Juristen und Angehörige der besonderen Fachrichtungen.

Das Leitungsteam hätte m. E. personell und in den unterschiedlichen Auffassungen über die inhaltliche und strukturelle Vorgehensweise nicht heterogener zusammengesetzt sein können. Unsere in dieser Zeit besonders ausgeprägten differenzierten Auffassungen über Leitungsstile und didaktische Vermittlung der Inhalte konnten wir nur mit viel Mühe und Aufwand, sowie mit Konflikt- und Kompromissbereitschaft vereinheitlichen. Wir kämpften! Oft bis an die Grenzen unserer Belastbarkeit. Seltsamerweise hatten wir auch noch Spaß dabei!

Oft genug bliebst Du hartnäckig und geduldig. Mit Überzeugungskraft, Akribie und Freimütigkeit hast Du versucht, uns Deine Sichtweise der Widersprüche und Fragwürdigkeit einiger Strafvollzugssysteme zu verdeutlichen. Schon damals mögen Dein späteres Buch „Das absurde System“ und andere folgende unbequeme und widerständige Buchbeiträge und Artikel in Deinem Kopf gespeichert gewesen sein. Mit Dir zu arbeiten, blieb spannend.

Die Teilnehmer, Anfänger im Justizvollzugsdienst, waren zunächst ob Deiner und unserer provokativen Beiträge und Fragestellungen geschockt. Wer will schon in einem als „absurd“ charakterisierten System arbeiten? Es gab auf unterschiedlichste Weise artikulierte Widerstände unter den Teilnehmern. Wir machten aber die Erfahrung, dass sich diese Widerstände gegen Ende der mehrtägigen bzw.

mehrwöchigen Veranstaltungen auflösten und meist u. a. zu folgenden Lern- und Praxiserkenntnissen führten: „Durch die aufgeworfenen Praxisprobleme sind wir an die Grenzen unserer beruflichen Möglichkeiten im Vollzugsalltag gestoßen. Ausgestattet mit realistischer Sichtweise und praxisnahen Vollzugstechniken hoffen wir trotzdem, den Vollzugsalltag zielgerichtet mitgestalten zu können" (Zitat aus den Auswertungen).

Mit den Jahren wurden unser Leitungskonzept und unsere Zusammenarbeit immer perfekter. Wir verstanden uns auch menschlich immer besser und konnten uns bei der Seminararbeit wortlos verständigen. Jeder kannte seine Rolle und den richtigen Einsatz. Letztlich waren wir als Team unschlagbar und unangreifbar. Die Erreichung unseres Ziels, die Teilnehmer in partnerschaftlichen Auseinandersetzungen mitzunehmen, erschwerte sich dadurch. Das war nach Jahren einer äußerst fruchtbaren Zusammenarbeit auch das Signal, diese Form der personellen Zusammensetzung zu beenden.

Nicht unerwähnt lassen möchte ich die vielen privaten Gespräche, die wir miteinander hatten. Du warst mir in einigen schwierigen Lebenssituationen ein vertrauenswürdiger, fachkompetenter, einfühlsamer Psychologe und Freund. Für Deine für mich hilfreichen zukunftsorientierten Wegweisungen danke ich Dir. Deinen spitzfindigen intelligenten Humor genieße ich. Ich hoffe, dass ich Dir in diesem Vorwort keine Gelegenheit gebe, Dich über Freudsche Fehlleistungen diebisch zu freuen. Wir haben oft und gerne über solche gelacht. Ich höre schon, wie Du beim Lesen dieser Zeilen denkst: „Der Bickel ist ja gar nicht so schlecht, wenn er sich nur nicht so *redundant* (ein Lieblingsbegriff von Dir) ausdrücken würde."

Dieser Gefahr entgehend, wünsche ich mir viele Wiederholungen unserer persönlichen Kontakte und der Freude, die wir miteinander haben.

Ich wünsche Dir neben Gesundheit und Arbeitsfähigkeit noch viele Gelegenheiten, in Wort und Schrift Festgefahrenes aus der Erstarrung zu lösen und wach zu machen für neue Ansätze.

Georg Wagner und die bayerischen Anstaltspsychologen

von Gerhard Federl

Es fällt mir sehr schwer, den Artikel „Georg Wagner und die bayerischen Anstaltspsychologen“ zu schreiben, ja überhaupt zu beginnen. Nach beruflichem Ausscheiden aus dem bayerischen Strafvollzug vor über einem Jahr (seit 01.02.2004 in Altersteilzeit, Freistellungsphase) habe ich einen für mich vorher nicht vorstellbaren Abstand zum Strafvollzug gewonnen, was die Ideologie, die Prozesse, aber auch die Personen betrifft. Manche Geschehnisse erscheinen mir fast absurd, gewinnen eine neue Bedeutung, relativieren sich.

Hoher Respekt, persönliche Wertschätzung, aber auch schlechtes Gewissen (eine Abmachung nicht einzuhalten), treiben mich zu dem Versuch, Georg Wagner und seine Beziehung zur Gruppe der bayerischen Anstaltspsychologen rückblickend zu skizzieren.

Wie oben bereits erwähnt, fällt es mir schwer, diese Bilder herzuholen, es fällt mir auch deshalb schwer, weil ich keine einheitlichen Bilder von Georg Wagner und der Berufsgruppe der Psychologen zur Verfügung habe. Ich habe ihn in so unterschiedlichen Rollen in der Psychologengruppe erlebt, in so unterschiedlichen Situationen, dass ich diese Bilder nur nebeneinander stellen kann. Sie alle spiegeln Facetten einer Persönlichkeit, die sich dem Versuch homogener Zuschreibungen standhaft entzieht. Einheitlich habe ich jedoch die Nähe von Georg zu der Gruppe der Anstaltspsychologen erlebt. Er war Motor, oft Mittelpunkt und Identifikationsperson der Gruppe. Auffällig für mich, dass er auch Jahre nach seiner Pensionierung der Gruppe noch näher stand als ich, der ich noch aktiv war. Er hielt den Psychologen die Treue und sie hielten ihm die Treue, auch junge Kollegen, die ihn aktiv nicht mehr erlebt hatten.

Meine erste Erinnerung an Georg ist eine Begegnung im Jahr 1969 der 7 bayerischen Anstaltspsychologen mit dem Personalreferenten der Abteilung Strafvollzug in unserem Justizministerium. Diese Begegnung fand in einem Sitzungssaal des Münchner Justizpalastes statt. Für mich waren die Räumlichkeiten, der Herr von der Aufsichtsbehörde, aber auch einige etablierte Kollegen sehr beeindruckend. Richtig erschrocken bin ich dann bei der Auseinandersetzung zweier Kollegen (Georg Wagner und Georg Reitberger), die lautstark kurz nach der Begrüßung durch den Personalreferenten begann. Erschrocken war ich über die Heftigkeit der

Auseinandersetzung, aber auch über das undiplomatische (meine Wahrnehmung) Verhalten beider Kollegen, die nur eines verband: ihre Echtheit. Dieses Verhalten konnte ich über Jahrzehnte beobachten. Auf der Sachebene ging es dabei um die Frage: Sind wir Anstaltspsychologen Therapeuten und somit auf der Seite der Gefangenen (damals hatte Therapie im Gefängnis eine andere, eine hohe gesellschaftspolitische Bedeutung) oder haben wir die extrem hierarchisch geprägte Organisation im Fokus und versuchen eine rationale, demokratische Kultur zu etablieren. Diese Auseinandersetzung hat die Gruppe bis in die 1980er Jahre geprägt. Georg Wagner war der Protagonist der Gruppe, die die Organisation fokussierte. Anstaltspsychologe war kein Job, nicht eine einfache Arbeitsstelle, sondern Gesellschaftspolitik, Ideologie, persönliche Sinnfrage; daher die Heftigkeit der Auseinandersetzung. Georg und wir haben uns dieser Auseinandersetzung gestellt.

Diese Auseinandersetzungen haben nicht nur dienstlich stattgefunden. Im Haus von Georg Reitberger, Frau Dr. Meyer und auf der Alm in Bernau wurden diese Themen an Wochenenden heiß diskutiert. Sehr oft mittendrin Dr. Hubert Dietl, der damalige Personalreferent im Justizministerium. Damals hatte ich den Eindruck, es ging ihm nicht um die Frage, was ist richtig, was ist falsch, sondern darum, einen gemeinsamen Weg zu finden, der den Strafvollzug sinnvoller macht. (Auch heute: Respekt, Respekt!) Aus diesen privaten Treffen bei Frau Dr. Meyer und am Lagerfeuer auf der Alm in Bernau haben sich konkrete Projekte entwickelt. Fragen der Auslese, Ausbildung, Fortbildung und neue Organisationsformen wurden hier angesprochen und in Projekte umgesetzt.

Die Zielstrebigkeit von Georg und seine akribische Arbeitsweise (seine Lehrerausbildung konnte er nie verleugnen) haben uns geholfen, schon Anfang der 1970er Jahre zum Beispiel ein Lehrbuch „Vollzugspsychologie“ zu erstellen. Ich kann mich noch gut an die Treffen mit den Kollegen Schleusener, Ballhausen und Georg Wagner erinnern, in denen wir um Ausbildungsziele, aber auch um Formulierungen gerungen haben.

Einerseits das Bild von Georg, der sich machtvoll auf Auseinandersetzungen innerhalb der Psychologengruppe, aber auch mit Aufsichtsbehörde, Anstaltsleitern und auf Fortbildungsveranstaltungen mit Bediensteten eingelassen hat. Der durch seine Rationalität, aber auch durch das Ansprechen von Themen, die im bayerischen Vollzug tabuisiert waren, viele verunsichert hat.

Andererseits das Bild von Georg, der mit hoher Sensibilität und Scheu auf Menschen zugegangen ist, die er schätzte und mochte. Ich kann mich an ein gruppendynamisches Seminar erinnern, auf das sich die Psychologengruppe eingelassen hat. (Über 4 Jahre haben wir Therapiemethoden in Selbsterfahrung kennen gelernt.) Georg hat dabei intensiv versucht, was er und andere erlebt haben, gefühlsmäßig nachzuspüren und nicht nur über den Verstand zu verstehen. Vielleicht waren es gerade sein Feingefühl und sein Mut, Dinge an sich heran zu lassen, die ihm die

Kraft gaben, für Veränderungen zu kämpfen. An einem der Abende während dieses gruppendynamischen Seminars in einer Weinstube in München durfte ich die vorsichtige Annäherung von Georg Wagner an seinen alten Rivalen Georg Reitberger, den Protagonisten der Therapiefraktion in der Psychologengruppe, beobachten. Nach vorsichtigen verbalen Annäherungsversuchen hat er ihm behutsam und scheu über den Kopf gestrichen. Diese für mich anrührende Geste war der Beginn einer Freundschaft und aus meiner Beobachtung das Ende der Auseinandersetzung ‚Therapie versus Organisation'.

In den 1980er Jahren hat sich die Zahl der Psychologen vervierfacht. Die Gesamtgruppenidentität ging allmählich verloren, obwohl verschiedentlich versucht wurde, hauptsächlich auch von Georg Wagner, durch gemeinsame Anliegen und gemeinsame Aufgaben (z.B. Bundeskongress) die Gruppe wieder näher zusammen zu bringen. Themen waren nicht mehr vorrangig – Was ist unser Anliegen im Vollzug? Wie können wir den Vollzug mitgestalten, um die Vollzugsziele wirklich zu erreichen? Vorrangige Themen waren viel mehr: Beförderungsstellen, Führungspositionen, Leitungsstellen.

Aus persönlichen, aber auch aus berufspolitischen Gründen waren dies auch zentrale Themen für Georg Wagner – mehrere Kollegen wurden zu dieser Zeit zu Abteilungsleitern ernannt.

Bei Georg Wagner hatte Führung jedoch eine eigene Qualität. Er hat Führung professionell betrieben:

- Er hat sich ständig in Führungsfragen weitergebildet.
- Er hat sich eine persönliche Autonomie erarbeitet.
- Er hat durch eigene Reflexion seines Führungsverhaltens, aber auch durch ständige Außenkontrolle seinen Führungsstil weiterentwickelt.
- Er war aufgrund seines Konferenzsystems, aber auch durch die Art, wie er mit Mitarbeitern kommunizierte, ein Kommunikationsmodell für seine Mitarbeiter.

Diese Führungsprofessionalität hatte zur Folge, dass in der Abteilung von Georg Wagner eine besondere Kultur herrschte:

- Die Mitarbeiter gingen respektvoll mit sich und den Gefangenen um.
- Die Mitarbeiter konnten sich in der Regel klar abgrenzen.
- Die Mitarbeiter übernahmen Verantwortung.
- Die Mitarbeiter waren auffallend reflektiert.

Dramatisch verändert hat sich die Struktur der Psychologengruppe, aber auch das Verhältnis der Gruppe zur Aufsichtsbehörde und anderen Bedienstetengruppen durch die Auseinandersetzung mit dem Thema „Strafzwecke". Im Zentrum der Auseinandersetzung stand Georg Wagner. Die Sachargumente dieser Gruppe konnte ich gut nachvollziehen, doch die Erbitterung, mit der die Auseinandersetzung mit der Aufsichtsbehörde geführt wurde, ließ die Vermutung in mir aufkommen, dass es neben der Sachfrage auch um Themen der Macht, der Enttäuschung und um persönliche Verletzungen ging.

In weiteren Bildern sehe ich Georg immer wieder als querdenkenden, hochgescheiten Referenten bei den Psychologentreffen, der seinen Elan und sein Engagement für den Vollzug nie verloren hat. Ich sehe ihn als geistreichen, witzigen Gesprächspartner bei gutem Essen und feinem Wein im Kreis alter Vollzugsfreunde und wünsche mir, dass diese Treffen noch oft stattfinden können.

Brief an Georg Wagner

von Guntram Skroblin

Lieber Georg!

Wörtlich: „Der auf der Erde wirkt" – Das hast Du wahrlich!
(griechisch: ge – Erde; ergazein/org – werken)

Ich gratuliere Dir zu Deinem Geburtstag, ich gratuliere Dir zu Deiner lieben Frau Gisela – und ihr zu Dir – und Euch zu Euren Kindern, ich gratuliere Dir zu Deinem beruflichen Lebenswerk.

An Jahren wirst Du 75, gleichwohl an Gedanken bleibst Du jung, alt werden kannst Du später.

„Mein Glück ist heute gut gelaunt", hätte Schiller gesagt.

Ich will nichts Großes schreiben – Deine Größe erreiche ich nicht.
Ich will nichts Kluges Schreiben – Deine Klugheit erreiche ich nicht.
Ich will nichts Weises schreiben – Deine Weisheit erreiche ich nicht.

Ich schreibe hier zu Deinem Festtage keine große Arbeit über ein Thema des Vollzuges. Ich bin nicht mehr im Dienst des Vollzuges, ich bin „ausgeschieden" – wie auch Du. Ich kann nicht dem Gestern und Vorgestern leben. Das ist ein Widerspruch in sich. Der Vollzug ist mir nicht mehr heute und hier. Ich habe eine Weile gebraucht, das zu be-greifen (greifen). Ich kann nicht ein Gestern greifen. Sicher, was ich bin, heute bin, bin ich geworden durch ein Gestern hindurch – aber hindurch! Gestern ist nicht mehr jetzt. Ich bin nicht mehr im Vollzug, wenn ich auch das, was ich bin, auch durch den Vollzug geworden bin. Der Wechsel von Abschied zu nehmen und Neuem zu begegnen, schafft Leben für jetzt und nachher und später.

An Dich möchte ich mich wenden. Fließt Dir ein Gedanke in die Feder – aus der Feder formt er sich klar. Deine Gedanken sind groß und tragen wie ein Flügel; sind sie klein, wärmen sie wie eine Daune.

Du hast uns Kollegen viel mitgeteilt, oft nicht einmal die Gedanken als solche, die Du geäußert hast – nein, oft mehr dadurch, dass ich als Zuhörer Deiner Rede miterleben kann, wie ein Gedanke entsteht, die Geburt einer Idee. So, wie vor Zeiten unser gemeinsamer Lehrer Henry Deku in München uns beeindruckt hat.

Vor allem durch Deine unermüdliche Arbeit hast Du es erreicht, dass nicht einzelne Kollegen in einzelnen Anstalten auf verlorenem Posten weilen und für sich alleine bleiben. Psychologische Arbeit darf nicht punktuell und isoliert für sich alleine und damit wirkungslos bleiben.

Es ist wesentlich Dein Verdienst, dass psychologische Arbeit im Vollzug Gestalt findet über einzelne Anstaltsgrenzen hinaus. Das hast Du vor allem durch zwei Initiativen erreicht, die wesentlich Deine Handschrift tragen: Du hast von Anfang an (seit 1963) und erfolgreich über Deine Alltagsarbeit im Münchner Justizvollzug hinausgewirkt, von München aus nach ganz Bayern, von dort in die anderen Bundesländer nach ganz Deutschland, in den deutschsprachigen Raum nach Österreich, man kennt Deinen Namen in der Schweiz und in Luxemburg und anderswo.

Du hast den „Bundeskongress der Psychologen im Justizvollzug" mit ins Leben gerufen, der zunächst nur in Bayern stattfand, dann aber doch auch von anderen Kollegen aus anderen Bundesländern ausgerichtet worden ist (Nordrhein-Westfalen, Niedersachsen, Berlin, Hamburg...). Und Du hast die „Bundesarbeitsgemeinschaft der Ärzte und Psychologen in der Straffälligenhilfe (BAGÄP)" mitbegründet, die unermüdlich wertvolle Arbeit leistet.

Du hast damit etwas begonnen und erreicht, was in seiner Bedeutung nicht hoch genug eingeschätzt werden kann: das Bewusstsein der Verbundenheit der psychologischen Kolleginnen und Kollegen im Justizvollzug in doppelter Hinsicht, Verbundenheit der Fachkollegen untereinander *und* eine Verbundenheit mit Arbeitskollegen anderer Vor- und Ausbildung, die mit demselben beruflichen Thema befasst sind, nämlich insbesondere Ärzten und Juristen. Du hast das Bewusstsein gefördert, im Alltag vor derselben Aufgabe zu stehen und erst im gemeinsamen Wirken wirksam zu werden. Fehler dürfen gemacht werden, sie sind viel zu wichtig, als dass man sie unter den Tisch kehren darf. Sie sind unser aller große Lehrmeister, wenn wir sie im Kollegenkreis in Tagungen und Kongressen offen legen und besprechen können.

Du hast bundesweit Solidarität erfahren bei Deinem Anliegen, aber auch viel und harten Gegenwind. Ich erinnere mich noch gut an den Bundeskongress der Psychologen im Justizvollzug in Augsburg vor vielen Jahren, ich glaube, es war 1978. Die Diskussion führte in eine Auseinandersetzung zwischen einem Vertreter des Ministeriums und Dir: Dir kamen die Tränen, unvergessliche Tränen der Stärke in dem Bestreben, *gemeinsam zu verantworten*, was im Vollzug geschieht.

Unsere Wirkung in der Anstalt ist oft nur für den Augenblick, nicht von Dauer, wie bei einem Koch: ist der Teller leer gegessen, dann war es gut. Bleibt etwas auf dem Teller, dann... Mit Kollegen zu besprechen, was wir in der Anstalt kochen, macht Tagungen und Kongresse so wichtig und unverzichtbar.

Dir ist es gelungen, etwas anzustoßen, was viele Jahre und vieler Orten Wirkung haben wird, selbst wenn eines fernen Tages Dein Name nicht mehr als Initiator lebendig sein sollte! Wir, die wir Dich kennen, danken Dir dafür, kommenden Generationen wird es selbstverständlich sein. – Gibt es Schöneres?

‚Das absurde System' –

Strafvollzug im gesellschaftlichen Wandel

Vier Jahrzehnte Strafgesetzgebung und Strafvollzug – Bericht eines Insiders

von Georg Wagner

Männerkolonnen in Zweierreihen, in schmuddeligen braunen Jacken und Hosen trotteten sie schweigend durch vergitterte Gänge, über Treppen und Höfe. Ging ich vor ihnen, so bohrte ihr Blick sich in meinen Rücken. So meine ersten Eindrücke als Gefängnispsychologe. Anfangs reagierte ich depressiv. Frau und Kinder spürten das auch zu Hause. Sie machten einen Bogen um mich.

In eine Festung mit Hunderten von engen, lichtarmen Zellen war ich geraten. Klösterliche Zustände herrschten. Gefangene, getrennt von ihren Angehörigen und von Frauen. Gefängnisurteile in Jahren und Monaten verordnen Sühne. „Reue spürt man nicht sehr lange", sagte mir einmal ein langjähriger Strafgefangener, „zwei Jahre, der Rest ist Langeweile." Freiheitsstrafe ist eine psychologische Utopie. Kein verordneter Auftrag, keine Zuschreibung lässt sich bei längerer Dauer verwirklichen. „Fünf Jahre", meinte ein langjährig im Gefängnis tätiger Geistlicher, Anhänger der Todesstrafe und allzu großer Strafmilde unverdächtig, „fünf Jahre lassen sich Gefangene vielleicht erziehen. Mehr ist aussichtslos!"

Gefängnis inszeniert Spannungen und Konflikte zwischen Eingesperrten und ihren Bewachern. Je enger der Raum, je mehr Insassen, je weniger Personal, umso härter stoßen Gegensätze aufeinander: Das Bedürfnis nach persönlicher Freiheit auf der einen, das nach Sicherung der Unfreiheit auf der anderen Seite. Strafurteile werden zu Allerweltserklärungen für persönliche Eigenheiten, individuelle Ansprüche, umso mehr für jegliches Fehlverhalten herangezogen: Gefangene sind ja Kriminelle, Ganoven, Lumpen. Die Eingesperrten ihrerseits spielen den Gegenpart, lernen, die Hüter ihrer Unfreiheit abzulehnen und zu hassen.

Es gibt jedoch nicht wenige Kompromisse, Bündnisse, Waffenstillstand auf Zeit. Sinnbild dafür wurde mir ein Gefangener. Nach einem Gespräch führte ich ihn zu seiner Zelle, schloss die Türe auf – sie ähnelt der Öffnung zu einem großen Eisschrank. Um das auch mich nervende laute Zuschlagen zu vermeiden, verschloss ich sie vorsichtig. Der Gefangene wollte mir helfen, rief mir zu: „Oben und unten gehen die Riegel sehr hart. Passen Sie auf!" Unter solchen Anpassungen verbergen sich häufig Scheinlösungen und Verdrängungen eigener Probleme. Vor allem besagen sie nichts über künftige Straffreiheit.

Im Laufe der Zeit gab es Veränderungen. Das Wirtschaftswunder war in die Jahre gekommen. Das Gros der Gesellschaft lebte bequemer als nach dem Krieg, verdiente mehr Geld, hatte bessere Wohnungen. In den Gefängnissen sah es jedoch noch so aus wie früher. Als ich erstmals eine Gefangenenzelle betrat, glaubte ich mich in einen Unterkunftsraum für Landarbeiter 1945 versetzt.

Die Unruhen der 1968er, der Ruf, mehr Demokratie zu wagen, taten ihr Übriges. Eine Strafvollzugskommission nahm die Arbeit auf. Nicht mehr von diskriminierten Straftätern war die Rede. „Der Staatsbürger hinter Gittern" wurde zum Wahlspruch. Ich konnte mit Personalangehörigen aus jeder Bedienstetengruppe der Anstalt ein Gremium aus von Insassen gewählten Gefangenen zusammenstellen. Wir trafen uns monatlich. Personal und Gefangene diskutierten miteinander, trafen Beschlüsse, Verbesserungen des Anstaltslebens. Die „Gefangenenmitsprache" war „geboren", die spätere gesetzlich vorgesehene „Gefangenenmitverantwortung". Beamte und Insassen fertigten damals ein meterlanges Plakat mit dem Slogan „Nicht gegeneinander, sondern miteinander!" und klebten es an die Zentrale des Gefängnisses.

Resozialisierung wurde zu einem von vielen Menschen getragenen Programm. Ein zeitkritisches Kabarett mit dem Titel „Knast" auf einer Schwabinger Bühne fand über ein Jahr ein begeistertes Publikum. Vollzugskritische Themen beschäftigten mehrere Kleinbühnen in München. Ein Theaterstück über einen Totschlag unter Gefangenen besuchte ich mit Mitarbeitern des allgemeinen Vollzugsdienstes. Sie erlebten das Spiel als kundige Fachleute, gaben den als Vollzugspersonal agierenden Schauspielern Mitschuld am tödlichen Konflikt. Deren Tätigkeit erschöpfte sich in Zählappellen, in Feststellungen, ob ein Gefangener fehlte, geflohen oder aus anderen Gründen nicht da war. Um die psychischen Probleme der Insassen kümmerten sie sich nicht.

Die Strafvollzugsreform fand ihren Abschluss 1976 mit dem Erlass eines Strafvollzugsgesetzes durch den Bundestag. Es blieben aber Mängel. Zu den größten gehört die Vernachlässigung der Familien der Gefangenen. Die Besuchszeiten sind knapp, wöchentlich eine Stunde oder wenig mehr. Wenn Eltern, Frauen oder Freunde kommen, werden sie auf Schmuggelgut durchsucht, nach Drogen abtaxiert. Sie passieren eine Detektorschleuse zur Feststellung von Metallgegenständen, eventuellen Ausbruchswerkzeugen. Der Besuchsablauf wird kontrolliert: Gespräche, Begrüßungen, Zärtlichkeiten. Alles vollzieht sich in Gegenwart von Aufsichtsbeamten. Die Angehörigen macht bereits der familiäre Zusammenhalt verdächtig. Freiheiten werden nur in geringen Dosen konzediert, Einschränkungen gibt es en masse. So bleibt für die Nöte der Familie kaum Raum.

Oft wandten sich Eltern von Strafgefangenen an mich. Unvergesslich bleibt mir ein Gespräch mit dem Vater eines Gefangenen. Sein Sohn, den ich betreute, war drogensüchtig. Er stahl Geld und Schmuckgegenstände zu Hause, um „Stoff" zu kaufen. Seine Angehörigen versuchten ihm zu helfen, erlebten aber immer wieder Rückschläge, Versuche zu einer beruflichen Tätigkeit und deren Scheitern.

Eine Frau besuchte mich in abgeschabter Kittelschürze, von Armut und Unglück in ihrer Familie zermürbt. Ihre Kinder waren nach dem Vater geraten, einem notorischen Einbrecher, der immer wieder ins Kittchen kam. Zwei Söhne hatten sich im Gefängnis erhängt, für ihren dritten, den ich nun betreute, blieb der Mutter ein Blick voll stumpfer, schicksalsergebener Sorge.

Sogar in den resozialisierungsfreundlichen 1970er Jahren war der Justizvollzug alles andere als familienfreundlich. Strafgefangene wurden als Singles behandelt, als Menschen ohne Anhang. Artikel 6 des Grundgesetzes, der Ehe und Familie unter den besonderen Schutz der staatlichen Ordnung stellt, endet vor Gefängnismauern.

Immerhin, das Strafvollzugsgesetz war ein Fortschritt. Es brachte den Gefangenen Rechte: Ausgang, Urlaub, Freigang, Arbeit außerhalb der Mauern, Mitverantwortung, Bildungs- und Freizeitveranstaltungen.

1992 jedoch ereignete sich ein Einbruch: Freiheitsstrafen nahmen in sieben Jahren um ein Drittel zu, obwohl keine Änderung der strafrechtlichen Voraussetzungen stattgefunden hat.

Ein solcher Entwicklungssprung ergibt sich nicht allein aus vollzugsinternen Veränderungen. Externe Ursachenkomplexe nehmen Einfluss: kollektive Angst und Unsicherheit in globalem Ausmaß sind die Auslöser. Der Golfkrieg 1991 gab dem Gefühl der westlichen Überlegenheit und Sicherheit einen ersten Stoß, Terror, Selbstmordattentate, der 11. September 2001, der Überfall auf den Irak, nicht zuletzt die täglichen Horror- und Katastrophennachrichten. Der Kalte Krieg und die vermeintliche Sicherheit, auf dem rechten, dem ungefährdeten Ufer zu stehen, wich einer Welt mit Brandherden, die jederzeit überall ausbrechen können.

Wie zu Zeiten der Pest, der Hunnenstürme oder sonstiger kriegerischer Überfälle diskriminierte Minderheiten zu Sündenböcken gemacht, als Grundübel angesehen und behandelt wurden, ist der Vorgang heutzutage im Grunde der gleiche. Ein Grundübel wurde ausgemacht, das ein jeder für alle Schrecken verantwortlich machen konnte. Ein Grundübel muss *einfach* sein, Angst und Schrecken bei allen auslösen. Ideale Objekte, nicht der Begierde, sondern der Verachtung sind Straftäter, die Fahndung nach ihnen und die Hatz auf sie.

Kern des Abscheus wurde dabei ein Verbrechen, so selten wie die Serienmorde von Jack the Ripper im 19. Jahrhundert: nämlich der Mord im Zusammenhang mit Sexualdelikten. Die polizeiliche Kriminalstatistik des Jahres 2003 enthält zwei Fälle von Kindesmissbrauch mit Todesfolge bei insgesamt 829 Morden. Die Anzahl der Sexualmorde überhaupt sinkt seit den 1970er Jahren. Wie ich bei zwei Entlassungsjahrgängen von insgesamt 1032 Strafgefangenen sowie in einer weiteren Untersuchung als Leiter einer Sozialtherapeutischen Abteilung in der

Justizvollzugsanstalt München feststellte, ist der Rückfall von Sexualtätern geringer als der bei Eigentumsdelikten und dem von Gewalttätern. Das deckt sich mit bundesweit erhobenen Ergebnissen der Kriminologischen Zentralstelle in Wiesbaden.

Die Gesetzgebung von 1998 kümmerte sich um die dargelegten Fakten überhaupt nicht. Sie geht von einer Scheinwirklichkeit aus, greift auf Vergeltung und Strafhärte zurück, wie sie weit vor 1949, dem Gründungsjahr der Bundesrepublik, praktiziert wurden. Unkosten von Milliarden und Überbelegung von Gefängnissen, von Wirtschaftsfachleuten vorausgesagt, entstanden. Das 6. Gesetz zur Reform des Strafrechts, das Gesetz zur Bekämpfung von Sexualdelikten vom 26. Januar 1998 sowie die Gesetzesvorschriften zur Änderung des Strafvollzugsgesetzes brachten längere Freiheitsstrafen, den Zwang zur sozialtherapeutischen Behandlung für Sexualtäter, der den Zugang dazu für andere Tätergruppen erschwerte. Sie brachten weit mehr Fälle von Sicherungsverwahrung und erschwerten Entlassungen zur Bewährung.

Die Ideale der 1970er Jahre sind Vergangenheit. Wir leben in einer anderen Zeit. Von einer „neuen Lust auf Strafe, einer selbstverständlichen Strafbereitschaft, ja Straffreude“ ist die Rede: Ein Bündnis zwischen Machtinteressen von Politikern und Bestrafungswünschen der Bevölkerung. Nach dem bislang einmaligen und höchsten Zuwachs an Gefängnisstrafen betrachten im Jahr 2003 laut einer Umfrage 97 Prozent der Bevölkerung die Strafrechtssprechung als „zu mild“. Das Votum erinnert an die Ergebnisse von Wahlen in Diktaturen. Es birgt die Gefahr, politischen, sozialen, ethnischen und anderen Problemen pauschal mit Strafaktionen zu begegnen. In Bereichen, wo sie nicht hingehören, können sie missbraucht werden. Dank unserer demokratischen Verfassung ist eine Diktatur zwar ausgeschlossen, ein Übermaß in der Anwendung von Gewalt jedoch nicht.

Labyrinthe im System Justizvollzug

von Katharina Bennefeld-Kersten

Ich irre durch die Kellergewölbe der JVA Hannover, ich habe die Orientierung verloren. Kollegen haben hier angeblich Abkürzungen für die endlos langen Wege der oberen Geschosse gefunden. Aus welcher Richtung war ich nur gekommen? Ein Gang sieht aus wie der andere, grauweißer Kalkanstrich an den Wänden, gleichmäßig grauer Betonfußboden. Biege ich um eine Ecke, wieder ein schmaler Gang, grauweißer Kalkanstrich, grauer Betonfußboden. Ich fürchte, nicht mehr herauszufinden. Panik erfasst mich, ich laufe weiter und weiter, mal rechts, mal links, irgendwo muss ich doch ankommen. Plötzlich steht eine Gestalt vor mir. Ein Himmelsgeschenk, ein Mensch, der mich herausführt aus diesem Labyrinth. Die Gestalt ist ein Mann von eher kleiner Statur in einem hellen, langen Staubmantel, das Gesicht halb verborgen unter einem großkrempigen weichen Hut. Humphrey Bogart fällt mir ein, der war es aber nicht. Der Fremde hat eine Aktentasche an sich gedrückt und sieht mir entgegen, als warte er auf mich. Es ist das Jahr 1979 – meine erste Begegnung mit Georg Wagner, der den damaligen Leiter der Einweisungsabteilung, Rüdiger Wohlgemuth, besuchte. Georg Wagner, der Retter aus dem Labyrinth. Ein bleibender Eindruck.

Damals war der Psychologe Wagner bereits seit einigen Jahren zum Abteilungsleiter in der JVA München avanciert. Offenbar war er beim Wort genommen worden, denn 1972 beklagte er noch: „Normative Voraussetzungen, Berufspraxis und Eigenerleben zeigen, dass der Psychologe in der Mehrzahl der untersuchten Fälle im zielgerichteten sozialen System der Vollzugsanstalt eine Randposition innehat“ (Wagner 1972, 79). Das war ein Ergebnis der Befragung von Anstaltspsychologen im Jahr 1969. Was mag den Pädagogen, der bis 1959 noch in der Berufsschule Unterricht gab, zum Psychologiestudium und nachfolgend in die Randpositionen eines Psychologen im Gefängnis gebracht haben? Affinität zu Gefühlen von Macht und Bedeutung kann es nicht gewesen sein. Wie Georg Wagner 1992 zum Abschluss seiner vollzuglichen Tätigkeit den Beginn derselben beschreibt, drängt sich das Engagement für Leitungspositionen vorerst nicht auf.

> „'Ungewohnt, abstoßend, einengend, bedrückend, frustrierend, total reglementiert!' Mit dieser Kaskade negativer Attribute beschrieb einmal ein Dienstanfänger seine Situation. Ähnlich erging es mir in den ersten Arbeitsmonaten auch. Ich registrierte – das gehörte zu meiner Fachrichtung – Anzeichen einer reaktiven Depression. Am ärgsten war's am Wochenende. Frau und Kinder hatten von mir wenig. Ich schlief bleiern, war verdrießlich, lustlos ...hilflos angesichts der Situation der Gefangenen, ihrer desperaten Lebensschicksale. Die erstickte Spannung zwischen Personal und

> Insassen, Kolonnen stummer Gefangener, das Unbehagen, Aufmerksamkeit auf mich zu lenken, ihnen den Rücken zuzudrehen, all dies lähmte mich. Damals 1963!" (Wagner 1992).

Georg Wagner verweilt nicht in seiner Depression, sie scheint eher Triebfeder zu sein für die Aufdeckung von Ungereimtheiten in der Handhabung des Strafvollzugs, Triebfeder für die Sichtbarmachung von Irrwegen, die nur in der Dunkelheit als gradlinige Zielpfade erscheinen. Zum Beispiel der Irrweg „Resozialisierung". Im Dunklen belassen stellt er sich als oberste Leitlinie vollzuglicher Entscheidungsprozesse dar. Ins Rampenlicht gerückt, wird die Resozialisierung zu einer Art Leitbild, unter dem man sich heutzutage als Verwaltungsmodernisierer gern versammelt, das wohlformuliert beeindruckt, kritisch betrachtet sich jedoch nicht selten als Sammlung eigenlobverdächtiger Worthülsen entpuppt. Dann werden die Anteile an „Ausgrenzung, Repression und Diskriminierung" (Schüler-Springorum 1984) sichtbar, die sich nicht mehr so elegant fortformulieren lassen. Doch das kostet Kraft, auch wenn Wagner später sagt, dass die meisten Berufe, auch die im Gefängnis, auf die Dauer alltäglich werden. Bei aller Alltäglichkeit – seine Texte sind Zeugnis der unnachgiebigen Nachdenklichkeit und sperrigen Analyse. Im Vorwort zu Georg Wagners Buch „Das absurde System" beschreibt Müller-Dietz, wie der Verfasser „mit Akribie und unverstelltem Sinn Widersprüche und Inkonsistenzen jenes Systems aufspürt, das in den weiteren gesellschaftlichen Zusammenhang gerückt und von dorther auch gesehen wird." Es kommt nicht von ungefähr, dass sich Schüler-Springorum – wie Wagner ein unbarmherziger Dunkelfelderheller – von seiner Darstellung des absurden Systems angeregt, 1984 in einem Artikel in der Süddeutschen Zeitung zu weiteren Absurditäten äußert: „Die Schuld hinter Gittern – Strafvollzug – eine absurde Veranstaltung". Er unterstreicht die von Wagner ins Licht gerückten Widersprüche innerhalb des strafvollzuglichen Entscheidungsprogramms:

> „Zwar propagiert das Gesetz die Resozialisierung an vorderster Stelle (den Gefangenen befähigen, ‚künftig in sozialer Verantwortung ein Leben ohne Straftaten zu führen', § 2), lässt dann aber die nötigen Handlungsanweisungen vermissen, wie dieses ‚Vollzugsziel' organisatorisch-faktisch in eine Wirklichkeit zu verwandeln sei. Statt dessen steht der einsamen Zielbestimmung eine Vielzahl von Handlungsanweisungen gegenüber, die nur den Belangen von Sicherheit, Ordnung, Repression und reibungslosem Alltagsablauf dienen" (Schüler-Springorum 1984).

Schüler-Springorum stellt fest, dass sich über die Zeitläufte „die Grundstrukturen des ‚Gefängniswesens'" wenig gewandelt haben „und bis heute, wo doch eigentlich Freizeitpädagogik als Vorbereitung auf die zu erwartende Arbeitslosigkeit Trumpf sein müsste, ist", so Wagner, „die einzige inhaltlich bestimmte und grundsätzlich jeden (Gefangenen) bindende Pflicht, die zur Arbeit". Der Rest war und ist stets mehr reformatorische Begleitmusik als Reform. Menschen, die das, was sie wollen, entsprechend formulieren, und das, was sie formuliert haben, auch in die Tat umsetzen, gelten gemeinhin als aufrichtig. Sie haben Prinzipien, an die sie sich halten und auch wenn man diese nicht teilt, ist der Umgang mit diesen Menschen in der Regel sachorientiert und erfolgreich. Sie verfolgen eine Reform, wenn sie eine solche für richtig erachten, wenn sie von ihrer Notwendigkeit überzeugt sind und reduzieren sie nicht auf Begleitmusik. Anders das Wirken unserer Gesellschaft, auf den Strafvollzug gerichtet:

> „Um dies verständlich zu machen, sei ein schlichtes Spiel mit den Verben *wollen, sagen* und *tun* erlaubt. Mit ihnen lassen sich Geschichte und Stand des Strafvollzugs wie folgt beschreiben: Was wir (‚wir' – sozialpsychologisch verstanden, heute gern ‚die Gesellschaft' genannt) mit der Freiheitsstrafe *wollen*, ist Ausgrenzung, Repression und Diskriminierung. Was wir dazu *sagen*, hat – siehe oben – viele Namen, die jedenfalls alle anders klingen als Ausgrenzung, Repression und Diskriminierung. Was wir hingegen *tun*, läuft wiederum auf Ausgrenzung, Repression und Diskriminierung hinaus. Wo steckt der Fehler? Dass wir nicht sagen, was wir wollen, oder nicht tun, was wir (heute: bis ins Strafvollzugsgesetz hinein) sagen? Die Beständigkeit des Auseinanderklaffens scheint mir darauf hinzudeuten, dass wir lieber nicht sagen, sondern sublimieren, was wir in Wirklichkeit wollen; und dass wir auch nicht tun wollen, was wir sagen. Auf diese Weise erreichen wir immerhin zweierlei: den Fortbestand der gesellschaftlichen Schlusslicht-Institution Strafvollzug *und* die Kulturleistung seiner ständigen ‚Reform'"(Schüler-Springorum 1984).

Georg Wagner gehört zu den Menschen, die sagen, was sie wollen und tun, was sie sagen und, wenn sie ratlos sind, innehalten. Verständnisvoll für die Scheuklappen seiner Mitmenschen, wenn letztere das ganze Ausmaß einer Leitlinie nicht erfassen mögen, ist er doch unbarmherzig im Aufspüren der Irrwege, die sie gern im Dunklen belassen hätten. Und wenn man Glück hat, entwirrt er ein wenig das absurde System und begleitet einen ein Stück. So gesehen war meine erste Begegnung mit Georg Wagner im Kellerlabyrinth der JVA Hannover ein bildgebendes Ereignis. In den damals auf meine „Rettung" folgenden Gesprächen mit Rüdiger Wohlgemuth und beim Rundgang durch die Anstalt, fiel mir auf, dass ihm durchgängig Achtung gezollt wurde. Vielleicht liegt es an seiner ruhigen, offenen Art. Er ist grundsätzlich interessiert an seinem Gegenüber. Er kann zuhören und er fragt, weil er etwas über den anderen erfahren möchte und nicht, um einen Ansatzpunkt für Selbstdarstellung zu haben oder der Höflichkeit Genüge zu tun. Dass er mich damals beeindruckte, kam gerade zur rechten Zeit. Mit meinen zwei Jahren, die ich inzwischen als Psychologin im Vollzug gearbeitet hatte, fühlte ich mich schon ziemlich erfahren, ich war sozusagen der Zweitklässler in der Grundschule, der die Unkenntnis und Aufgeregtheit der Erstklässler schon milde belächelt. Georg Wagner ließ mir meine neu erworbene Sicherheit, brachte mich jedoch zu der Erkenntnis, dass ich noch viele Schuljahre vor mir hatte.

Doch auch Georg Wagner ist ein Berührbarer. In seinem Rückblick 1992 ist auch nach 29 Jahren Dienst im Strafvollzug seine Sehnsucht nach Menschlichkeit, nach Gemeinschaft und Wertschätzung noch spürbar:

> „‚Nicht gegeneinander, sondern miteinander!' lautete um 1970 ein Plakattext in der Anstalt, wo ich arbeitete. Auf das Motto hatten sich Personal und Insassen geeinigt. Damals änderte sich einiges grundsätzlich: Freiheitsstrafe blieb nicht mehr strikter Abschluss von der Außenwelt. Mehr Freizügigkeit in den Anstalten wurde zugelassen... Mich banden Menschen hinter Gittern, das bizarre Biotop, Reform und Restauration, Interesse und Kritik, der Streit um Personalstellen, tausend Kleinigkeiten... Manchmal sagte ich mir: ‚Vermutlich bist Du pathologisch bindungsfähig'" (Wagner 1992).

Lange Jahre war er als Leiter für 35 Mitarbeiter und 280 Gefangene zuständig. Für jemanden wie ihn, der keinen Wert darauf legt, es allen recht zu machen, der aber selbstkritisch seinen Mitmenschen Gerechtigkeit zuteil werden lassen möchte, jemanden, dem die Menschen, Gefangene und Mitarbeiter gleichermaßen, am Herzen liegen und der sich im Zweifel auf die Seite der Schwächeren schlägt, eine große Herausforderung. Eine besondere berufliche Situation für sich ließ er jedoch nicht gelten: oft befragt nach der „schweren Belastung" seiner Tätigkeit, gab er zurück, dass sie genau so schwer sei wie andere Tätigkeiten auch.

Georg Wagner ist durchaus gefangen – vielleicht fasziniert – von dem absurden System, er ist aber kein Verirrter in den Labyrinthen des Vollzuges geworden, er wusste immer, wo er stand. Das Strafvollzugsgesetz war 10 Jahre alt und viele, die noch nicht aufgegeben hatten, auf seine Segnungen zu warten, waren der Meinung, dass es sich noch gar nicht richtig hatte konsolidieren können, als Wagner bereits feststellte, dass sich die Resozialisierung auf dem Rückweg befand. „Die Resozialisierung von Straftätern weicht immer mehr dem Einkerkern alten Stils" (Wagner 1988).

Dabei hatte doch eigentlich alles so gut angefangen. In einer von Wagners Vorlesungen hatte eine Studentin gefragt, warum es überhaupt Gefängnisse gäbe:

> „Für das Lösungsdenken der sechziger und siebziger Jahre war die Frage der Studenten typisch. Diskussionen gingen an den Rand der Dinge. Das Gefängnis wurde nicht als naturgegeben hingenommen. Nach Jahrzehnten der Konsolidierung gestattete sich die bundesrepublikanische Gesellschaft, ihre innere Verfassung, die Verteilung der Privilegien, die Existenz ihrer Randgruppen vor allem, in Frage zu stellen. Soziale Unterschiede wurden als politische Provokation erlebt. Man sprach oft und gern von ‚Unterprivilegierten', ein Wort, das aus der Mode gekommen ist.
> Unterprivilegierte – so sah man es – fielen ungewöhnlich häufig totalen Institutionen anheim: als Kinder und Jugendliche den Erziehungsheimen, als seelisch Behinderte den Nervenheilanstalten, als kriminell Auffällige den Strafanstalten. Reformbestrebungen wandten sich diesen Bereichen zu. In das Umfeld passt das Wort des damaligen Bundespräsidenten Heinemann vom Strafgefangenen als ‚Staatsbürger hinter Gittern'" (Wagner 1988).

Nicht nur Wagner stellt fest, dass diese Zeiten vorbei sind und die Bundesbürger „Sühne und Abschreckung hinter Gittern“ sehen wollen. Fast zur selben Zeit weiß auch Schwind im November 1987 im Rahmen einer Fachtagung zum Thema „10 Jahre Strafvollzugsgesetz“ zur Frage „Hat sich das Strafvollzugsgesetz in der Praxis bewährt?“ einiges aus eigener Erfahrung zu berichten.

> „Rotthaus, der Präsident des Vollzugsamtes Köln, verwies unlängst darauf, dass die ‚Wende‘ der Rechtsprechung ein deutliches Zeichen ist, dass sich in der Einstellung der Gesellschaft zu den Problemen der Kriminalität ein Wandel vollzogen hat. Ich selbst erlebe seit etwa zwei Jahren in der Strafvollzugsvorlesung, dass bei der Besprechung des Behandlungsvollzuges von Studenten (und zwar unter dem Beifall des Hörsaals) gefragt wird, wo denn da die Abschreckung und der Schuldausgleich bleiben. Eine solche Reaktion wäre vor wenigen Jahren noch undenkbar gewesen. Den Studenten konnten damals die Reformbestrebungen gar nicht weit genug gehen. Die Gefangenen gehörten zur gefragtesten Randgruppe. Dass sich in der Einstellung der Bevölkerung ein Wandel vollzieht, belegen auch die Ergebnisse einer Bochumer Meinungsumfrage, die schon eine dramatische Meinungsveränderung dokumentieren“ (Schwind 1988).

Mit dieser Meinungsumfrage wurden Einwohner der Stadt Bochum in den Jahren 1975 und 1987 nach dem Sinn einer Freiheitsstrafe befragt. Im Ergebnis stellte sich heraus, dass zwar noch weit über die Hälfte (1975) und knapp die Hälfte (1987) der Befragten der Besserung und Wiedereingliederung eindeutig den Vorrang einräumten. Mit abnehmender Bedeutung der Besserung und Wiedereingliederung wurde jedoch die Zunahme für die Sinnhaftigkeit von Sühne und Abschreckung deutlich (Schwind 1988).

Dass die Überzeugung, die Resozialisierung müsse an erster Stelle der Vollzugsziele stehen, bereits bröckelt, bevor das Gesetz 10 Jahre alt wird, zeigt der Vortrag des damaligen Ministers des Landes Baden-Württemberg für Justiz, Dr. Heinz Eyrich, auf derselben Fachtagung. Zwar hat er sich die Resozialisierung noch auf die Fahnen geschrieben und sagt, dass er die Vollzugsziele, zuvorderst den Gefangenen zu einem straffreien Leben in sozialer Verantwortung zu befähigen und daneben die Allgemeinheit vor weiteren Straftaten zu schützen, „nach wie vor für zeitgemäß und richtig“ halte:

> „Der Vollzug nach der damaligen Dienst- und Vollzugsordnung wurde später eher abfällig als ein unzeitgemäßer und ineffektiver ‚Verwahr- und Sühnevollzug‘ bezeichnet. Die Vollzugsziele des neuen Strafvollzugsgesetzes sollten sich davon deutlich unterscheiden und sie tun dies auch“ (Eyrich 1988).

Doch dann kommt die Vorlage für Schüler-Springorums Spiel mit den Verben *wollen*, *sagen* und *tun*:

> „Man kann nicht den Täter einer schweren Straftat zu einer hohen Strafe verurteilen und im Rahmen des Vollzugs dieser Strafe so tun, als habe der Betreffende keine schuldhafte Straftat begangen. Der Strafvollzug ist eben keine reine Maßnahme der sozialen Hilfe, sondern nicht unmaßgeblich eine Maßnahme der Strafrechtspflege."
> Von daher plädiert er auch dafür, die Schuld des Straftäters und die allgemeinen Strafzwecke bei „bestimmten vollzuglichen Entscheidungen zu berücksichtigen" (Eyrich 1987).

Die Resozialisierung als Leitlinie vollzuglicher Entscheidungsprozesse wird wieder der Dunkelheit übergeben. Den von Heinemann zitierten Staatsbürger hinter Gittern gibt es nicht mehr. Die Bezeichnung impliziert, dass die Gefängnisinsassen „Bürger wie du und ich" sind, mit allen Rechten und Pflichten eines Staatsbürgers, und das kann nicht sein. Auch der „Kunde", mit dem man vor einiger Zeit noch seine wertfreie – rein geschäftsmäßige – Gesinnung unter Beweis stellen konnte, ist wieder aus der Mode gekommen. Kunden wollen bedient werden und das ist nicht so ganz unser Streben. Besser, wir grenzen uns ab und sprechen von Gefangenen, Insassen, Straftätern oder Rechtsbrechern.

In meinem Bücherschrank steht – wohl gehütet – ein kleines Buch, ein Taschenbuch: „Der rationale Wahn", Nuklearaggression und Abwehrsystem. Georg Wagner hat es 1987 veröffentlicht. Wohl gehütet, weil es am 07.09.1988 mit einer Widmung versehen wurde „Zur Erinnerung an einen Spaziergang mit Bruno und Benja an der Elbe". Noch heute erinnere ich mich an diese seltsame Mischung von konzentriertem Gedankenaustausch mit einem klugen Zuhörer und banaler Auseinandersetzung mit zwei Hunden, Bruno und Benja, die den Elbkaninchen auf der Spur waren. Das Buch lässt ahnen, warum Georg Wagner Licht ins Dunkel bringen muss, warum er die, die man im Dunkeln nicht sieht, nicht im Dunkeln belassen will.

Georg Wagner ist ein Kind von neun Jahren, als der 2. Weltkrieg beginnt. Aufgewachsen in einer Zeit der alltäglichen Demütigung und Entrechtung der Juden erinnert er Szenen aus dieser Zeit als „Schlaglichter damaliger Sozialisationserfahrungen". Er beschreibt die Massenvernichtung als einen kollektiven, sich zeitlich und örtlich verdichtenden Prozess. „Bemerkenswert ist weniger Wissen und Beteiligung darum, sondern die Form des, wie ich es nennen möchte, dosierten Nichtwissens" (Wagner 1987, 25). Er beschreibt die selektive Wahrnehmung und Verarbeitung von Daten, Wissen, das im Dunkeln bleibt: "… ein jeder sorgte für den ihm zuträglichen Wissensstand, der keine ihn gefährdenden Handlungen nahe legte und der geeignet schien, das eigene Tun zu legitimieren" (ebd., 39). Ihn beschäftigt die eigentümliche Moral dieser Zeit, die Moral des Tötens und Mordens, die es den ganz normalen Tätern möglich macht, ihre Verbrechen nicht nur zu entkriminalisieren, sondern sie als schwere Arbeit mit Stolz zu betrachten.

Die „Schlaglichter damaliger Sozialisationserfahrungen" haben ihn wohl nicht mehr losgelassen, möglich, dass sie ursächlich sind für seine unnachgiebige Nachdenklichkeit und sperrige Analyse. Er muss – und mag es ihm auch schwer fallen – Dinge ans Licht holen, Ungereimtheiten beim Namen nennen und Diskriminierungen entlarven.

Georg Wagner hat mich nicht nur aus dem Labyrinth des hannoverschen Gefängnisses errettet, er hat mich nicht nur vor der Gefahr drohender Selbstüberschätzung bewahrt, er stellte sich in harten Zeiten an meine Seite, machte (öffentlich) deutlich, dass er mich verstanden hatte (Rezension zu meinem Buch „Die Geisel" 1998 in der Süddeutschen Zeitung). Das tat gut.

Manchmal denke ich darüber nach, wie unser Elbspaziergang heute, 17 Jahre später, verlaufen würde. Natürlich wieder mit Hund, aber nur mit einem. Georg würde fragen, was ich denn so tue in meinem Kriminologischen Dienst. Mit der ihm eigenen Sorgfalt würde er alles aufnehmen, was ich ihm erzähle. Aber er würde auch das hören, was ich nicht erzähle. Und es wäre interessant, genau darüber mit ihm zu sprechen.

Literatur

Eyrich H. (1988). Hat sich das Strafvollzugsgesetz bewährt? In: Schwind H.-D., Steinhilper G. & Böhm A. (Hrsg.), *10 Jahre Strafvollzugsgesetz.* Heidelberg: Kriminalistik Verlag.

Schüler-Springorum H. (1984). Die Schuld hinter Gittern. *Süddeutsche Zeitung,* 1./2. September.

Schwind H.-D. (1988). Einführung in das Tagungsthema. In: Schwind H.-D., Steinhilper G. & Böhm A. (Hrsg.). *10 Jahre Strafvollzugsgesetz.* Heidelberg: Kriminalistik Verlag.

Wagner G. (1972). *Psychologie im Strafvollzug.* München: Goldmann.

Wagner G. (1984). *Das absurde System – Strafurteil und Strafvollzug in unserer Gesellschaft.* Heidelberg: C. F. Müller.

Wagner G. (1987). *Der rationale Wahn – Nuklearaggression und Abwehrsystem.* Frankfurt a. M.: Fischer.

Wagner G. (1988). Sühne ist sinnlos. *Die Zeit,* 8. April.

Wagner G. (1992). Das Gefängnis ist ein magisches Haus. *Süddeutsche Zeitung,* 12./13. Dezember.

Wagner G. (1998). Die Frau, das ewige Opfer. Rezension zum Buch „Die Geisel" in der Süddeutschen Zeitung. *Berliner Tagesspiegel,* 7. September.

Die Verrechtlichung des Strafvollzugs

von Heinz Müller-Dietz

1. Georg Wagner und das (Strafvollzugs-)Recht

In seinem 1984 in erster, 1985 in zweiter Auflage erschienenen Werk „Das absurde System" hat sich *Georg Wagner* intensiv mit der Rolle des Rechts – namentlich des StVollzG – hinsichtlich der Aufgaben und inhaltlichen Gestaltung des Strafvollzugs auseinandergesetzt (Wagner 1984). Er hat in diesem Zusammenhang vor allem die „innere Stimmigkeit" der Regelungen im Hinblick auf das Vollzugsziel der Resozialisierung analysiert, also die vom Gesetz normativ bereitgestellten Mittel an ihrer Eignung für die grundsätzliche Aufgabe gemessen, die der Institution als Ganzes gestellt ist. Dies hat sich – nicht nur, aber gerade für ihn – als eine keineswegs nur juristische, sondern auch als organisationssoziologische und -psychologische Fragestellung erwiesen (ebd., 57 ff., 69 f.). Demnach hängt von der systemkonformen Ausgestaltung der „Ziel-Mittel-Relation" nicht nur die rechtliche Qualität des ganzen Gesetzeswerkes – etwa in Bezug auf seine innere Übereinstimmung mit sich selbst, seine Widerspruchsfreiheit – ab, sondern auch seine Tauglichkeit für eine Veränderung der sozialen Wirklichkeit im Sinne des Reformprogramms (vgl. auch Ohler 1977). Die normative Konsistenz eines Gesetzeswerkes selbst ist ja immer schon eine genuin juristische Fragestellung gewesen.

Georg Wagner hat in seiner Analyse daher nicht allein an juristische Interpretationen des StVollzG angeknüpft, die damals vorgelegen haben, sondern auch an organisationssoziologische Studien zur Vollzugsanstalt (z. B. Ohler 1977), die insbesondere auf institutionelle Ansätze von *Renate Mayntz* (1963) und *Niklas Luhmann* (1972, 1983, 1984) zurückzuführen sind. Das Ergebnis seiner Untersuchung ist weitgehend kritisch ausgefallen. So hat er nicht nur spezifische kriminaltherapeutische Handlungsanweisungen im Gesetz vermisst (Wagner 1984, 79), sondern ein insgesamt konsistentes Entscheidungsprogramm, das die normativ vorgesehenen Maßnahmen konsequent an der vorgegebenen Zielsetzung des Strafvollzugs orientiert (ebd., 177).

Es ist hier nun nicht der Ort zu prüfen, ob und inwieweit der Befund, den *Georg Wagner* 1984 am StVollzG erhoben hat, gar noch zwanzig Jahre später seinerseits einer kritischen Betrachtung standhält. Von vermutlich größerem Interesse ist heute der Umstand, dass der Jubilar in seiner damaligen Untersuchung eine grundsätzliche Veränderung der Rolle angemahnt hat, die das Recht im Prozess des Strafens –

zunächst was die Gestaltung des gerichtlichen Verfahrens selbst und dann, was den Strafvollzug anlangt – ein- und wahrnimmt. Das hat er denn auch gegen Ende seiner Studie unmissverständlich zum Ausdruck gebracht: „Es geht sehr wesentlich um ein verändertes Verhältnis zu Mensch und Gesellschaft und nicht zuletzt um die künftige Rolle und Geltung des staatlichen Rechtssystems überhaupt“ (ebd., 149).

Von diesem Ausgangspunkt aus bietet es sich geradezu an, die Erscheinungsformen und Entwicklungsprozesse des modernen Rechts zu überdenken – nicht zuletzt wie sie am Strafvollzugsrecht selbst zu diagnostizieren sind. Dafür mögen unterschiedliche Ansatzpunkte und Betrachtungsweisen in Frage kommen. Einer von ihnen ist jedenfalls der Topos der sog. „Verrechtlichung“, der seit einiger Zeit keineswegs nur in der Gesetzgebungslehre erheblich an Bedeutung gewonnen hat (vgl. etwa Voigt 1980; Werle 1981; Kübler 1984; Ellscheid 1985; Bock 1986, 1988, 1997). Gewiss schöpft er beileibe nicht die ganze Problematik aus, die sich in dem Anspruch äußert, die soziale Wirklichkeit – namentlich die Beziehungen der Bürger untereinander, aber auch zum Staat – im Sinne normativer, insbesondere verfassungsrechtlicher Vorgaben regeln zu wollen. Doch schließt jener Begriff – wie noch zu zeigen ist – eine ganze Reihe von Fragestellungen ein, die für die „juristische Moderne“ paradigmatischen Charakter haben (vgl. etwa Gephart 1993). Freilich erschiene es – ohne hier nun mit den üblichen Reservationen operieren zu wollen – vermessen, aus einer solchen Betrachtung bereits Antworten für die zukünftige Rolle des Rechts in Gesellschaft und Staat – namentlich auf dem prekären und heiklen Gebiet des Strafvollzugs – herleiten zu wollen. Aber vielleicht lässt eine ansatzweise Bestandsaufnahme wenigstens erkennen, auf welchem Weg wir uns insoweit befinden.

2. Verrechtlichungstendenzen als Kennzeichen moderner Rechtsentwicklung

Was unter Verrechtlichung zu verstehen ist, ist in einer Vielzahl neuerer Studien beschrieben und analysiert worden. Offenkundig handelt es sich dabei insgesamt um einen Entwicklungsprozess, der die „juristische Moderne“ in einem besonderen, gesteigerten Maße und in einer spezifischen Weise kennzeichnet. Aus der Vielzahl einschlägiger Untersuchungen sei hier nur auf Arbeiten des Rechtssoziologen *Rüdiger Voigt* verwiesen, der an diesem Verlauf namentlich zwei Befunde erhoben hat: die signifikante Zunahme von Gesetzen und Rechtsnormen überhaupt und eine wachsende Spezialisierung und Ausdifferenzierung rechtlicher Regelungen im Ganzen (Voigt 1981). Diese Prozesse vollziehen sich *Voigt* zufolge im wesentlichen in drei Formen: in Gestalt einer Vergesetzlichung durch legislatorische Entscheidungen des Parlaments, einer Bürokratisierung, die der Verwaltung zu einem Kompetenzzuwachs verhilft, und einer Justizialisierung des Rechtslebens, welche die Rechtsanwendung und –gestaltung einer umfassenden richterlichen Kontrolle unterwirft (ebd., 5 ff.). In letzterer Hinsicht sind nicht zuletzt die Zuständigkeiten und die Entscheidungspraxis des BVerfG, des EGMR und des EuGH symptomatisch.

Verrechtlichung ist ein Thema, das zahlreiche Aspekte birgt und bündelt. Sie stehen freilich alle in mehr oder minder engem Zusammenhang miteinander und schaukeln sich auch wechselseitig hoch. Aus der Vielzahl einschlägiger Tendenzen seien hier nur einige wenige herausgegriffen, die in der modernen Rechtsentwicklung besonders in Erscheinung treten.

Zum einen werden Bereiche des gesellschaftlichen Lebens zunehmend vom Gesetzgeber in Anspruch genommen oder okkupiert, deren Regelung bisher weitgehend oder völlig gesellschaftlichen Normen des Brauches oder der Sitte oder der Selbstregulierung durch gesellschaftliche Institutionen anheim gegeben war. Dafür dürfte es verschiedene Gründe geben, die untereinander wiederum Wechselbeziehungen aufweisen, zumal sie vorrangig im Phänomen des gesellschaftlichen Wandels zu verorten sind. Traditionelle soziale Normen haben verschiedentlich an innerer Verbindlichkeit und äußerer Geltungskraft eingebüßt. Überkommene gesellschaftliche Institutionen sind etwa aufgrund einer Veränderung des Wertekanons brüchig oder fragwürdig geworden. Alte Strukturen mögen sich infolge des technischen, wirtschaftlichen und wissenschaftlichen Fortschritts überlebt haben. Namentlich dem Phänomen des „Wertewandels" wird insoweit oft ein erheblicher Einfluss zugeschrieben.

Zum anderen entstehen wiederum dank des wissenschaftlichen, technischen und wirtschaftlichen Fortschritts fast ständig neue Gebiete gesellschaftlicher Betätigung, die jedenfalls auf längere Sicht oder gar auf Dauer nach einer normativen Gestaltung verlangen, schon weil die ihnen innewohnenden oder von ihnen ausgelösten Wertentscheidungen und Interessenkonflikte nicht privater oder gesellschaftlicher Regelung überlassen bleiben können. Beispiele dafür halten etwa die Bereiche des Datenschutzes und der Genforschung bereit, deren Problemlagen in vielfacher Hinsicht rechtliche Gestaltung und Ordnung erfordern.

Der Prozess der Verrechtlichung unterliegt heute gerade in technisch und wissenschaftlich neu erschlossenen Bereichen aber auch der Notwendigkeit, begriffliche und inhaltliche Anleihen bei den Fachdisziplinen aufzunehmen, die von der Regelung unmittelbar betroffen sind. Ein markantes Beispiel dafür bildet auf dem Gebiet der Genforschung das Embryonenschutzgesetz, das in reichem Maße medizinisches Vokabular verwendet. Ohnehin sind untergeordnete technische Regelungen – welchen normativen Rangs auch immer – fast durchweg vom Sprachgebrauch und Begriffsverständnis der jeweiligen Materien geprägt.

Verrechtlichung hat darüber hinaus heute aufgrund der Verflechtung und wechselseitigen Abhängigkeit verschiedener Arbeitsgebiete und Rechtsmaterien zunehmend zur Konsequenz, dass die Folgen neuer Vorschriften auf einem bestimmten Gebiet in anderen Regelungsbereichen entsprechend berücksichtigt werden müssen. Es kann hier Rückkoppelungseffekte geben, die den Gesetzgeber dazu zwingen können, das Auseinanderdriften von Rechtsmaterien zu verhindern und auf die immer wieder postulierte „Einheit der Rechtsordnung" hinzuwirken (Engisch 1935). Dadurch sollen teils widersprüchliche Regelungen, teils unterschiedliche Bewertungen vergleichbarer Sachverhalte vermieden werden.

Des weiteren nimmt in gesetzlich – oder anderweitig rechtlich – geregelten Materien vielfach die Normdichte zu. Das ist in der Regel eine Folge des Anwachsens gesellschaftlicher Komplexität – und beileibe nicht nur der Insuffizienz eines Gesetzgebers geschuldet, dem die Fähigkeit und Tugend zur sachadäquaten Normierung aufgrund der Hektik der Zeit und der Fülle seiner Verpflichtungen allmählich abhanden gekommen ist. Die Verhältnisse in den meisten Lebensbereichen haben infolge ihrer Ausdifferenzierung, Verfeinerung und Spezialisierung an Überschaubarkeit und Transparenz verloren. Das gilt sowohl im Hinblick auf den vieldiskutierten Prozess der Individualisierung als auch die Entstehung von Teil- oder Subkulturen innerhalb der Gesamtgesellschaft – von multiethnischen Entwicklungen einmal ganz abgesehen.

Wachsende Normdichte verdankt sich offenkundig aber auch justizstaatlichen Tendenzen, die zu einem geschichtlich bisher wohl unerreichten Bedeutungszuwachs der „Dritten Gewalt" im Staate geführt haben.[1] Die Ausweitung gerichtlicher Entscheidungsbefugnisse und Kontrolle geht nicht zuletzt in jene beiden Richtungen, die für den Verrechtlichungsprozess insgesamt charakteristisch sind: Namentlich unter dem Vorzeichen verfassungsrechtlicher Garantien ist der Zugang des Bürgers zu den Gerichten in grundlegender Weise erweitert, diesen selbst die Befugnis zu umfassender Kontrolle hoheitlichen Handelns eingeräumt worden (Art. 19 Abs. 4 GG). Darüber hinaus entstehen neue Materien, die rechtlich erschlossen, will heißen rechtlich geregelt werden, so dass im Konfliktfall Gerichte tätig werden müssen.

Die angedeutete Ausdifferenzierung und Spezialisierung der Lebensverhältnisse hat zugleich zur Folge, dass im Rahmen justizieller Tätigkeit ein Richterrecht entsteht – entweder weil das geltende Recht unbeabsichtigte oder neu eingetretene Lücken aufweist oder weil der Gesetzgeber seinerseits Rechtsreformen versäumt hat, die aufgrund der verfassungsrechtlichen Lage, neuer Erfahrungen der Praxis

[1] Zur Bedeutung und Problematik richterlicher Gewalt im Rechtsstaat des GG und in der heutigen Gesellschaft z. B. Bachof 1997; Wassermann 1985; Hochschullehrer der Juristischen Fakultät der Universität Heidelberg 1986; Hillgruber 1996; Gilles 1998; Rüthers 2002, Walter 2003; Steiner 2004.

oder des gesellschaftlichen Wandels notwendig geworden sind. Beispielhaft dafür erscheinen die Bereiche des Jugendstrafvollzuges (vgl. dazu Pollähne, Bammann & Feest 2004; Eisenberg 2004) und der Untersuchungshaft [2],die ungeachtet verschiedener Anläufe noch einer speziellen gesetzlichen Regelung harren. Die mehr oder minder häufige Herausbildung von Richterrecht weist vor allem jene Merkmale auf, die für die Rechtsentwicklung im allgemeinen charakteristisch sind: Der Rechtsstoff vermehrt sich; die Normdichte – in bereits geregelten Materien – nimmt zu.

Ein weiterer Aspekt des Verrechtlichungsprozesses liegt darin, dass eine pluralistische Gesellschaft durch heterogene, nicht selten sogar antagonistische Interessen und Bedürfnisse gekennzeichnet ist. Dies erfordert häufig Abwägungen, das gesetzliche Austarieren unterschiedlicher Interessen und mündet dementsprechend oft in Kompromisse. In diese Richtung weisen auch demokratische Entscheidungsprozesse im parlamentarischen Raum, die ja ihrer Natur nach immer wieder auf legislatorischen Ausgleich divergierender oder gar gegensätzlicher Bedürfnisse und Erwartungen drängen. Sie haben dann vielfach die Bildung gesetzlicher Fallgruppen, wenn nicht gar kasuistischer Regelungen zur Folge. Der Anspruch des allgemein und für alle in gleicher Weise geltenden Gesetzes und das Ziel, der Einzelfallgerechtigkeit in möglichst weitem Umfang entgegenzukommen, können oft genug, wenn überhaupt, nur durch detaillierte Regelungen miteinander in Einklang gebracht werden.

Schließlich ergeben sich neue Zwänge für gesetzliche Regelungen aus internationalen, völkerrechtlichen Verpflichtungen. Das wird beispielsweise auf der europäischen Ebene an den Richtlinien deutlich, welche die EU-Kommission erlässt und den Mitgliedsstaaten zur gesetzlichen Realisierung und Konkretisierung aufgibt. Im internationalen Bereich haben die Bestrebungen zur verbindlichen rechtlichen Durchnormierung zwischenstaatlicher und multilateraler Beziehungen sichtlich zugenommen. Das gilt auch für völkerrechtlich bindende Abkommen oder Vereinbarungen, die das Verhältnis von Staaten zu ihren eigenen Bürgern, aber auch zu Ausländern zum Gegenstand haben. Das bedeutsamste Beispiel im europäischen Bereich bildet die EMRK, die gerichtlich durchsetzbare Garantien von Menschenrechten Beschuldigter und Inhaftierter enthält. Als justizielle Institution, die von Betroffenen nach Erschöpfung des innerstaatlichen Rechtswegs angerufen werden kann und über die Einhaltung dieser Rechte zu wachen hat, existiert bekanntlich der EGMR in Straßburg. Was ehedem in Epochen uneingeschränkter nationalstaatlicher Souveränität eine Frage von Machtbeziehungen und faktischen Durchsetzungsmöglichkeiten gewesen ist, soll nunmehr – wenn auch oft genug

[2] Vgl. etwa Paeffgen & Seebode 1999, 524-526 oder Kubach 2004. Nunmehr liegt aber ein neuer Referentenentwurf für ein Untersuchungshaftvollzugsgesetz vor.

schrittweise und von vielen Rückschlägen begleitet – rechtlicher Regelung und infolge dessen gerichtlicher Kontrolle unterworfen werden.

3. Zur Ambivalenz des Verrechtlichungsprozesses

Eine vertiefte Analyse heutiger Gesetzgebung, die sämtliche relevanten Aspekte der gesellschaftlichen Moderne einbezieht, würde ein eigenes Werk erfordern. Die hier aufgezeigten Entwicklungstendenzen sind keineswegs zufälliger oder willkürlicher Art. Sie haben augenscheinlich sehr viel mit gesellschaftlichen Verhältnissen und Abläufen zu tun, die auf der einen Seite unter den Vorzeichen der Individualisierung und des Auseinanderdriftens von Gruppeninteressen, auf der anderen Seite unter den Vorzeichen der Internationalisierung und Globalisierung stehen (vgl. Bauman 2002) – die in traditioneller Sicht nicht selten anomische Züge aufweist. Insofern bildet das jeweilige Recht – jedenfalls bis zu einem gewissen Grade – die vorfindliche gesellschaftliche Wirklichkeit ab oder kann zumindest als deren Ausdruck verstanden werden. Ist diese aber durch Individualisierung und Ausdifferenzierung, aber auch durch eminente Verflechtungen, Abhängigkeiten und Machtunterschiede gekennzeichnet, dann erweitert sich damit zwangsläufig auch der Geltungs- und Anwendungsbereich des Rechts, nimmt folgerichtig auch die normative Komplexität zu – die ihrerseits nach immer mehr und feinerem juristischen Sachverstand verlangt.

Die augenfälligsten Konsequenzen, die der Prozess der Verrechtlichung demnach zeitigt, bestehen in einer wachsenden Zunahme von Rechtsnormen und ihrer gesteigerten Komplexität. Zur Folge hat er aus den skizzierten Gründen aber auch eine deutliche Zunahme gerichtlicher Entscheidungen, die sich mit der Fülle und Vielgestaltigkeit des sich laufend vermehrenden Rechtsstoffs auseinandersetzen müssen und obendrein noch selber zu den Zuwachsraten beitragen. Diese Entwicklung hat offenkundig weitreichende gesellschaftliche Auswirkungen: Dadurch, dass die Entscheidung und Lösung gesellschaftlicher Konflikte und Probleme immer mehr zur Sache des Rechts und der Juristen geworden sind, werden juristische Laien – selbst wenn sie Fachleute auf anderen Gebieten sind – hinsichtlich ihrer eigenen Handlungs- und Entscheidungsmöglichkeiten auch immer stärker zurückgedrängt. Sie büßen auf Dauer möglicherweise sogar an „Konfliktlösungskapazität“ ein, was sich gerade auf die Bewältigung gesellschaftlicher Alltagssituationen negativ auswirken kann.[3]

---

[3] Zum Konzept von *Jürgen Habermas*, der den Verrechtlichungsprozess als „Kolonialisierung der Lebenswelt“ begriffen hat, *Gephart* 1993, 168 ff.

Es überrascht deshalb nicht, dass das moderne Recht von seinem Umfang und seiner Struktur her nicht nur verbreiteten gesellschaftlichen Erwartungen, sondern auch vielfachen juristischen Vorstellungen zuwiderläuft, die auf deutliche Reduzierung des Rechtsstoffs und möglichst einfache, überschaubare und verständliche Regelungen gerichtet sind. Die geschilderten Verrechtlichungstendenzen haben denn auch schon seit geraumer Zeit Gegenbewegungen auf den Plan gerufen, die zumeist mit den Begriffen „Entrechtlichung", „Deregulierung" und „Entbürokratisierung" umschrieben werden (vgl. Voigt 1983; Vobruba 1992; Rhode 1993; Gericke 2004). Die mehr oder minder beredte Klage über die „Normenflut" (vgl. Mayer-Maly 1985; Gessenharter 1991; Zuck 1997) hat längst Konsequenzen nach sich gezogen – wenngleich man über deren Ertrag durchaus streiten kann. Auch die Gegenbewegungen schließen eine ganze Reihe mehr oder minder unterschiedlicher Ansätze ein, deren gemeinsame Zielrichtung aber die Zurückdrängung des Rechts und der Richtermacht zugunsten gesellschaftlicher Regelungs- und Konfliktlösungsmuster darstellt.

Freilich begegnen die ebenso populären wie verständlichen Forderungen, die Fülle der Rechtsnormen zu reduzieren sowie möglichst einfache und überschaubare Regelungen zu treffen, Einwänden, die sich gerade aus den Ursachen, der Natur sowie dem Ablauf des Verrechtlichungsprozesses selbst speisen. Wenn eben gesellschaftliche Normensysteme oder Institutionen versagen oder über kein ausreichendes Regelungs- und Konfliktlösungspotenzial verfügen, treten zwangsläufig das Recht und die von ihm getragenen oder kreierten Institutionen an ihre Stelle. Häufig werden auch mehr oder minder komplizierte rechtliche Regelungen mit der Vielgestaltigkeit des Lebens und dem Gebot sachgemäßer Normierung, die Komplexität des Rechts mit dem Bestreben des Rechts begründet, gerechte Einzelfallentscheidungen zu ermöglichen.

Es kommt hinzu, dass in vielfacher Hinsicht die gesellschaftlichen Erwartungen an das Recht gerade gestiegen sind (vgl. Stolleis 2003), dass in rechtliche Regelungen ein besonders hohes Vertrauen gesetzt wird. Wenn andere Mechanismen und Institutionen ihre Funktion, Interessenkonflikte befriedigend zu lösen, nach Auffassung der Gesellschaft – oder wenigstens maßgebender Kreise – aus welchen Gründen immer nicht oder nicht mehr ausreichend erfüllen können, wird rasch der Ruf nach dem Recht, ja nach dem Gesetzgeber erhoben. Das Vertrauen in seine Regulierungskapazität scheint ungeachtet vieler kritischer Vorbehalte gegenüber dem geltenden Recht ungebrochen. Es hat – wie nicht zuletzt die internationale Entwicklung erkennen lässt – zunehmend die Bereitschaft gestärkt, hinsichtlich der Beziehungen der Staaten zueinander, aber auch im Verhältnis zu ihren Bürgern auf rechtliche Regelungen und Institutionen zu setzen.

Wir haben es also mit einer durchaus ambivalenten Situation zu tun, in der sich unterschiedliche, ja sogar gegenläufige gesellschaftliche Erwartungen an das Recht richten. Ebenso wie man ja den Verrechtlichungsprozess insgesamt als ambivalenten Vorgang kennzeichnen kann, der, dem Fortschritt vergleichbar, ausgesprochen janusköpfig erscheint. Darin mag auch einer der vielen Gründe dafür liegen, dass Bemühungen um Deregulierung allem Anschein nach bisher nur wenig Erfolg gehabt haben (Wulfhorst 2004, 82-85).

4. Der Verrechtlichungsprozess auf dem Gebiet des Strafvollzugs

Das Inkrafttreten des StVollzG ist seinerzeit als Erfüllung einer alten, seit dem 19. Jahrhundert erhobenen Forderung begrüßt worden. Diese Sichtweise hat bis heute Bestand. Sie hat gerade unter der Geltung des GG an nicht zu unterschätzender Bedeutung gewonnen. Dass das Gesetz allein schon aus rechtsstaatlichen Gründen erforderlich ist, um die Einschränkungen von Grundrechten des Strafgefangenen sowie die Eingriffsbefugnisse der Vollzugsbehörden zu legitimieren, hat daher folgerichtig namentlich das BVerfG bekräftigt (vgl. BVerfGE 33, 1). Es hat dann auch unter sozialstaatlichem Vorzeichen die Normierung des Vollzugsziels der Resozialisierung verfassungsrechtlich untermauert (vgl. BVerfGE 35, 202). An der Notwendigkeit der gesetzlichen Regelung hat denn auch zu keiner Zeit auch nur der geringste Zweifel bestanden. (Zur Vorgeschichte vgl. etwa *Calliess & Müller-Dietz* 2005, Einl. Rn. 22 ff.)

Konzept und Ansatz des StVollzG haben seinerzeit nicht nur unter rechtsstaatlichem Vorzeichen, sondern auch und gerade aus reformpolitischen Erwägungen weitgehende Zustimmung gefunden. Gewiss hat schon am Anfang die kritische Frage gestanden, wie man der grundsätzlichen Schwierigkeit begegnen könne, „durch ein Gesetz eine Reform zu bewirken" (Schüler-Springorum 1979, 869-889). An diese Problematik hat namentlich *Karl Peter Rotthaus* angeknüpft, als er 1987 die Bedeutung des StVollzG für die Reform des Strafvollzugs analysiert hat (Rotthaus 1987, 1-5). Recht bald hat sich dementsprechend die Diskussion auf die Erfahrungen der Vollzugspraxis mit der Anwendung des Gesetzes, aber auch auf ihren Umgang mit ihm konzentriert. Freilich sind in der Folgezeit – ungeachtet grundsätzlicher Anerkennung des rechtsstaatlichen Fortschritts, den das Gesetz gebracht hat und bedeutet – nicht nur die Probleme praktischer Verwirklichung, etwa einschlägiger Defizite, artikuliert, sondern auch die Grundfragen nach der Zielsetzung und Orientierung des Strafvollzugs aufgeworfen worden.[4] Dies hat denn auch die Diskussion über die Verrechtlichung des Strafvollzugs immer wieder beeinflusst.

---

[4] Vgl. z. B. die Bestandsaufnahmen und Analysen in: Bitburger Gespräche, Jahrbuch 1986/2; Schwind, Steinhilper & Böhm 1988; Müller-Dietz & Walter 1995.

Doch ist auch – und gerade vom grundsätzlichen konzeptionellen Ausgangspunkt aus – Kritik an mangelnder rechtlicher Normierung der Materie laut geworden. Ein Beispiel dafür hat schon in einer relativ frühen Phase – wie eingangs erwähnt – *Georg Wagner* geliefert (Wagner 1984, 7-9). Entzündet hat sich die Kritik – die insoweit bis heute anhält – nicht zuletzt an dem Umstand, dass eine ganze Reihe von Vorschriften des StVollzG, die einen mehr oder minder elementaren Bestandteil seines ursprünglichen sozialstaatlichen Konzepts verkörpern, aus Kostengründen bisher entweder nicht in Kraft gesetzt worden sind (§ 198 Abs. 3 und 4) oder bis zum Inkrafttreten des besonderen Bundesgesetzes – dessen Erlass freilich in keiner Weise terminiert ist – in Form von Übergangsfassungen gelten (§ 199; vgl. zum Ganzen nur *Calliess & Müller-Dietz* 2005, § 198 Rn. 1-3, § 199 Rn. 1 u. 2).

Relativ früh schon hat die Eigenart der Materie – die nach einem sinnvollen kriminalpräventiven, zukunftsorientierten Umgang mit Strafgefangenen und dementsprechend nach einer darauf ausgerichteten Vollzugsgestaltung verlangt – in die Diskussion über die Verrechtlichung Eingang gefunden. Aus sozialtherapeutischer Sicht ist etwa auf die Problematik hingewiesen worden, dass Behandlungsangebote oder –möglichkeiten im weitesten Sinne leicht eine kontraindizierte Anspruchshaltung von Insassen begünstigen könnten – wiewohl sie das Gesetz ja fast durchweg in das Ermessen des Anstaltsleiters stellt (z.B. Liebeler 1980, 19-23).

Diesen Vorbehalten scheinen gewisse Erfahrungen zu entsprechen, die allgemein in der Vollzugspraxis jedenfalls auch als Ergebnis der Verrechtlichung – und zugleich „Fehlentwicklung" – konstatiert worden sind. Ihnen hat etwa *Harald Preusker* mit der Feststellung Ausdruck gegeben: „Viele Insassen haben sich darauf spezialisiert, ihre Persönlichkeitsdefizite und Resozialisierungsschwierigkeiten *lediglich als Rechtsprobleme* zu begreifen und versuchen, diese unter Heranziehung von juristischer Literatur, Rechtsprechung, Kommentaren und Verteidigern ‚auf dem Rechtsweg' zu lösen. Im Extremfall führt dies dazu, daß sich der Kontakt zwischen Anstalt und Insasse auf den Austausch von Verfügungen und Beschwerden beschränkt" (Preusker 1992, 14).

Mit der Verrechtlichung der Stellung des Gefangenen sowie behördlicher Handlungs- und Eingriffsbefugnisse und Schranken ist namentlich eine Juridifizierung des Umgangs mit Insassen verbunden (Walter 1999, Rn. 385). Bis zu einem gewissen Grade jedenfalls ist das der Preis, der für die gesetzliche Regelung des Strafvollzugs und seine rechtsstaatliche Ausgestaltung zu zahlen ist. Die Kehrseite bildet die Gefahr eines mehr oder minder „juristischen" Umgangs mit Gefangenen. Jeder, der den Vollzug kennt, weiß, in welchem Umfang persönliche Kontakte und Begegnungen für die Herstellung von Vertrauensbeziehungen erforderlich sind. Diese wiederum bilden die Grundlage für eine erfolgversprechende Kooperation zwischen den Bediensteten und den Gefangenen. Das Verhältnis von Mitarbeitern der Anstalt und Insassen wird gerade durch die Art der Interaktion und Kommunikation bestimmt, die in einer solchen Einrichtung vorherrscht[5]. Dafür taugt die Atmosphäre zweier miteinander streitender Prozessparteien in der Tat nur wenig. Konflikte innerhalb der Anstalt sollten deshalb – ungeachtet der unverkennbaren Probleme, die eine schwierige Klientel bereiten kann – nach Möglichkeit auf kommunikativem Weg gelöst werden. Nur dort, wo eine Einigung oder Schlichtung grundsätzlich nicht möglich erscheint – etwa weil eine Verständigung schlechterdings ausgeschlossen ist oder anders eine gewichtige Rechtsfrage nicht geklärt werden kann – sollte die Streitentscheidung durch das Gericht angestrebt werden.

Dass die soziale Wirklichkeit des Gefängnisses vielfach anders aussieht, hängt gerade mit der nahe liegenden Versuchung zusammen, der direkten Auseinandersetzung aus dem Wege zu gehen, indem man die Gerichte bemüht oder ihnen die Entscheidung überlässt. Aufwändiger und mühsamer wäre es in vielen Fällen ohne Frage, im gemeinsamen Gespräch nach Lösungen zu suchen oder sich wenigstens darüber zu verständigen, dass den unterschiedlichen Interessenlagen keineswegs immer durch Regelungen Rechnung getragen werden kann, die beide Seiten zufrieden stellen. Insassen bietet der gerichtliche Rechtsschutz auch die Gelegenheit, einen etwaigen Unmut über belastende oder als unzureichend empfundene Vollzugsmaßnahmen auf dem Rechtsweg abzureagieren. Anstalten und Vollzugsbedienstete können dann die Klärung des Konflikts Gerichten überlassen. Das hat vor allem in Fällen Entlastungscharakter, in denen Ablehnungen von Anträgen oder Eingriffe in Rechte des Gefangenen gerechtfertigt werden müssen.

Auf der anderen Seite ist die Kritik an dem besonderen Regelungstypus des StVollzG nicht verstummt, der sich einerseits in allgemein gehaltenen, andererseits in Ermessensnormen und unbestimmten Rechtsbegriffen dokumentiert (vgl. Böhm 1992, 39).

Generalklauseln und Kannvorschriften eröffnen den Landesjustizverwaltungen und den Justizvollzugsanstalten mehr oder minder große Handlungs- und Entscheidungsspielräume, die erfahrungsgemäß unterschiedliche Konsequenzen hinsichtlich der inhaltlichen Ausfüllung nach sich ziehen. Sie rufen – um ihrer praktischen Handhabbarkeit, aber auch um der Orientierung und rechtlichen Absicherung der Bediensteten willen – das Bedürfnis nach Präzisierung und Konkretisierung hervor. Ein derart strukturiertes, vor allem mit „weichen“ Normen ausgestattetes Gesetz bedarf demnach des rechtlichen „Unterbaus“. Dementsprechend haben die Landesjustizverwaltungen denn auch die Spielräume, die ihnen das StVollzG hinsichtlich der Ausfüllung und Konkretisierung gewährt, durch Schaffung einer Vielzahl von Verwaltungsvorschriften – aus denen die VVStVollzG lediglich besonders heraus-

[5] Über das Zusammenleben in der Anstalt und das sog. Anstaltsklima z. B. Walter 1999, Rn. 261; Pecher 2002, Schöch 2002, § 13 Rn. 13 f.; Böhm 2003, Rn. 340. Vgl. auch Päckert 2001. Umfassend zum Konzept des Vertrauens Schmitt 2000.

ragen – sowie von Erlassen genutzt. Die weitere Entwicklung hat gezeigt, dass solche Möglichkeiten in den Dienst bestimmter haushaltsrechtlicher, namentlich ökonomischer, aber auch kriminalpolitischer Zielsetzungen gestellt werden können, die keineswegs unbedingt dem Resozialisierungskonzept des StVollzG selbst entsprechen müssen (vgl. Koepsel 1992; Walter 2001; Schneider 2004).

Ein Beispiel dafür hält namentlich die unterschiedliche Praxis der Länder auf dem Gebiet der Vollzugslockerungen bereit (Dünkel 2004). Sowohl auf der Ebene der Landesjustizverwaltungen als auch derjenigen der Anstalten entscheidet das Gewicht, das Sicherheitsinteressen und Risikobereitschaft jeweils genießen, darüber, in welchem Umfange und in welcher Weise von den einschlägigen gesetzlichen Möglichkeiten Gebrauch gemacht wird. Diese Differenzen sind seit langem Gegenstand statistischer Erhebungen, aber auch einer Diskussion darüber, ob und inwieweit es wünschenswert und möglich ist, insoweit eine stärkere Angleichung der Praxis in den einzelnen Ländern herbeizuführen. Freilich bleibt zu bedenken, dass auch eine bundesgesetzliche Regelung an Grenzen einheitlicher Handhabung und Gestaltung des Vollzugs stößt, die aus regionalen Unterschieden der Lebensverhältnisse sowie aus Verschiedenheiten der Anstaltszuständigkeiten und -strukturen resultieren (vgl. z. B. Müller-Dietz 1986, 50 f).[6]

Eher schon scheinen mehr oder minder globale kriminalpolitische Tendenzen geeignet, Angleichungsprozesse – freilich ohne Rücksicht auf spezielle Erfordernisse – in Gang zu bringen. So sind die einschlägigen Handlungs- und Entscheidungsspielräume der Anstalten unter dem Vorzeichen sich ausbreitenden gesellschaftlichen Sicherheitsdenkens, das dem Schutz der Allgemeinheit absoluten Vorrang vor Erprobungsmaßnahmen mit Lockerungscharakter einräumt, vielfach durch entsprechende Vollzugsgestaltung eingeengt worden (vgl. etwa Rehn 2003; Feest & Lesting 2005).

Aber auch den Gerichten sind durch den skizzierten Regelungstypus des StVollzG Möglichkeiten inhaltlicher Einflussnahme auf die Gestaltung des Vollzugs – oder auch des Verzichts darauf zugunsten der Verwaltung – eröffnet worden. Das wohl markanteste Beispiel dafür bildet die verschiedentlich kritisierte Rechtsprechung des BGH, die Vollzugsbehörden in praktisch gewichtigen Fragen einen Beurteilungsspielraum hinsichtlich der Auslegung unbestimmter Rechtsbegriffe zugesteht (vgl. etwa Böhm 1992, 39; ders. 2003, Rn. 340; Walter 1999, Rn. 396-399; Schöch 2002, § 7 Rn. 6 ff.).

Der Regelungstypus des StVollzG, der sich namentlich in allgemein gefassten Vorschriften und in Ermessensregelungen, aber auch in normativer Askese hinsichtlich der Festschreibung eines konkretisierten Behandlungskonzepts manifes-

[6] Natürlich können aus solcher Erfahrung keine Argumente für den neuerdings ernsthaft diskutierten Vorschlag hergeleitet werden, die Gesetzgebungszuständigkeit auf dem Gebiet des Strafvollzugs im Wege einer entsprechenden Verfassungsänderung den Ländern zu übertragen.

tiert, ist seinerzeit – im Zuge des Gesetzgebungsverfahrens – nicht zuletzt mit dem Mangel an einschlägiger vollzugspraktischer Erfahrung und an gesicherten empirischen Erkenntnissen begründet worden. In der Tat hat es damals sowohl an ausreichender Erprobung von Behandlungsmodellen als auch an hinreichenden legislatorischen Kenntnissen darüber gefehlt, inwieweit Prozesse sozialer Integration von Straftätern sich überhaupt in gesetzliche Regelungen gießen lassen. Das hat schließlich dazu geführt, dass der Gesetzgeber durch möglichst allgemeine, flexible und „weiche" Regelungen der Praxis gerade Freiräume für die Erprobung neuer Ansätze und Modelle hat eröffnen wollen. Der Preis, der dafür gezahlt worden ist – und weiterhin gezahlt wird –, besteht im Mangel an konkretisierenden Bestandsgarantien und Grenzziehungen – etwa was die personelle Ausstattung und Größe der Vollzugsanstalten anbelangt.

Allein schon an solchen Beispielen wird die ambivalente Struktur von Verrechtlichungstendenzen sichtbar: Beschränkt sich der Gesetzgeber, wie gehabt, verschiedentlich auf allgemein gehaltene, „offene" Regelungen, erweitert er die Gestaltungsmöglichkeiten der Vollzugspraxis. Doch kann das Fehlen strikter, konkreter Regeln zur Folge haben, dass die personellen, organisatorischen und baulichen Rahmenbedingungen für einen behandlungsorientierten Vollzug durch das Gesetz selbst nicht mit der Stringenz normiert werden, die wenigstens gewisse Garantien gegenüber ökonomischen Zumutungen und subkutanen kriminalpolitischen Veränderungsbestrebungen bietet, die gesetzlichen Zielsetzungen die Grundlage entziehen.

Auf einer ganz anderen Ebene liegt eine weitere Erscheinungsform rechtlichen Wandels. Sie besteht in der wachsenden Verflechtung, wenn nicht gar Vernetzung des Strafvollzugsrechts mit der Entwicklung auf anderen Rechtsgebieten. Zumindest werden da mehr oder minder starke wechselseitige Abhängigkeiten deutlich. Dies hat freilich zur Folge, dass häufig das Strafvollzugsrecht selbst Konsequenzen aus Neuregelungen in anderen Rechtsgebieten ziehen muss. Exemplarisch dafür erscheinen auf der einen Seite das Strafrecht – vor allem in Gestalt des Sanktionenrechts –, auf der anderen Seite insbesondere das Arbeits-, Sozial-, Gesundheits-, Berufsbildungs- und -förderungsrecht sowie das Datenschutzrecht.

So wird die Ausgestaltung des Straf- und Maßregelvollzugsrechts namentlich tangiert, wenn nicht präformiert, etwa durch die Sanktionsmöglichkeiten und Strafzumessungsregelungen des StGB, die normativen Anforderungen an die Aussetzung des Strafrestes und durch neuartige Rechtsinstitute wie z. B. die nachträgliche Sicherungsverwahrung (vgl. z. B. Müller-Metz 2003; Braum 2004; Poseck 2004; Calliess & Müller-Dietz 2005, Eil. Rn. 36 ff.).

Dadurch werden Vollzugsgestaltung, Art der Unterbringung und Inhaftierungsdauer beeinflusst, wenn nicht festgelegt. Rechtlicher Wandel in den Bereichen des Gesundheitswesens, der beruflichen Förderung und der Sozialversicherung wirkt

sich auf den Rechtsstatus des Strafgefangenen aus – sowohl was Ansprüche auf staatliche und andere Leistungen, als auch was die Pflichtenstellung betrifft. Zumindest ist die Lebenssituation des Haftentlassenen und seiner Angehörigen davon betroffen.
Hinsichtlich Strafgefangener kann man die normative Verknüpfung oder Verflechtung verschiedener Rechtsgebiete vor allem in den Bereichen der beruflichen Förderung (Calliess & Müller Dietz 2005, § 37, Rn. 5) und der Gesundheitsfürsorge (ebd. § 58 Rn. 1 und 2) konstatieren. Soweit vollzugsspezifische Einschränkungen der allgemeinen Rechtsstellung nicht in Betracht kommen, partizipiert der Gefangene an den Möglichkeiten beruflicher Förderung, die das Berufsbildungsrecht bereithält. Die Veränderungen dieses Rechts treffen dementsprechend auch den Gefangenen. Lehnt sich die Gesundheitsfürsorge weitgehend, wenn auch nicht völlig, an die Leistungen an, welche die gesetzliche Krankenversicherung zur Verfügung stellt, dann wirken sich Änderungen in diesem Bereich folgeweise gleichfalls auf den Gefangenen aus. Das ist erst recht der Fall, wenn er als Freigänger ohnehin die Leistungen der Krankenversicherung in Anspruch nehmen kann.

Ein spezifisches Phänomen moderner Rechtsentwicklung besteht – wie dargelegt – in der Zunahme der Normdichte in gesetzlich bereits geregelten Materien. Zur Veranschaulichung mögen auf dem Gebiet des Strafvollzugsrechts nur zwei Beispiele genügen. Wer etwa einen Vergleich zwischen der Rechtslage hinsichtlich des Arbeitsentgelts des Strafgefangenen vor und nach dem 5. Strafvollzugsänderungsgesetz zieht, wird insoweit einen geradezu frappierenden Unterschied konstatieren müssen. Die Neuregelung erweist sich als ungleich komplizierter und komplexer als das alte Recht. Gründe für diese Veränderungen kann man gewiss einerseits im Urteil des BVerfG zur Verfassungsmäßigkeit der §§ 43 und 200 StVollzG a. F. (BVerfGE 98, 169, NJW 1998, 3337), andererseits in der schwierigen Haushaltslage der Länder sehen, die sich hinsichtlich des Arbeitsentgelts für ein Mischkonzept teils monetärer, teils nicht-monetärer Art entschieden haben. Es ist hier nicht die Frage, ob diese Gesichtspunkte die Neuregelung hinreichend zu erklären vermögen; dafür mag es in der Tat noch weitere Gründe geben. Es geht hier auch nicht darum, ob dem Gesetzgeber mit der Neuregelung eine unter den gegebenen Verhältnissen optimale Lösung einschlägiger Probleme gelungen ist (Calliess & Müller-Dietz 2005, § 43 Rn. 1, 4).

Entscheidend ist in unserem Zusammenhang vielmehr die Erfahrung, dass das Bemühen des Gesetzgebers, einer Vielzahl unterschiedlicher, ja teilweise sogar gegenläufiger Interessen Rechnung zu tragen, in einer entsprechend komplizierten und komplexen Norm, eben dem § 43 StVollzG n. F., seinen Ausdruck gefunden hat (zur Kritik, ebd. § 43 Rn. 5).

Wenn man so will, kann man die Neufassung der Vorschrift auch als einen Beleg für den Versuch ansehen, Allgemeininteressen und Einzelfallgerechtigkeit miteinander in Einklang zu bringen.

Erheblichen normativen Aufwand hat der Gesetzgeber auch mit der Neuregelung der Haftkosten durch § 50 StVollzG n. F. getrieben (ebd. § 50 Rn. 1-7.). Er hat dies natürlich wiederum nicht aus Willkür oder Unfähigkeit getan, sondern aus der Absicht heraus, divergierenden Grundsätzen, Ansprüchen und Interessen Rechnung zu tragen, ihnen zumindest möglichst weitgehend entgegenzukommen. Vergleicht man die jetzige Fassung der Vorschrift mit der früheren, so sticht einmal mehr die Zunahme an Umfang und Komplexität auch einem Nichtjuristen ins Auge. Auch hier ist nicht die Frage, ob dem Gesetzgeber damit die bestmögliche Lösung des Haftkostenproblems geglückt ist. Im Blickwinkel unserer Betrachtung ist vielmehr der Umstand maßgebend, dass die Neuregelung aus den angedeuteten Gründen wesentlich differenzierter und detaillierter als die frühere ausgefallen ist.

5. Kein abschließendes Fazit

Die hier skizzierten Elemente und Konsequenzen des Verrechtlichungsprozesses schöpfen dessen Erscheinungsformen und Auswirkungen auf dem Gebiet des Strafvollzugsrechts beileibe nicht aus. Weitere Beispiele und Ansätze liefern namentlich neuere Arbeiten, die im Gefolge der einschlägigen Diskussion entstanden sind – wie sie vor allem *Michael Bock* (1986, 1988, 1997) allgemein und *Alexander Böhm* (1992) für den Bereich des Strafvollzugs angestoßen haben. In diesem Kontext verdienen namentlich die einschlägigen Dissertationen von *Angelika Wingenfeld* (1999) und *Maren Bergmann* (2003) Beachtung. Gerade die letztere Studie vermittelt dank ihres empirischen „Unterbaus", der in Interviews mit Experten und Mitarbeitern des Vollzugs sowie mit Gefangenen besteht, zusätzliche Informationen über praktische Erfahrungen Beteiligter und Betroffener. Sie gibt dadurch zugleich Anregungen für weiterführende Studien auf diesem Gebiet.[7]

Die bisherigen Erfahrungen mit dem Verrechtlichungsprozess im Bereich des Strafvollzugs machen vor allem die bereits angedeutete Ambivalenz, die Janusköpfigkeit dieses Vorgangs deutlich. Er weist – wie eben der sog. Fortschritt allgemein – Vorzüge und Nachteile auf, die sich in der Summe nur schwer bilanzieren lassen. Im Falle des Strafvollzugs überwiegen freilich die Gründe für eine *(bundes-)gesetzliche* Regelung derart eindeutig, dass dahinter grundsätzliche Vorbehalte völlig zurücktreten. Was verbleibt – und dementsprechend auch der Diskussion bedarf –,

---

[7] Vgl. *meine* Rezension der Studie *Bergmanns*, *Zeitschrift für Strafvollzug und Straffälligenhilfe, 2003, 52,* 254 f.

sind eher nachgeordnete Detailfragen, deren praktische Bedeutung indessen gleichfalls nicht ganz unterschätzt werden darf.

Wie sich die Vorzüge und Nachteile rechtlicher Regelung des Strafvollzugs im Einzelnen auf den gesamten Rechtsstoff verteilen, ist jedoch nicht zuletzt eine Frage subjektiver Wahrnehmung, Einschätzung und – natürlich – praktischer Erfahrungen, also der Vertrautheit mit der Materie selbst. Unterschiedliche Zugänge und Nähe zu einem Themen- und Problemkreis führen naturgemäß auch leicht zu unterschiedlichen Urteilen und Bewertungen. Das lässt nicht zuletzt die Studie *M. Bergmanns* erkennen.

So wäre schon aufgrund der hier angestellten Überlegungen nach den Erwartungen zu fragen, die Mitarbeiter des Vollzugs, Insassen der Vollzugsanstalten, aber auch Angehörige der Justiz und Gesellschaft selbst insoweit gegenüber dem Gesetzgeber und der Verwaltung hegen, soweit sie – etwa auf Richtlinienbasis – zur „Normsetzung" befugt ist. Hier könnte, ja würde sich alsbald erweisen, dass bereits die Auffassungen über Normdichte und Regelungsgegenstände mehr oder minder weit auseinandergehen. Dem Einwand der Überreglementierung – den manche in Teilbereichen erheben mögen – würde auf der anderen Seite die Kritik an Regelungsdefiziten gegenüberstehen. Das erschiene sogar durchaus hinsichtlich derselben Themenbereiche denkbar.

Mitarbeiter von Fachdiensten könnten sich durch das geltende Recht in ihrem Handeln eingeengt fühlen. Sie könnten aber auch hinreichende rechtliche Absicherungen ihrer Aufgaben und Zuständigkeiten vermissen. Besondere Gruppen von Insassen – wie etwa ausländische Gefangene [8] oder gewaltgeneigte Täter (vgl. *Rehn u. a.* 2001), die zugleich ein Sicherheitsproblem für die Anstalt bedeuten – könnten Vollzugsbediensteten dazu Anlass geben, spezielle Regelungen für einen solchen Personenkreis zu fordern. Andere hingegen dürften das geltende Recht als durchaus hinreichende Grundlage für eine angemessene Unterbringung und Behandlung ansehen.

An diesen eher kursorischen Überlegungen wird zugleich eine recht simple legislatorische Erfahrung deutlich – die ja auch im Zuge des Gesetzgebungsverfahrens der siebziger Jahre des 20. Jahrhunderts gemacht worden ist: Die gesetzliche Regelung eines bestimmten Bereichs staatlicher Tätigkeit – wie namentlich derjenigen des Strafvollzugs – erfordert vorab präzise Vorstellungen über Zielsetzung und Gestaltung der Institution sowie der für die Zielerreichung erforderlichen, aber auch verfügbaren Mittel. Im Falle des Strafvollzugs hat dementsprechend der Regelung die Entscheidung über das kriminalpolitische Programm vorauszugehen, dessen Verwirklichung angestrebt wird. Kann hierüber kein Konsens hergestellt werden, dann sind alle weiteren Schritte mit Fragezeichen, weil erheblichen Unsi-

[8] Zu diesem Personenkreis etwa Tzschaschel 2002; Boese 2003; Rieder-Kaiser 2004.

cherheiten behaftet. Denn erst dann, wenn insoweit Klarheit besteht, kann in einem weiteren Schritt sinnvollerweise die gebotene Differenzierung nach den jeweils zu regelnden Sach- und Themengebieten vorgenommen werden, die im Rahmen der inhaltlichen Gestaltung nicht zuletzt die Normdichte und -struktur betrifft. Wenn in einem Teilbereich exakte, detaillierte Regelungen wichtig, ja unerlässlich sein können, so mögen in einem anderen allgemein gehaltene, flexible Normen eher probat, weil sachangemessen erscheinen.

Das sind, wie gesagt, beileibe keine neuen Erkenntnisse. Sie lehren aber, Vorsicht gegenüber pauschalen Urteilen walten zu lassen, wie sie sich gerade im Diskurs über Verrechtlichung so leicht einstellen. Und sie halten vor allem dazu an, die jeweils zu regelnde Materie und Fragestellung genau in den Blick zu nehmen, um sie rechtlich möglichst sachadäquat gestalten zu können. Das ist gewiss kein Rezept zur Beantwortung anstehender Fragen der Verrechtlichung – das es ja auch keineswegs gibt –, zumal kein Vorgehen auf dem Gebiet des Rechts der Notwendigkeit von Wertentscheidungen enthoben ist. Es ist vielmehr eine Erinnerung daran, wie lohnend es sein kann, den mehr oder weniger engen Horizont eigener Erfahrungen und Sichtweisen zu überschreiten (vgl. etwa die anregende Skizze *Walter Grasnicks* 2002).

Literatur

Bachof O. (1977). Der Richter als Gesetzgeber? In: Gernhuber J. (Hrsg.), *Festschrift der Tübinger Juristenfakultät zu ihrem 500jährigen Bestehen.* Tübingen: Mohr Siebeck, 177-192.

Bauman Z. (2003). *Flüchtige Moderne.* Frankfurt a. M.: Suhrkamp.

Bergmann M. (2003). *Die Verrechtlichung des Strafvollzugs und ihre Auswirkungen auf die Strafvollzugspraxis. Eine qualitative Analyse teilstrukturierter Interviews.* Herbolzheim: Centaurus.

Bock M. (1986). Recht und Gesellschaft unter den Bedingungen der Verrechtlichung. *Monatsschrift für Kriminologie und Strafrechtsreform, 71,* 289-295.

Bock M. (1988). *Recht ohne Maß. Die Bedeutung der Verrechtlichung für Person und Gemeinschaft.* Berlin: Reimer.

Bock M. (1997). Die Eigendynamik der Verrechtlichung in der modernen Gesellschaft. In: Lampe E.-J. (Hrsg.): *Zur Entwicklung von Rechtsbewußtsein.* Frankfurt a. M.: Suhkamp, 403-428.

Boese S. (2003). *Ausländer im Vollzug. Die Auswirkungen ausländerrechtlicher Maßnahmen auf die Realisierung des Vollzugszieles.* Hamburg: Verlag Dr. Kovac.

Böhm A. (1992). Zur „Verrechtlichung“ des Strafvollzugs. *Zeitschrift für Strafvollzug und Straffälligenhilfe, 41,* 37-41.

Böhm A. (2003). *Strafvollzug. 3. Aufl.* Neuwied u. Kriftel: Luchterhand.

Braum S. (2004). Nachträgliche Sicherungsverwahrung: In dubio pro securitate? *Zeitschrift für Rechtspolitik, 37*, 105-108.

Calliess P. & Müller-Dietz H. (2005). *Strafvollzugsgesetz, 10. Aufl.* München: Beck Juristischer Verlag.

Dünkel F. (2004). Riskante Freiheiten? – Vollzugslockerungen zwischen Resozialisierung und Sicherheitsrisiko. In: Rehn G., Nanninga R. & Thiel A. (Hrsg.), *Freiheit und Unfreiheit. Arbeit mit Straftätern innerhalb und außerhalb des Justizvollzuges*. Herbolzheim: Centaurus, 104-134.

Eisenberg U. (2004). Zum RefE eines JstVollzG des BMJ vom 28.04.2004. *Monatsschrift für Kriminologie und Strafrechtsreform, 87*, 353-360.

Ellscheid G. (1985). Verrechtlichung und Entsolidarisierung, in: Gessner V. & Hassemer W. (Hrsg.): *Gegenkultur und Recht.* Baden-Baden: Nomos, 51-71.

Engisch K. (1935). *Die Einheit der Rechtsordnung*. Heidelberg: Winter.

Feest J. & Lesting W. (2005). Der Angriff auf Lockerungen. *Zeitschrift für Strafvollzug und Straffälligenhilfe, 54,* 76-82.

Gephart W. (1993). *Gesellschaftstheorie und Recht. Das Recht im soziologischen Diskurs der Moderne*. Frankfurt a. M.: Suhrkamp.

Gericke O. (2004). *Möglichkeiten und Grenzen des Abbaus der Verrechtlichung. Eine kritische Analyse von Gesetzgebung und Gesetzgebungslehre*. Herzogenrath: Shaker.

Gessenharter C. (1991). Das Phänomen der Normenflut. *Monatsschrift für Deutsches Recht, 45,* 1120-1123.

Gilles P. (1998). Rechtsstaat und Justizstaat in der Krise. *Neue Justiz, 52*, 225-229.

Grasnick W. (2002). Andere sehen mehr. In: Prittwitz C., Baurmann M. & Günther K. (Hrsg.), *Festschrift für Klaus Lüderssen. Zum 70. Geburtstag am 2. Mai 2002*. Baden-Baden: Nomos, 67-82.

Hillgruber, C. (1996). Richterliche Rechtsfortbildung als Verfassungsproblem. *Juristenzeitung, 51*, 118-125.

Hochschullehrer der Juristischen Fakultät der Universität Heidelberg (Hrsg.) (1986). *Richterliche Rechtsfortbildung. Erscheinungsformen, Auftrag und Grenzen. Festschrift der Juristischen Fakultät zur 600-Jahr-Feier der Ruprecht-Karls-Universität Heidelberg.* Heidelberg: C. F. Müller.

Koepsel K. (1992). Das Vollzugskonzept des Strafvollzugsgesetzes und seine Veränderungen durch Verwaltungsvorschriften und Erlasse der Landesjustizverwaltungen. *Zeitschrift für Strafvollzug und Straffälligenhilfe, 41*, 46-51.

Kubach R.W. (2004). *Die völkerrechtlichen und verfassungsrechtlichen Vorgaben für ein Gesetz zum Vollzug der Untersuchungshaft und deren praktische Umsetzung.* Frankfurt a. M.: Verlag Peter Lang.

Kübler F. (1984) (Hg.). *Verrechtlichung von Wirtschaft, Arbeit und Solidarität.* Frankfurt a. M.: Suhrkamp.

Liebeler H. D. (1980). Einfluß des Strafvollzugsgesetzes auf die Arbeitsweise einer Sozialtherapeutischen Anstalt, *Sonderheft der Zeitschrift für Strafvollzug und Straffälligenhilfe, 29 „Sozialtherapie und Behandlungsforschung"*, 19-23.

Luhmann N. (1972). *Rechtssoziologie. 2. Aufl.* Opladen: Verlag für Sozialwissenschaften.

Luhmann N. (1983). *Soziologische Aufklärung, Bd. 3: Soziales System, Gesellschaft, Organisation.* Opladen: Verlag für Sozialwissenschaften.

Luhmann N. (1984). *Soziale Systeme.* Frankfurt a. M.: Suhrkamp.

Mayer-Maly T. (1985). Gesetzesflut und Gesetzesqualität heute. In: Wilke D. (Hrsg.), *Festschrift zum 125-jährigen Bestehen der Juristischen Gesellschaft zu Berlin.* Berlin: de Gruyter, 423-43.

Mayntz R. (1963). *Soziologie der Organisation.* Reinbek: Rowohlt.

Müller-Dietz H. (1986). Erfahrungen mit dem Strafvollzugsgesetz. In: Gesellschaft für Rechtspolitik (Hrsg.). *Bitburger Gespräche, Jahrbuch 1986/2.* München: C. H. Beck, 50 f.

Müller-Dietz H. & Walter M. (Hrsg.) (1995). *Strafvollzug in den 90er Jahren. Perspektiven und Herausforderungen. Festgabe für Karl Peter Rotthaus.* Pfaffenweiler: Centaurus.

Müller-Metz R. (2003). Nachträgliche Sicherungsverwahrung – ein Irrweg der Kriminalpolitik. *Neue Juristische Wochenschrift, 56,* 3173-3175.

Ohler W. (1977). *Die Strafvollzugsanstalt als soziales System.* Heidelberg, Karlsruhe: C. F. Müller.

Päckert W. (2001). Vertrauen im Strafvollzug. *Bewährungshilfe, 48*, 17-26.

Paeffgen H.-U. & Seebode, M. (1999). Stellungnahme zum Entwurf eines Gesetzes zur Regelung des Vollzuges der Untersuchungshaft vom 30.04.1999. *Zeitschrift für Rechtspolitik, 32*, 524-526.

Pecher W. (2002). Zur Psychodynamik der Institution Strafvollzug. *Recht & Psychiatrie, 20*, 63-68.

Pollähne H, Bammann K. & Feest, J. (Hg.) 2004. *Wege aus der Gesetzlosigkeit. Rechtslage und Reformbedürftigkeit des Jugendstrafvollzugs*. Mönchengladbach: Forum-Verlag.

Poseck R. (2004). Das Gesetz zur Einführung der nachträglichen Sicherungsverwahrung. *Neue Juristische Wochenschrift, 57,* 2559-2562.

Preusker H. (1992). Erfahrungen der Praxis mit dem Strafvollzugsgesetz. *Zeitschrift für Strafvollzug und Straffälligenhilfe, 41,* 11-16.

Rehn G., Wischka B., Lösel F. & Walter M. (Hrsg.) (2001). *Behandlung „gefährlicher Straftäter". Grundlagen, Konzepte, Ergebnisse.* Herbolzheim: Centaurus.

Rehn G. (2003). Ist eine rationale Strafvollzugspolitik heute noch möglich? Strafvollzug am Scheideweg. *Zeitschrift für Strafvollzug und Straffälligenhilfe, 52,* 70-76.

Rhode B. (1993). Regulierung und Deregulierung. Zur Beschleunigung des Rechts. *Soziale Welt, 44,* 512-536.

Rieder-Kaiser A. (2004). *Vollzugliche Ausländerproblematik und Internationalisierung der Strafverbüßung*. Frankfurt a. M.: Verlag Peter Lang.

Rotthaus K.-P. (1987). Die Bedeutung des Strafvollzugsgesetzes für die Reform des Strafvollzugs. *Neue Zeitschrift für Strafrecht, 7*, 1-5.

Rüthers B. (2002). Demokratischer Rechtsstaat oder oligarchischer Richterstaat? *Juristenzeitung, 57*, 365-371.

Schmitt G. (2000). Vertrauen. *Bewährungshilfe, 47,* 356-382.

Schneider H. (2004). Repressive Kriminalpolitik im Gewande der „neuen Verwaltungssteuerung". *Zeitschrift für Strafvollzug und Straffälligenhilfe, 53,* 139-143.

Schöch H. & Kaiser G. (2002). *Strafvollzug, 5. Aufl.* Heidelberg: C. F. Müller.

Schüler-Springorum H. (1979). Strafvollzug und Strafvollzugsgesetz. In: Kaufmann A., Bemann G., Krauss D. & Volk K. (Hrsg.), *Festschrift für Paul Bockelmann zum 70. Geburtstag*. München, C. H. Beck, 869-889.

Schwind H. G., Steinhilper G. & Böhm, A. (Hrsg.) (1988). *10 Jahre Strafvollzugsgesetz. Resozialisierung als einziges Vollzugsziel?* Heidelberg: Kriminalistik Verlag.

Steiner U. (2004). Regieren Richter die Deutschen? *Anwaltsblatt, 54*, 673-676.

Stolleis M. (2003). Erwartungen an das Recht. *Frankfurter Allgemeine Zeitung*, 30. Dezember.

Tzschaschel N. (2002). *Ausländische Gefangene im Strafvollzug. Eine vergleichende Bestandsaufnahme der Vollzugsgestaltung bei ausländischen und deutschen Gefangenen sowie eine Untersuchung zur Anwendung des § 456a.* Herbolzheim: Centaurus.

Vobruba, G. (1992). Autonomiegewinne. Verrechtlichung und Deregulierung. *Soziale Welt, 43,* 168-181.

Voigt, R. (1980). *Verrechtlichung.* Heidelberg: C. F. Müller.

Voigt R. (Hrsg.) (1981). Mehr Gerechtigkeit durch mehr Gesetze? Ein Beitrag zur Verrechtlichungsdiskussion. *Politik und Zeitgeschichte*, B 21/81 vom 23. Mai 1981, 3-23 (4).

Voigt R. (Hg.) (1983). *Gegentendenzen zur Verrechtlichung. Jahrbuch für Rechtssoziologie und Rechtstheorie, Bd. 9.* Opladen: Westdeutscher Verlag.

Wagner G. (1984). *Das absurde System. Strafurteil und Strafvollzug in unserer Gesellschaft, 2. Aufl.* Heidelberg 1985: C. F. Müller.

Walter M. (1999). *Strafvollzug. 2. Aufl.* Stuttgart: Boorberg.

Walter M. (2001). Abkehr von der Resozialisierung im Strafvollzug? – Über Kriminalpolitik im Fahrwasser ökonomisierten Denkens. In: Britz G., Jung H. & Koriath H. (Hrsg.), *Grundfragen staatlichen Strafens. Festschrift für Heinz Müller-Dietz zum 70. Geburtstag.* München: Beck 961-974.

Walter H.P. (2003). Zeitgemäße richterliche Rechtsfortbildung. *Recht, 20*, 2-11.

Wassermann R. (1985). *Die richterliche Gewalt. Macht und Verantwortung des Richters in der modernen Gesellschaft.* Heidelberg: C. F. Müller.

Werle R. (1981). Aspekte der Verrechtlichung. *Zeitschrift für Rechtssoziologie, 3*, 2-13.

Wingenfeld A. (1999). *Die Verrechtlichung des Strafvollzugs in ihren Auswirkungen auf die judikative Entscheidungspraxis.* Aachen: Shaker.

Wulfhorst R. (2004). Zwölf Gründe, warum die Deregulierung nicht vorankommt. *Zeitschrift für Rechtspolitik, 37*, 82-85.

Zuck R. (1997). Unmaßgebliche Gedanken zur Rechtsflut. *Monatsschrift für Deutsches Recht, 51*, 1-6.

Das Gefängnis: ein absurdes System? Wie die Gefängniskapazitäten in Deutschland um 25.000 Haftplätze reduziert werden könnten!

Qualitätsverbesserung und Erfüllung verfassungsrechtlicher Vorgaben durch Reduzierung der Gefängnisbelegung.

von Frieder Dünkel

1. Vorbemerkung

Der Jubilar hat in einer kritischen Strafvollzugsanalyse aufgeschlosseneren Zeiten die Unzulänglichkeiten des Strafvollzugs vielfältig und eindrucksvoll beschrieben (vgl. z.B. Wagner 1985). Dabei ging es ihm immer wieder darum, auf die unlösbar erscheinenden Probleme der Resozialisierung im Kontext eines letztlich vom Vergeltungsgedanken geprägten Strafrechtssystems hinzuweisen. Die Gefängniskritik von Georg Wagner ist heute vielleicht notwendiger denn je. Denn sie hat das Bewusstsein am Leben erhalten, dass es etwas Besseres als Strafvollzug geben muss und eine reduktionistische Strategie sinnvoll und möglich ist. Zugleich hat der Jubilar aus seiner langen Erfahrung als Gefängnispsychologe auf die Verwerfungen zwischen Schuldurteil und Resozialisierungsvollzug schon allein aus der jeweils unterschiedlichen Zeitperspektive hingewiesen (ebd., 156 ff.). Die Versäumnisse des StVollzG von 1977, „kriminaltherapeutische Veranstaltungen" gesetzlich verbindlicher festzulegen (ebd., 177), wurden mit der Aufwertung der Sozialtherapie etwa durch das Gesetz zur Bekämpfung von Sexualstraftaten und anderen gefährlichen Straftaten vom Januar 1998 nur ansatzweise in Angriff genommen, denn nach wie vor kann man von einem flächendeckenden Behandlungsvollzug nicht sprechen.[1] Dieser wäre auch nur erreichbar, wenn die heutzutage wieder verstärkt sichtbaren Probleme der Überbelegung und der Expansion des „absurden Systems" Strafvollzug mit einer wirksamen – in den Worten von Heike Jung und Heinz Müller-Dietz „antizyklischen" – Strategie (vgl. Jung & Müller-Dietz 1994) angegangen würden. Der vorliegende Beitrag möchte zu Ehren von Georg Wagner eine „realistische Utopie" der Reduzierung von

[1] Zum Stand der Entwicklung der Sozialtherapie vgl. Rehn 2002; 2004.

Gefangenenraten entwickeln, die zugleich die menschenrechtskonforme wie resozialisierungsorientierte Unterbringung von Gefangenen ermöglichen könnte.

2. Problemlage: Gefangenenraten und Überbelegung im Bundesländervergleich

Im deutschen Strafvollzug waren zum Stichtag 31.03.2004 insgesamt 81.166 Gefangene untergebracht (vgl. Abb. 1), d. h. knapp 100 pro 100.000 der Wohnbevölkerung. Die Gefangenenraten in den einzelnen Bundesländern variieren zwischen 58 in Schleswig-Holstein und 168 in Hamburg, was – jenseits der erhöhten Raten in den sog. Stadtstaaten – Ausdruck vor allem unterschiedlicher Strafzumessungspraktiken sein dürfte. Der Strafvollzug (insbesondere der geschlossene Vollzug) ist – unabhängig von den regionalen Gefangenenraten – erheblich überbelegt (vgl. Abb. 2).

Zu berücksichtigen ist in diesem Zusammenhang, dass man von Überbelegung schon ab einer nominellen Auslastung von über 85% sprechen muss. Diese Quote wird in allen Bundesländern im geschlossenen Vollzug überschritten. Eine extreme Überbelegung war zum 31.03.2004 in Bayern und in Thüringen mit 113% bzw. 122% erkennbar. Von menschenrechtswidrigen Zuständen muss man aber praktisch in allen Bundesländern sprechen, denn kein Bundesland verfügte über nennenswerte freie Kapazitäten im geschlossenen Vollzug.

Ganz anders dagegen die Situation im offenen Vollzug, der seit Mitte der 1990er Jahre in einigen Bundesländern deutlich rückläufig ist, wie Tabelle 1 eindrucksvoll insbesondere für Hamburg und Hessen belegt. Der gegenreformatorische Wandel von Auffassungen zum Strafvollzug und zum Resozialisierungsauftrag des Strafvollzugsgesetzes könnte kaum eindrucksvoller dokumentiert werden als durch diese Zahlen. Allein seit 1996 hat sich der stichtagsbezogene Anteil von Gefangenen im offenen Vollzug in einigen Bundesländern drastisch verändert. Hamburg, ehemals liberale Hochburg eines resozialisierungs- und überleitungsorientierten Vollzugs, hat unter der konservativen Regierung und Justizsenator Kusch den Anteil von über 30% auf knapp 15% mehr als halbiert. Hessen, ein Bundesland, das den offenen Vollzug als eines der ersten schon in den 1950er und 1960er Jahren modellhaft ausgebaut hatte, hat seine erfolgreiche Strategie (einschließlich der Direkteinweisung von nicht gefährlichen Gefangenen in den offenen Vollzug) unter der erklärten politischen Kehrtwende konservativer Regierungspolitik (vgl. Justizminister Wagner) aufgegeben und den offenen Vollzug weitgehend zerschlagen (vgl. hierzu Dünkel & Drenkhahn 2001).

Abbildung 1

Gefangenenraten im Bundesländervergleich am 31.3.2004 und Veränderungen gegenüber 1995

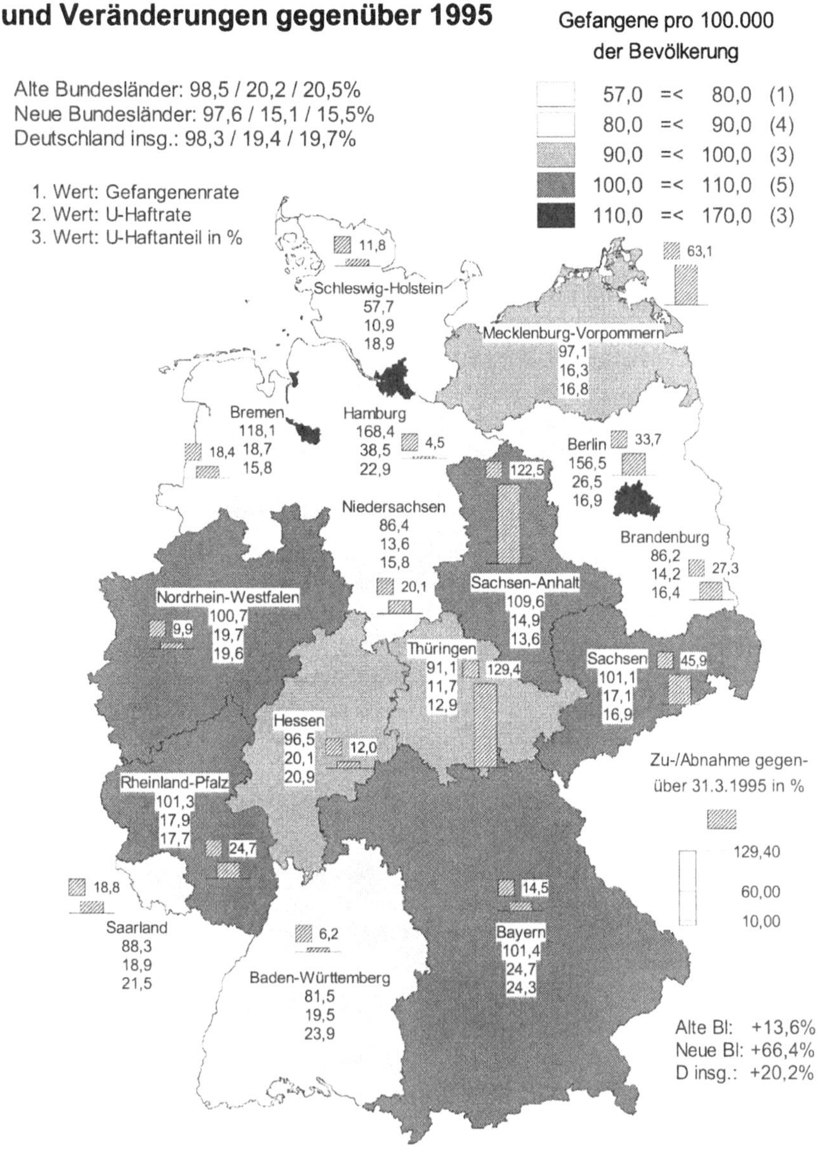

Abbildung 2

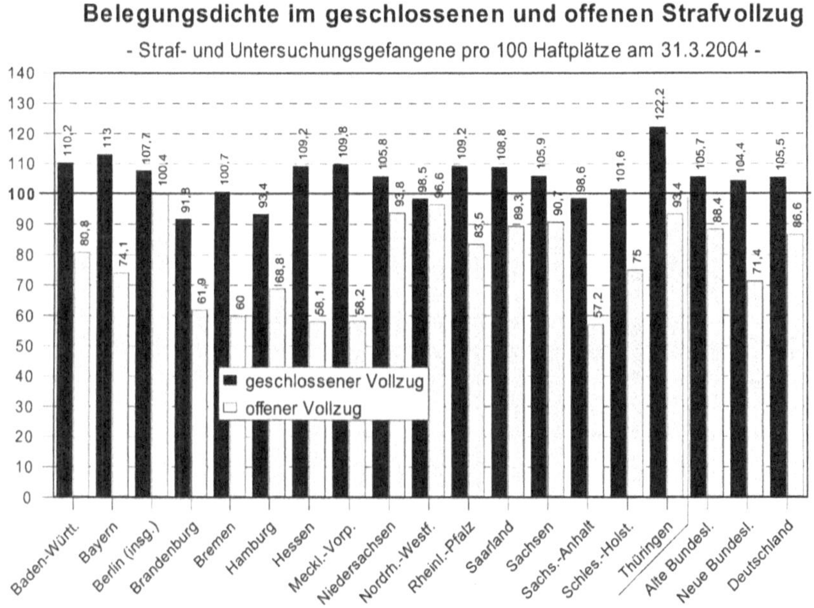

Noch 1996 waren stichtagsbezogen 27% der Gefangenen im offenen Vollzug untergebracht, jetzt sind es noch ganze 10%. Damit liegen diese Bundesländer im Bereich des niedrigen „Ost-Niveaus" von Sachsen, Sachsen-Anhalt oder Thüringen und dem immer schon besonders restriktiven Bayern (7-8%).[2]

Andere Bundesländer wie Berlin (2004: 33% der Freiheitsstrafe verbüßenden Gefangenen im offenen Vollzug) oder Nordrhein-Westfalen (31%) haben ihre bewährte Praxis beibehalten. Dies erfolgte ersichtlich ohne negative Konsequenzen. Entweichungen und Straftaten während Lockerungsmaßnahmen im offenen Vollzug sind überall die Ausnahme. Die liberalere Praxis in Berlin und Nordrhein-Westfalen bei einer vergleichbaren Insassenstruktur widerlegt das aus Hamburg und Hessen zu vernehmende Argument, dass die Insassen immer gefährlicher würden und deshalb überwiegend ungeeignet für den offenen Vollzug seien.

---

[2] Mit Bayern und anderen Ländern mit einer restriktiveren Praxis bzgl. des offenen Vollzugs nicht vergleichbar ist Schleswig-Holstein, das ebenfalls eine relativ geringe Quote von Gefangenen im offenen Vollzug aufweist (2004: knapp 10%). Schleswig-Holstein hat die bundesweit niedrigste Inhaftierungsrate (vgl. oben Abb. 1: 58 pro 100.000 gegenüber 101 in Bayern und Sachsen sowie 110 in Sachsen-Anhalt) und daher tatsächlich einen geringeren Anteil von für den offenen Vollzug geeigneten Gefangenen.

Tabelle 1: Anteil von Strafgefangenen im offenen Vollzug 1996 und 2004

(Erwachsenenstrafvollzug, Stichtage 30.6.1996 und 31.3.2004)*

Bundesland	1996	2004
Baden-Württemberg	18,7%	18,5%
Bayern	7,1%	7,8%
Berlin	30,6%	32,9%
Brandenburg	15,2%	13,1%
Bremen	19,9%	12,8%
Hamburg	31,3%	14,6%
Hessen	27,3%	10,1%
Mecklenburg-Vorpommern	12,5%	13,4%
Niedersachsen	28,4%	25,5%
Nordrhein-Westfalen	29,0%	31,2%
Rheinland-Pfalz	16,3%	13,4%
Saarland	21,5%	21,0%
Sachsen	6,1%	9,6%
Sachsen-Anhalt	3,0%	6,4%
Schleswig-Holstein	13,1%	9,5%
Thüringen	3,0%	7,5%
Alte Bundesländer insgesamt (einschl. Gesamt-Berlin)	22,5%	20,5%
Neue Bundesländer insgesamt	7,7%	9,7%
Deutschland insgesamt	20,8%	18,7%

* Quelle: Dünkel & Kunkat, *Neue Kriminalpolitik 2/1997,* 26 (für 1996); für 2004: eigene Berechnungen nach www.destatis.de, Onlinepublikationen des Statistischen Bundesamts.

Dementsprechend weisen die Bundesländer Berlin und Nordrhein-Westfalen auch im offenen Vollzug eine Vollbelegung, wenn nicht gar Überbelegung auf und verdeutlichen damit, dass die mangelnde Auslastung des offenen Vollzugs nicht mit der besonders schwierigen Insassenstruktur erklärt werden kann. Hier handelt es sich offenkundig um ein groß angelegtes Täuschungsmanöver gegenreformatorischer Kräfte, das entschiedenen Widerspruch verdient.

Rehn hat für Hamburg auch anhand der Lockerungszahlen belegt, wie positive Ansätze eines Resozialisierungsvollzugs derzeit durch eine konservative und menschenfeindliche Vollzugspolitik zerschlagen werden. (vgl. Rehn 2003). Die hessische Initiative, welche die „Sicherheit“ als gleichwertiges Vollzugsziel im Strafvollzugsziel zu etablieren versucht, ist nur ein weiteres Beispiel einer systematisch betriebenen Gegenreform einzelner Bundesländer. (vgl. zur Kritik Dünkel 2004, Kreuzer 2004; zur Entwicklung des offenen Vollzugs Dünkel 2005).

Entgegen der Vorgabe des StVollzG (§ 18) sind ca. 50% der Gefangenen im geschlossenen Vollzug gemeinschaftlich untergebracht (vgl. Abb. 3).

Abbildung 3

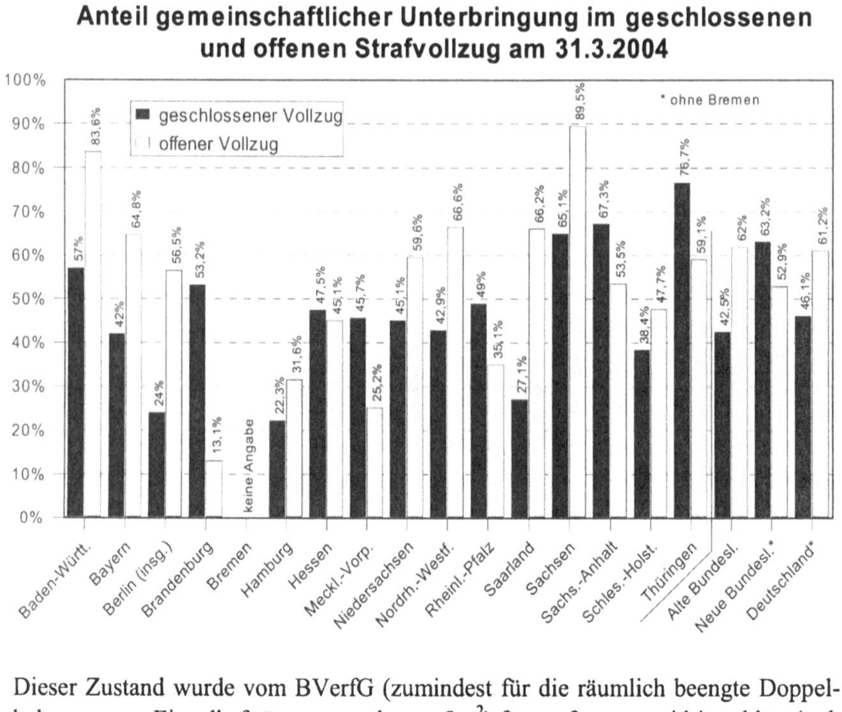

Dieser Zustand wurde vom BVerfG (zumindest für die räumlich beengte Doppelbelegung von Einzelhafträumen von knapp 8m^2) für verfassungswidrig erklärt (vgl. BVerfG EuGRZ 2002, S. 196; BVerfG EuGRZ 2002, S. 198).

Zudem drohen dem Vollzug zivilrechtliche Schadensersatzklagen (vgl. OLG Celle ZfStrVo 2004, S. 55). Das OLG Celle führte dazu aus: „Hat die JVA mit der zeitweiligen Unterbringung eines Gefangenen in einem Gemeinschaftshaftraum gegen das Gebot menschenwürdiger Unterbringung verstoßen“ (hier: 5 Gefangene in einem $16m^2$ großem Haftraum, 23 Stunden pro Tag eingeschlossen, keine vollständige Abtrennung des Sanitärbereichs), „ist ... von einem fahrlässigen Verhalten der Amtsträger auszugehen. Dies gilt auch im Falle einer Notsituation, die auf anhaltender Überbelegung beruht." Der BGH hat zwar ebenso wie das OLG Celle einen entsprechenden Schadensersatzanspruch abgelehnt, weil es sich nur um eine geringfügige bzw. kurzzeitige (hier: 2 Tage in der entsprechenden Gemeinschaftszelle einer Gefangenentransportabteilung) menschenrechtswidrige Unterbringung gehandelt habe (vgl. BGH ZfStrVo 2005, S. 59), jedoch wird auch deutlich, dass bei schwerwiegenden Fällen dieser Art, wenn sie länger als ein paar wenige Tage dauern, durchaus die Schwelle entschädigungspflichtiger Menschenrechtsverletzungen überschritten sein könnte. Die Dimensionen wären für die Staatshaushalte verheerend: Das OLG Celle hatte angedeutet, dass im Falle der Annahme einer erheblichen Beeinträchtigung 50,- € pro Tag angemessen seien (vgl. OLG Celle ZfStrVo 2004, S. 56; das LG als Vorinstanz hatte 200,- €, d. h. 100,- € pro Tag zugesprochen, vgl. StV 2003, 568 m. Anm. Lesting).

Der BGH stützt die Entscheidung des OLG Celle, wonach nicht in jedem Fall der Verletzung der Menschenwürde auch ein Amtshaftungsanspruch gegeben ist. Der Anspruch auf Geldentschädigung kann von dem weiteren Erfordernis abhängig gemacht werden, dass die Beeinträchtigung nicht in anderer Weise befriedigend ausgeglichen werden kann. Dies hängt insbesondere von der Tragweite des Eingriffs, ferner vom Anlass und Beweggrund des Handelnden (z. B. fehlende schikanöse Behandlung, Handeln aus der Notsituation der chronischen Überbelegung heraus) sowie vom Grad des Verschuldens ab. Der BGH verweist hier auf die vergleichbare Rechtsprechung des Europäischen Gerichtshofs für Menschenrechte zu Verletzungen der EMRK, die nur bei Überschreiten eines bestimmten Mindestmaßes der Verletzung einen Entschädigungsanspruch bejaht.[3]

Unabhängig von der Frage menschen- bzw. grundrechtskonformer Beurteilung der gemeinschaftlichen Unterbringung bleibt der Auftrag des StVollzG, zumindest im geschlossenen Vollzug die Einzelunterbringung zu verwirklichen. Dass davon vor allem in den neuen Bundesländern gravierend abgewichen wird, hängt z. T. mit dem Erbe des DDR-Vollzugs zusammen, im Rahmen dessen die Gemeinschaftshaft in häufiger großen Schlafsälen die Regel war. Diese gibt es zwar heute deshalb nicht mehr, weil § 201 Nr. 3 die Unterbringung von mehr als 8 Personen ausschließt, jedoch sind 2-4 Gefangene pro Haftraum vor allem in Sachsen, Sachsen-Anhalt und Thüringen (65%, 67% bzw. 77% gemeinschaftliche Unterbringung im geschlossenen Vollzug, vgl. Abb. 3) der Regelfall.

---

[3] Vgl. BGH ZfStrVo 2005, S. 60 m. w. N.; In Baden-Württemberg hat das LG Karlsruhe einem Gefangenen, der als Untersuchungsgefangener drei Wochen lang in einer $9\ m^2$ großen Zelle mit einem anderen Gefangenen gemeinschaftlich untergebracht war, ein Schmerzensgeld von 650,- € zugesprochen, vgl. die Mitteilung in ZfStrVo 2003, 293.

Geht man davon aus, dass von den ca. 70.000 Gefangenen im geschlossenen Vollzug 10.000-20.000 einer gemeinschaftlichen Unterbringung zustimmen werden, so bedarf es doch mindestens 25.000 neuer Haftplätze, will man den verfassungsrechtlichen bzw. gesetzlichen Vorgaben gerecht werden.

Die von einigen Bundesländern vorgeschlagene Beseitigung des Anspruchs auf Einzelbelegung wäre verfassungsrechtlich nicht realisierbar, denn ein Verstoß gegen die Menschenwürde kann nicht durch ein einfaches Gesetz beseitigt werden (vgl. die Gesetzesinitiative der Länder Niedersachsen und Thüringen vom 10.12.2003 in BR-Drs. 923/03).

Ob unter bestimmten, räumlich großzügigen Bedingungen die Mehrfachbelegung von Hafträumen verfassungsrechtlich haltbar wäre, erscheint angesichts des von der Rechtsprechung hervorgehobenen Anspruchs auf die Wahrung der Intimsphäre fraglich. Soweit ersichtlich, wurde demgemäß die o. g. Gesetzesinitiative zur Einschränkung des Rechts auf Einzelunterbringung nach den erwähnten Urteilen des BVerfG vom Februar 2004 nicht weiter verfolgt.

Unter den geschilderten Bedingungen müssen daher entweder neue Anstalten gebaut werden oder unzulässig mehrfach belegte Hafträume in ihrer Belegungskapazität reduziert werden. Dies könnte nur durch eine deutliche Verminderung der Gefängnisbelegung erreicht werden.

Im Folgenden sollen diese beiden Lösungswege im Hinblick auf ihre finanziellen Implikationen und die kriminalpolitischen Voraussetzungen für eine entsprechende Lösung näher analysiert werden.

3. Lösungsmöglichkeit 1: Der Bau neuer Anstalten und die Ausweitung von Haftplatzkapazitäten

Dies ist die teuerste Lösung und würde die Bundesländer allein mit Investitionskosten von ca. 150.000,- € pro Haftplatz belasten. Hinzu kämen Folgekosten für den Betrieb der Anstalten von 29.200,- € pro Haftplatz und Jahr (bei einem Nettotagessatz von 80,- € pro Gefangener und Tag).

Insgesamt ergäbe sich die enorme Summe von 25.000 x 150.000,- € = 3.750.000.000 € (= 3,75 Milliarden €) für den Neubau von Anstalten. Die jährlichen Betriebskosten würden sich auf 80,- € x 365 x 25.000 = 730.000.000 € (= 730 Millionen €) belaufen.

Es erscheint unwahrscheinlich, dass die Länder ein solches Investitionsprogramm realisieren können und wollen. Der Ausweg, die Betriebskosten durch Personaleinsparungen zu senken, würde sich allenfalls begrenzt auswirken und stößt im Übrigen ebenfalls an verfassungsrechtliche Grenzen, da nach ständiger Rechtsprechung des BVerfG der Gesetzgeber dazu verpflichtet ist, „ein wirksames

Konzept der Resozialisierung" umzusetzen (vgl. zuletzt die Entscheidung zur Verfassungswidrigkeit der seinerzeit gültigen Regelung zur Gefangenenarbeitsentlohnung (BverfG, ZfStrVo 1998, S. 242 ff.).

Ein lediglich auf „humane Verwahrung" ausgerichteter „Vollzug light" würde den verfassungsrechtlichen Vorgaben nicht gerecht. Daher bleibt als Lösungsmöglichkeit allein die Reduzierung der Gefängnisbelegung und der Haftplatzkapazitäten.

4. Lösungsmöglichkeit 2: Reduzierung der Gefängnisbelegung und der Haftplatzkapazitäten

Bei der Suche nach unausgeschöpften Potenzialen der Haftvermeidung und der Haftverkürzung ist von folgenden Eckdaten auszugehen:

4.1 Kurze Freiheitsstrafen

Es gibt trotz der Reformen Ende der 1960er Jahre noch immer jährlich ca. 12.000 Freiheitsstrafen von bis zu 6 Monaten, die als unbedingte Strafen verhängt und vollzogen werden. (vgl. z. B. Statistisches Bundesamt [Hrsg.]: Strafverfolgungsstatistik 2003). Geht man von einer durchschnittlichen Verbüßungsdauer von vier Monaten aus, so werden hierdurch stichtagsbezogen ca. 4.000 Haftplätze absorbiert.

Der Gesetzesentwurf der Bundesregierung zur Reform des Sanktionenrechts (vgl. BT-Drs. 15/2725 vom 17.03.2004, im Internet unter http://dip.bundestag.de) will die Ersetzung dieser kurzen Freiheitsstrafen durch gemeinnützige Arbeit ermöglichen, so dass man bei einer sachgerechten Implementation gemeinnütziger Arbeitsmodelle[4] realistischerweise von einem Einsparungspotenzial von 3.000 Haftplätzen in diesem Bereich ausgehen kann.

---

[4] Vgl. zu dem insoweit auch von der Bundesregierung im o. g. Gesetzesentwurf als außerordentlich erfolgreich eingeschätzten Projekt „Ausweg" in Mecklenburg-Vorpommern: Dünkel, Scheel & Grosser 2002; Dünkel & Scheel 2004.

4.2 Ersatzfreiheitsstrafen

Noch immer befinden sich bundesweit pro Stichtag ca. 4.000 Verurteilte wegen der Verbüßung einer Ersatzfreiheitsstrafe im Strafvollzug. Durch die geplante Änderung des Umrechnungsschlüssels (2 Tagessätze Geldstrafe anstatt 1 Tagessatz = 1 Tag Ersatzfreiheitsstrafe) im Gesetzentwurf zur Reform des Sanktionenrechts (vgl. BT-Drs. 15/2725 vom 17.03.2004) wird sich die Stichtagsbelegung um die Hälfte verringern. Durch den Ausbau von Arbeitsprojekten ist nach den Erfahrungen in Mecklenburg-Vorpommern eine weitere Reduzierung um ca. 50% realisierbar (vgl. Dünkel, Scheel & Grosser 2002; Dünkel & Scheel 2004).

Daraus ergibt sich ein Einsparungspotenzial von insgesamt etwa 3.000 Haftplätzen.

4.3 Bedingte Entlassung

Die bedingte Entlassung aus dem Strafvollzug gem. §§ 57, 57a StGB, 88 JGG ist in den letzten Jahren rückläufig. Die Strafvollzugsstatistik gibt hierzu allerdings keine genauen Informationen. Wir wissen nicht einmal, wie viele Gefangene überhaupt vorzeitig entlassen werden, geschweige denn zu welchem Zeitpunkt.

Aufgrund früherer Einzeluntersuchungen ist anzunehmen, dass ca. 60% der eine originäre Freiheitsstrafe verbüßenden Gefangenen vorzeitig entlassen werden, in aller Regel frühestens nach Verbüßung von zwei Dritteln der Strafe (vgl. Nomos-Kommentar-Dünkel 2005 § 57 Rn. 104).

Mit einem durch eingesparte Haftplätze finanzierbaren Ausbau der ambulanten Sozialen Dienste könnten die Voraussetzungen einer früheren und häufigeren bedingten Entlassung geschaffen werden.

Im März 2004 wurden ca. 6.000 Gefangene entlassen, hochgerechnet auf ein Jahr ergibt das ca. 72.000 Entlassungen. Davon waren ca. 32.000 Ersatzfreiheitsstrafe Verbüßende. Geht man von ca. 40.000 Entlassungen aus dem Strafvollzug aus, so errechnet sich daraus eine durchschnittliche Verbüßungsdauer von 18 Monaten (um auf eine Stichtagsbelegung von ca. 60.000 Gefangenen zu kommen). Würde man die (bedingte) Entlassung um 3 Monate vorverlegen (ggf. in Verbindung mit einer intensiven Nachbetreuung und Kontrolle), ergäbe sich daraus eine durchschnittliche Reduzierung der zu verbüßenden Haftmonate um ca. 120.000 Monate, d. h. der Gefängnisstichtagspopulation um 10.000 Gefangene.

4.4 Haftzeitreduzierung durch Gefängnisarbeit

Eine entsprechende Haftzeitreduzierung ließe sich auch durch einen moderaten Ausbau der nichtmonetären Komponente des Arbeitsentgelts im Strafvollzug im Sinne von § 43 IX und XI StVollzG erreichen, wenn man für 6 Arbeitstage einen Tag im Sinne einer „Good time" erlässt (bei durchschnittlich 18 Monaten Haftdauer würden drei Monate erlassen). Dies ist im Vergleich zu anderen europäischen Ländern wie Frankreich oder Griechenland, wo für drei oder gar nur einen Arbeitstag ein Tag der Freiheitsstrafe erlassen wird, ein eher bescheidener bzw. vorsichtiger Ansatz (vgl. Nomos-Kommentar-Dünkel 2005 § 57 Rn. 91, 97 ff.). Diese Lösung hätte zugleich den Vorteil, dass die vom BVerfG angemahnte weitere Erhöhung des Arbeitsentgelts im Strafvollzug auf Kosten sparende Weise erfüllt werden könnte (vgl. BVerfG StV 2002, 374).

Allerdings setzen auf der Basis von Gefängnisarbeit zu gewährende Haftzeitverkürzungen voraus, dass grundsätzlich allen Gefangenen auch Arbeit angeboten werden kann. Nach den Erhebungen von Dünkel und van Zyl Smit war dies allerdings schon Mitte der 1990er Jahre nur bei durchschnittlich 63% der Strafgefangenen der Fall (vgl. Dünkel & van Zyl Smit 1998). Die seinerzeitige Arbeitslosenquote von ca. 35% dürfte in Anbetracht des Belegungsanstiegs seither kaum zurückgegangen sein. Dennoch bleibt natürlich die Option der Haftzeitverkürzung durch Gefängnisarbeit vor allem dann eine unter Gleichbehandlungsaspekten vertretbare und realistische Perspektive, wenn mit der hier vorgeschlagenen Reduzierung der Haftplatzkapazitäten um insgesamt 25.000 praktisch Vollbeschäftigung erreicht werden könnte.

Ein vergleichbares Ergebnis ließe sich erzielen, wenn die durchschnittlich verhängten Freiheitsstrafen jeweils um drei Monate gekürzt würden.

4.5 Halbstrafenverbüßung

In einem der früheren Referentenentwürfe war die generelle Halbstrafenverbüßung bei Erstverbüßern (anstatt der Begrenzung auf Freiheitsstrafen bis zu 2 Jahre, vgl. § 57 Abs. 2 Nr. 1 StGB) vorgesehen.[5] Dieser vernünftige und im Lichte ausländischer Vorbilder keineswegs revolutionäre Vorschlag[6] wurde in den aktuellen Gesetzesentwürfen nicht weiter verfolgt.

---

[5] Vgl. den Referentenentwurf des Bundesjustizministeriums vom 08.12.2000, S. 10 und Begründung S. 12 f.; hierzu auch: Kommission zur Reform des strafrechtlichen Sanktionensystems: Abschlussbericht, vorgelegt im März 2000; im Internet unter www.bmj.de.

[6] Die generelle Halbstrafenentlassung ist z. B. in Belgien, England/Wales, Estland, Finnland, Frankreich, Griechenland, Italien, Kroatien, Litauen, Österreich, Polen, Russland, Schottland,

Das Einsparungspotenzial ist schwer abzuschätzen, da der Anteil von Erstverbüßern nicht bekannt ist. Es kann aber davon ausgegangen werden, dass mindestens 20% der eine Freiheitsstrafe Verbüßenden, im Jugendstrafvollzug ca. 40% Erstverbüßer sind. Rechnet man konservativ, dass in diesen Fällen regelmäßig eine Zweidrittel-Entlassung erfolgt, die nunmehr auf den Halbstrafenzeitpunkt vorverlegt wird, so ergäbe sich folgendes Einsparungspotenzial:

Die durchschnittliche Freiheitsstrafe beträgt bisher 18 Monate. Davon zwei Drittel sind 12 Monate. Halbstrafe wäre 9 Monate, d. h. es würden jeweils 3 Monate eingespart. Absolut gesehen beträfe dies etwa 8.000 Gefangene im Erwachsenenvollzug (20% von 40.000) und ca. 2.000 (40% von 5.000) der jährlich aus dem Jugendstrafvollzug Entlassenen.

10.000 x 3 Haftmonate = 30.000 Haftmonate, d. h. 2.500 Haftplätze. Die bisherigen Entlassungen gem. § 57 Abs. 2 StGB sind so marginal, dass sie im Rahmen der Modellrechnung vernachlässigt werden können (vgl. Nomos-Kommentar-Dünkel § 57 Rn. 58, 104 m. w. N.; absolut im Jahr 2000: 204 Fälle).

4.6 Entkriminalisierung des Drogenkonsums bzgl. weicher Drogen

Stichtagsbezogen sind gegenwärtig ca. 15% der Strafgefangenen im Erwachsenenvollzug und 9% im Jugendstrafvollzug wegen Drogendelikten inhaftiert. Dabei handelt es sich in etwa 40% der Fälle um einfache Delikte gem. § 29 Abs.1 BtMG. Eine Verurteilung erfolgte in diesen Fällen i. d. R. wegen des Besitzes von Drogen (d. h. im Wesentlichen handelt es sich um Konsumenten oder Kleindealer). Würde man den schlichten Besitz von Drogen entkriminalisieren (z. B. durch Herabstufung zur Ordnungswidrigkeit) oder Cannabis-Produkte generell entkriminalisieren, würden schätzungsweise 40-50% der gegenwärtig nach dem BtMG Inhaftierten entfallen. Dies ergäbe im Erwachsenenvollzug stichtagsbezogen einen Entlastungseffekt von ca. 4.650 Gefangenen, im Jugendstrafvollzug von ca. 350 Gefangenen, d. h. insgesamt von 5.000 Gefangenen.

Im Übrigen ist die Strafzumessung auch bei schwereren Drogendelikten im Verhältnis zu anderen Delikten unverhältnismäßig hart und müsste im Sinne einer gemäßigten und unaufgeregteren Kriminalpolitik überdacht werden, was zu einer zusätzlichen Entlastung des Strafvollzugs führen würde.

Slowenien, Tschechien, Ungarn und der Türkei vorgesehen, vgl. Nomos-Kommentar-Dünkel 2005 § 57 Rn. 91 f.

4.7 Demographischer Wandel in Ostdeutschland

Die Gefängnisbelegung wird unter der Voraussetzung konstanter Rahmenbedingungen im übrigen in Ostdeutschland durch den demographischen Wandel drastisch sinken. Die Geburtenrate ging in den ostdeutschen Bundesländern nach der Wende dauerhaft um ca. 40% zurück. Im Jugendstrafvollzug wirkt sich die seit 1989 gesunkene Geburtenrate bereits jetzt aus. Geht man – vorsichtig geschätzt – von einer Reduktion um ein Drittel aus, so werden bei derzeit ca. 1.500 Jugendstrafgefangenen in den neuen Bundesländern 500 Haftplätze nicht mehr benötigt.

4.8 Untersuchungshaftvermeidung

Weitere Einsparungspotenziale ergäben sich im Bereich der Untersuchungshaft, wenn – wie in vielen europäischen Ländern üblich – durch verkürzte Haftprüfungstermine oder absolute Höchstgrenzen (z. B. für verschiedene Verfahrensstadien) eine Verfahrensbeschleunigung erzielt werden kann. Auch eine frühzeitigere anwaltliche Vertretung weist Einsparungspotenziale auf (vgl. Jehle & Bossow 2002). Nach einer (konservativen) Einschätzung könnte die derzeitige U-Haftpopulation von stichtagsbezogen ca. 16.000 Inhaftierten um mindestens 1.000 reduziert werden.

4.9 Einsparungspotenziale insgesamt

Fasst man die unter 4.1 bis 4.8 dargestellten Einsparungspotenziale zusammen (wobei die Varianten 4.4 und 4.5 nur alternativ, nicht kumulativ zugrunde gelegt werden), so gelangt man auf eine Summe von 25.000 Haftplätzen.

5. Zusammenfassung und Ausblick

Gefangenenraten sind nicht Schicksal, sondern in erster Linie Resultat von kriminalpolitischen Entscheidungen (zum internationalen Vergleich: Dünkel & Snacken 2000, 2001, 2005; van Zyl Smit & Dünkel 2001).

Diese folgen nicht immer rationalen und bewussten Steuerungsmodellen, sondern sind von vielfältigen Wirkmechanismen, u. a. auch massenmedial vermittelten (Schein-)Zwängen geprägt (Stichwort: „moral panics“). Anliegen des vorliegenden Beitrags ist es, eine rationale kriminalpolitische Steuerung zu propagieren, die Haftvermeidungs- und Haftverkürzungsstrategien verknüpft.

Auf diese Weise erscheint eine Reduzierung der stichtagsbezogenen Gefängnispopulation von derzeit ca. 80.000 Gefangenen um mehr als 25.000 als eine „realistische Utopie“. Ein Appell an die Politiker aller Parteien erscheint dringender denn je, den Strafvollzug quantitativ nicht weiter auszubauen, sondern im Gegenteil durch eine systematische Reduzierung der Gefangenenzahlen zu einer Qualitätsverbesserung und damit einer wirksameren Opferprävention (durch Rückfallvermeidung) zu gelangen. Nach dem kriminologischen Erfahrungswissen würden die dargestellten haftvermeidenden bzw. -verkürzenden Maßnahmen nicht zu einer Erhöhung des Rückfallrisikos bzw. zu einer bedrohlichen Sicherheitslage führen.

Der Weg, das „absurde System“ Strafvollzug zu beseitigen, erscheint vielleicht utopisch und realitätsfremd. Wenn es aber gelänge, wenigstens eine substantielle Reduktion des Strafvollzugs zu erreichen und die Leiden, die durch Freiheitsentzug geschaffen werden, zu minimieren, wäre ein wesentlicher Beitrag zu einer Humanisierung des Strafrechts- und Strafvollzugssystems geleistet. In diesem Sinn sind die streitbaren Schriften des Jubilars nicht realitätsferne Utopie, sondern zeigen ebenso wie der vorliegende Beitrag konkret umsetzbare Perspektiven auf dem Weg zu einer humanen Strafrechtspflege auf.

Literatur

Dünkel F. (2004). Gegenreform im Strafvollzug: Sicherheit als Vollzugsziel – Eine Gesetzesinitiative aus Hessen. *Kriminalpädagogische Praxis 32*, *Heft 43*, 16-20.

Dünkel F. (2005). Strafvollzug ist Ländersache? Was trotz bundeseinheitlicher Gesetzgebungskompetenz des Bundes möglich ist – Dargestellt am Beispiel des offenen Vollzuges. *Neue Kriminalpolitik 17*, 5-6.

Dünkel F. & Drenkhahn K. (2001). Strafvollzugskonzepte: Aktuelle Entwicklungen zwischen Reform und Gegenreform. *Neue Kriminalpolitik 13*, *Heft 2,* 16-21.

Dünkel F., Scheel J. & Grosser R. (2002). Vermeidung von Ersatzfreiheitsstrafen durch gemeinnützige Arbeit durch das Projekt „Ausweg“ in Mecklenburg-Vorpommern. Erste Ergebnisse der empirischen Untersuchung. *Bewährungshilfe, 49*, 56-72.

Dünkel F. & Scheel J. (2004). Vermeidung von Ersatzfreiheitsstrafen mittels gemeinnütziger Arbeit. Das Projekt „Ausweg“ in Mecklenburg-Vorpommern. In: Schöch H. & Jehle J.-M. (Hrsg.), *Angewandte Kriminologie zwischen Freiheit und Sicherheit.* Mönchengladbach: Forum Verlag, 19-37.

Dünkel F. & Snacken S. (2000). Strafvollzug in Europa. *Neue Kriminalpolitik 12, Heft 4,* 31-37.

Dünkel F. & Snacken S. (2001). Strafvollzug im europäischen Vergleich: Probleme, Praxis und Perspektiven. *Zeitschrift für ,Strafvollzug und Straffälligenhilfe, 50,* 195-212.

Dünkel F. & Snacken S. (2005). *Les prisons en Europe.* Paris: L' Harmattan.

Dünkel F. & van Zyl Smit D. (1998). Arbeit im Strafvollzug – Ein internationaler Vergleich. In: Albrecht H.-J., Dünkel F. u. a. (Hrsg.): *Internationale Perspektiven in Kriminologie und Strafrecht. Festschrift für Günther Kaiser.* Berlin: Duncker & Humblot, 1161-1199.

Egg R. & Kröninger S. (2004). Sozialtherapie und Sozialtherapeutische Einrichtungen. Fakten, Expertenmeinung und aktuelle Entwicklungen. In: Rehn, G., Nanninga, R. & Thiel, A. (Hrsg.). *Freiheit und Unfreiheit. Arbeit mit Straftätern innerhalb und außerhalb des Justizvollzugs.* Herbolzheim: Centaurus, 219-233.

Jehle J.-M. & Bossow B. (2002). Verkürzung von Untersuchungshaft durch frühzeitige Strafverteidigung. *Bewährungshilfe 49,* 73-82.

Jung H. & Müller-Dietz H. (1994) (Hrsg.). *Langer Freiheitsentzug – wie lange noch? Plädoyer für eine antizyklische Kriminalpolitik.* Bonn: Forum Verlag.

Kreuzer A. (2004). Mehr Sicherheit durch strengeres Strafen? *Kriminalpädagogische Praxis, 32, Heft 43,* 4-15.

Rehn G. (2003). Ist eine rationale Strafvollzugspolitik heute noch möglich? *Zeitschrift für Strafvollzug und Straffälligenhilfe, 52,* 70-76.

Rehn G. (2002). Alte und neue Visionen: Entwicklung und Zukunft der Sozialtherapie im Justizvollzug. *Kriminalpädagogische Praxis, 31, Heft 41,* 47-53.

Rehn G. (2005). Gegenreform erfasst Strafvollzugsgesetz. *Neue Kriminalpolitik, 17,* 3-5.

Rehn G. (2004). Grundlegende Überlegungen zur Planung und Gestaltung Sozialtherapeutischer Einrichtungen im Justizvollzug. In: Rehn, G., Nanninga, R. & Thiel, A. (Hrsg.). *Freiheit und Unfreiheit. Arbeit mit Straftätern innerhalb und außerhalb des Justizvollzugs.* Herbolzheim: Centaurus, 200-218.

van Zyl Smit D. & Dünkel F. (2001) (Hrsg.): *Imprisonment Today and Tomorrow – International Perspectives on Prisoners' Rights and Prison Conditions.* Deventer: Kluwer.

Wagner G. (1985). *Das absurde System: Strafurteil und Strafvollzug in unserer Gesellschaft, 2. Aufl.* Heidelberg: C. F. Müller.

Gefängnisarchitektur - eine Skizze

von Heike Jung

1. Einführung

Seit Norbert Elias' „Über den Prozess der Zivilisation" und seinen Schülern assoziieren wir den „Aufstieg des Gefängnisses" als Sanktionsform im 18. Jahrhundert unter anderem damit, dass man die Gewalt zunehmend „hinter die Kulisse geschoben" hat (vgl. Jung 2005, 35 ff.). Ebenso könnte man diese Metapher nutzen, um die notorische Verdrängung des Strafvollzuges zu erklären. "Jails" – so heißt es bei McConville – "are often omitted from discussions of penal policy, despite their core contribution to the administration of justice" (McConville 2003, 1, 7). Diese Feststellung gilt auch für die Gefängnisarchitektur. Eine Architektur des Ausschlusses scheint keiner Rede wert. Die berühmte, geradezu antizyklische Ausnahme stellt Benthams „Panopticon" dar, ein voll durchkomponiertes Gefängnismodell, das nicht nur stilbildend für die Gefängnisarchitektur gewesen ist, sondern auch als grundlegendes Traktat des Utilitarismus gelten kann. (vgl. Jung 1994, 34). Auf dieser durchaus philosophischen Ebene tritt uns in neuerer Zeit Michel Foucault entgegen, der in „Überwachen und Strafen" die institutionelle Architektur einer Disziplinierungs- und Dressuranstalt vorführt, um sie dann in der Tradition des Panoptismus ins Allgemeingesellschaftliche diffundieren zu lassen. (vgl. Jung 2005, 38).

Bei näherem Hinsehen stellt man fest, dass Gefängnisarchitektur als architekturgeschichtliche Fragestellung schon eine gewisse Tradition hat, als deren Paradestück die Darstellung von Evans (1982) über „The Fabrication of Virtue. English Prison Architecture" gelten kann. Dass das Thema nicht in den bekannten Kanon strafrechtlicher Problemstellungen passt, versteht sich. Der Diskurs über Fragen der Inszenierung von (Straf-)Justiz verläuft in für Juristen ungewohnten Bahnen und ist auf Interdisziplinarität angewiesen. Nicht von ungefähr sind meine eigenen Anläufe hierzu[1] aus der Zusammenarbeit mit meinem Saarbrücker Kollegen Kroeber-Riel, als Fachvertreter für Marketing ein ausgesprochener „Kommunikationsspezialist", entstanden. In diesem Sinne ist auch die neuere einschlägige Publi-

[1] Vgl. z.B. Esch, Jung & Kroeber-Riel (1993, 47); Kroeber-Riel, Jung & Esch (1994, 156); Jung (1993, 339). Den Hintergrund bildete ein denkwürdiges gemeinsames Seminar; vgl. auch den Seminarbericht von Esch (1993, 76).

kation „Prison Architecture“ das Produkt eines interdisziplinären Symposiums, das u. a. Architekten und Fachleute des Strafvollzuges zusammenführte (Fairweather & McConville 2003).

Nun will ich gar nicht darüber klagen, dass derartige Themen in den systematischen Kompendien zum Strafvollzug keinen rechten Platz finden[2], obwohl man vermuten kann, dass die Aufnahme von Bildern gerade bei diesem Thema ein Gewinn wäre. Die Zurückhaltung ist im übrigen nichts spezifisch Juristisches. Auch in dem differenziert angelegten, von W. Pecher (2004) herausgegebenen Sammelband über „Justizvollzugspsychologie in Schlüsselbegriffen“ sucht man Architektur vergebens, wiewohl sich über die Umweltpsychologie durchaus ein Zusammenhang herstellen ließe. Anders freilich Georg Wagner: Er hat in seiner Abrechnung mit dem Gefängnis als absurdem System (Wagner 1985) alles mitbedacht, eben auch die Architektur.[3] Ihm darf ich daher meine Problemskizze in Dankbarkeit für viele anregende Begegnungen und Gespräche – auch über dieses Thema – widmen.

2. Funktionalität - Ästhetik - Symbolik

Ich bin kein Kenner der Theorie der Architektur. Ich kann daher nur hoffen, dass mein persönliches Vorstellungsbild von den Zielvorgaben, nämlich „Funktionalität – Ästhetik – Symbolik“ einen gewissen Realitätsgehalt hat. Bewertet man Gefängnisarchitektur nach diesen Maßstäben, so zeigt sich ein gewisses Ungleichgewicht. Das Mittelstück – die Ästhetik – ist so gut wie nicht existent. McConville hat den Begriff einer „penal aesthetic“ in die Debatte geworfen, um sogleich anzumerken, dass die Frage einer Verschönerung gerade der Gefängnisse vielerorts auf totales Unverständnis stoßen würde (McConville 2003, 10). Das bedeutet nicht, dass Gefängnisbauten nicht ab und an einen Eintrag in Dehios Handbuch der Deutschen Kunstdenkmäler wert wären,[4] oder sonst eine denkmalwürdige Patina erwerben könnten (dazu Brodie, Croom & Davies 2002). Das im Stile der sog. Nationalen Architektur erbaute, mit traditioneller Baukeramik verzierte Istanbuler Sultanahmet Cezaevi (Gefängnis) aus dem Jahre 1918/19 war offenbar so anziehend, dass es unterdessen zu einem Luxushotel („Four Seasons“) umgewidmet worden ist.

---

[2] Ausnahmen wie z.B. Schwind (1988, 1) bestätigen die Regel.

[3] Besonders eindringlich sind seine Beobachtungen und Thesen zum Gefängnis als „sozioarchitektonischem System“ (Wagner 1985, 85).

[4] So z.B. das Bamberger Gefängnis, mit dessen Bau 1744, also zu einer Zeit, zu der Balthasar Neumann noch für das Bamberger Hochstiftbauwesen verantwortlich war, begonnen wurde (Dehio 1979, 124).

Im allgemeinen aber ist jedenfalls der moderne Gefängnisbau kein Blickfang unter künstlerischen Aspekten. Bis zu einem gewissen Grade ist natürlich das öffentliche Bauwesen insgesamt heutzutage durch eine verwechsel- und vertauschbare „Allzweckarchitektur“ gekennzeichnet. Gelegentliche Vorzeigestücke bestätigen die Regel, häufig wiederkehrend etwa im Bereich der Museen, wo man sich durch die Zwecksetzung künstlerisch derart herausgefordert fühlt, dass die Funktionalität bisweilen sogar darunter leiden mag.[5] Das Gebäude als Kunstwerk ist also eine im Kontext von Gefängnissen fernliegende, geradezu abwegige Assoziation. Es dominiert die Funktion und hier – jedenfalls nach außen hin – der Gesichtspunkt, für die sichere Unterbringung von vielen Menschen Sorge tragen zu müssen. Freilich hat die Gefängnisarchitektur gerade dadurch ihre eigene Formensprache, ihre eigene Symbolik entwickelt, die vor allem durch Mauern und Gitter gekennzeichnet ist. Insofern läuft der strafrechtliche Stigmatisierungsprozess nach wie vor nicht zuletzt über die Existenz und Anschauung des Gefängnisses ab. Während sich die Symbolik einer architecture parlante hier früher mit Nachahmungen von unnahbaren Trutzburgen versuchte, reichen heute Mauern und Gitter aus, um Wirkung zu erzielen. Die Mauer steht dabei für Sicherheit, für Ausgrenzung sowie für Kasernierung und Bewältigung des „Problems“.[6]

Justizvollzugsanstalt Saarbrücken

[5] Als typisches Beispiel hierfür empfinde ich das von Frank O. Gehry konzipierte Guggenheim-Museum in Bilbao, ein Kunstwerk, das die meisten seiner Exponate dominiert.

[6] Jung (1993); vgl. zur Botschaft von Gefängnismauern auch Shaw (2003, 150, 157f.): „... some Victorian inner-city prisons ... were deliberately located to cast a long penal shadow accross the slums of the new urban proletariat. The contemporary featureless concrete wall that surrounds most new prisons – such that from the outside most new British prison look the same – may suggest , in its totalitarian brutalism, different ideological functions; exclusion, secrecy, nihilism.“

Was wir bislang festgestellt haben, bezog sich vorzugsweise auf die Außenansicht. Das bevorzugte, um nicht zu sagen das eigentliche Terrain der Gefängnisarchitektur ist jedoch das Innere. Humanität muss gerade für die alltäglichen Lebensbedingungen von Gefangenen durchdekliniert werden.

3. Die Architektur als Indikator für die Ausrichtung des Vollzugs

Die normative Ausrichtung des Vollzugs sollte sich in der Umsetzungsebene spiegeln. Umgekehrt betrachtet setzt die Umsetzungsebene Fakten, die die Ausrichtung des Vollzugs beeinflussen. Nicht von ungefähr hat das Konzept des Fachausschusses I Strafrecht und Strafvollzug des Bundeszusammenschlusses für Straffälligenhilfe zu „Die Mitarbeiter des Behandlungsvollzuges" (Jung u.a. 1987) entscheidenden Wert auf die funktionalen Konsequenzen gelegt. Zwar wird die Architektur eines Behandlungsvollzuges dort nicht im einzelnen durchdekliniert. Doch heißt es zur Organisationsstruktur z. B.: „Eine Kommunikations- und Entscheidungsstruktur, die sich am Vollzugsziel orientiert, ist nur in überschaubaren Vollzugseinheiten zu verwirklichen. Das gilt sowohl für die Größe der einzelnen Anstalt als auch für ihre Untergliederung. Dementsprechend sollten Vollzugsanstalten eine Größenordnung von 200 bis höchstens 250 Plätze haben. Sie sind in weitgehend autonome Wohngruppen mit jeweils nicht mehr als 10 Plätzen zu gliedern" (ebd., 17). Wir wissen, dass, ungeachtet vieler Fortschritte im Vollzug, die Thesen des Fachausschusses noch immer der Einlösung harren und dies – obwohl Shaw für England konstatiert: "It can surely be no coincidence that the best prisons in this country – those with the best staff-prisoner relationships, the best links with their local communities and the best developed regimes – tend to be small in scale" (Shaw 2003, 156). Mehr noch: Man muss in einer Epoche weit überzogener Sicherheitsängste darauf achten, dass das Spannungsverhältnis zwischen den Behandlungsgrundsätzen sowie dem Gesichtspunkt der Sicherheit und Ordnung nicht einseitig zugunsten letzterem aufgelöst wird (vgl. Calliess & Müller-Dietz 2005, § 3 Rdnr. 3). Das Problem der Balance muss von der Architektur aufgefangen werden: "There has to be an appropriate balance between the requirements of security and the adverse consequences of an over-oppressive atmosphere, which can lead to a hostile reaction from the inmates and a negative response from the public... An avoidance of harsh institutional design, both inside and out, can reduce stress and trauma caused to inmates by sudden removal from the outside environment" (Fairweather 2003, 31, 47). In diesem Sinne plädiert Fairweather für einen „softer design approach" und legt selbst hierzu eine Art Programmentwurf vor. Dass Auflockerung nach innen und außen darstellbar ist, zeigen neuere Gefängnisbauten in Epinal (Frankreich).[7] Freilich sehen sich derartige Vorstellungen mit einer Forcierung der Sicherheitsanforderungen, der Überbelegung und der notorischen Unterfinanzierung des Vollzugswesens konfrontiert. Insofern lohnt es angesichts der skeptischen Einschätzung Shaws, wonach es in Zeiten der Überfüllung schwer wenn nicht gar unmöglich sei, „to maintain aesthetic and moral qualities in prison design" (Shaw 2003, 153), daran zu erinnern, dass es nicht darum geht, Preise zu erringen, sondern darum, eine aufgelockertere Gefängnisumwelt zu gestalten, was nicht nur für die Resozialisierung, sondern auch für die Sicherheit (Stichwort: Aggressionsminderung) förderlich ist.

4. Zur Sicht der Architekten

Die Entscheidungen über die Errichtung eines Gefängnisses, heißt es bei Demonchy (2004, 269, 271) würden vom „programmateur" vorgegeben. Der Architekt setze sie (nur) um. Er beklagt nun, dass es kaum eine Untersuchung über Vollzugsarchitekten gibt, die ja mit ihren Bauten die alltäglichen Lebensbedingungen von Gefangenen in starkem Umfang prägen. Die Exklusion – so Demonchy – stelle kein Lebensprogramm dar. Freilich gelte dies auch für die Rückkehr in die Freiheit: „Un projet d'architecture est toujours une anticipation du présent" (ebd., 273).

Dasselbe Dunkel, das den Architekten umgebe, umgebe auch den „programmateur", letztlich ein Beamter, dessen Spielräume begrenzt seien,[8] der sich deswegen vom Status quo, sprich vom Konzept der vorhandenen Gefängnisse, leiten lasse, d.h. „La prochaine prison a donc bien un modèle: c'est le modèle précédent" (Demonchy 2004, 274). Er beschwört eine weit zurückreichende Kontinuität der Gefängnisarchitektur, die der „vraie prison", gegen die sich „Modellgefängnisse" nur schwer durchsetzen können. Mit Letzterem meint Demonchy insgesamt aufgelockertere Strukturen. Die Geschichte der französischen Gefängnisarchitektur könne man fast auf die Geschichte der Gestaltung der „couloirs de service" reduzieren (ebd., 290 f.). Gefangene blieben noch immer weitgehend auf ihre Zellen verwiesen nach dem überkommenen Motto: „Le détenu est censé vivre dans sa cellule dans un face-à-face avec Dieu jusqu'à son repentir" (ebd., 291). Er geht so weit zu behaupten, dass die einzige Art des Überlebens in diesem architektonischen Milieu, das beide, Gefangene und Vollzugsbedienstete, ausschließe und verbinde, ein Hauch von tolerierter Illegalität sei (ebd., 292).

Die Tonlage in Fairweathers Positionsbestimmung klingt ähnlich pessimistisch. Während bei Demonchy die historische Linienführung bis zu Bentham zurück-

[7] Allg. zu den französischen Plänen im Gefängnisbauwesen: Jodry & Zulberty (2003).
[8] Hierzu die Sicht eines Vertreters der Ministerialbürokratie: Korndörfer (1993).

reicht, nehmen Fairweathers Überlegungen ihren Ausgangspunkt bei Pentonville. Auch sonst stellen sich für ihn dieselben Fragen unter dem Rubrum „Does Design Matter?“ (Fairweather 2003, 61). In der Praxis kaum, so könnte man seine Antworten kurz zusammenfassen. Zunächst gilt für ihn: „... architects are rarely the prime movers and mainly respond to the needs of their clients ...“ (ebd., 65). Für Gefängnisbauten dominiere der Rückgriff auf das scheinbar Bewährte. „Short-term-expediency“ bestimme die Planung. Er verweist auf den Zynismus eines Vollzugsbeamten: „Prisons don't get designed, they get built“ (ebd., 64). Die Privatisierung habe hier bislang keinen Innovationsschub gebracht („... there is not a lot of evidence so far of a conceptual leap“; ebd., 64) Sein Resümee: Abgesehen davon, dass Architekten ohnehin nicht ermutigt würden, in eine ernsthafte Debatte über Vollzugsziele und die Anschauungen der Gesellschaft einzutreten, würden sie zumeist eher daran gehindert, sich voll beim Gefängnisbau „einzubringen“ und dies obwohl man die Grundsatzfrage „Does Design Matter?“ aus seiner Sicht natürlich positiv beantworten müsse (ebd., 66).

Ein ganz anderer Aspekt bewegt Dömges. Fast schon nach Art eines Stimmungsbildes beschreibt er seine Annäherung an Thema und Auftrag, den Bau eines neuen Gefängnisses (Dömges 1994, 12). „Ineinandergreifende Bereiche“ heißt seine Formel, keine „Symmetrie, keine Symbolik in Gestalt für Gewalt“; die Mauer bleibt natürlich. Und dann noch ein Seitenblick auf die Nachbarn, die sich gegen den Bau eines Gefängnisses wehren (vgl. dazu Korndörfer 1993). Das ist ein Architekt freilich auch sonst gewohnt. Der Auftrag der Bayerischen Landesregierung reicht in die 1970er Jahre zurück. Wie wohl sein Bericht heute ausfiele?

5. Schlussbemerkung

Shaw schließt seine nachdenklich-kritische Betrachtung über Gefängnisarchitektur und Vollzugsreform mit der antizyklisch klingenden Feststellung: „... what is needed in Britain are prisons based on a minimum appropriate level of security combined with the maximum community involvement – institutions whose walls are, in the jargon, permeable, and which maximize staff-prisoner interaction; whose values are open, democratic and inclusive“ (Shaw 2003, 158).

Ich nehme an, dass Georg Wagner, selbst ein „kreativer Querdenker“, dem auch für Deutschland und überhaupt zustimmen wird.[9]

[9] Im gleichen Sinne wie Shaw jedenfalls z.B. Georg Wagner (1994, 183, 191).

Literatur

Brodie A., Croom J. & Davies, J. (2002). *English Prisons: An Architectural History*. Swinden: English Heritage.

Calliess R.-P. & Müller-Dietz H. (2005). *Strafvollzugsgesetz, 10. Aufl.* München: C.H. Beck.

Dehio G. (1979). *Handbuch der Deutschen Kunstdenkmäler. Bayern I: Franken*; bearbeitet von T. Breuer u.a. München: Deutscher Kunstverlag.

Demonchy C. (2004). L'architecture des prisons modèles françaises. In: Artières P. & Lascoumes P. (dir.), *Gouverner, enfermer*. Paris: Presses de Sciences Po, 269-293.

Dömges S. (1994). Zum sicheren und humanen Strafvollzug. *Zeitschrift für Strafvollzug und Straffälligenhilfe,43,* 12-13.

Esch F.-R., Jung H. & Kroeber-Riel W. (1993). Die Kommunikativen Wirkungen von Gefängnisarchitektur. In: *Festschrift für G. Jahr*. Tübingen: Mohr (Paul Siebeck), 47-69.

Esch F.-R. (1993): Nonverbale und symbolische Kommunikation durch Gefängnisarchitektur. *Zeitschrift für Strafvollzug und Straffälligenhilfe*, 42, 76-85.

Evans R. (1982). *Fabrication of Virtue : English Prison Architecture 1750-1840.* Cambridge: Cambridge University Press.

Fairweather L. (2003). Psychological effects of the prison environment. In: Fairweather L. & McConville S. (eds.), *Prison Architecture*. Oxford: Architectural Press, 31-48.

Fairweather L. (2003). Does design matter? In: Fairweather L. & McConville S. (eds.), *Prison Architecture*. Oxford: Architectural Press, 61-67.

Fairweather L. & McConville S. (eds.) (2003). *Prison Architecture*. Oxford: Architectural Press.

Jodry J. F. & Zulberty M. (2003). Prisons in Europe: France. In: Fairweather L. & McConville S. (eds.), *Prison Architecture*. Oxford: Architectural Press, 109-117.

Jung H., Mey H.-G., Müller-Dietz H. & Rotthaus P. (Hrsg.) (1978). *Die Mitarbeiter des Behandlungsvollzuges*. Bonn: Selbstverlag Bundeszusammenschluß für Straffälligenhilfe.

Jung H. (1993). Das Gefängnis als Symbol. *Zeitschrift für Strafvollzug und Straffälligenhilfe, 42,* 339.

Jung H. (1994). Ein Blick in Benthams „Panopticon". In: Busch M., Edel G. & Müller-Dietz H. (Hrsg.), *Gefängnis und Gesellschaft. Gedächtnisschrift für A. Krebs*. Pfaffenweiler: Centaurus, 34-49.

Jung H. (2005). *Kriminalsoziologie*. Baden-Baden: Nomos.

Korndörfer H. (1993). Bauen für den Strafvollzug. *Zeitschrift für Strafvollzug und Straffälligenhilfe, 42*, 337-338.

Kroeber-Riel W., Jung H. & Esch F.-R. (1994). Wirkungen von Gefängnisfassaden – Theoretische Ansätze, empirische Ergebnisse und rechtspolitische Folgen. *Monatsschrift für Kriminologie und Strafrechtsreform, 77,* 156-172.

McConville S. (2003). The architectural realization of penal ideas. In: Fairweather L. & McConville S. (eds.), *Prison Architecture*. Oxford: Architectural Press, 1-15.

Pecher W. (Hrsg.) (2004). *Justizvollzugspsychologie in Schlüsselbegriffen*. Stuttgart: Kohlhammer.

Schwind H.-D. (1988). Kurzer Überblick über die Geschichte des Strafvollzugs. In: Schwind H.-D. & Blau G., *Strafvollzug in der Praxis, 2. Aufl.* Berlin, New York: de Gruyter, 1-16.

Shaw S. (2003). Prison architecture and the politics of reform. In: Fairweather L. & McConville S. (eds.), *Prison Architecture*. Oxford: Architectural Press, 150-158.

Wagner G. (1985). *Das absurde System. Strafurteil und Strafvollzug in unserer Gesellschaft, 2. Aufl.* Heidelberg: C.F. Müller.

Wagner G. (1994). Justizvollzug und Gefährlichkeit der Insassen. In: Jung H. & Müller-Dietz H. (Hrsg.), *Langer Freiheitsentzug – wie lange noch? Plädoyer für eine antizyklische Kriminalpolitik*. Bonn: Forum-Verlag, 189-193.

Die verratene Reform – Gedanken zur Situation des Strafvollzuges

von Gerhard Rehn

Einleitung

Seit einiger Zeit beschäftige ich mich aus verschiedenen Gründen wieder mehr mit den Gedanken und dem engagierten Handeln der Strafvollzugsreformer (siehe z. B. Rehn 2004; 2003). Noch vor jedem konkreten Anlass ist es nützlich, sich der Grundlagen zu vergewissern, denen eigenes Denken und Handeln viel verdankt. Was an aktuellen Ereignissen bedeutsam, eher richtig oder eher falsch ist, kann so besser beurteilt werden. Der Bezug auf überindividuelle Zusammenhänge weitet den Blick und macht eigene Bewertungen sicherer.

Durch die gegenwärtigen restaurativen und reaktionären Entwicklungen im Strafvollzug wird das Bedürfnis nach theoretischer, wertebezogener und historischer Grundlegung der eigenen Maßstäbe intensiviert. Zu hoffen ist, dass so fundierte Aktivitäten dazu beitragen, den Weg zurück in die menschenfeindliche und menschenverachtende Welt des Verwahrvollzuges aufzuhalten. Aber reicht aus, was besonnene Praktiker, Wissenschaftler und Politiker gegen verbreitete Straf- und Rachebedürfnisse, gegen Fehlinformation und Populismus in die Waagschale bringen (siehe z.B. Dünkel & Maelicke 2004). Die Sorge um die Zukunft greift weit über den Strafvollzug hinaus. Denn wie seit jeher offenbaren sich in Strafjustiz und Strafvollzug, spezifisch verzerrt und verschärft, immer auch gesamtgesellschaftliche Entwicklungen: So zeigen sich neo-konservative Tendenzen in der „sozialautoritären Konsequenz“, mit der die Spannung zwischen Sicherheit und Freiheit zunehmend zu Lasten der Freiheit vermeintlich gelöst, am Ende aber nur verschärft wird (Haffke 2004). Sie werden deutlich in einer „neuen Kontrollgesinnung“, mit der die möglichst perfekte Beherrschung der Umwelt auf die „Beherrschung unliebsamer Menschen erstreckt“ werde (Schüler-Springorum 1998, 151). In immer neuen „Bekämpfungsgesetzen“ drücke sich, schreibt Dessecker (1999, 679 f.), eine Abkehr vom „überkommenen Konzept des Rechtsgüterschutzes und ihre Hinwendung zu präventiven Gefährdungstatbeständen“ aus, die zu einem „Vorrang von Sicherheitsstrategien um fast jeden Preis führen.“ Nicht zu übersehen sind Anzeichen einer „kollektiven Regression“, bei der es „ums Ganze, um einen Angriff auf den Resozialisierungsgedanken und ein bürgerlich-freiheitliches Strafrecht überhaupt“ geht (Böllinger 2004, 76 f.). Zu erwähnen sind ferner die immer wiederkehrenden Angriffe auf die Ziele und die Inhalte des StVollzG (Calliess & Müller-Dietz 2000, § 2, Rn. 17, 20, 27 ff.; Dünkel 2003), die künftig zu mehr Erfolg führen könnten, wenn, wie beabsichtigt, die Gesetzgebungskompetenz in Strafvollzugsangelegenheiten vom Bund auf die Länder übertragen wird (u.a. Rehn 2005). Und schließlich nimmt offensichtlich die Bereitschaft ab, nach dem jeweils mildesten, möglichst ambulanten Mittel der Sanktionierung und Hilfe zu greifen, obwohl sie im Verhältnis zu den jeweils schärferen Mitteln i.d.R. ihren Zweck nicht nur nicht verfehlen, sondern oftmals sogar wirksamer weiteren Rückfall verhindern (Schöch 1996, 326; BMI & BMJ 2001, 450; Kerner 2004, 32 ff.).

Mit der Hinwendung zum Gedankengut der Strafrechts- und Strafvollzugsreformer und zum empirischen Ertrag besserer Organisations- und Behandlungsstrukturen oder auch: mit der Beschwörung von Vernunft und Menschlichkeit verbindet sich schließlich auch die Hoffnung, sie möge als tauglicher Widerpart gegen die sehr konkrete Zerstörung einigermaßen sinnvoll geordneter Strafvollzugssysteme geeignet sein. Die Rede ist hier vor allem von Hamburg – dazu später in diesem Text mehr. Einen willkommenen Anlass, die neuesten Entwicklungen an aufgeklärteren Gedanken zu messen, bot sich im Sommer 2004 anlässlich eines Symposiums zur Erinnerung an den ehemaligen Hessischen Generalstaatsanwalt und Initiator der Auschwitzprozesse, Fritz Bauer. Und auch diese Festschrift zu Ehren von Georg Wagner, für die ja nicht zufällig ein resignierender, aber auch appellativ-anklagender Titel gewählt wurde, ist ein solcher Anlass. Ich werde daher, dem Frankfurter Vortrag zum Teil folgend, zunächst einige höchst moderne Gedanken von Fritz Bauer vorstellen. Daraus seien sodann einige Folgerungen für eine sinnvolle Vollzugsgestaltung abgeleitet. Anschließend werden, bezugnehmend auf hilfreiche und erhellende Gedanken von Georg Wagner, gegenwärtige Entwicklungen und Zustände an ihnen gemessen. Zum Schluss wird etwas ausführlicher auf Sozialtherapie im Justizvollzug und aktuelle Entwicklungen in Hamburg eingegangen.

1. Was Fritz Bauer 1962 vortrug

Ich hatte das Glück, Fritz Bauer am 30. Mai 1962 in Bad Godesberg persönlich zu erleben. Anlässlich einer von der Arbeiterwohlfahrt unter dem Motto „Sozialarbeit und Strafrechtsreform" ausgerichteten Tagung trug er das Hauptreferat vor: „Forderungen der Gesellschaft an die Strafrechtsreform". Die Schrift, in der sein Vortrag auf 15 ungemein dichten Seiten überliefert wurde und wird (1962), ist mir – nicht zuletzt wegen der aus ihr sprechenden Menschenfreundlichkeit – in den vielen Jahren seither nicht aus dem Blick geraten. Ich will einige Aussagen zitieren, solche vor allem, an denen heutige Entwicklungen und Fehlentwicklungen gemessen werden können, und die zugleich auch zeigen, dass damals nicht eine blauäugige Väter- und Großvätergeneration gewirkt hat, deren sozialromantische Ergüsse heute zurecht zu rücken seien.

Bei all dem interessiert hier nicht der sog. „Streit der Strafrechtsschulen". Baumann hebt hervor, dass Einigung der Strafrechtsreformer erzielt worden sei, obwohl in deren Kreis „Vertreter eines strengen Schuldrechts, ... eines einseitig spezialpräventiv ausgeformten Strafrechts oder Vertreter der defence sociale" (zu denen Fritz Bauer gehörte) vertreten waren. Die Einigung erfolgte, weil der Impuls, humane und menschenwürdige Verhältnisse im Sinne „sozialer Zweckhaftigkeit" (Baumann 1969, 17) und die Vertiefung und Erweiterung der spezialpräventiven Anstrengungen auf der Grundlage konkreter Erfahrungen und wissenschaftlicher Erkenntnisse wichtiger waren als jede Dogmatik.

Bauer stellt seinen Vortrag unter das von Franz von Liszt entlehnte Motto: „Sozialpolitik ist die beste Kriminalpolitik". Wir leben, sagt er, nicht in der besten aller Welten, in der Täter selbst schuld sind, wenn sie mit ihr nicht klar kommen. „Die sozialen Bewegungen ... haben die Wirklichkeit nicht idealisiert, sondern in ihrer ganzen Härte ernst genommen." Sie sind entstanden, „um der existentiellen und sozialen Not im Rahmen des Möglichen abzuhelfen ..." Demgegenüber macht es sich die Gesellschaft „in ihrer Einstellung zum Verbrechen kinderleicht. Sie benötigt einen Blitzableiter für ihre Aggressivität, ihren Hass, ihre Rache- und Vergeltungsinstinkte". „In Wahrheit", so Bauer, „ist der Mensch ... ein sehr kompliziertes Wesen" (Bauer 1962, 6). Deshalb lehne die „heutige Kriminologie ... Generalisierungen ab; das Verbrechen entstammt nicht allein der Anlage, nicht allein der Umwelt, sondern einem individuellen Zusammenspiel vielfältiger Faktoren" (S. 7 f.). „Das Verbrechen erscheint ... somit weitgehend als eine der möglichen Antworten des Menschen auf negative Lebenserfahrungen." Es hänge von seinem Charakter ab, wie er damit umgehe (S. 8). Seine „Selbsthilfe" aber „ist gesellschaftsfeindlich und selbstzerstörerisch. Aufgabe von Sozialpolitik ... ist, die Flucht ... in die kriminelle Selbsthilfe überflüssig zu machen, soweit dies nur menschenmöglich ist" (S. 9). Gewiss gebe es schwere Fälle von Kriminalität, gegen die heute und vielleicht auch in der Zukunft kein Kraut gewachsen sei: Die Gesellschaft müsse sich gegen diese Täter schützen. „In der Mehrzahl der Fälle ist aber die Gesellschaft, sind wir alle imstande, etwas Nützliches zu tun" (S. 12).

Es liegt nun auf der Hand, worin dieses Nützliche besteht. Im „Geist mitmenschlicher Solidarität" müssten Ursachen der Kriminalität abgebaut (S. 12) und der Katalog der Behandlungsmaßnahmen ausgeweitet werden. Es gehe um die Resozialisierung des Kriminellen, „die nicht mit Wasser und Brot zu lösen ist" (S. 10). Denn „der kriminelle Mensch wird i. d. R. durch drakonische Maßnahmen gewiss nicht geheilt, sondern gefährlicher, was sich im Rückfall, erst recht im Übergang zu schwereren Delikten zeigt ..." (S. 19).

Nachdem Bauer dieses differenzierte und realistische Bild des Menschen in der Gesellschaft und der Gesellschaft im Menschen (Berger 1973) in seiner ganzen „sozial-individualen Polarität“ (Beck 1960, 103 f.) dargestellt hat, wendet er sich mit grimmiger Leidenschaft theologisch begründeter Unbarmherzigkeit bis hin zu Forderungen nach der Todesstrafe zu: Es werde den „kleinen Menschen, die die irdischen Richter sind, ein Wissen um Gut und Böse und eine Gottähnlichkeit vorgegaukelt, die in Wahrheit des Teufels ist“ (Bauer 1962, 13). Es werde ein Gott vorgestellt, „der Köpfe rollen sehen will“ (S. 14). Nicht weniger eindeutig wendet er sich sodann gegen die Vergötzung des Staates insbesondere bei Hegel und manchen Hegelianern, dagegen, dass Strafausspruch und Strafvollzug nur Mittel seien, um die staatliche Majestät zu bestätigen und zu erhöhen (S. 15), vor der der einzelne Mensch mit seiner individuellen Geschichte nichts zählt. In Wahrheit sei die Forderung nach drakonischen Maßnahmen nichts weiter als eine Tarnung des uralten Vergeltungstriebs und Rachebedürfnisses (S. 16). Das darin liegende, sich selbst überhebende Pharisäertum werde besonders durch eine Analyse des Dunkelfeldes deutlich (S. 18).

Schließlich endet er mit der Feststellung, nicht nur die Gesellschaft habe Forderungen an die Strafrechtsreform, sondern auch die Strafrechtsreform habe Forderungen an die Gesellschaft: „Zu fordern ist Nüchternheit, kühle Überlegung und Verzicht auf Affekte, ein solides Wissen um die Welt und die Menschen, kein Aberglaube und Wunschdenken, ferner eine Ethik, die sich von Selbstgerechtigkeit und Pharisäertum frei macht, sowie eine politische Gesinnung, die den demokratischen und sozialen Rechtsstaat nicht nur mit Worten, sondern mit Taten bejaht“ (S. 19).

Wenn ich das soweit wieder lese, dann möchte ich sagen können: Welches Pathos bei soviel Selbstverständlichkeiten. Leider ist das alles aber nicht selbstverständlich. Im Gegenteil: Wir sind noch längst nicht auf dem Boden eines rationalen Umgangs mit Straffälligen angelangt. Mehr noch: Das wenige, das erreicht wurde, ist nicht nur gefährdet, sondern hier und da bereits wieder abgeschafft worden. So wäre, was Bauer ganz allgemein von der Gesellschaft fordert, heute manchen Politkern ins Stammbuch zu schreiben, wenn sie sich um populistischer Vorteile willen dazu hergeben, die zivilisierende Funktion des Rechts zu untergraben, während es doch ihre Aufgabe wäre, solchen massenmedial verstärkten Tendenzen zu widerstehen und aufklärend tätig zu sein. Nur hilft ein solcher Appell nichts bei Politikern, die auf der Grundlage eines „pathologischen Strafbedürfnisses“ (Böllinger 2004, 60) davon überzeugt sind, dass es richtig sei, möglichst viele Gefangene im repressiven System des geschlossenen Vollzuges zu verwahren. Wagner weist darauf hin, dass das Anrüchig-Aggressive eines derartigen „Lumpenkomplexes“ durch forcierte Sicherheits- und Ordnungsprozeduren ins gesellschaftlich weithin Gebilligte transformiert, gewissermaßen gereinigt werden kann (Wagner 1984, 120).

2. Hinweise zur Vollzugsgestaltung

Fritz Bauer hat dazu beigetragen, den Strafvollzug als lebensfeindliche, entsozialisierende Einrichtung (wieder) zu entdecken. Vor dem Hintergrund einer antirestaurativen Politisierung der Gesellschaft, eines Rechts, das sich pragmatisch und wirklichkeitsnah für soziale Aspekte und die Theorie der Resozialisation öffnete, der stürmischen Entwicklung der Sozialwissenschaften, der (Wieder-)Entdeckung des kritischen Potentials der Psychoanalyse und angesichts wirtschaftlicher Prosperität wurde in den Jahren nach dem 2. Weltkrieg an Entwicklungen vor allem im angelsächsischen und skandinavischen Raum und an Reformbestrebungen aus der Zeit vor der Nazidiktatur angeknüpft und „Besserung" und „Rückfallverhütung" – nun unter dem Stichwort „Resozialisierung" – in den Vordergrund gerückt (Calliess & Müller-Dietz 2000, Einleitung, Rz. 11 ff.).

Wie zuvor schon bei der Reform des Strafrechts, legten auch bei den Vorarbeiten zum Strafvollzugsgesetz deutsche und schweizerische Strafrechtslehrer im September 1973 einen ausgereiften und gegenüber dem Regierungsentwurf weiter greifenden Alternativentwurf vor (vgl. Baumann 1974). Letztlich setzten sich aber in zu vielen Punkten beharrende Kräfte der Praxis und Einsprüche aus finanziellen Gründen durch. Zur Tarnung von Kleinmut wurden schließlich im Gesetz vom 16.03.1976 wichtige Bestimmungen auf die lange Bank eines gesetzlichen Regelungsvorbehalts geschoben (zur Entwicklung vgl. z.B. Müller-Dietz 1976, 913 f.; Kaiser, Kerner & Schöch 1991, 45 f., 51 ff.). Immerhin aber wurden die beiden Hauptziele des Gesetzes, die Präzisierung der Rechtstellung des Gefangenen und der Gedanke der Resozialisierung und Behandlung hinlänglich deutlich (vgl. Müller-Dietz 1986, 332; Schüler-Springorum 1998, 144). Viel Wasser hat schon sehr früh Georg Wagner in den Wein fortschrittsgläubiger Auslegungen geschüttet (1984), davon später mehr. Die Sozialtherapie, die bei Inkrafttreten des Gesetzes noch „zweigleisig", d.h. Maßregel- und Vollzugslösung war, wurde 1984, nach Aufhebung des nie in Kraft gewesenen § 65 StGB, zu einer nur noch eingleisigen Kann-Vorschrift im § 9 StVollzG. Auf den ersten Blick, fast gegenläufig zu sonstigen Entwicklungen, hat die Sozialtherapie seit einigen Jahren eine bessere Konjunktur als in Jahrzehnten vorher. Weiter unten wird ein zweiter Blick dies relativieren.

Stellt man sich vor, wie Vollzug aussehen müsste, der Brücken zum Täter erhält und ihn befähigt, diese Brücken auch zu nutzen, damit weiteres Unglück von der Gesellschaft, seiner Familie und ihm selbst fern gehalten wird, dann ist, was dazu einfällt, nicht sonderlich originell, sondern Allgemeingut der Reformer. Ein solcher Vollzug muss die Würde und das Selbstwertgefühl der Betroffenen respektieren und schützen, zugleich aber direkt und schonungslos benennen, was am Täterverhalten geeignet ist, den sozialen Frieden zu stören und Leib und Leben anderer zu gefährden. Der Gefangene ist aufgefordert, die Zeit der Verbüßung sinnvoll zu nutzen; der Vollzug ist so zu strukturieren und mit unterschiedlichen Angeboten der Hilfe auszustatten, dass er dies auch erfolgreich kann. Der Blick ist von Beginn an auf die spätere Entlassung und Eingliederung zu richten. Dafür ist der offene Vollzug besser als der geschlossene geeignet, ihm kommt deshalb Vorrang zu. Strafverbüßung darf personale Beeinträchtigungen nicht noch weiter vertiefen, sondern soll Lernchancen in einem Milieu eröffnen, das dies fördert und nicht in den Saalgemeinschaften und einer auch sonst sich selbst überlassenen kriminellen Subkultur und im repressiv-lebensfeindlichen Kontext des Verwahrvollzuges einebnet. Das setzt voraus, dass soweit wie möglich individualisiert wird und dem einzelnen die soziale, pädagogische, berufliche, psychotherapeutische und ärztliche Hilfe und Förderung gewährt wird, der er bedarf. Bei hoher Rückfallgefahr sind intensive sozialtherapeutische Angebote erforderlich. Leistungen des Gefangenen sind anzuerkennen; seine Arbeit muss angemessen so entlohnt werden, dass er mehr als heute für eigene Unkosten aufkommen, gegebenenfalls seine Familie unterstützen und Schulden regulieren kann. In allen geeigneten Fällen ist der Gefangene schon früh in Lockerungen zu erproben, so dass der Bezug zur Außenwelt aufrecht erhalten und ein positiver sozialer Empfangsraum für die Zeit nach der Entlassung aufgebaut werden kann. In möglichst vielen Fällen sollten Gefangene aus dem Freigang, d. h. im Besitz einer Arbeits- oder Ausbildungsstelle, entlassen werden. Dabei ist ein geringes Risiko neuer Straftaten auch bei noch so sorgfältiger Prüfung der Missbrauchsgefahr nicht auszuschließen. Jedoch ist dies angesichts der Tatsache, dass nahezu jeder Gefangene nach oft nur kurzer Verbüßungszeit entlassen wird, in Kauf zu nehmen, denn die Alternative würde bedeuten, dass viele Gefangene am Ende unvorbereitet, lebensuntüchtiger und hasserfüllter entlassen werden, als sie es bei Eintritt in den Vollzug gewesen sind. Der langfristige und anhaltende Schaden für die Gesellschaft wäre quantitativ und qualitativ deutlich höher als das kurzfristige, kontrollierte Risiko. Schließlich muss sich die Gesellschaft gegen „gefährliche Hangtäter" – wie es bei Bauer heißt – schützen, gegen die (gegenwärtig) noch „kein Kraut" (Bauer 1962, 12) gewachsen ist. Das sei aber eine kleine Gruppe.

3. Viel Wasser im Wein

Anliegen der Strafrechts- und Strafvollzugsreform war und ist das „Ringen um eine bessere Verwirklichung spezialpräventiver Ideen“ (Kaiser & Schöch 2002, 231). Seit jeher war dies vom Wettstreit um den richtigen Weg, aber auch von Rückschlägen begleitet. Wir sind auf dem Reformweg nicht sehr weit gekommen. Und wer sich, so wie ich manchmal, darüber nun wundert, weil er lange meinte, Fortschritt sei zwar eine Schnecke, aber doch möglich, und manches schneckenhaft Hervorgekrochene sei doch auch nachweislich besser (z. B. Rehn 2001), so dass das bewährte Erreichte auch in trüberen Zeiten vor dem Zugriff von Restauration und Repression gesichert sein sollte, wer derart sich eingerichtet hatte, der muss nun einräumen, dass er sich geirrt hat. Man hätte es auch besser wissen können: „Strafurteil und Freiheitsstrafe“ heißt es bei Wagner (1984, 145) „sind ... Phänomene irrationalen, ja magischen Charakters.“ „Der Entwicklungsstand des Strafvollzuges ist ... habituell retardiert. Dieser Zustand ist kein einfacher Anachronismus, sondern strukturell bedingt und entspricht gesamtgesellschaftlichen Bedürfnissen“. „Resozialisierung ist daher ein durchaus untypisches Ereignis“ im Strafvollzug (S. 144). Hier kann und muss im einzelnen nicht wiedergegeben werden, mit wie vielen überraschenden Wendungen Wagner seine Thesen verknüpft. Immer wieder führt er zurück zu einem realistischen Blick auf verbreitete, tief verwurzelte Denkgewohnheiten und Emotionen (S. 83), auf negative Bilder vom Täter, auf das Bedürfnis nach Schuldfeststellung und Strafe (z. B. S. 144, 177), nach Diskrimination im Verhältnis zum schuldigen Anderen (z. B. S. 134), zu seiner Isolierung (S. 124), seiner Verdinglichung zum Objekt (S. 125) und zum grundsätzlich unverbesserlichen „Lumpen“ (S. 120 f.). Es scheine, sagt er, „für die Freiheitsstrafe ein Gesetz zur Erhaltung der Aggression in immer wieder anderen Formen zu geben“ (S. 144). Vor diesem Hintergrund sei das Gesetz eben, wie es ist: Große Rede von Resozialisierung, beste Absichten immerhin – jedoch fehlt jegliche Konkretisierung des vorgeblichen Hauptzweckes, es gibt somit keine Verpflichtung der Vollzugsverwaltungen, therapieförderliche Verhältnisse zu begründen und interne Behandlungsmaßnahmen im Alltag organisatorisch und administrativ abzusichern (z. B. S. 82 f.). So ist Strafvollzug eine „Sitzkur, nicht mehr“ (Wagner 1989).

Man hätte es wissen können und wusste es schließlich auch. Aber erst einmal drängte seit den späten 1960er Jahren eine breite gesellschaftliche Strömung auf Veränderungen. Das paramilitärische Gepräge des vollzuglichen Alltags, die „eiserne Stille“ auf den Stationen (Wagner 1992), wich einer größeren Komplexität; im Norden, etwa in Hamburgs „Santa Fu“, damals gewiss mehr als im Süden. 1976 machte das Strafvollzugsgesetz Mut und förderte moderate Reformen. Daran ließe sich anknüpfen. Aber heute scheint es besser zu sein, am

Gesetz nicht zu rühren, denn was nun euphemistisch als „Reform“ bezeichnet wird, ist in Wahrheit Gegenreform, ist Repression und Restauration. Daran ist nichts Neues. Neu ist nur die Vehemenz, mit der hervortritt, was auch in besseren Zeiten Reformen behinderte.

Aber es gab in wechselnden Zeiten immer auch ein „Trotzdem“ (Wagner 1992). Zwar weise, schreibt Wagner, der gesellschaftliche Interessendruck „bis auf weiteres“ (!) noch „eher“ (!) auf eine repressive Strafvollstreckung hin (Wagner 1984, 168). Aber dennoch: Es gibt kleine Hoffnungen und Vorschläge. Auch bei ihm (Wagner 1984, 164 f., 173; 1994, 122 f.). Und der Rückblick nach 29 Jahren Strafvollzug ist zwar „nicht ohne Zorn“ (Wagner 1992) aber – nicht *nur* zornig?! Was hilft es denn auch, wenn populistisch wirksam komplexe Alltagsstrukturen im Gefängnis durch früheren Einschluss, weniger Besuch, geringere Freizeitangebote, weniger Lockerungen etc. zurückgenommen werden und man selbst, als Mitarbeiter/Mitarbeiterin mittendrin steht und Gefangene, die sich ja nicht entziehen können, Hilfe, Unterstützung, Lösungen für oft banale, aber ihrem Zugriff entzogene Probleme erwarten? Man kann gehen oder bleiben. Wenn man aber nicht einfach nur bleibt, sondern überdies sich selbst im Bleiben auch treu bleiben will, dann geht das nur, indem man die gleichwohl noch vorhandenen Spielräume nutzt, dafür Bündnisgenossen sucht und nach außen, etwa dem Dienstherrn gegenüber oder – was nicht jedem gegeben ist, aber den hier zu Ehrenden auszeichnet – durch Aus- und Fortbildung anderer sowie durch unerschrockene Rede und Veröffentlichungen, zugleich deutlich macht, was da angerichtet wird und unter welchen besseren Umständen größere Erfolge zu erzielen wären. Ich denke, dass man sich so mit seinem Zorn im Trotzdem einrichten kann. Das Haltgebende dieser Vokabel scheint eine Art Überlebenshilfe für alle zu sein, denen Strafvollzug nicht nur am ersten Tag auf den Magen schlägt, sondern die über Jahre hinweg für das ethisch Monströse seiner Strukturen sensibel geblieben sind und einen Blick für seinen „institutionellen Sadismus“ (Wagner 1988, 12), der nicht von Menschen unmittelbar ausgehe, bewahrt haben. Ich habe das Wort „trotzdem“ gern in der Gruppen- und Unterrichtsarbeit mit Gefangenen benutzt, wenn es mir darum ging, unabänderlich gegebene Rollen- und Machtverhältnisse offen in den Blick zu nehmen und zugleich darum zu werben, Brücken zwischen hüben und drüben zuzulassen, vielleicht überhaupt erst zu errichten und sie zu betreten (s. auch Rehn 1998, 203 f.).

Wagner (1992) schreibt: „In den 80er Jahren legte sich der Reformwind. Das Pendel schwang zurück. Bayern sah das gesetzliche Vollzugsziel ... als unzureichend an und verordnete Sühne.“ In Hamburg, um nun darauf zu kommen, gingen die Uhren durchaus noch anders. 1984 wurde die Sozialtherapeutische Anstalt Altengamme eröffnet. Unter der politischen Führung der Justizsenatorin Leithäuser war es möglich, integrative Sozialtherapie für straffällige Männer und

Frauen (Meyer & Wegner 1993) aus einem Guss zu organisieren. Auf der Grundlage eines sehr weitgehend normalisierten Alltags (Rehn & Warning 1989; Wegner 2001) und eines starken Bezugs zur Außenwelt wurde ein stringentes Behandlungsprogramm entwickelt und erfolgreich durchgeführt (detailliert s. Rehn 1993, 2001; 2005; Cuadra 1996). Diese Anstalt soll in Kürze geschlossen werden. Ihre sozialtherapeutischen Aufgaben werden in eine Abteilung des Regelvollzuges verlagert. Wesentliche Teile ihrer durch die Wirksamkeitsforschung belegten Qualitäten werden dadurch vernichtet. Als Folge davon wäre auch das, was bleibt, als integrative Sozialtherapie kaum noch kenntlich, trüge es nicht zu Unrecht weiter diesen Namen. Auch die nicht weniger modellhafte selbstständige Sozialtherapeutische Anstalt Bergedorf wird ihre Funktionen in diese Abteilung des Regelvollzuges verlagern müssen; sie wird zur abhängigen Übergangsabteilung zurück gestuft. Schon vorher, im Frühjahr 2005, wurde eine in Hamburg zentral gelegene Übergangsanstalt für Männer und Frauen ersatzlos geschlossen. Bevor diese und andere behandlungs- und eingliederungsfeindlichen Ereignisse abschließend näher betrachtet werden, soll die allgemeine Entwicklung der Sozialtherapie kritisch analysiert werden.

4. Sozialtherapie – mehr als ein Feigenblatt?

Seit einigen Jahren wird die Entwicklung der Sozialtherapie im Justizvollzug von der Diskussion über Sexualdelinquenz dominiert (der nachfolgende Text ist z.T. eine aktualisierte Fassung von Rehn 2003). Konkret wurde dies durch eine mit dem Gesetz zur Bekämpfung von Sexualdelikten und anderen gefährlichen Straftaten vom 26.01.1998 eingebrachte Änderung des § 9 Strafvollzugsgesetz (StVollzG). Nach einem dort neu eingefügten Absatz 1 *sind* Gefangene seit dem 01.01.2003 in eine Sozialtherapeutische Anstalt (SthA) zu verlegen, wenn sie wegen einer Straftat nach den §§ 174 bis 180 und 182 StGB zu zeitiger Freiheitsstrafe von mehr als zwei Jahren verurteilt worden sind und die Behandlung angezeigt ist. Vor diesem Hintergrund ist zu fragen, ob die Ressourcen zur Erfüllung dieses gesetzlichen Auftrags inzwischen ausreichen, wie sich das Bekämpfungsgesetz auf die Sozialtherapie insgesamt auswirkt und was mit Gefangenen geschehen soll, die keine Sexualstraftäter sind. Dabei sollte nicht vergessen werden, dass *Behandlung* nun *als ein Mittel* neben anderen zur *Bekämpfung* von Sexualdelikten, als Teil somit eines repressiven Gesetzes eingesetzt werden soll. Eines Gesetzes zumal, das von der Fachwelt überwiegend als inhaltlich unbegründet, als populistisch und übereilt abgelehnt worden war (vgl. z. B. Dessecker 2001).

Sozialtherapeutische Einrichtungen im Strafvollzug sind in der Vergangenheit mehrfach synoptisch erfasst und dargestellt worden (vgl. Rehn 2002, 30). Seit 1997 geschieht dies jährlich jeweils zum 31.03. unter der Federführung der Kriminologischen Zentralstelle (KrimZ) (Egg 2002; Kröniger 2004). Lange Zeit hat sich diese behandlungsintensive Sonderform des Strafvollzuges – gemessen an den Forderungen der Reformer und am geschätzten Bedarf in Höhe von 3.500 Plätzen – nur schleppend entwickelt. 1997 standen für rund 51.650 Strafgefangene lediglich 888 Plätze (rund 1,7%) in Sozialtherapeutischen Einrichtungen zur Verfügung. Seiher ist als Konsequenz des „Bekämpfungsgesetzes" die Zahl der Haftplätze bis zum 31.03.2004 auf 1.742 Plätze gestiegen. Davon entfallen 43 Plätze in vier Ländern auf Frauen (2,5% aller Sozialtherapieplätze) und 154 in fünf Ländern auf Jugendstrafvollzug (8,8% aller Sozialtherapieplätze). In Bremen und Mecklenburg-Vorpommern sind keine Plätze vorhanden.

Den 1.742 vorhandenen Plätzen steht ein knapp gleich hoher Bedarf nur für Sexualstraftäter gegenüber (Rehn 2001, 269 f.). Zwar sind keineswegs alle Plätze mit Sexualstraftätern belegt – ihr Anteil hat sich allerdings von 23,2% im Jahre 1997 auf 55,4% im Jahre 2004 stark erhöht – jedoch werden zunehmend andere Deliktgruppen aus der Sozialtherapie verdrängt. Dieser Prozess ist vermutlich noch nicht abgeschlossen.

Der vergleichsweise rasche Ausbau der Sozialtherapie seit 1998 hat – neben einem gleichwohl weiter bestehenden Platzmangel – auch schwache und bedenkliche Seiten hervorgebracht oder schon bestehende Mängel verstärkt. Davon sollen drei hervor gehoben werden:

1) *Abteilungen:* Von den am Stichtag 31.03.2004 vorhandenen 43 Sozialtherapeutischen Einrichtungen sind lediglich 9 selbständige Anstalten, obwohl diese nach dem Willen des Gesetzgebers die Regelform sein sollte. Zwei Einrichtungen haben den Status einer Teilanstalt, die restlichen 32 sind Abteilungen von überwiegend geringer Größe. Nach 1984 ist lediglich in Sachsen-Anhalt eine selbständige Anstalt hinzu gekommen. Bei Calliess & Müller-Dietz (2000, zu § 123, Rz. 4) heißt es erfreulich optimistisch: „Abteilungen kommen nur ausnahmsweise in Betracht; ihre Schaffung ... bedarf besonderer Begründung. Solche Gründe stellen gewiss keine finanziellen, baulichen und personellen Schwierigkeiten dar ...". Diese Sätze entsprechen nicht der Realität, denn tatsächlich werden Abteilungen überwiegend allein aus Kostengründen eingerichtet. Diese Organisationsform erschwert, gelinde gesagt, die Entwicklung eines am Einzelnen ausgerichteten, strikt die Grundsätze des § 3 StVollzG umsetzenden und deutlich überleitungsorientierten Vollzuges (Rehn 2000, § 123, Rz. 4 f; Krüger 2004). Einige Antworten aus der Umfrage der KrimZ verdeutlichen dies: Nur rund 35% der Abteilungen sehen die grundlegende räumliche, personelle und organisatorische Unabhängigkeit als erfüllt an, lediglich rund 3 % verfügen über eigene Finanzmittel und nur ca. 21% über eigene Bereiche für Arbeit und Sport. Und immerhin rund 15% können nicht

oder nur teilweise über fest zugeordnetes Personal verfügen (Kröniger 2004, 46). Es ist vielleicht zu leicht, hier Etikettenschwindel vorzuwerfen. Was nicht ist, kann ja noch werden. Um so wichtiger ist es, die weitere Ausgestaltung an den vom Arbeitskreis Sozialtherapeutischer Einrichtungen entwickelten Mindestkriterien zu orientieren und daran kritisch zu messen (Wischka & Specht 2001, 249 ff.).

2) *Personelle Mindestanforderungen:* Behandlungsvollzug ist, soll er gelingen, personalaufwändig. Vom Arbeitkreis der Sozialtherapeutischen Einrichtungen werden pro 10 Gefangene jeweils eine Stelle für Psychologen und Sozialpädagogen für erforderlich gehalten. Dieses Erfordernis ist lediglich in 5 Einrichtungen (=11,6%) erfüllt, in weiteren 14 (=32,6%) ist es teilweise und in 24 (=55,8%) nicht erfüllt. Auch die Frage nach der Ausstattung mit weiteren Stellen für fachärztliches, pädagogisches und therapeutisches Personal wird überwiegend negativ (44,2%) beantwortet (Kröniger 2004, 55). Insgesamt ist bei den personellen Mindestanforderungen der schlechteste Stand seit Erhebung dieses Kriteriums erreicht worden. Die Schere zwischen der zunehmenden Zahl der Haftplätze und der Entwicklung bei den Personalstellen geht seit 1997 immer weiter auseinander (Kröniger 2004, 23 f.).
3) *Vollzugslockerungen:* Die Zahl der Gefangenen, die jeweils zum Stichtag am 31. 03. *keine* Lockerungen erhielten, lag in den Jahren 1997 bis 1999 zwischen 45 und 49,5%, in den Jahren 2000 bis 2003 dagegen zwischen 57,5 und 61%, 2004 sogar bei knapp 63%. Der Anteil der Freigänger ist von 13,2% (1997) auf 4,1% (2004) und die Zahl der Gefangenen, die Urlaub zur Vorbereitung der Entlassung nach § 15 Abs. 4 oder § 124 StVollzG erhielten, ist von 7,9 auf 3,8% gesunken (Kroniger 2004, 22f, 26). Diese Entwicklung ist mehr als bedenklich. Denn die schwierige und konfliktträchtige Überleitung in Freiheit, die Gewöhnung an Arbeit und an ein zunehmend selbständiges Leben sind unerlässliche Bestandteile eines erfolgreichen Therapiekonzeptes. Bei der Bewertung der Zahlen ist auch zu berücksichtigen, dass die Abgänge des Jahres 2003 zu rund 17% durch Verlegungen erfolgten. Dabei handelt es sich in der Regel um einen Wechsel in den normalen offenen Vollzug, weil nur von dort Lockerungen gewährt werden. Das bedeutet, dass gerade in der schwierigen Phase der Überleitung nicht das vertraute Personal zuständig bleibt, das den Gefangenen kennt und Problemsituationen besser beurteilen und konfliktlösend wirken kann.

Es fällt schwer, diese Entwicklungen gerecht zu beurteilen. Erfreulich ist, dass der Behandlungsvollzug gestärkt wird. Weitere Schäden durch Rückfälle werden verringert. Jedoch kann das nur funktionieren, wenn die Kluft zwischen Anspruch und Wirklichkeit nicht so groß bleibt, wie sie, gemessen am Konzept der „Integrativen Sozialtherapie" (vgl. Wischka & Specht 2001, 249 ff.; Rehn 1998; Rehn 2000, vor

§ 123, Rz. 1-12), verbreitet noch ist. Das bezieht sich gleichermaßen auf Ausstattungsattribute wie Räume, Personal und Sachmittel, auf Organisation und Konzeption sowie die Stringenz des Behandlungsangebots als auch auf die fundamentale Frage nach der Qualität des Umgangs miteinander, danach, ob Grundwerte und rechtsstaatliche Bezugspunkte im Alltag der Institution lebendig sind

Die Bewertung der Entwicklung ist schließlich ohne Hinweis auf die großen Unterschiede zwischen den Bundesländern unvollständig. Das betrifft alle genannten Dimensionen. Sie können hier nur anhand der Frage, wie viel Prozent der Gefangenen eines Landes die Chance haben, in die Sozialtherapie verlegt zu werden, etwas vertieft werden: Die Belegung aller Anstalten in der Bundesrepublik mit zu Freiheitsstrafe, Sicherungsverwahrung und Jugendstrafe verurteilten Männern und Frauen lag am 31.03.2004 bei 62.307 Gefangenen. Die 1.742 Plätze in der Sozialtherapie ergeben einen Anteil an allen Plätzen von 2,78%. Unter 2% liegen Nordrhein-Westfalen, das mit 1,08% das absolute Schlusslicht ist, Bayern (1,5%) und Baden-Württemberg (1,4%). Spitzenplätze belegen Hamburg (6%) sowie Sachsen-Anhalt, Sachsen, Berlin und Saarland mit Werten zwischen 4 und 5%. Bemerkenswert ist, dass in Nordrhein-Westfalen mehr als 18.000 Gefangene, das sind rund 29% aller Einsitzenden, völlig unterversorgt sind und dass dieses größte Land weder für den Jugendstrafvollzug noch für Frauen ein sozialtherapeutisches Angebot geschaffen hat. Da überdies auch die Ausstattung aller Anstalten mit Stellen des psychologischen und pädagogischen Dienstes mit 0,61 Stellen pro 100 Gefangenen in NRW unter dem Bundesdurchschnitt von 0,71 Stellen liegt (Zahlen aus Haushaltsplänen 2000), kann der Mangel auch durch verstärkte Therapieangebote in den Regelanstalten nicht ausgeglichen werden. Die Erfüllung des gesetzlichen Auftrags ist daher mehr als fraglich.

Was bleibt für sonstige (gefährliche) Gefangene? Am 31.03.1997 lag der Anteil der Sexualstraftäter in Sozialtherapeutischen Einrichtungen bei 23%. Auf Tötungsdelikte entfielen 22%, auf Eigentums-/Vermögensdelikte 44,5% (davon fast zwei Drittel Raub, Erpressung, Diebstahl mit Waffen und Bandendiebstahl) und 10,4% auf sonstige Delikte (davon ca.30% Körperverletzung). Von den am Stichtag in Sozialtherapeutischen Einrichtungen befindlichen 825 Gefangenen hatten 638 (= 77%) Straftaten gegen Leib und Leben begangen oder sich bei der Deliktbegehung auf andere Weise (z. B. Diebstahl mit Waffen) als gefährlich erwiesen. Nicht nur Sexualstraftäter, sondern auch die Täter mit anderen gefährlichen Straftaten waren gegenüber ihrem Anteil im allgemeinen Vollzug völlig zu Recht überrepräsentiert.

Seit 1998 nimmt jedoch der Anteil der Sexualstraftäter zu Lasten aller anderen Gruppen stark zu, 2004 hat er 55,4% erreicht. Das ist bedenklich, und zwar nicht, weil sich so viele Sexualstraftäter in Behandlung befinden, sondern weil der Behandlungsbedarf in anderen Gruppen keineswegs geringer ist. Die Benachteiligung anderer Gruppen ist zudem ungerecht. Mit dem Bekämpfungsgesetz von 1998 ist die Meßlatte für vorzeitige Entlassungen nicht nur für Sexualstraftäter, sondern auch für Täter mit „anderen gefährlichen Straftaten" deutlich höher gelegt worden (zu Einzelheiten vgl. Dessecker 2001; Rehn 2001, 271 f.). So ist vor der Entscheidung über eine vorzeitige Entlassung ein Gutachten einzuholen, wenn nicht auszuschließen ist, dass die in der Tat hervorgetretene Gefährlichkeit fortbesteht und daher Gründe der öffentlichen Sicherheit einer vorzeitigen Entlassung entgegen stehen. Davon betroffene Gefangene sind gut beraten, wenn sie durch nachvollziehbare Einstellungs- und Verhaltensänderungen zeigen, dass sie die Zeit für sich nutzen und dadurch auch die gutachterliche Entscheidungsfindung erleichtern. Das ist erschwert, wenn der Weg in die Sozialtherapie bestenfalls ein Nadelöhr, in manchen Ländern sogar ganz versperrt ist.

Der Strafvollzug sei, schreibt Wagner, „auf dem Hintergrund einer verbreitet konservativen Gestaltung" mit „Tupfern progressiver Einzelleistungen" versehen. Bei den gegebenen Kräfteverhältnissen hätten sie aber nicht mehr als einen „Zeige-Wert". Sie würden „als einmalig fixiert" und bestätigten dadurch letztlich nur den Status quo (Wagner 1984, 151). Tatsächlich musste als erstes die Hoffnung begraben werden, von der Sozialtherapie aus ließe sich der gesamte Vollzug humanisieren und behandlungstauglich ausgestalten (siehe z.B. Kremer 1976). Parallel dazu wurde die Maßregellösung des § 65 StGB 1985 sang- und klanglos begraben, ohne dass – wie kurze Zeit gehofft wurde – eine verbindlichere Ausgestaltung der Bestimmungen über Sozialtherapie im StVollzG erfolgte. Entsprechend stagnierte die Entwicklung der Sozialtherapie bis etwa 1991. Danach nahm die Zahl der Plätze zunächst gering (neue Bundesländer!), sodann aber im Vorfeld und mit Erlass des „Gesetzes zur Bekämpfung von Sexualdelikten und anderen gefährlichen Straftaten" von 1998 stärker zu. Jedoch geschah dies auf der Basis eines auf *eine* Tätergruppe gerichteten Bekämpfungsgesetzes aus repressivem Geist heraus. Die überwiegend wohl nur widerwillig vorgenommene Platzausweitung (Drenkhahn 2003) bleibt zudem weit hinter dem Bedarf und in qualitativer Hinsicht weit hinter dem zurück, was für Behandlung nach den Regeln der Kunst notwendig wäre. Es scheint auch kaum noch zu gelingen, sich aus den Denktraditionen des Regelvollzuges zu befreien (Alex 2001). Ein überzogenes Sicherheitsdenken behindert die Eingliederungsarbeit zunehmend: Ausgang, Urlaub, Freigang und Dauerbeurlaubung nehmen ab, die Altersgruppe der über 40jährigen hat sich, vermutlich nicht nur wegen der Zunahme der Sexualstraftäter, seit 1997 auf gut 40% verdoppelt. Die Ergebnisse von Rückfallforschungen aus Sozialtherapeutischen Abteilungen, die an der Kandare großer Anstalten überwiegend mehr schlecht als recht existieren, werden voraussichtlich die Vorurteile über die (Nicht-)Wirksamkeit der Straftäterbehandlung bestätigen. Denn überwiegend werden die sich in Metaanalysen als wirksam erwiesenen Faktoren einer integrativen Sozialtherapie nur in verkümmerter Form vorhanden sein (Lösel 1996; Rehn 2002, 51; Dünkel & Rehn 2001, 308 f.). Es zeigt sich zudem, dass der Ausbau, die Qualität und sogar die Existenz der Sozialtherapie nicht etwa überindividuellen Geboten, etwa dem Gesetz, folgen, sondern ins Belieben einzelner Personen gestellt sind, die als Justizminister oder Justizsenatoren mächtig genug sind, um den Daumen hochzurecken oder, wie z. B. in Düren (1996 geschlossen), Lübeck (1995 geschlossen, inzwischen neu eröffnet) und nun auch in Hamburg, zu senken. Nach allem muss man auch hier den Verrat an Reformzielen konstatieren – freilich auf dem etwas gehobeneren Niveau dieser Vollzugsform. Es gibt gewiss Ausnahmen, und die quantitativen und qualitativen Versäumnisse und Schludrigkeiten entspringen nicht immer, vielleicht nicht einmal überwiegend, ideologischer Voreingenommenheit. In Hamburg allerdings ist der Abschied von den Zielen der Strafvollzugsreform offensichtlich Programm:

5. Wettlauf zum schärfsten Strafvollzug: Schon entschieden?

Von Roger Kusch, Hamburgs Justizsenator seit Herbst 2001, werden die zwei seit 1969 und 1984 bestehenden selbständigen Sozialtherapeutische Anstalten in Hamburg-Bergedorf und Hamburg-Altengamme offensichtlich bewusst zerstört. Zerstört wurde bereits ein seit 1973 mit großem Erfolg eingliederungsintensiv arbeitendes Übergangshaus für langjährig einsitzende und häufig rückfällig gewordene männliche und weibliche Gefangene. Vorbildliche Traditionen einer erfolgreichen Straftäterbehandlung werden mit einer so nicht erwarteten Radikalität und fachlichen Ignoranz beseitigt. Mit diesem Verhalten erzeugt Kusch zunehmend tatkräftiger, was zu vermeiden seine vordringliche Aufgabe wäre: Die Rückfallgefahr wird nicht verringert, sondern als Folge schlechter Vorbereitung auf das Leben in Freiheit größer.

Die vielen sachkundigen Proteste von Menschen unterschiedlicher Profession und politischer Orientierung aus Hamburg und bundesweit, eine Anhörung im Rechtsausschuss der Hamburger Bürgerschaft, Podiumsdiskussionen, Pressearbeit und Veröffentlichungen haben bisher nichts bewirkt. Unverständlich ist, dass der Erste Bürgermeister, der Finanzsenator und die CDU-Bürgerschaftsfraktion die radikale Politik ihres Justizsenators mittragen. Denn es geht nicht nur um rechts- und sozialstaatliche Fragen, die ihnen freilich auch nicht gleichgültig sein sollten, sondern auch um ziemlich viel Geld. Wesentliche Punkte dieser verfehlten und nicht durchweg gradlinigen Strafvollzugspolitik sind folgende:

In einer Bürgerschaftsdrucksache vom Mai 2002 beantragte der Justizsenator rund 14 Mio € für die Umrüstung der 380 Plätze einer neu errichteten offenen Anstalt in geschlossenen Vollzug (JVA Billwerder) und 28,8 Mio € für ihre Ausweitung um weitere 422 Plätze (davon 40 für Arrest und Sicherung). Nur so könne der Anstieg der Gefangenenzahlen um 17% in den drei Jahren bis 2004 aufgefangen werden. Die Durchschnittsbelegung werde von rund 2.900 im Jahr 2001 auf ca. 3.600 steigen (Drucksache, S. 3; zu Details s. Rehn 2003). Diese vor dem Hintergrund der hamburgischen Vollzugsgeschichte ganz irrealen Annahmen waren tatsächlich auch nicht so sehr Prognose, sondern vielmehr Programm: „Für die Zukunft ist mit einem weiterhin starken Anstieg der Gefangenenzahlen zu rechnen, der ... in einem Zusammenhang mit einer Intensivierung der Strafverfolgung und der Verhängung von mehr und längeren Haftstrafen steht, die zudem seltener oder später zur Bewährung ausgesetzt werden“ (Bürgerschaftsdrucksache 2002, S. 3). Warum auch immer: Was prognostiziert bzw. programmiert wurde, ist schon 2002 nicht eingetroffen; die Jahresdurchschnittsbelegung 2004 liegt bei 2.882 Gefangenen, die der ersten sechs Monate des Jahres 2005 bei 2.736. Blind für Fakten wurden gleichwohl die beantragten Gelder bewilligt, Aufträge vergeben und weitere Plätze gebaut. Unter sonst gleichen Umständen würden so für deutlich weniger als 3.000 Gefangene im Jahre 2006 insgesamt 3.592 Haftplätze (Drucksache, S. 4) vorhanden sein. In seiner Not ließ Kusch die Bedarfszahlen in einer Anlage 9 zur Stellungnahme des Rechtsausschusses an den Haushaltsausschuss zur Drucksache 18/550 vom 14.09.2004 schön rechnen und behauptete wider alle Vernunft (und gegen wenig später erfolgte eigene Einsicht), dass die Entwicklung der Haftplatzzahlen dem Unterbringungsbedarf sinnvoll entspreche.

Mit dieser Ausgangssituation vermengten sich zwei weitere Sachverhalte: Der Justizsenator musste 700.000 € im Betriebshaushalt des Strafvollzuges sparen und er ist, gelinde gesagt, kein Freund eines human gestalteten Behandlungsvollzuges. Letzteres verführte dazu, zwischen der Höhe der Betriebsmittel für die drei hocheffizienten kleinen Einrichtungen – Übergangsvollzug in HH-Altona, Sozialtherapie in Bergedorf und Altengamme – und der Sparsumme völlige Übereinstimmung zu erkennen. In der Eile wurde vergessen, dass die Gefangenen, maximal 134 Männer und 13 Frauen, nach Schließung weiter da sind und Kosten verursachen. So belaufen sich die Einsparungen im Betriebshaushalt lediglich auf ca. 300.000 €. Der Rest werde, hieß es alsbald, durch „Synergieeffekte“ erbracht. Von Fachleuten und Politikern der Opposition wurde demgegenüber vorgeschlagen, die für Sozialtherapie und Übergangsvollzug vorgesehene, aber aus baulichen, personellen und administrativen Gründen völlig ungeeignete geschlossene Anstalt Vierlande mit ihren 223 Plätzen zu schließen, um nicht nur das Sparziel zu erfüllen, sondern hohe zusätzliche Kosten zu vermeiden und das ehemalige Gelände des Konzentrationslagers Neuengamme von der Nutzung durch diese Anstalt zu befreien. Der Justizsenator, ganz auf geschlossenen Vollzug fixiert, hielt aber an seiner Variante fest.

Inzwischen rückte der 6. Mai 2005, der 60. Jahrestag der Befreiung des Konzentrationslagers Hamburg-Neuengamme, näher. Die Amicale Internationale KZ Neuengamme (AIN) bekam einen Gesprächstermin beim Ersten Bürgermeister Ole von Beust. Da es außer Kuschs schierem Festhalten an der geschlossenen Anstalt Vierlande sonst kein tragfähiges fachliches, kosten- oder bedarfsbezogenes Argument gab, das dem Wunsch der AIN, das Gelände von dieser Anstalt zu räumen, hätte standhalten können, kam es zu einer radikalen Kehrtwendung. Vierlande solle, so wurde in einer Presseerklärung vom 28.02.2005 mitgeteilt, geschlossen werden. Zur Sozialtherapie heißt es lapidar: „Die Sozialtherapie für erwachsene männliche Gefangene wird im Haus IV der JVA Fuhlsbüttel konzentriert mit Bergedorf als Außenstelle."

Damit hatten Justizsenator Kusch, der Erste Bürgermeister Ole von Beust und die Fraktion der CDU, sofern sie beteiligt war, die Chance vertan, mit der unsinnigen Lösung Vierlande zugleich auch Absichten zur Verlagerung der Sozialtherapie aufzugeben. Und erneut werden die Hamburger und die Hamburger Medien getäuscht, denn die überraschende Wende wurde mit einer „unerwartet günstigen Entwicklung der Gefangenenzahlen" und einem „positiven Baufortschritt" im Neubauvorhaben Billwerder begründet. In einer Stellungnahme konterte der Landesverband Hamburgischer Strafvollzugsbediensteter am 03.03.2005 u. a. (siehe www.lvhs-hamburg.de): „Die günstige Entwicklung der Gefangenenzahlen ist uns allen nicht neu. Seit langem ist der Hamburger Strafvollzug unterbelegt, die vom Senator prognostizierten Gefangenenzahlen erwiesen sich als Flop ... Unter den Mitarbeitern rumort es, die Stimmung ist auf dem Nullpunkt." Und der Vollständigkeit halber: Der Hinweis auf Baufortschritte ist nichts weiter als Wortgeklingel.

Die Verlegung der sozialtherapeutischen Aktivitäten der Anstalt Bergedorf (als „Außenstelle" wird sie einen anderen Charakter als heute haben) und die Verlagerung der Anstalt Altengamme in das 1879 in Betrieb genommene Haus IV der geschlossenen Großanstalt Fuhlsbüttel (über 1.000 Plätze) ist für die spezifische Eigenart einer ganzheitlichen Sozialtherapie eher noch nachteiliger als der Umzug nach Vierlande. Erneut müssten, sollen angemessene Arbeitsbedingungen nicht gänzlich vernachlässigt werden, teure Umbauten erfolgen. Fachlich bliebe dies trotz denkbarer Anstrengungen weit hinter den gegenwärtig vorbildhaft verwirklichten Standards einer erfolgreichen Straftäterbehandlung zurück (vgl. Lösel 1996, 2001). Die Wohneinheiten innerhalb der „sozialtherapeutischen" Abteilung werden mehr als 25 Gefangene umfassen. Von Wohn"gruppen" kann dann nicht mehr gesprochen werden. Negative subkulturelle Einflüsse werden daher, verstärkt durch Gepflogenheiten aus der Großanstalt heraus, die Oberhand gewinnen. Es gibt zu wenig Nebenraum. Generell werden die baulichen, administrativen und sichernden Strukturen der Großanstalt sowie dort noch verbreitete Einstellungen und Handlungsmuster traditioneller Art sozialtherapeutische Orientierungen knasttypisch einebnen. So werden sich Besuchsverkehr, Einschluss, Freizeitaktivitäten usw. an den von Kusch ohnehin bereits zunehmend eng ausgestalteten Regeln des geschlossenen Vollzuges orientieren müssen. Sofern die Überleitung in Freiheit nicht aus diesem geschlossenen Vollzug heraus erfolgen soll (was sodann eine eigene Pforte erforderlich machen würde), müsste dann gerade in dieser schwierigsten Behandlungsphase Trennung vom vertrauten Personal erfolgen. Beiläufig werden auch das heute in der Sozialtherapeutischen Anstalt Altengamme vorhandene intensive Behandlungsangebot für straffällige Frauen und insbesondere die Vorteile eines behutsam koedukativen Strafvollzuges, den es sonst bundesweit nicht gibt, abgeschafft. Was bleibt, verdient kaum noch den Namen „Sozialtherapie" ...

Die Stadt leistet sich einen Justizsenator, der in seinem Kampf gegen „Schwerkriminelle" buchstäblich um jeden Preis institutionell aufrüstet und vollzugliches Kapital erster Güte bedenkenlos verschleudert. Das zeigt sich u. a. auch an der noch zunehmenden Verringerung der Haftplätze des offenen Vollzug für zu Freiheitsstrafe verurteilte Männer von ehedem 639 auf ca. 180, wenn alle Pläne von Kusch demnächst greifen. Und es zeigt sich in der Reduzierung der Vollzugslockerungen um rd. 37% (Ausgänge), 49% (Urlaube) und 30% (Freigang) im Vergleich des Jahres 2001 mit 2004. Diese Politik führt zur Vernachlässigung des gesetzlichen Eingliederungsauftrags. Statt mäßigend und friedensstiftend auf Gefangene, Strafvollzugsbedienstete und die Öffentlichkeit einzuwirken, wird geredet und gehandelt, als ob es erstrebenswert wäre, mehr Unglück durch Rückfälligkeit herbei zu führen. Mit diesem Verhalten werden die Gefangenen auf die abweichende Rolle einseitig fixiert. Brücken zurück in die Gesellschaft der nicht oder weniger Straffälligen werden zerstört. Für Bedienstete ist dieses Verhalten ein schlechtes Beispiel; es entmutigt alle, die mit großem Engagement konstruktiv mit oft schwierigen Gefangenen arbeiten und ermutigt und fördert negative Instinkte bei jenen, die Gefangene unter der Perspektive „Lump bleibt Lump" sehen und entsprechend behandeln. Die Öffentlichkeit wird getäuscht, wenn mehr Sicherheit versprochen wird, denn sie erstreckt sich nur auf die Zeit der Einsperrung. Danach, nach der Strafverbüßung, wird die Gesellschaft mit Entlassenen konfrontiert, die lebensuntüchtiger und aggressiver sind als sie es bei Eintritt in den Strafvollzug waren.

Diese unfassbaren, aber in ihrer unaufgeklärten Stammtischnähe auch banalalltäglichen Vorgänge erinnern an einen Buchtitel von Eva Rühmkorf: „Wer unten ist, der fällt auch tief" (1982) – wer hätte aber gedacht, dass mit Mitteln legitimierter Macht noch gestoßen wird, wer fällt?

Literatur

Alex M. (2001). Sozialtherapie als Alibi? *Neue Kriminalpolitik, 13, Heft 4*, 4-5.

Bauer F. (1962). Sozialarbeit und Strafrechtsreform. *Schriften der Arbeitwohlfahrt, 14*. Bonn: Selbstverlag.

Baumann J. (1969). Schuld und Sühne als Grundproblem heutiger Strafrechtspflege. In: Baumann J. (Hrsg.) (1969). *Misslingt die Strafrechtsreform?* Neuwied und Berlin: Luchterhand, 8-30.

Baumann J. (Hrsg.) (1974). *Die Reform des Strafvollzuges. Programm nach den Vorstellungen des Alternativ-Entwurfs zu einem Strafvollzugsgesetz.* Tübingen: Goldmann Jura.

Beck W. (1960). *Grundzüge der Sozialpsychologie, 3. Aufl.* München: Johann Ambrosius Barth.

Berger P. L. (1973). *Einladung zur Soziologie. Eine humanistische Perspektive, 4. Aufl.* München: List Verlag.

BMI & BMJ (2001). *Erster Periodischer Sicherheitsbericht.* Berlin: Eigenverlag.

Bürgerschaftsdrucksache (2002): *Neubau der Justizvollzugsanstalt XII.* Bürgerschaft der Freien und Hansestadt Hamburg, Drucksache Nr. 17/802 vom 07.05.02.

Böllinger L. (2004): Schuld – Strafe – Macht: Eine psychosoziale Rekonstruktion. In: Rehn G., Nanninga R. & Thiel A. (Hrsg.), *Freiheit und Unfreiheit. Arbeit mit Straftätern innerhalb und außerhalb des Justizvollzuges.* Herbolzheim: Centaurus, 53-77.

Calliess R.-P. & Müller-Dietz H. (2000): *Strafvollzugsgesetz, 8. Aufl.* München: C.H. Beck.

Cuadra R. P. (1996). Sozialtherapie in der subjektiven Bewertung ihrer Insassen am Beispiel der Sozialtherapeutischen Anstalt Baden-Württemberg. *Zeitschrift für Strafvollzug und Straffälligenhilfe, 45*, 297-302.

Dessecker A. (2001). Rechtsgrundlagen der Sanktionierung „gefährlicher" Straftäter. In: Rehn G., Wischka B., Lösel F. & Walter M. (Hrsg.): *Behandlung „gefährlicher Straftäter" – Grundlagen, Konzepte, Ergebnisse.* Herbolzheim: Centaurus, 11-25

Drenkhahn K. (2003). Endlich Therapie für alle? Die Bundesländer und ihre sozialtherapeutischen Einrichtungen. *Neue Kriminalpolitik, 15, Heft 2*, 62-65.

Dünkel F. (2003): Sicherheit als Vollzugsziel – Die Wende im Strafvollzug in Zeiten des Wahlkampfes: eine Initiative aus Hessen. *Neue Kriminalpolitik, 15, Heft 1*, 8-9.

Dünkel F. & Rehn G. (2001): Notwendigkeit, Ergebnisse und Wirkung der Evaluation im behandlungsorientierten Vollzug. In: Rehn G., Wischka B., Lösel F. & Walter M. (Hrsg.), *Behandlung „gefährlicher Straftäter". Grundlagen, Konzepte, Ergebnisse.* Herbolzheim: Centaurus, 301-316.

Dünkel F. & Maelicke B. (2004): Irren ist (un-)menschlich! Zehn Irrtümer einer neo-konservativen Strafvollzugspolitik und ihre Widerlegung. *Neue Kriminalpolitik, 16, Heft 4,* 131-133.

Egg, R. (2002): Die Sozialtherapeutischen Einrichtungen heute und in der Zukunft. *Kriminalpädagogische Praxis, 30, Heft 42,* 36-43.

Feest J. & Lesting W. (2005): Der Angriff auf die Lockerungen. Daten und Überlegungen zur Lockerungspolitik der Länder. *Zeitschrift für Strafvollzug und Straffälligenhilfe, 54,* 76-82.

Haffke B. (2004). „Unbehandelbare" Straftäter. In: Rehn G., Nanninga R. & Thiel A. (Hrsg.): *Freiheit und Unfreiheit. Arbeit mit Straftätern innerhalb und außerhalb des Justizvollzuges.* Herbolzheim: Centaurus, 78-93.

Kaiser G., Kerner H.-J. & Schöch H. (1991): *Strafvollzug. Eine Einführung in die Grundlagen.* Heidelberg: C.F. Müller.

Kremer H. (1976). Reformpolitische Kritik an der Etablierung von sozialtherapeutischen Anstalten und Ergebnisse einer Gegenstrategie. *Gruppendynamik, 7,* 360-372.

Kröniger S. (2004). *Sozialtherapie im Strafvollzug 2004. Ergebnisübersicht zur Stichtagserhebung vom 31.03.2004.* Kriminologische Zentralstelle Wiesbaden: Eigenverlag.

Krüger M. (2004).Probleme der Einbettung Sozialtherapeutischer Abteilungen in Anstalten des Regelvollzuges: Ein Plädoyer wider die Gleichbehandlung. In: Rehn G., Nanninga R. & Thiel A. (Hrsg.): *Freiheit und Unfreiheit. Arbeit mit Straftätern innerhalb und außerhalb des Justizvollzuges.* Herbolzheim: Centaurus, 234-240.

Lösel F. (1996): Ist der Behandlungsgedanke gescheitert? Eine empirische Bestandsaufnahme. *Zeitschrift für Strafvollzug und Straffälligenhilfe, 45,* 259-267.

Meyer S. & Wegner T. (1993): Frauen und Männer im Strafvollzug. In: Egg R. (Hrsg.): *Sozialtherapie in den 90er Jahren. Gegenwärtiger Stand und aktuelle Entwicklung im Justizvollzug.* Kriminologische Zentralstelle, Wiesbaden: Eigenverlag, 53-62.

Müller-Dietz H. (1986): Zehn Jahre Strafvollzugsgesetz. – Bilanz und Perspektiven. *Bewährungshilfe, 33,* 331-360.

Rehn G. (1993): Entscheidungen, Regeln, Anstaltsorganisation: Überlegungen zur Vermeidung schädlicher Routine im sozialtherapeutischen Vollzug. In: Egg R. (Hrsg.): *Sozialtherapie in den 90er Jahren. Gegenwärtiger Stand und aktuelle Entwicklung im Justizvollzug.* Kriminologische Zentralstelle, Wiesbaden: Selbstverlag, 33-41.

Rehn G. (1996). Konzeption und Praxis der Wohngruppenarbeit in Sozialtherapeutischen Einrichtungen. *Zeitschrift für Strafvollzug und Straffälligenhilfe, 45,* 281-290.

Rehn G. (2000). Kommentierung zu §§ 9 und 123 ff. StVollzG. In: Feest J. (Hrsg.), *Kommentar zum Strafvollzugsgesetz (AK-StVollzG), 4. Aufl.* Neuwied und Darmstadt: Luchterhand.

Rehn G. (2001). Vorstrafenbelastung und Rückfälligkeit bei Gefangenen aus der Sozialtherapeutischen Anstalt Hamburg-Altengamme. In: Rehn G., Wischka B., Lösel F. & Walter M. (Hrsg.): *Behandlung „gefährlicher Straftäter" – Grundlagen, Konzepte, Ergebnisse.* Herbolzheim: Centaurus, 364-379.

Rehn G. (2002). Ergebnisse und Probleme der Evaluation von Behandlung in Sozialtherapeutischen Einrichtungen. *Kriminalpädagogische Praxis, 30, Heft 42,* 47-53.

Rehn G. (2003). Sozialtherapie – Anspruch und Wirklichkeit. *Neue Kriminalpolitik, 15, Heft 2,* 66-69.

Rehn G. (2005). Sachliche und persönliche Bemerkungen zum Strafvollzug: Was bleibt – bleibt was? In: *Festschrift für Johannes Feest.* In Vorbereitung.

Rehn G. & Warning D. (1989): Lebenswelt Sozialtherapeutische Anstalt – Grundsätzliche Bemerkungen und Konkretisierungen am Beispiel der Sozialtherapeutischen Anstalt Altengamme. *Zeitschrift für Strafvollzug und Straffälligenhilfe ,38,* 222-231.

Rühmkorf E. (1982). *Wer unten ist, der fällt auch tief: Ursachen der Jugendkriminalität.* Weinheim, Basel: Beltz.

Schöch H. (1996). Die Rechtswirklichkeit und präventive Effizienz strafrechtlicher Sanktionen. In: Jehle J.-M. (Hrsg.), *Kriminalprävention und Strafjustiz.* Wiesbaden: Eigenverlag Kriminologische Zentralstelle, Bd. 17, 291-326.

Schüler-Springorum H. (1998): Strafvollzug in 20 Jahren – Hoffnungen und Befürchtungen. In: Kawamura G. & Reindl R. (Hrsg.). *Wiedereingliederung Straffälliger: eine Bilanz nach 20 Jahren Strafvollzugsgesetz.* Freiburg i. Br.: Lambertus, 144-157.

Wagner G. (1984). *Das absurde System. Strafurteil und Strafvollzug in unserer Gesellschaft, 2. Aufl.* Heidelberg: C. F. Müller.

Wagner G.(1988). Sicherheit und Ordnung als seelischer Komplex – Gefängnis als Innenzustand. *Kriminalpädagogische Praxis, 16, Heft 28*, 8-14.

Wagner G.(1989). Eine Sitzkur, nicht mehr. In deutschen Gefängnissen bleibt die Therapie des Häftlings dem Zufall überlassen. *Die Zeit*, 03. März.

Wagner G.(1992). Das Gefängnis ist ein magisches Haus. Von der arbeitsteiligen Behandlung des Menschen. 29 Jahre Dienst im Strafvollzug – Rückblick nicht ohne Zorn. *Süddeutsche Zeitung*, 12./13. Dezember.

Wagner, G. (1993). Institution Strafvollzug zwischen unerfüllten Reformansprüchen und neuen kriminalpolitischen Aufgaben. In: Nickolai W. & Reindl R. (Hrsg.). *Sozialarbeit und Kriminalpolitik.* Freiburg i. Br.: Lambertus, 110-125.

Wegner T. (2001): Altengamme – something works. In: Rehn G., Wischka B., Lösel F. & Walter M. (Hrsg.): *Behandlung „gefährlicher Straftäter". Grundlagen, Konzepte, Ergebnisse.* Herbolzheim: Centaurus, 150-169.

Wischka B. & Specht F. (2001): Integrative Sozialtherapie – Mindestanforderungen, Indikation und Wirkfaktoren. In: Rehn G., Wischka B., Lösel F. & Walter M. (Hrsg.): *Behandlung „gefährlicher Straftäter". Grundlagen, Konzepte, Ergebnisse.* Herbolzheim: Centaurus, 249-263.

Über Sinn und Zwecke der Strafe im ‚absurden System'

von Johann Endres

Georg Wagner hat in seinem Buch „Das absurde System" (1985) und in einer Vielzahl von Aufsätzen harte und zum Teil fundamentale Kritik am Strafvollzug geübt. Den im Strafvollzug Tätigen, die sich auf die Auseinandersetzung mit seiner Kritik einzulassen bereit sind, stellt Georg Wagner die nicht leichte Aufgabe, ihre eigene Berufspraxis mit Hilfe seiner Thesen auf ihre Rationalität zu überprüfen. Kann es sinnvolles Arbeiten in einem absurden System geben? Ist das System tatsächlich absurd, d.h. unlogisch, widersinnig und unvernünftig? – Die nachfolgenden Überlegungen sind ein vorläufiges Resultat dieser Prüfung.

1. Das (nominelle) Verschwinden der Strafe in ihrem „Vollzug"

Die kürzeste Definition der Strafe lautet: „Übelszufügung durch Missbilligung" (Neumann & Schroth 1980, 9). Beide Elemente sind für die Charakterisierung einer Handlung als Bestrafung wesentlich und voneinander nicht zu trennen. Zufügung von Leid und Schmerz allein ist bloße Aggression, während zur Strafe – die natürlich stets Aggression einschließt – ihre Legitimation durch den Verweis auf verletztes Recht gehört. Missbilligung allein, ohne das Strafübel, wäre Kritik, vielleicht Tadel, aber keine Strafe. Im Strafausspruch ist beides verbunden: Wegen dieses oder jenes Tatbestandes, den er schuldhaft verwirklicht hat, wird der Angeklagte zum Verlust von Geld oder Freiheit in solcher und solcher Höhe verurteilt.

Umso erstaunlicher mutet es an, dass der Aspekt der Übelszufügung in jenem Gesetz, das in Deutschland den Vollzug der Freiheitsstrafe regelt, explizit nicht vorkommt. Der Freiheitsentzug wird als Ausgangspunkt vorausgesetzt, aber im einzelnen scheut sich das Gesetz, die damit verbundenen Eingriffe zu benennen. Die Festlegungen des Strafvollzugsgesetzes (StVollzG) zerfallen in Grenzziehungen und in organisatorische Regeln. Als Vollzugsziel (§ 2) ist bestimmt, der Gefangene solle „fähig werden, künftig in sozialer Verantwortung ein Leben ohne Straftaten zu führen." Ausdrücklich wird gefordert (§ 3), dass der Freiheitsentzug nicht schaden soll; vielmehr soll schädlichen Folgen der Haft entgegengewirkt werden. Der Strafvollzug soll nicht von der Gesellschaft ausschließen, sondern vielmehr die Wiedereingliederung vorbereiten. Das Leben im Vollzug soll an die Bedingungen des Lebens in Freiheit angeglichen sein. Der Strafvollzug soll nicht die Menschenwürde verletzen, sondern achten.

Es erscheint ein Paradoxon: Der moderne Strafvollzug soll nach dem Gesetz dermaßen gestaltet sein, dass all das, was historisch an das Strafen gemahnt (Qualen, körperliche und seelische Zerstörung, Entrechtung, Demütigung, Depersonalisation) unterbleibt. Das Strafvollzugsgesetz beschreibt eine Strafe ohne explizites Strafübel.

Auf das Treffendste bringt das unscheinbare Wort „Vollzug", das mit seinen Komposita („Vollzugsplan", „Vollzugsgeschäftsstelle", „Erstvollzug", „Behandlungsvollzug", „Vollzugsalltag" usw.) immer mehr an die Stelle des „Strafvollzugs" getreten ist, die beschönigende Entleerung auf den Begriff. Ein bürokratisches Quasi-Hilfsverb wird substantiviert und steht auf einmal für die Sache selbst, ohne das, was da vollzogen wird, noch benennen zu müssen.[1] Dem „Vollzugspraktiker" fällt das gar nicht mehr auf, da seine alltägliche Praxis ja tatsächlich nicht in der Zufügung von Übeln, sondern in deren Verwaltung besteht.

Aber jeder, der Gefängnisse kennt, weiß, dass sie den dort Inhaftierten kein angenehmes Leben bieten. Dass die Freiheit und die Privatsphäre in vielfacher Weise eingeschränkt sind, tritt nach einer Phase der Gewöhnung wohl mit der Zeit in den Hintergrund. Der geregelte Tagesablauf unterscheidet sich nicht prinzipiell vom Alltag in einem Krankenhaus, einer Kaserne oder einem Altenheim. Die spezifischen Bedingungen der Haft bringen jedoch ihre eigenen negativen Folgen mit sich. Die Übel der Strafe im modernen Strafvollzug entstehen nicht intentional, aber strukturell und nahezu zwangsläufig:

- Das Strafvollzugsgesetz (§ 18) schreibt die Unterbringung in einem Einzelhaftraum vor. Aber noch fast 30 Jahre nach dessen Inkrafttreten wird im Rahmen einer bis weit über die Grenzen des dem juristischen Laien Vorstellbaren gedehnten Übergangsregelung („ausnahmsweise vorübergehend"; vgl. Böhm 2003, 103) wegen Überbelegung aller Anstalten die Gemeinschaftsunterbringung von bis zu acht Gefangenen praktiziert. Du musst also bei einer Verurteilung zu Freiheitsstrafe damit rechnen, dass du monatelang mit dir unbekannten und vermutlich nicht auf Anhieb sympathischen Mitgefangenen bis zu 23 Stunden täglich auf wenigen Quadratmetern verbringst; wenn du Pech hast mit Männern, die tagsüber 30 Zigaretten rauchen und Karten spielen und die halbe Nacht Fernsehsendungen in einer dir unbekannten Sprache anschauen wollen.

[1] Der Rest an harter Realität, der noch im abstrakten Begriff sitzt, wird schlagartig erkennbar, wenn man in der unbeholfenen englischsprachigen Version des Informationsblattes einer bayerischen Anstalt auf einmal von „first execution", „regular execution", „execution inspector", „execution plan" usw. liest.

- Du bist nach dem Gesetz zur Arbeit verpflichtet und sollst beruflich gefördert werden. Aber wenn du Pech hast, fehlen dir die schulischen Voraussetzungen für eine Ausbildung, deine Strafe ist zu kurz für eine reguläre schulische oder berufliche Bildungsmaßnahme oder du bist ungeeignet für einen der wenigen verfügbaren Arbeitsplätze als Ungelernter.
- Du hast Anrecht auf Besuch und Briefkontakt mit deinen Angehörigen, nach dem Gesetz mindestens zwei Stunden im Monat, in der Praxis bis zu vier oder fünf Stunden (je nach Anstalt). Aber vielleicht liegt die Anstalt 300 Kilometer von dem Wohnort deiner Familie entfernt in einem Ort, der mit öffentlichen Verkehrsmitteln nur unter Schwierigkeiten erreichbar ist. Falls du keinen Besuch erhältst, darfst du nicht oder nur selten telefonieren. Dein Briefwechsel wird überwacht.
- Aus Sicherheitsgründen wirst du vor und nach Besuchen körperlich „visitiert“, wobei man auch deine Körperöffnungen in Augenschein nehmen muss. Deine Zelle wird regelmäßig durchsucht und sieht danach meist nicht so aufgeräumt aus wie zuvor. Um die Kontrollen zeitökonomisch zu halten, wird die Zahl der Gegenstände (Bücher, Schmuckstücke, Bastelmaterial), die du in deinem Besitz haben darfst, begrenzt. Du musst Anstaltskleidung tragen, die nicht besonders kleidsam und manchmal nicht passend ist.
- Die Beamten in der Anstalt sollen dich menschlich behandeln, sie sind dafür ausgebildet und wollen das auch tun. Aber sie werden es nicht durchgehend verhindern können, dass du von Mitgefangenen bestohlen, erpresst, unterdrückt, misshandelt und sexuell genötigt wirst, wenn sie einen Anlass dazu finden. Die Zufügung des Strafübels, könnte man böswillig sagen, wird vom System an die Gefangenen delegiert.
- Du darfst dich nur in dem dir zugewiesenen Bereich aufhalten und musst dich an die Anweisungen der Bediensteten halten. Du kannst im Zweifel davon ausgehen, dass alles, was nicht ausdrücklich erlaubt ist, verboten ist. Du wirst es häufig als Schikane empfinden, was mit „Sicherheit und Ordnung“ begründet wird.

„Zur Strafe kann alles werden, was einer normalen Entwicklung entgegenläuft: schlechte Unterbringung, mäßiges Essen, Langeweile, Trennung, Warten, Phantasielosigkeit, ja schlechte Organisation“ (Wagner 1985, 144). Der retardierte Zustand der Institution Strafvollzug – in Relation zu anderen gesellschaftlichen Einrichtungen wie Krankenhäusern, Schulen usw. – ist nach Einschätzung von Georg Wagner „kein einfacher Anachronismus, sondern strukturell begründet und entspricht gesamtgesellschaftlichen Bedürfnissen“ (ebd.). Die eigentlichen Strafübel scheinen aber an die Architektur einerseits und an die Mitgefangenen andererseits delegiert zu sein.

Manchmal tragen das Leiden an der Inhaftierung mehr als der Gefangene selbst dessen Angehörige. Die Ehefrau eines Mannes, der wegen einer Serie von Einbrüchen (mit der er seine Spielleidenschaft finanzierte) eine Freiheitsstrafe zu verbüßen hatte, brachte das in einem Brief auf den Punkt: „Du setzt dich ins Gefängnis und bist deine Sorgen los. Ich habe drei Kinder am Hals und den Spott der Nachbarn, ich weiß nicht, wie ich meinen Alltag bewältigen kann, und ich soll schauen, wie ich dich besuche und dir Pakete schicke! Warum tust du mir das an?“ Das Schwert der Justiz ist durchaus scharf, aber es trifft nicht immer nur die Schuldigen.

2. Begründungen der Strafe: Absolute und relative Straftheorien

Wenn der Staat seinen Bürgern ein Übel zufügt, braucht er dazu eine Rechtfertigung. Traditionell gibt es zwei Stränge von Begründungen für die Strafe: Die so genannten „Konsequentionalisten“ sehen in den Folgen der Strafe ihre Legitimation; man spricht von „relativen“ Straftheorien, weil es um die Funktion der Strafe für ein außer ihr liegendes Ziel geht. Die „Nonkonsequentionalisten“ hingegen sehen die Strafe als etwas schon an sich Gutes und Sinnvolles an, unabhängig von den damit angestrebten und vielleicht auch erreichten positiven Wirkungen; man spricht von „absoluten“ Straftheorien.[2]

Die Begründung der Strafe durch Prävention ist leicht zu verstehen, aber schwer zu beweisen. Sie besagt, dass der gesellschaftliche Nutzen der Strafe größer ist als der Schaden, der durch die Zufügung des Übels entsteht. Je nach der Art dieses Nutzens gibt es unterschiedliche Facetten der Prävention:

- Positive Spezialprävention zielt auf die Besserung und Resozialisierung des Täters durch Maßnahmen der Behandlung und Wiedereingliederung und damit auf sein zukünftiges Leben ohne Straftaten.
- Negative Spezialprävention bezweckt seine Abschreckung durch den Strafeindruck und damit ebenfalls seine zukünftige Straffreiheit, oder auch die Sicherung der Gesellschaft durch Wegschließung und Unschädlichmachung des Täters.

[2] Die von der deutschen Rechtswissenschaft bevorzugte „Vereinigungstheorie“ (vgl. Kaiser, Kerner & Schöch 1991, 19) weist der Gesetzgebung die Aufgabe der Generalprävention, der Rechtsprechung das Prinzip des Schuldausgleichs (Vergeltung) und dem Strafvollzug die Funktionen der Resozialisierung und der Sicherung (Spezialprävention) zu. Die Verteilung auf „drei Säulen“ macht aber die Last der Begründung nicht leichter; sollte eine der Säulen bröckeln, wird das ganze Gebäude instabil.

- Negative Generalprävention richtet sich auf die Abschreckung anderer potentieller Täter durch die demonstrative Härte und Unentrinnbarkeit der Strafe.
- Positive Generalprävention schließlich zielt auf die Stärkung der Rechtstreue der Bevölkerung, indem das Vertrauen in die Zuverlässigkeit der staatlichen Institutionen und in den Sinn normenkonformen Verhaltens gestützt wird.

Georg Wagner hat in verschiedenen Zeitungsaufsätzen immer wieder gegen die Annahme einer wirksamen Kriminalprävention durch Strafverschärfungen polemisiert: „Die fragwürdige Ideologie der Abschreckung“ (Wagner 1998) zeige sich darin, dass gesetzgeberische Aktivitäten (oder auch Aktionismus) die Zahl der Delikte (speziell schwerer Sexual- und Gewaltdelikte gegen Kinder) nicht nachweisbar beeinflussen können.

Tatsächlich ist die Annahme einer Abschreckungswirkung von Strafen, obwohl scheinbar leicht erforschbar und vielfach empirisch überprüft, immer noch Gegenstand mehr eines Glaubenskrieges als einer wissenschaftlich-rationalen Diskussion. Viele Kriminologen sind skeptisch: „So lassen sich etwa messbare verbrechensmindernde Wirkungen selbst bei der schwersten Gewaltkriminalität aus einer bestimmten Sanktionspraxis, geschweige der Sanktionsandrohung, nicht herleiten.“ (Kaiser 1993, 143). Allenfalls hätten der Verfolgungsdruck, also die subjektive Wahrscheinlichkeit des Eintretens der Bestrafung, und die antizipierte informelle Verurteilung durch das jeweilige soziale Umfeld eine derartige Wirkung.

Die Diskussion um die Abschreckungswirkung von Strafen wird nicht nur durch ideologische Grabenziehungen, sondern auch durch konzeptuelle Konfusionen erschwert. Differenzieren sollte man zwischen zwei unterschiedlichen Fragen:

1. Haben härtere Strafen (z. B. die Todesstrafe im Vergleich zur lebenslangen Freiheitsstrafe oder aber letztere im Vergleich zu einer zeitig festgelegten Freiheitsstrafe) tatsächlich einen messbaren kriminalitätsmindernden Effekt? Das ist unentschieden bis strittig, schon weil vielleicht viele Täter die Strafandrohungen gar nicht genau kennen und weil gerade viele der schwersten Gewaltdelikte eben nicht aus kühlen Abwägungsprozessen hervorgehen.
2. Wirkt eine bestimmte Strafpraxis für sich genommen abschreckend, in Relation zu einem Zustand, in dem generell auf Bestrafung verzichtet werden würde? Würden mehr Verbrechen geschehen, wenn man das Strafen bleiben ließe?

Der weitgehend fehlende Nachweis eines inkrementellen Effekts von Strafverschärfungen wird oftmals so ausgelegt, als hätte das Strafen an sich keinen Sinn. Das ist mehr als irreführend. Man mag gut und gern bezweifeln, ob es die Zahl der Banküberfälle verminderte, wenn man den Strafrahmen für schwere räuberische Erpressung um etliche Jahre hochsetzen würde; dass viele Bürger sich allenfalls durch eigene Feigheit davon abhalten lassen würden, eine Bank zu überfallen, wenn das überhaupt nicht mehr strafbar wäre, ist nicht leicht zu beweisen, scheint aber nahe liegend.[3] Die Zeitungen sind zwar jeden Tag voll mit Belegen dafür, dass die Abschreckung nicht funktioniert hat – aber das Unterbleiben einer Straftat wegen der Strafandrohung hat nun einmal keinen Nachrichtenwert und lässt sich schwer dokumentieren.

Klarer ist die Befundlage hinsichtlich der Spezial- oder Individualprävention. Die Überlegung, welche die Architektur der Institution Gefängnis geprägt hat (vgl. Morris & Rothman 1998), nämlich dass das Einsperren mit anderen Kriminellen einen Menschen zur Sühne veranlassen, läutern oder bessern könnte, vertritt heute niemand mehr ernsthaft. Die individuell abschreckende Wirkung („Warnfunktion" der Strafe) dürfte zwar in manchen Fällen eintreten, dürfte aber durch andere Wirkungen der Strafe (Stigmatisierung, soziale Ausgrenzung, kriminelle Infektion) mehr als kompensiert werden. Mehr als die Hälfte aller Haftentlassenen, bei Jugendlichen noch mehr als bei Erwachsenen, werden rückfällig. Dass reines Wegschließen ohne Behandlung die Rückfälligkeit vermindert (verglichen mit Bewährungsstrafen oder „ambulanten" Sanktionen) ist nirgends erwiesen. Allerdings gibt es deutliche Belege dafür, dass therapeutische Programme eine beträchtliche Verminderung der Rückfälligkeit bewirken, wobei Reduktionen um 20 Prozentpunkte bei gut begründeten und gut implementierten Programmen als realistisch gelten können (vgl. Schmucker 2004 mit einer Meta-Analyse zur Behandlung von Sexualstraftätern). Wissenschaftlich fundierte und empirisch gesicherte Behandlungsprogramme sind inzwischen, anders als noch vor zwei Jahrzehnten, im Strafvollzug in Behandlungsabteilungen fest verankert (vgl. Behnke 2004).

Unbestritten dürfte die Sicherungswirkung der Inhaftierung sein: Wer sich in Haft befindet, stellt in diesem Zeitraum zumindest für die Allgemeinheit (das gilt natürlich nicht für seine Mitgefangenen und für das Personal im Gefängnis) keine Gefahr dar.[4] Da bekannt ist, dass ein großer Anteil der Straftaten durch eine relativ geringe Zahl von Tätern begangen wird, beschränkt sich dieser Effekt der Sicherung aber weitgehend auf eine Kerngruppe persistenter Intensivtäter; der Grenznutzen einer Ausdehnung der Gefangenenpopulationen muss zwangsläufig abnehmen.

---

[3] „Dass aber Strafe im einen oder andren Falle als Abschreckung tatsächlich wirksam ist, ist uns allen als intuitive Wahrheit zugänglich. Keiner, der ehrlich mit sich ist, wird leugnen, daß es Delikte gibt, die er oder sie nur darum nicht begeht, weil sie verboten und strafbar sind" (Reemtsma 1999, 14 f.).

[4] „Zweck der Internierung ist der befristete Ausschluß kriminell devianter Personen aus der Gesellschaft. Diesen klar herauszustellen, ist nicht allein eine Frage der Ehrlichkeit" (Wagner 1985, 161).

3. „Recht geschieht es ihm!" – Idealismus und Mordlust

Dem modernen, utilitaristisch geprägten Denken schwer eingängig ist die „non-konsequentionalistische“ Position der so genannten „absoluten Straftheorien“, die den Sinn der Strafe mit Begriffen wie „Vergeltung“, „Schuldausgleich“ oder „Sühne“ bezeichnen. Insbesondere die Philosophen des deutschen Idealismus, Kant und Hegel, haben die Strafe emphatisch als ein Postulat der Gerechtigkeit verteidigt, jenseits von Nützlichkeitserwägungen. Nach Kant ist die Strafe eine durch das Sittengesetz geforderte notwendige Folge des Verbrechens, ebenso wie der Begriff des Verbrechens die Strafwürdigkeit einschließt. Und auch wenn eine Strafe zusätzlich nützliche Zwecke verfolgen kann, „so muss sie doch zuvor als Strafe, d. i. als bloßes Übel, für sich selbst gerechtfertigt sein, so dass der Gestrafte, wenn es dabei bliebe, und er auch auf keine sich hinter dieser Härte verbergende Gunst hinaussähe, selbst gestehen muss, es sei ihm Recht geschehen, und sein Loos sei seinem Verhalten vollkommen angemessen.“ (Kant 1785/1995, 320).

Georg Wagner hat in einer sehr pointierten Passage seines Buches „Das absurde System“ den Blick auf die destruktive Seite des Strafidealismus gelenkt, indem er eine berühmte Passage Kants kommentierte: „'Selbst wenn sich die bürgerliche Gesellschaft mit aller Glieder Einstimmung auflöste', so Kant, ‚(zum Beispiel das eine Insel bewohnende Volk beschlösse, auseinander zu gehen und sich in alle Winde zu zerstreuen), müsste der letzte im Gefängnis befindliche Mörder hingerichtet werden'. Die Empfehlung zu diesem fliegenden Standgericht im Stile des Nazireichs 1945 geschieht beileibe nicht um seiner selbst willen. Sie gedeiht in der Kälte Kantscher Seinsbetrachtung, ist im Grunde aus einem vergleichbaren Vernichtungsgefühl geboren, wie es der Lustmörder bei der Massakrierung seines Opfers in sadistische Handlung umsetzt. Wahrscheinlich ist dieses Zusammen von existentiellem Grauen und Sadismus eine tiefe Wurzel strafrechtlichen Handelns, die von umfassenderer Bedeutung ist als nur für die Kantsche Philosophie“ (Wagner 1985, 40).

Tut Wagner hier dem großen Aufklärer Immanuel Kant Unrecht? Teilweise ja, wie ich meine. Kant geht es in der zitierten Passage nicht primär darum, die Todesstrafe zu fordern oder zu rechtfertigen (die aber zu seiner Zeit durchaus schon problematisiert worden war), oder gar um ein Plädoyer für fliegende Standgerichte. Vielmehr geht es um das Institut der Strafamnestie, um das Absehen von eigentlich geforderter Strafe aus Gründen der Milde oder um bestimmter Vorteile willen. Wenn man schon den Bezug auf die NS-Verbrechen heranziehen will, dann wäre Kants Passage eher wie folgt auf moderne Verhältnisse zu transkribieren: „Mörder müssen ihrer gerechten Strafe zugeführt werden; das gilt auch dann, wenn sie schon sehr alt sind und ein Rückfall nicht mehr zu befürchten ist, wenn das System, in dem sie ihre Taten verübt haben, endgültig überwunden ist und wenn aus der

Inhaftierung eines über 80jährigen kein ersichtlicher Nutzen für irgend jemanden resultiert." Die in der Bundesrepublik Deutschland mehrmals (1964, 1970 und 1985) geführte Diskussion um die Verjährung der NS-Morde berührt genau diesen Punkt, und auf sie trifft auch die Fortsetzung der von Wagner zitierten Kant-Passage sehr präzise zu: „damit jedermann das widerfahre, was seine Taten wert sind, und die Blutschuld nicht auf dem Volke hafte, das auf diese Bestrafung nicht gedrungen hat; weil es als Teilnehmer an dieser öffentlichen Verletzung der Gerechtigkeit betrachtet werden kann." (Kant 1797/1977, 455) Strafamnestien, aus Anlass des runden Geburtstags eines Herrschers oder wegen hoffnungsloser Überfüllung der Gefängnisse, sind denn auch typische Kennzeichen autoritärer und vordemokratischer Unrechtsstaaten, und nicht ohne Grund sind demokratische Staaten sehr zurückhaltend mit diesem Instrument.

Hegel schließlich sieht in einer rein utilitaristisch begründeten Strafpraxis geradezu einen Verstoß gegen die Menschenwürde: Der Verbrecher werde „als ein Vernünftiges geehrt", wenn der Begriff und der Maßstab seiner Strafe aus seiner eigenen Tat genommen werden. Umgekehrt bedeute die rein präventive, allein dem Prinzip der gesellschaftlichen Gefahrenabwehr gehorchende Strafe, dass er „nur als schädliches Tier betrachtet wird, das unschädlich zu machen sei" (Hegel 1821/1976, 191). Die gerechte Strafe demgegenüber sei zwangsläufig „Wiedervergeltung" und „Negation der Negation", die Schwere der Strafe soll der Schwere der Schuld entsprechen. Dabei betont Hegel aber auch, dass rein spekulative Ableitungen oder das Talionsprinzip zur Bestimmung der jeweils gerechten Strafe nicht ausreichen; so werde durch das Fortschreiten der Bildung die Strafpraxis milder (a.a.O. 185).

Die Forderung, dass Strafe gerecht sein soll, stellt ein wichtiges Regulativ dar, ein Hindernis sowohl gegen opportunistische Strafnachlässe als auch gegen Bestrafungen im Übermaß. Aus präventiven Gründen könnten ja sogar exemplarische Bestrafungen Unschuldiger in manchen Fällen wegen ihrer Abschreckungswirkung durchaus nützlich sein. Aber das schwer zu lösende Problem liegt darin, wie die gerechte Strafe zu bestimmen ist: Wie kann man Unrecht und Schuld einerseits und Strafübel andererseits auf jeweils einer Skala der Schwere ordnen und, vor allem, wie kann man die beiden unterschiedlichen Skalen kommensurabel machen?

Georg Wagner (1985, 3 ff.) hat das Konzept einer „gerechten Strafe" generell in Zweifel gezogen; er sieht in der Strafzumessung einen „dyskausalen Vorgang", der nicht durch Logik, sondern vielmehr durch „krasseste Ungenauigkeit, höchste Unsicherheit und letztlich Ratlosigkeit" bestimmt werde (S. 3); „Täuschung" und „Schwindel" sind die Begriffe, die er für die Behauptung, es könne eine schuldangemessene Strafe geben und gefunden werden, reserviert (S. 3). Der Strafprozess sei „durchaus vergleichbar der magischen Handlung eines Schamanen" (S. 13), und verwunderlich sei bei alledem nur die verbreitete Anerkennung, die diese hinsichtlich ihrer Rationalität der Kaffeesatzleserei oder der Eingeweideschau vergleichbare Praxis gefunden habe (S. 11).

Die Strafzumessung als Grundlage des Strafvollzugs, so also die Kritik, werde bestimmt durch irrationale Strafbedürfnisse und basiere auf einem nicht haltbaren Schuldbegriff.

3. Das Problem der Willensfreiheit: Verbrechen als Wirkung von Ursachen

Insbesondere die absoluten Straftheorien, und damit auch das deutsche Schuldstrafrecht, setzen ein autonomes Subjekt voraus, das sich frei für das Unrecht entschieden hat, obwohl es auch anders hätte handeln können. Zugleich ist die Justiz aber auch wissenschaftsgläubig, sie erwartet sich von den Humanwissenschaften Aufklärung über Motive und Bedingungen der jeweiligen Tat und nimmt an, dass Strafen oder Maßregeln oder bestimmte Behandlungsmaßnahmen voraussagbare Wirkungen haben. Damit ergibt sich ein schwer aufzulösender Widerspruch zwischen einem juristischen Indeterminismus, für den der freie Willensakt die Ursache einer Handlung konstituiert, und einem naturwissenschaftlichen Weltbild, das innerhalb eines geschlossenen Systems kausaler Determinationen keinen Raum für freie Entscheidungen zu belassen scheint.

Die Erkenntnisse der Hirnforschung haben diesen Widerspruch noch zugespitzt (vgl. Pauen 2004; Singer 2004): Wenn das menschliche Handeln als Ergebnis biochemischer Vorgänge im Nervensystem kausal analysiert und aufgeklärt werden kann und das subjektive Gefühl der Entscheidungsfreiheit damit als Illusion entlarvt werden kann – das jedenfalls beansprucht die Hirnforschung programmatisch –, dann bleibt für den klassischen Schuldbegriff scheinbar kein Raum mehr. Denn falls menschliche Gefühle, Gedanken und Entscheidungen mit den ihnen entsprechenden Vorgängen im Gehirn identifiziert werden können, dann ist alles kausal determiniert (abgesehen von Zufallsprozessen auf subatomaren Ebenen[5]), und offen bleibt einzig die Frage, welchen evolutionären oder sonstigen Sinn es hat, dass Menschen meinen, sie könnten sich frei entscheiden, wo doch durch die Aktivität der Neuronen in diesem Moment bereits alles entschieden ist. Noch viel

[5] Versuche, etwa aus der Quantentheorie oder der Chaostheorie ein nicht physikalisch determiniertes „eigentliches Selbst“ und damit die menschliche Willensfreiheit abzuleiten, sind zum Scheitern verurteilt. Sie laufen hinaus auf die Vorstellung eines Homunkulus, der als „Gespenst in der Maschine“ Prozesse im Gehirn wahrnimmt und steuert. Da aber die Anhänger dieses Homunkulus diesen selbst wieder nur nach dem Bild eines menschlichen Subjekts zu modellieren vermögen, lösen sie damit nicht das Problem, wie menschliche Willensfreiheit funktioniert, sondern replizieren es nur auf einer neuen Ebene.

größer aber ist die Argumentationsnot derjenigen, die die Willensfreiheit retten wollen, indem sie am kartesianischen Dualismus festhalten und neben einer physikalischen Welt, die deterministischen Naturgesetzen gehorcht, eine geistige Welt der Freiheit postulieren. Niemand kann angeben, auf welche Weise nichtphysikalische geistige Prozesse auf physikalische Vorgänge kausal einzuwirken vermögen.

Es hat also den Anschein, dass man die Annahme eines freien Willens aufgeben muss, wenn man an einem modernen naturwissenschaftlichen Weltbild festhalten will. Bedeutet das nicht auch, dass jeder Schuldvorwurf und damit auch jede Bestrafung sinnlos wird, wenn der Täter eben nicht durch seinen Willen bestimmt wird, sondern vielmehr durch die Vorgänge in seinem Gehirn, die ihrerseits durch vorhergegangene biologische Vorgänge (auch durch Erfahrungen und Erlebnisse bzw. deren biologische Entsprechungen) beeinflusst sind? Der Vorwurf an einen Dieb, dass er stiehlt – so die konsequent materialistische Lesart – entspräche dann dem Vorwurf an einen Kranken, dass er hustet, an einen Hund, dass er bellt, oder an eine Mücke, dass sie sticht. So genannte Willenshandlungen wären von einfachen Reflexen nicht qualitativ zu unterscheiden, sondern nur hinsichtlich der Komplexität der an ihnen beteiligten Nervenprozesse. Das schlösse nicht aus, dass man durch bestimmte Maßnahmen diese Handlungen beeinflussen kann (man kann schließlich einem Hund durch Dressur beibringen, wann er bellen soll und wann nicht), aber von Bestrafung würde man dann nur noch in einem sehr technischen Sinne („aversive Stimulierung" im Sinne der behavioristischen Lerntheorie) sprechen können. Der Schuldbegriff wäre obsolet, das Strafrecht wäre zu ersetzen durch Regeln für die Anwendung von Techniken der Modifikation unerwünschten Verhaltens.

Neuere Philosophen meinen jedoch, einen Weg zu finden, wie sich Willensfreiheit und Determinismus vereinbaren lassen (vgl. Blackburn 2001; Pauen 2004): Der „Kompatibilismus" nimmt an, dass Freiheit eben nicht als Abwesenheit von Determinanten zu verstehen ist, sondern vielmehr als Selbstbestimmung, d. h. Autonomie und Urheberschaft: Freie Handlungen (im Unterschied zu zufälligen oder erzwungenen) sind solche, die der Akteur als in Übereinstimmung mit seinen längerfristigen inneren Präferenzen und als Resultat seiner bewussten kognitiven Vorgänge erlebt. Es gibt demnach durchaus zwei Arten von Handlungen mit unterschiedlicher Zurechenbarkeit: auf der einen Seite automatische Verhaltensweisen und erzwungene Handlungen und auf der anderen Seite freie Willenshandlungen, die mit subjektiven Entscheidungsspielräumen einherzugehen scheinen. Letztere sind aber ebenfalls determiniert; die subjektive Illusion, man könnte nach Belieben so oder auch ganz anders handeln, resultiert nur daraus, dass sich die Entscheidungen aus komplizierten kognitiven Prozessen ergeben, die nicht vollständig ins Bewusstsein gelangen, nämlich der Vergegenwärtigung diverser Handlungsoptionen und dem Durchspielen verschiedenartiger Verläufe, deren jeweilige Ergebnisse in unterschiedlicher Weise den subjektiven Präferenzen entsprechen.[6] Diese Präferenzen selbst stehen jedoch im Augenblick der Entscheidung nicht zur Disposition, sondern sind Ergebnisse früherer Lernerfahrungen und Prägungen. Jemandem einen Schuldvorwurf zu machen und ihn zu bestrafen, impliziert in dieser Sichtweise eben nicht, dass er unter exakt gleichen Bedingungen auch ganz anders hätte handeln können; es bedeutet aber, dass für seine Handlung „er selbst", d. h. seine Präferenzhierarchie und die durch sie bestimmten kognitiven Prozesse verantwortlich gemacht werden, und nicht etwa bloßer äußerlicher Zwang oder purer Zufall. Und jemanden zur Verantwortung zu ziehen und ihn zu bestrafen, besagt nichts anderes, als dass man seine Präferenzen missbilligt und ihn dazu bewegen will, diese Präferenzen zu verändern, damit er das nächste Mal anders handelt.

Der Schuldbegriff verliert innerhalb eines kompatibilistischen Verständnisses von Handlungsfreiheit sein metaphysisches Fundament in einem „Reich der Freiheit", aber nicht seinen pragmatischen Sinn. Auch wenn man erklären kann, weshalb (d. h. aufgrund welcher Lernerfahrungen, Denkmuster, Motive und Gefühlsdisposition und unter welchen situativen Bedingungen) jemand eine Tat begangen hat, kann man ihm trotzdem einen Vorwurf machen und ihn zur Rechenschaft ziehen, weil man annimmt, dass er anders hätte handeln *sollen*, also sich von anderen Gedanken, Motiven und Gefühlen hätte leiten lassen *können*, weil diese anderen

6 Blackburn (2001, 91 f.) vergleicht die menschliche Informationsverarbeitung und Entscheidungsfindung mit der Wirkungsweise einer Software, die aus unterschiedlichen Modulen besteht – Scanner für Informationsaufnahme, Generator eines Entscheidungsbaums, Bewertung von Alternativen und Produktion eines Aktionsplans – und die auf komplexe, aber doch deterministische Weise zu einer Handlungsentscheidung führt. Mit vorkybernetischen Begriffen, aber sehr eingängig und einleuchtend hat Schopenhauer (1840/1972, 42) die Annahme des freien Willens und dessen Ableitung aus der Selbstwahrnehmung von Entscheidungsprozessen kritisiert: Er schlägt vor, man möge sich „einen Menschen denken, der, etwa auf der Gasse stehend, zu sich sagte: 'Es ist 6 Uhr abends, die Tagesarbeit ist beendigt. Ich kann jetzt einen Spaziergang machen; oder ich kann in den Klub gehn; ich kann auch auf den Thurm steigen, die Sonne untergehn zu sehn; ich kann auch ins Theater gehn; ich kann auch diesen, oder aber jenen Freund besuchen; ja, ich kann auch zum Thor hinauslaufen, in die weite Welt, und nie wiederkommen. Das Alles steht allein bei mir, ich habe völlige Freiheit dazu; thue jedoch davon jetzt nichts, sondern gehe eben so freiwillig nach Hause, zu meiner Frau.' Das ist gerade so, als wenn das Wasser spräche: 'Ich kann hohe Wellen schlagen (ja! nämlich im Meer und Sturm), ich kann reißend hinabeilen (ja! nämlich im Bette des Strohms), ich kann schäumend und sprudelnd hinunterstürzen (ja! nämlich im Wasserfall), ich kann frei als Strahl in die Luft steigen (ja! nämlich im Springbrunnen), ich kann endlich gar verkochen und verschwinden (ja! bei 80° Wärme); thue jedoch von dem Allen jetzt nichts, sondern bleibe freiwillig, ruhig und klar im spiegelnden Teiche.' Wie das Wasser jenes Alles nur dann kann, wann die bestimmenden Ursachen zum Einen oder Andern eintreten; eben so kann jener Mensch was er zu können wähnt, nicht anders, als unter der selben Bedingung. Bis die Ursachen eintreten, ist es ihm unmöglich; dann aber muß er es, so gut wie das Wasser, sobald es in die entsprechenden Umstände versetzt ist." [Orthographie im Original!]

Gedanken, Motive und Gefühle ihm auch prinzipiell zugänglich sind. Der Schuldvorwurf drückt also aus, dass die Person sich von missbilligten Beweggründen hat leiten lassen, und er impliziert, dass diese Missbilligung und ihre Folgen zu einer Änderung der Handlungsdispositionen prinzipiell führen können. Daraus ergibt sich auch, dass Personen zu exkulpieren sind, die aufgrund geistiger Krankheit oder aufgrund einer extremen Notlage auch unter dem Einfluss anderer Präferenzen nicht anders hätten entscheiden und handeln können. Den Schuldvorwurf könnte man dann operationalisieren als das Ausmaß an Enttäuschung über das Handeln einer Person, von der man anderes gefordert hätte, wobei der Grad der Unvereinbarkeit der individuellen Präferenzen mit der Rechtsordnung, das Ausmaß an Pflichtverstoß, der Wert der verletzten Rechtsgüter und der Grad der Verfügbarkeit alternativer Handlungsoptionen mit zu berücksichtigen wären.

Über die Details der Bestimmung des Schuldvorwurfs kann man sich streiten; aber dass Schuld im Strafrecht nur eine „begriffliche Leerformel“ (Wagner 1985, 13) wäre, da nicht an psychologische Kriterien (z.B. Schuldgefühl, Gewissenskonflikt) angebunden (vgl. ebd., 19), lässt sich so nicht nachvollziehen. Der Fehler, den Georg Wagner m. E. macht, liegt darin, dass er eine psychologische Wurzel von Schuld nur im Schuld*gefühl* (des Täters selbst über seine Tat), nicht aber im Schuld*vorwurf* (der anderen an den Täter) sucht. Nur aus letzterem kann Strafe sinnvoll begründet werden; auf das Schuldgefühl und ein daraus etwa resultierendes Bedürfnis nach Sühne sollte man bei Straftätern lieber nicht bauen. Aber ist nicht der Schuldvorwurf selbst suspekt?

5. Die Psychologie des Verdachts

Strafe ist eine erlaubte Form von Aggression. Wer Strafe verhängt oder vollstreckt, darf etwas tun, was ansonsten verboten ist, nämlich einem anderen Menschen absichtlich Leid zufügen. Das macht den Strafenden suspekt, und es ist sicher kein Zufall, dass der Scharfrichter in der Geschichte häufig eine sozial randständige, mit Misstrauen und Abscheu betrachtete Person war (vgl. dazu ausführlich Evans 2001).

Vor allem Friedrich Nietzsche (1887/1984) kam es darauf an, jenseits der offiziellen Begründungen die verborgenen Motive des Strafens offen zu legen: „das Wohlgefühl, seine Macht an einem Machtlosen unbedenklich auslassen zu dürfen, die Wollust 'de faire le mal pour le plaisir de le faire', der Genuß in der Vergewaltigung“ (S. 252), die „Lust an der Grausamkeit“ (S. 255). Die psychologische Wurzel des Strafens findet er damit in der Rache und im „unsinnigen Wüten des Ressentiment“ (S. 262), das dann durch die staatliche Autorität wieder eingehegt und kanalisiert werden muss. Entsprechend skeptisch ist Nietzsche auch hinsichtlich der mit derart motivierter Strafe erreichbaren Wirkungen, vor allem jener Wirkung, im Verbrecher ein Gefühl und Bewusstsein der eigenen Verfehlung zu erzeugen: „Der echte Gewissensbiß ist gerade unter Verbrechern und Sträflingen etwas äußerst Seltnes, die Gefängnisse, die Zuchthäuser sind *nicht* die Brutstätten, an denen diese Spezies von Nagewurm mit Vorliebe gedeiht. (...) Ins große gerechnet, härtet und kältet die Strafe ab; sie konzentriert, sie verschärft das Gefühl der Entfremdung; sie stärkt die Widerstandskraft" (S. 268). Deshalb müsse man „die eigentliche Wirkung der Strafe vor allem in einer Verschärfung der Klugheit suchen, in einer Verlängerung des Gedächtnisses, in einem Willen, fürderhin vorsichtiger, misstrauischer, heimlicher zu Werke zu gehen, in der Einsicht, dass man für vieles ein für allemal zu schwach sei, in einer Art Verbesserung der Selbstbeurteilung" (S. 269).

Insbesondere die Psychoanalyse hat den Gedanken der latenten und nicht so recht gesellschaftsfähigen, aber doch die Gesellschaft prägenden Motive des Strafens weitergeführt (vgl. Reiwald 1973). Nach Freud gibt die Strafe den Gesellschaftsmitgliedern eine willkommene Gelegenheit, ihre verdrängten asozialen Impulse auszuleben; andere Autoren betonen die Funktion der Entlastung durch Projektion von Schuldgefühlen auf Sündenböcke. Nach Ansicht des Kriminologen Hans von Hentig (1932, 25) liegt der psychische Ursprung der Strafe in einem Reflex der Abwehr und des Schutzes; „dann kam die Zeit, in der die Entspannung der erregten Affektivität Eigenwert gewann und zu ihrer Rechtfertigung allerlei selbstose Theorien ersann"; der Fortschritt der wissenschaftlichen Reflexion jedoch biete die Chance, die Strafe auf den Präventions- und Schutzgedanken zurückzuführen.

Die aufdeckende und entlarvende Kritik an den Motiven der Strafenden weist auf Gefahren hin, die mit der Machtausübung, die mit Strafe stets einhergeht, verbunden sind. Sie schießt freilich über das Ziel hinaus, wenn sie die latenten und lichtscheuen Motive mit den Zielen und Funktionen der Strafe selbst gleichsetzt oder wenn sie letztere nur als ideologische Vorwände betrachtet.

Georg Wagner (1985, 12) hebt in seiner Kritik an der (fehlenden) Logik des Strafurteils ebenfalls darauf ab, dass die Strafzumessung bestimmt sei durch die „Abfuhr und Befriedigung aggressiver Bedürfnisse". Die den Strafprozess bestimmenden sozialen Kräfte seien „keineswegs rational begründet; ihre Stärke liegt gerade darin, daß sie an außerrationale Kräfte anknüpfen" (ebd., 13). Das richterliche Handeln sei deshalb „vergleichbar der magischen Handlung eines Schamanen", indem es die irrationalen Bedürfnisse der Beteiligten befriedige. Die Strafpraxis auf der Basis des normativen Schuldbegriffs werde also bestimmt durch latente, projektive Aggression und durch Strukturen der Vorurteilsbildung.

Insofern beim richterlichen Handeln, insbesondere beim Ausfüllen des „Spielraums" in der Strafzumessung, subjektive Wertungen und soziale Erwartungen mit beteiligt sind, wird dieses Handeln und Entscheiden natürlich weder durch normative Ableitungen noch durch rationale Analysen allein bestimmt. Auch Richter haben subjektive Präferenzen, derer sie sich nicht jederzeit voll bewusst sein können. Aber inwiefern sind subjektive Strafbedürfnisse, die Empörung über eine Gewalttat und der Wunsch nach Bestrafung des Täters, von vorneherein „außerrational" bzw. „irrational" und „projektiv"? Hass und Empörung sind keine liebenswerten Motive, aber darum nicht weniger rational als Liebe und Mitleid! – Georg Wagner (1985, 9, und 1995, 7) führt an dieser Stelle die Forschung des amerikanischen Sozialpsychologen Muzafer Sherif zum sogenannten „autokinetischen Phänomen" an: In einem abgedunkelten Raum haben Versuchspersonen den Eindruck, dass sich eine (tatsächlich fix verankerte) Lichtquelle in der einen oder anderen Richtung bewegt. Dieses Experiment belegt die Anfälligkeit menschlicher Wahrnehmung für Störeinflüsse und Täuschungen, auch für solche, die buchstäblich „im Auge des Betrachters" selbst liegen – aber dieser Nachweis taugt sicher nicht als Argument dafür, dass eine Wahrnehmung und präzise Erfassung von Bewegung prinzipiell unmöglich und irrational wäre! Und ebenso wenig lässt sich daraus ableiten, dass Gerechtigkeit nur ein subjektives Urteil wäre, über das eine rationale Verständigung nicht möglich ist.

Die am stärksten subjektiv betroffene Figur im Prozess von Verbrechen und Strafe, von der man am wenigsten Rationalität und Objektivität erwartet, ist das Opfer der Straftat.

6. Die Position des Opfers im Strafrechtssystem

In den hergebrachten rechtstheoretischen und rechtsphilosophischen Diskussionen über die Strafe kommt das Verbrechensopfer allenfalls am Rande vor. Es gilt als zivilisatorische Errungenschaft, dass die staatliche Strafverfolgung die Privatrache abgelöst und geächtet hat. Als Fehlentwicklung beklagt wird das nur von den Vertretern des strafrechtlichen Abolitionismus, die am liebsten die Strafe als staatliche Machtausübung abgeschafft und das Delikt wieder als Konflikt zwischen Personen behandelt sehen wollen (vgl. Bianchi 1994). In der Strafprozessordnung taucht das Opfer vor allem als Beweismittel auf, analog einem Augenzeugen oder einem Dokument. Seine Ansprüche als aufgrund der Straftat Geschädigtem werden üblicherweise auf den Weg des Zivilverfahrens verwiesen.

Erst in den letzten Jahrzehnten ist die Stellung des Opfers etwas gestärkt worden durch das Institut der Nebenklage bei bestimmten Delikten, durch das (wenig bekannte und noch weniger praktizierte) Adhäsionsverfahren zur Geltendmachung von Schadensersatzansprüchen im Strafprozess selbst und durch Schutzrechte für Zeugen in der Hauptverhandlung. Im Strafvollzugsgesetz kommt das Opfer nicht vor. Allenfalls dann, wenn es entweder seinen Täter besuchen will oder wenn es Einwendungen gegen Vollzugslockerungen vorbringt, gerät es ins Blickfeld und läuft Gefahr, vor allem als Störenfried eines möglichst reibungslosen Vollzugsbetriebs gesehen zu werden. Für die Kriminalpolitik sind Verbrechensopfer häufig auch nur Munition für Kampagnen, mit denen hauptsächlich Strafverschärfungen erkämpft werden sollen.

Während die absoluten Straftheorien, die ja in die Vergangenheit blicken und auf die geschehene Tat abstellen, damit noch das Opfer und das ihm geschehene Leid fokussieren, droht es in den präventiven Ansätzen, die ja von der Vergangenheit (und damit vom Opfer) absehen, völlig in Vergessenheit zu geraten. Als Ausnahme scheint der so genannte Täter-Opfer-Ausgleich als alternative Kriminalsanktion auf den ersten Blick eine Aufwertung des Opfers zu bringen. Tatsächlich aber wird damit das Opfer nur auf eine neue Weise funktionalisiert; es wird dafür in Anspruch genommen, den Täter zugleich zu resozialisieren und ihm eine Haftstrafe zu ersparen. Dergleichen Vorstellungen basieren auf der (vielfach sozialromantischen) Annahme eines Konflikts zwischen annähernd gleich starken Akteuren, die befriedet werden sollen. Einem Opfer jedoch, das in der Tat äußerste Gewalt und Demütigung erfahren hat und dadurch in seinem Weltvertrauen erschüttert worden ist, müsste es als Zumutung erscheinen, sich mit seinem Täter ausgleichen zu sollen. Für anderes aber werden die Opfer nicht gebraucht; die Zeiten, in denen sie als Zuschauer der Exekution der Strafe beiwohnen oder (beim Prangerstehen) selbst daran mitwirken durften, sind glücklicherweise vorbei.

In einer originellen, für das tradierte Rechtsdenken recht überraschenden Weise hat sich Reemtsma (1999) für eine neue Funktion des Verbrechensopfers in der Begründung der Strafe und damit im Strafverfahren ausgesprochen. Selbst Opfer einer spektakulären Entführung, mehrwöchigen Geiselhaft und Lösegelderpressung und später als Nebenkläger zentrale Figur in der Hauptverhandlung, plädiert Reemtsma für „das Recht des Opfers auf Bestrafung des Täters“. Sein Ausgangspunkt ist die Erfahrung der psychischen und physischen Verletzung des Opfers und damit seiner existentiellen Verunsicherung: „Angst, Schmerz, Verlust spezifischer physischer oder psychischer Fähigkeiten oder allgemein Ver- und Zerstörung der Fähigkeit, einigermaßen unbeschwert zu leben.“ (S. 24) In der Strafe als Reaktion auf die Tat drückt sich nicht nur symbolisch die „Solidarisierung des Sozialverbandes“ (S. 24) mit dem Opfer aus. Die Erfahrung des Traumas als „extremem Kontrast zu dem Erwartbaren“ (S. 26) verlangt zu seiner Heilung die gesellschaftliche „Anerkennung, dass ein Verbrechen Unrecht war, nicht Unglück“ (S. 26). Denn gerade das Opfer des Verbrechens, das durch das Trauma aus der sicher geglaubten Welt heraus gefallen ist, herausgestürzt worden ist, bedarf der Resozialisierung. „Das Recht des Opfers auf Bestrafung des Täters erwächst aus der Pflicht des Staates, den sozialen Schaden, den ein Verbrechen anrichtet, zu begrenzen. (...)

Für das Opfer aber besteht der hier zur Debatte stehende Schaden in den psychischen Folgen erlebter Orientierungslosigkeit auf Grund plötzlich erfahrener Rechtlosigkeit" (S. 27).

Indem so das Opfer in die Begründung der Strafe hereingenommen wird, ergibt sich eine neuartige Kombination von Schuldausgleich, Generalprävention und Spezialprävention: Indem die Strafe die verletzte Norm bekräftigt und dem Täter eine dem verübten Unrecht angemessene Strafe auferlegt, wird zugleich wieder das Opfer „ins Recht gesetzt", d. h. rehabilitiert. Die Position und die Bedürfnisse des Opfers zu vernachlässigen, ist ein Vorwurf, den sich gleichermaßen sowohl das bestehende Justizsystem als auch viele seiner Kritiker machen lassen müssen.

7. Die Empirie der Straf- und Sanktionszwecke

Das Strafrecht im demokratischen Rechtsstaat ist nicht nur die Domäne richterlicher Unabhängigkeit, sondern wird natürlich auch bestimmt von einer gewählten Legislative und einer vierten Gewalt, nämlich den Massenmedien, die zum einen den Marktgesetzen von Angebot und Nachfrage unterworfen sind und zum anderen selbst Meinung machen wollen und müssen (weil ein meinungs- und emotionsloses Medium wegen Verbreitung von Langeweile zum Tode verurteilt wäre).

Die Praxis des Strafrechts ist auf komplizierte Weise rückgekoppelt an die öffentliche Meinung, an das Rechtsempfinden der Bevölkerung. Verbreitet ist die Vorstellung des Verhältnisses einer amorphen, vergeltungssüchtigen Masse (ähnlich einem Lynchmob im Western) zu einer bedächtig abwägenden Autorität, die den Stürmen des Ressentiments standhält. Durch den Wandel der Medienlandschaften (Konkurrenz mehrerer Privatsender mit extensiver Berichterstattung über spektakuläre Verbrechen und Strafprozesse) hat sich nach Einschätzung von Georg Wagner (1998) eine neue Dynamik ergeben: „Massenmediale Berichterstattung und Verarbeitung zu Ende der neunziger Jahre bieten in ganz anderer Weise die Möglichkeit, kollektive Gefühle der Empörung, des Hasses, der Rache anzuheizen. Kriminalität ist vermehrt zum Medienalltag geworden." Tatsächlich lässt sich empirisch sehr gut belegen, dass das Ausmaß an Mediennutzung mit punitiveren Einstellungen zur Strafe einhergeht (Pfeiffer u. a. 2004). Es gibt einen „politisch-publizistischen Verstärkerkreislauf" (Streng 2004) in dem Sinne, dass massenmediale Skandalisierung, individuelle Kriminalitätsängste und politische Stimmungsmache sich wechselseitig anheizen.

Allerdings ist das Rechtsempfinden der Bevölkerung manchmal auch liberaler als sein Ruf. Seit Beginn der 1970er Jahre sind in Deutschland die Anhänger der Todesstrafe meist in der Minderheit (Kury 2001, 245), während noch zehn Jahre nach Abschaffung dieser Sanktion im Grundgesetz weit über 50 Prozent sie sich zurückwünschten.[7] Freilich haben in den letzten Jahren die Anhänger der Todesstrafe wieder etwas zugelegt. In Befragungen von Jura-Studienanfängern fand Streng (2004) in den letzten 15 Jahren eine stetige Zunahme der geforderten Strafmaße für Tötungsdelikte. Das Resozialisierungsprinzip, das in den 1960er bis 1980er Jahren Konjunktur hatte, ist seither in die Krise geraten und auf dem Rückzug.

Es erscheint allerdings unzulässig, die Strafmentalität eindimensional auf eine Achse „punitiv versus liberal" zu reduzieren. Punitivität als Befürwortung harter, abschreckender und vergeltender Strafen wird oft als Gegenpol zum Resozialisierungsprinzip gefasst. Tatsächlich aber zeigen empirische Erhebungen ein sehr viel differenzierteres Bild, wenn auch differenzierte Fragestellungen und Erfassungsmethoden eingesetzt werden (vgl. Endres 1992):

- Personen lassen sich nicht einfach einer „punitiven" oder „nichtpunitiven" Strafmentalität zuordnen, sondern stimmen meist mehreren Prinzipien in unterschiedlichem Ausmaß zu. Urteile von Laien über angemessene Strafen ergeben sich aus einem mehrdimensionalen und sequentiellen kognitiven Prozess und nicht allein aus stereotypen Vorurteilen.
- Die Befürwortung der verschiedenen Straf- und Sanktionszwecke (neben Vergeltung, Generalprävention, Spezialprävention und Resozialisierung wurde auch Wiedergutmachung erfasst) wird durch einen Generalfaktor (der mit der politischen Links-Rechts-Zuordnung korreliert) nur unzureichend erfasst; Resozialisierung und Wiedergutmachung sind nicht einfach der bloße Gegenpol zu den anderen, „punitiven" Strafzielen, sondern besitzen eigene Varianz, d. h. sie können bei der einen Person mit dem Ruf nach harter Vergeltung einhergehen, bei der anderen mit einer eher milden Haltung zur Strafe.
- Auch juristische Laien variieren ihre Strafforderungen und -prinzipien sehr stark in Abhängigkeit von der Art des Delikts und sogar von Einzelheiten der Tatbeschreibung. Während bei Gewalt- oder Umweltdelikten die Forderung nach Vergeltung und Abschreckung stärker betont wird, stoßen bei der Eigentumskriminalität (Ladendiebstahl) Resozialisierung und Wiedergutmachung auf die größte Zustimmung.

Es liegt nahe, dass die in vielen deliktunspezifischen Befragungen nach der „Meinung zur Kriminalität generell" erhobenen Einstellungen sich auf die jeweils in der öffentlichen Diskussion präsentesten Deliktformen (mal Sexualmorde an Kindern, mal Steuerhinterziehung von Prominenten) beziehen und dass dies das manchmal

[7] Die Abschaffung der Todesstrafe in der Bundesrepublik Deutschland war nach Evans (2001) nicht allein ein Erfolg ihrer sozialdemokratischen und liberalen Gegner; ausschlaggebend für eine Mehrheit im Parlamentarischen Rat war 1949 das Umschwenken von Konservativen und Rechten, denen die Hinrichtungen von NS-Kriegsverbrechern in den Nachkriegsjahren nicht behagten! Rechtspolitische Reformen kommen manchmal auf krummen Wegen zustande.

erschreckende Bild zumindest teilweise erklärt. Man muss davon ausgehen, dass Medienkonsumenten aufgrund der starken Selektivität der Berichterstattung die tatsächlichen Häufigkeiten mancher Delikte sehr falsch einschätzen (die Häufigkeit und insbesondere die Zunahme von Tötungsdelikten wird sehr stark überschätzt; vgl. Pfeiffer, 2004) und dass Wissen über die tatsächlich verbreitetsten Formen von Kriminalität, ebenso wie über den Strafvollzug, nur fragmentarisch und verzerrt vorhanden ist. Je konkreter ein Delikt beschrieben wird, je mehr Informationen die Urteiler über den Täter und seinen Hintergrund bekommen, umso größer ist auch die Bereitschaft, von starren Stereotypen und von rein vergeltungsorientierten Reaktionsmustern abzugehen (Streng 2004).[8] Eine vernünftige öffentliche Diskussion über den Umgang mit Kriminalität führen zu können, erfordert deshalb zunächst, das Bild der Kriminalität differenziert herauszuarbeiten und es nicht durch deren schlimmste und abstoßendste Formen allein bestimmen zu lassen.

8. Die Zukunft des Strafens und des „Vollzugs"

Zu der Zeit, als Georg Wagner sein Buch über das „absurde System" schrieb, war der Begriff der Reform noch positiv besetzt, mit Bezeichnungen wie „progressiv", „emanzipatorisch" und „rational" konnotiert und noch nicht zum Euphemismus für Sparmaßnahmen verkommen. Darüber, dass der Strafvollzug bei den finanziellen Verteilungskämpfen groß zum Zuge kommen könnte, machte er sich aber schon damals keine Illusionen. Qualitative Fortschritte erhoffte er sich nur durch eine gleichzeitige Verringerung der Gefangenenzahlen, die bei annähernd konstanten Ressourcen Chancen für eine verstärkte Betonung des Behandlungsvollzuges eröffnen würden.

Statt der „dyskausalen" Strafzumessung aufgrund von Schuld sprach sich Wagner (1985, 155 ff.) für eine rein präventiv orientierte Strafzumessung aus: Wie bei der Unterbringung von psychisch Kranken sollte allenfalls das Ausmaß der Behandlungsbedürftigkeit oder der Notwendigkeit der Internierung aufgrund von Gefährlichkeit die Dauer des Freiheitsentzuges bestimmen. Allerdings sah er auch die darin liegende Gefahr einer ausufernden staatlich verordneten Umerziehung und sprach sich dafür aus, als Regulativ den verfassungsmäßigen „Grundsatz der Verhältnismäßigkeit" in Ansatz zu bringen. Er ließ dabei aber offen, was hier wozu ins rechte Verhältnis gesetzt werden soll. Präventive Motive tendieren dazu, jedes

[8] Ein ganz vergleichbares Muster findet man auch im Strafvollzug: Bei den Angehörigen von Gefangenen hat man oft mit Personen zu tun, die im besonderen Fall ihres Sohnes, Bruders oder Ehemannes den Strafvollzug als übermäßig und unverhältnismäßig hart beurteilen, die aber vor dieser Erfahrung persönlicher Betroffenheit alle Kritik an „Hotelvollzug" und „Samthandschuhen" noch geteilt haben.

Maß zu überschreiten. Letztlich kann m. E. nur der Begriff der Gerechtigkeit, also die Strafe als gerechter Schuldausgleich, dieses Regulativ liefern.

Ich habe argumentiert, dass weder der Begriff der Schuld noch das darauf basierende Konzept der gerechten, schuldadäquaten Strafe obsolet sind, selbst wenn man die herkömmliche indeterministische Auffassung von Willensfreiheit (als Fähigkeit, in einer gegebenen Situation nach Belieben so oder auch anders handeln zu können) nicht teilt. Auch die generalpräventive Begründung der Strafe ist keineswegs ideologisch oder irrational: Strafe wirkt abschreckend (nicht unbedingt jeder einzelne konkrete Akt des Strafens, aber das System des Strafrechts insgesamt), sie dient der Bekräftigung von Normen, und nicht zuletzt leistet sie eine gesellschaftliche Solidarisierung mit dem Opfer und damit in gewisser Weise sogar dessen Resozialisierung. Skeptisch kann man mit guten Gründen gegenüber der spezialpräventiven Wirkung des Wegsperrens sein, solange dieses nicht mit Behandlungsmaßnahmen einhergeht. Dass Freiheitsentziehung, wenn sie spezialpräventiv wirkungsvoll sein soll, zur Therapie genutzt werden muss, hat gerade das 1998 erlassene „Gesetz zur Bekämpfung von Sexualstraftaten" mit seiner Aufwertung der Sozialtherapie, neben diversen Strafschärfungen, anerkannt. Fortschritte im Strafvollzug in Richtung einer Betonung der Behandlung sind nicht unbedingt nur von einer Liberalisierung des Strafrechts zu erwarten.

Wenige Kenner des Strafvollzugs dürften gegenwärtig gegen eine Stärkung des Behandlungsgedankens opponieren. Offen aber bleibt für mich die Frage, ob ein völliges Abrücken vom Prinzip des Schuldausgleichs durch Strafe wünschenswert wäre bzw. welches Ausmaß an Behandlung optimal wäre. Tendenzen der erzieherischen und therapeutischen Durchgestaltung der Gesellschaft im allgemeinen und des Strafvollzugs im besonderen[9] rufen heute bei manchen Zeitgenossen stärkere Befürchtungen hervor als Kants zugegebenermaßen makabre Inselphantasie. Das Streben nach totaler innerer Sicherheit tendiert zur Maßlosigkeit und zur Intoleranz gegen jede Form und jeden Grad von Abweichung. Schuldangemessene Strafe stellt dagegen tatsächlich ein Regulativ dar. Man könnte den von Wagner (1985, 187) betonten Grundsatz der Verhältnismäßigkeit des von ihm vertretenen Behandlungsvollzugs auch so formulieren: Der Verurteilte verwirkt, entsprechend dem Ausmaß des ihm zu machenden Schuldvorwurfs, das Recht auf Freiheit und kann verpflichtet werden, sich rückfallmindernden Behandlungsprogrammen zu unterziehen. Falls er dazu nicht bereit ist, muss er eine seiner Schuld angemessene Strafe erleiden.

Das System Strafvollzug ist komplex, in sich widersprüchlich, manchmal übermäßig starr und kurzsichtig, nicht selten unmenschlich und nicht immer gut durch-

---

[9] Bereits Hans von Hentig (1932) sah die Zukunft der Strafe in einer „Aufteilung in die Kandidaten des Arztes und die Kandidaten des Erziehers"; dann werde „nur noch ein relativ geringer Rest übrig bleiben, den ich am liebsten deportiert sehen möchte" (285).

dacht. Es ist aber nach meiner Überzeugung nicht als System „absurd“, d. h. sinnlos, unlogisch oder widersinnig. Zwei aktuelle Entwicklungen aber, die beide mit einer tendenziellen Verabschiedung vom Schuldstrafrecht verknüpft sind, rufen bei vielen Beteiligten ein Unbehagen hervor, nämlich die Ausdehnung der Sicherungsverwahrung und der Zwang zur Therapie bei Sexualstraftätern.

Die Ausdehnung der Sicherungsverwahrung durch die Gesetzesänderungen der letzten Jahre (Verbreiterung der Voraussetzungen ihrer Anordnung, Wegfall der Zehnjahresgrenze für die Dauer der ersten SV, Einführung der vorbehaltenen und der nachträglichen SV) dürfte in wenigen Jahren die Zahl der Sicherungsverwahrten, die Ende der 1980er Jahre bei etwa 200 bundesweit lag, stark zunehmen lassen. Es handelt sich um eine „Maßregel der Besserung und Sicherung“, die sich aber gegen nicht psychisch Kranke richtet und die im Strafvollzug vollzogen wird; die Betroffenen werden nicht wegen bereits verübter Taten bestraft, sondern wegen der für die Zukunft befürchteten verwahrt. Hier ergeben sich aber zwei Probleme, ein methodisches und ein normatives: Die Zahl der „falsch Positiven“, d. h. irrtümlich als gefährlich Deklarierten, lässt sich zwar durch Verbesserung der Prognoseverfahren reduzieren, aber nicht auf Null senken (vgl. dazu ausführlich Endres, 2000). Und da Gefährlichkeit kein dichotomes, sondern ein kontinuierliches Merkmal darstellt, lässt sich eine Schwelle der Erheblichkeit, ab der man interveniert, nicht ohne Willkür festsetzen. – Wer durch die Anstalten geht, wird den Unterschied zwischen Strafgefangenen und Sicherungsverwahrten weder auf den ersten noch auf den zweiten Blick erkennen. Es gibt Straftäter, für die eine im äußersten Fall auch lebenslange Verwahrung zum Schutz der Allgemeinheit notwendig und gerechtfertigt erscheint. Weil aber für den Betroffenen der Freiheitsentzug damit über das von dem Prinzip des Schuldausgleichs gesetzte Maß hinausgeht, wäre zumindest, wenn ihm schon keine andere Perspektive eröffnet werden kann, eine privilegierte Form der Internierung erforderlich.

Im Strafverfahren hat der Beschuldigte ein Recht zu schweigen; er darf nicht zu einem Geständnis gezwungen werden. Im Behandlungsvollzug werden das Schweigen oder das Leugnen der Tat nicht mehr akzeptiert, jedenfalls bei Sexualtätern. Wegen der Verpflichtung der Anstalt, ihn einer sozialtherapeutischen Behandlung zuzuführen, muss derjenige, der nach der Verurteilung weiter seine Unschuld beteuert, damit rechnen, dass er keine Vollzugslockerungen erhält und seine Strafe bis zum letzten Tag verbüßen muss, schon um anderen Gefangenen, die zur Behandlung motiviert werden sollen, kein schlechtes Beispiel zu geben, dass es auch ohne Kooperation geht. Der Zwang zur Therapie bei Sexualtätern hat die traditionelle Zweispurigkeit – hier Strafe, dort Maßregel – durchbrochen und höhlt tendenziell das Schuldstrafrecht aus. Das erfordert vom Verurteilten eine gesteigerte Form der Mitwirkung, vom Strafvollzug eine neue Qualität von Behandlungsangeboten.

Festzuhalten sind abschließend folgende Erkenntnisse:

1) Die dem Schuldvorwurf entsprechende Strafe lässt sich schlüssig begründen, und sie ist generalpräventiv und in Hinsicht auf die Opfer von Straftaten erforderlich.
2) Sinnlos wird auch die gerechte Strafe dann, wenn sie ohne Sinn und Ziel „vollzogen" wird. Vielmehr soll und kann der Freiheitsentzug spezialpräventiv im Sinne des Resozialisierungsziels gestaltet werden; entsprechende Behandlungsprogramme sind vor allem für Sexualtäter entwickelt und erprobt worden und können auch auf andere Tätergruppen übertragen werden.
3) Die Mitwirkung an rückfallreduzierenden Behandlungsangeboten kann im Interesse der Allgemeinheit vom einzelnen Verurteilten erwartet werden. Eine Mitwirkungspflicht als ein Aspekt des Strafübels lässt sich m. E. jedenfalls besser begründen als viele der üblichen, sinnlosen, aus der Tradition der Freiheitsstrafe herrührenden Einschränkungen.
4) Absurd würde das System freilich dann, wenn man von dem Verurteilten zwar eine Mitwirkung am Vollzugsziel (Wiedereingliederung, zukünftiges Leben ohne Straftaten) erwartete, entsprechende Programme aber nicht oder nicht in ausreichendem Umfang anböte.

Literatur

Behnke M. (2004). Behandlung und Behandlungsplanung. In: Pecher W. (Hrsg.), *Justizvollzugspsychologie in Schlüsselbegriffen.* Stuttgart: Kohlhammer, 26-39.

Bianchi H. (1994). Abolition: Assensus and sanctuary. In: Duff A. & Garland D. (Eds.), *A reader on punishment.* Oxford: Oxford University Press, 333-351.

Blackburn S. (2001). *Think. A compelling introduction to psychology*. Oxford: Oxford University Press.

Böhm A. (2003). *Strafvollzug, 3. Aufl.* Neuwied: Luchterhand.

Duff R. A. & Garland D. (1994). Introduction: Thinking about punishment. In Duff A. & Garland D. (Eds.), *A reader on punishment.* Oxford: Oxford University Press. 1-43.

Endres J. (1992). *Sanktionszweckeinstellungen im Rechtsbewußtsein von Laien.* Frankfurt am Main: Peter Lang.

Endres J. (2000). Die Kriminalprognose im Strafvollzug. *Zeitschrift für Strafvollzug und Straffälligenhilfe, 49*, 67-82.

Evans R. J. (2001). *Rituale der Vergeltung. Die Todesstrafe in der deutschen Geschichte 1532 – 1987*. Berlin: Kindler.

Hegel G. W. F. (1976). *Grundlinien der Philosophie des Rechts*. Frankfurt am Main: Suhrkamp (Original erschienen 1821).

Hentig H. v. (1932). *Die Strafe. Ursprung, Zweck, Psychologie*. Stuttgart/Berlin: Deutsche Verlags-Anstalt.

Kaiser G. (1993). *Kriminologie, 9. Aufl.* Heidelberg: C. F. Müller.

Kaiser G., Kerner H.-J. & Schöch H. (1991). *Strafvollzug, 4. Aufl.* Heidelberg: C. F. Müller.

Kant I. (1977). *Die Metaphysik der Sitten*. Frankfurt am Main: Suhrkamp Taschenbuch Wissenschaf. (Original erschienen 1797).

Kant I. (1995). *Kritik der praktischen Vernunft. Werke in sechs Bänden*, Band 3. Köln: Könemann (Original erschienen 1788)

Kury H. (2001). Punitive Einstellungen in der Bevölkerung: Unterschiede zwischen Ost –und Westdeutschen im Lichte internationaler Ergebnisse. In Bieschke V. & Egg R. (Hrsg.), *Strafvollzug im Wandel*. Wiesbaden: Kriminologische Zentralstelle, 233-270.

Morris N. & Rothman D. J. (Eds.) (1998). *The Oxford history of the prison*. New York: Oxford University Press.

Neumann U. & Schroth U. (1980). *Neuere Theorien von Kriminalität und Strafe*. Darmstadt: Wissenschaftliche Buchgesellschaft.

Nietzsche F. (1984). *Zur Genealogie der Moral*. Werke III (hrsg. v. Karl Schlechta). Frankfurt am Main: Ullstein (Original erschienen 1887).

Pauen M. (2004). *Illusion Freiheit? Mögliche und unmögliche Konsequenzen der Hirnforschung*. Frankfurt am Main: S. Fischer.

Pfeiffer C., Windzio M. & Kleimann M. (2004). Die Medien, das Böse und wir. Zu den Auswirkungen der Mediennutzung auf Kriminalitätswahrnehmung, Strafbedürfnisse und Kriminalpolitik. *Monatsschrift für Kriminologie und Strafrechtsreform, 87*, 415-435.

Reemtsma J. P. (1999). *Das Recht des Opfers auf die Bestrafung des Täters – als Problem*. München: C. H. Beck.

Reiwald P. (1973). *Die Gesellschaft und ihre Verbrecher*. Frankfurt am Main: Suhrkamp.

Schmucker M. (2004). *Kann Therapie Rückfälle verhindern?* Herbolzheim: Centaurus.

Schopenhauer A. (1972). *Preisschrift über die Freiheit des Willens. Sämtliche Werke* (hrsg. von A. Hübscher), Band 4. Wiesbaden: Brockhaus (Original erschienen 1840).

Singer W. (2004). Keiner kann anders, als er ist. *Frankfurter Allgemeine Zeitung,* 8. Januar.

Streng F. (2004). Strafzumessungsvorstellungen von Laien. Grundlagen für eine Kriminalpolitik jenseits des „politisch-publizistischen Verstärkerkreislaufs". *Monatsschrift für Kriminologie und Strafrechtsreform, 87,* 127-145.

Wagner G. (1985). *Das absurde System. Strafurteil und Strafvollzug in unserer Gesellschaft, 2. Aufl.* Heidelberg: C. F. Müller.

Wagner G. (1995). Die Utopie der gerechten Strafe. *Süddeutsche Zeitung,* 28. Dezember.

Wagner G.. (1998). Die fragwürdige Ideologie der Abschreckung. *Süddeutsche Zeitung,* 31. März.

Verwickeln oder entwickeln? – Prioritäten in der Organisationsentwicklung

von Rüdiger Wohlgemuth

Fast alle Justizvollzugsanstalten sind inzwischen in organisatorische Veränderungen verwickelt. Rationalisierungen und Kostenreduzierungen stehen im Vordergrund. Dabei soll es aber nicht bleiben. Künftige Organisationsentwicklung wird am wirkungsvollsten sein, wenn der Vollzug sich als eine lernende Organisation versteht, die ihr Qualitätsmanagement voranbringt. Der Vollzug wird für politische Entscheidungen nämlich seine Wirkung nachweisen müssen.

1. Organisationsentwicklung hat Konjunktur

Die Zeiten sind gut für Organisationsentwicklung (OE) im Justizvollzug, weil

- das Gesetz der organisatorischen und behandlerischen Weiterentwicklung sowie der kriminologischen Forschung weiten Raum lässt, ja sogar dazu aufruft (§ 166 StVollzG).
- die meisten Justizvollzugsverwaltungen der Länder ihren Vollzug bewusst im Sinne ihrer politischen Farbe weiterentwickeln und sich dazu die unterschiedlichsten Organisationsmaßnahmen einfallen lassen.
- die knappe Haushaltslage organisatorische Optimierungen verlangt.
- die derzeitige Führungsgeneration die notwendige Managementorientierung hat und/oder sich darin weiterbildet.
- vollzugsangepasste EDV-Systemlösungen Verbesserungen und Rationalisierungen mit sich bringen.

Es ist erfrischend mitzuerleben (endlich!), wie verwaltende, behandelnde und führende KollegInnen lustvoll von ihren neuesten Organisationskreationen und EDV-Programmen berichten und in eine beflügelnde Konkurrenz gehen. Der Spaß an der Neuorganisation kommt außerdem nicht nur „von oben“, sondern Kolleginnen und Kollegen der Basis führen selbst entwickelte Programme vor, so dass die EDV-Verantwortlichen bisweilen ihre liebe Not damit haben, die EDV-Systeme einheitlich und kompatibel zu halten.

Dass in dieser quirligen Atmosphäre auch mal eine Bananensoftware (– die reift erst beim Kunden –) eingekauft wird und dass nicht jede neue Struktur gleich optimal arbeitet, ist der Aufbruchsatmosphäre geschuldet.

Bei der Vielfalt der Entwicklung ist heute also nicht mehr die Frage, was OE im Vollzug ist, sondern die Frage ist, mit welcher OE-Methode und mit welcher EDV der Vollzug die definierten Ziele erreicht.

2. Wildwuchs oder Strategie?

Soll man diese quirlige Entwicklung „steuern"? Und wenn ja, wie eng soll man führen, ohne die Kreativitäten zu bremsen? Diese Entscheidung über die richtige OE und die richtige EDV ist allein wegen der knappen Haushaltsmittel folgenschwer, denn wenn das wenige Geld auch noch falsch investiert wird, entwickelt sich die Organisation falsch und es demotiviert gerade die positiv eingestellten Mitarbeiter. Ich empfehle, die örtlichen Selbstentwicklungskräfte durch selbst gestrickte Software und lokale OE-Projekte zu stärken. Das ist preiswert, erhöht die Kompetenz vor Ort und gibt gute Anregungen auch für umfassendere Neuentwicklungen. Die notwendig landeseinheitlichen Programme gibt es sowieso von den zentralen EDV-Stellen (gratis).

In wenigen Jahren werden die meisten Verwaltungsvorgänge – nicht nur die Vollzugsgeschäftsstelle, sondern auch bei der Mittelverwaltung, bei allen Versorgungsvorgängen, im Arbeitswesen und Controlling – mit Hilfe von EDV-Programmen ablaufen. Damit der Vollzug aber eben nicht zu einer nur perfekten Verwaltung verkommt, müssen die zukunftsträchtigen Inhalte des Vollzuges und ihre Organisationsform angesprochen werden.

3. „Qualität" wird die dritte Phase der Organisationsentwicklung

Um es vorweg zu sagen: Nach der ersten Phase der rechtlichen Konsolidierung des Vollzuges (20 Jahre) sind wir nun in der Phase mit dem Schwerpunkt der Organisation und Rationalisierung (5 Jahre). Der Projektleiter für das BASIS-Web-Verfahren, Herr Jochen Schmidt, sagt voraus: „Dieses Verfahren, das zunehmend alle Tagesgeschäfte strukturiert, wird in 5 Jahren in allen 11 beteiligten Bundesländern und in Luxemburg eingeführt sein."

Die Phase der Rationalisierung wird absehbar übergehen in eine Phase, in der „Qualität" trotz knapper Haushaltsmittel im Vordergrund von Organisationsentwicklung stehen wird.

Deshalb werden sich die Organisationsentwickler fragen müssen:

- Was genau ist „Qualität im Vollzug“ in jedem seiner Bereiche?
- Welche Rahmenbedingungen werden dieser Qualitätsentwicklung besonders nützen?
- In welche Bereiche soll geistig und materiell investiert werden?
- Wie wird Qualität nachweisbar sein?
- Wie wird die Qualität im Vollzug wirkungsvoll öffentlich gemacht?

4. Kontinuität und Wirkungsnachweise fördern die Qualität.

Es ist banal, muss aber den ad hoc-Managern immer wieder gesagt werden: Verwaltung kann auch innovativ sein, braucht aber eine Kontinuität der Ziele.

Wir beneiden Profit-Organisationen um ihre Fähigkeit, ihre Ziele, Methoden und Werte schnell zu verändern und dabei sogar die Mitarbeiter mitzunehmen. Wir haben allerdings andere Bedingungen.

Erstens müssen wir unsere Mitarbeiter anders führen. Wir können sie weder mit Prämien locken noch mit Kündigung drohen. Für die Ziele und für fast alle Veränderungen müssen wir ihr Vertrauen, ja sogar ihre Herzen gewinnen. Das fordert eine mehr wertschätzende Führungs- und Beziehungskultur. Alles das dauert länger, ist dann aber nachhaltiger. Entscheidende Veränderungen unserer gesetzlichen Grundsatzziele sind – Gott sei Dank – auch gar nicht nötig. Nötig sind nur eine Verbesserung der Methoden und eine fortlaufende Verwaltungsmodernisierung.

Zweitens verlangsamen die knappen Haushaltsmittel und die ausgebauten Mitentscheidungsrechte der Personalvertretungen schnelle Veränderungen.

Drittens leidet die Verwaltung immer wieder unter politisch motivierten Wertverschiebungen. Dabei ist die Verwaltung durchweg loyal und begrüßt die Chance erfrischender Neuansätze, aber sie erleidet monatelange Qualitätseinbußen, wenn die neuen Ansagen ruppig formuliert, sprunghaft geplant und mit persönlichen Kränkungen vor allem der Führungskräfte verbunden sind. Dabei ist es gar nicht schwer, sich auf ein Zielsystem zu einigen, das politische Nuancierungen des Gesetzes zulässt und der Verwaltung gleichwohl Zeit gibt, die Rahmenziele kontinuierlich umzusetzen. Die nachfolgende Abbildung zeigt ein solches Zielsystem.

Abbildung 1: Ein stabiles, für Nuancierungen offenes Zielsystem

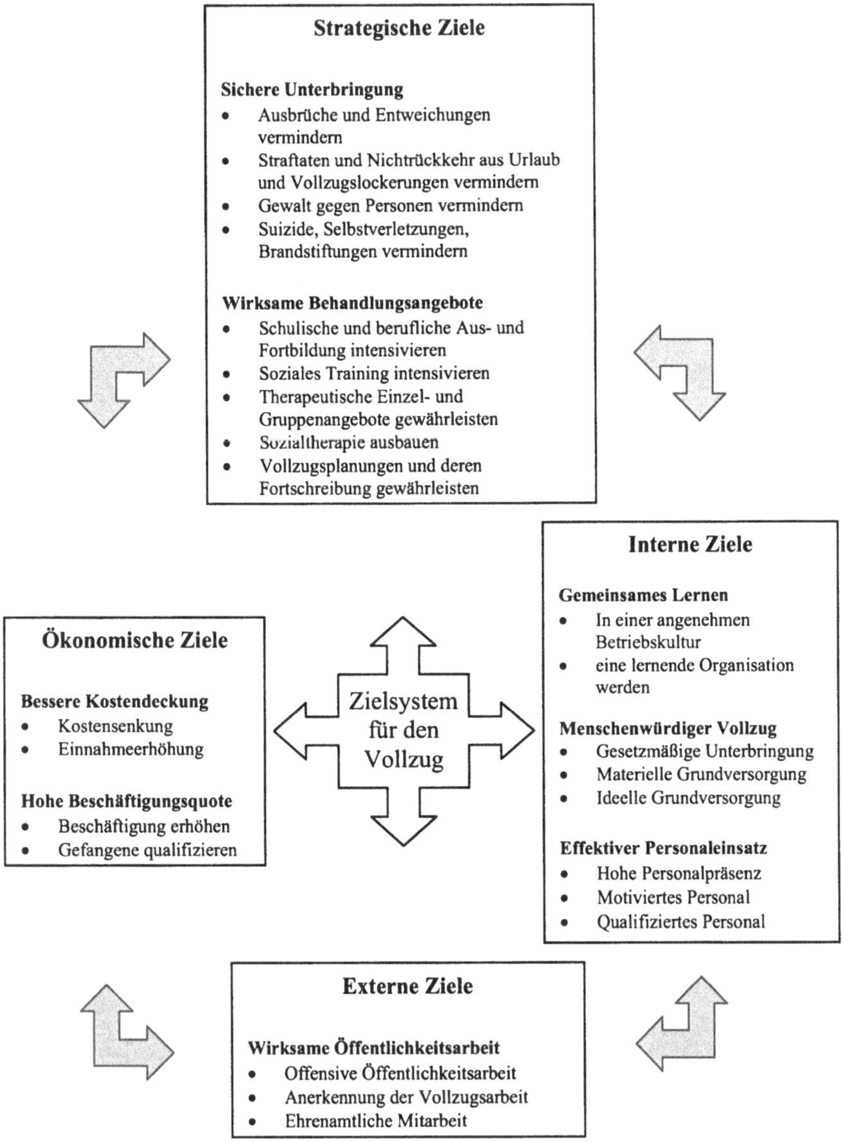

Richtige und stabile Ziele zu haben, reicht heute allerdings nicht mehr aus. Von allen Verwaltungen wird heute ein Effizienznachweis erwartet. Für den Vollzug kommt hinzu, dass es kaum noch Mitgefühl für den gesellschaftlich benachteiligten Straftäter gibt. Die entsolidarisierte Gesellschaft, der auch noch der Kommunismus als Außenfeind verloren ging, „bekämpft" die Kriminalität und die irrationalen Anteile dieser Gefühlslage werden auch weiterhin politisch instrumentalisiert werden.

Unsere edlen Bemühungen allein reichen für die Anerkennung unserer Arbeit nicht mehr. Wir werden nachweisen müssen, dass unsere behandlerischen und repressiven Maßnahmen erfolgreich sind. Sonst wird eines Tages ein Gesetz kommen, das das Wegsperren wieder favorisiert.

Wir werden auch nicht an unserer Verwaltungseffizienz gemessen (das können andere Verwaltungen auch), sondern an unseren Leistungen, Straftaten zu verringern. Das erfordert Qualität und Wirkungsnachweise. Nordrhein-Westfalen hat die Qualitätssicherung des Vollzuges zu einem strategischen Zukunftsziel erklärt.

5. Welche OE-Maßnahmen sind zukunftsträchtig?

OE kann man in drei Gruppen teilen: Maßnahmen, um

die Struktur zu verbessern	*die individuelle Kompetenz der Mitarbeiter zu fördern*	*eine lernende Organisation zu werden*
▪ Festlegung von Aufbau- und Ablaufstrukturen, incl. EDV-Tools für die Verwaltung ▪ Art und Umfang des Berichtswesens ▪ Mittelbewirtschaftung ▪ Controlling ▪ Festlegung der Beziehungen zwischen den Behörden, intern und extern	▪ Fortbildung aller Bediensteten in Strafvollzugskunde, Kriminologie und fachlicher Grundkompetenz ▪ Fortbildung in spezieller Kompetenz für Führungs-, Fach- und Funktionsaufgaben	▪ Mitarbeiterbefragung ▪ angenehme Betriebskultur ▪ Projekte, gemeinsam arbeitsfähig zu werden und Ergebnisse umzusetzen ▪ einen Kodex gemeinsamer Arbeits- und Beziehungskultur entwickeln

Die strukturverbessernden Maßnahmen hängen mehr und mehr von der Qualität der lokalen und landeseinheitlichen EDV-Programme ab. Das Berichtswesen ändert sich infolge der differenzierteren Controllingverfahren in die Richtung, dass die Anstalten periodisch Kennzahlen über ihren wirtschaftlichen, personellen und vollzuglichen Zustand an die Aufsichtsbehörden liefern. Kennzahlen und Controlling ermöglichen außerdem ein Benchmarking zwischen und in den Anstalten.

Anstalten, die über Kenndaten gemanagt werden, brauchen mehr Entscheidungskompetenz in personellen, strukturellen und wirtschaftlichen Angelegenheiten. Da sie sich auch mehr am Markt und in der Öffentlichkeit zeigen müssen, brauchen sie erweiterte Freiheiten für den Umgang mit anderen Behörden, Unternehmen und mit den Medien.

Es verbessert die Organisationsentwicklung, wenn man nicht alle EDV-Tools der Landeszentrale übernimmt. Eigene Entwicklungen fördern den Stolz der Mitarbeiter und geben gute Anregungen für die Weiterentwicklung.

Kennzahlen als das Kernstück des Berichtswesens sind lästig, aber unverzichtbar. Die Anstalt sollte ihre Leistungszahlen allerdings nicht nur nach oben berichten, sondern auch interne Kennzahlen entwickeln, an denen die Leistungen der Bereiche deutlich werden.

In der heutigen Wissensgesellschaft hängt der Fortschritt wesentlich vom Können der Mitarbeiter ab. Da wir bei der jetzigen Kassenlage aber nicht mehr alle Fortbildungen bezahlen können, müssen wir den Mut haben, von den Mitarbeitern eigene Kostenbeiträge zu fordern. Wir müssen außerdem preiswerte anstaltseigene Fortbildungen organisieren und wir müssen anstaltseigene Trainer ausbilden, die ihre Kenntnisse preiswert an die Mitarbeiter weitergeben. Wir müssen auch die Ehrenamtlichen bitten, nicht nur den Gefangenen zu helfen oder an den Zuständen herumzumäkeln, sondern ihre Fachkompetenz der Anstalt zu Verfügung zu stellen. Kurzum, wir dürfen uns nicht mehr genieren, Eigeninitiative und Selbstbeteiligung zu fordern.

Eine Struktur mit unternehmerischen Elementen und kluge Mitarbeiter allein sind allerdings nicht entscheidend, wenn die Herausforderung darin besteht, die Qualität und die Wirkung des Vollzuges nachzuweisen. Entscheidend ist, dass die Organisationsform und die Mitarbeiter darauf ausgerichtet sind, zusammen eine lernende Gemeinschaft zu werden. Eine lernende Gemeinschaft ist begierig darauf, ihre Probleme und Aufgaben selbstständig zu lösen. Die Politik wird uns nämlich in den nächsten Jahren nicht mehr Geld für Verbesserungen zur Verfügung stellen. Die derzeit kläglichen Ergebnisse der Strafvollzugswissenschaft werden uns auch nicht weiterbringen und externe Unternehmensberatungen sind zu teuer und verstehen unsere Probleme nicht. Die entscheidende Frage für eine weitere Organisationsentwicklung bei knappen Mitteln ist also, wie man aus dem Justizvollzug eine lernende Gemeinschaft macht.

Woran erkennt man, dass der Vollzug auf dem Weg zu einer lernenden Gemeinschaft ist?

- Es gibt eine Vereinbarung zwischen den Vollzugsbehörden (incl. der Aufsichtsbehörde), welche Themen, Maßnahmen und Umgangsformen unter dem Begriff verstanden (und gelebt!) und wie die Ergebnisse evaluiert werden.
- In einer lernenden Gemeinschaft wird die Betriebskultur gepflegt. Betriebskultur besteht allerdings nicht nur aus gegenseitigem Beistand und den Betriebsvergnügunen, sondern aus einer Kultur der gegenseitigen Wertschätzung und der guten kollegialen Sitten. Lernen und Entwicklung findet in einem angenehmen Betriebsklima nämlich eher statt als in einer zerstritten Organisation.
- In einer lernenden Organisation arbeiten die Mitarbeiter an Methoden und Haltungen, wie sie gemeinsam schwierige Aufgaben lösen können.
- In einer lernenden Organisation gibt es in jedem Bereich eine Qualitätskontrolle.

Lernende Organisationen gab es natürlich schon immer. Zur Zeit sind die Voraussetzungen aber günstiger geworden, weil die EDV den Mitarbeitern viele triviale Tätigkeiten abnimmt und weil das reine Fachwissen leicht beschafft werden kann. Die neue Herausforderung der Organisationsentwicklung besteht darin, mit geringen Mitteln „Qualität" zu produzieren und in der Öffentlichkeit darzustellen.

Literatur

Baechthold A. (2002). Chancen und Risiken einer Strategie der Grünen Inseln – Reformprozesse im Strafvollzug in der Schweiz. In: Maelicke B., Flügge C. & Preusker H. (Hrsg.), *Perspektiven und Strategien zur Modernisierung des Strafvollzugs.* Bericht über die NOMOS Fachtagung „Das Gefängnis als lernende Organisation" vom 27. bis 29. November 2002 in Baden Baden.

Benne E. & Lange-Lehngut K. (2001). Organisationsentwicklung zur Verbesserung der Aufbau- und Ablauforganisation. In: Flügge, C., Maelicke B. & Preusker H. (Hrsg.), *Das Gefängnis als lernende Organisation.* Baden-Baden: Nomos, 117-135.

Flügge C. (2002). Aufbruch in eine neue Reformphase im deutschen Justizvollzug. In: Maelicke B., Flügge C. & Preusker H. (Hrsg.), *Perspektiven und Strategien zur Modernisierung des Strafvollzugs.* Bericht über die NOMOS Fachtagung „Das Gefängnis als lernende Organisation" vom 27. bis 29. November 2002 in Baden Baden.

Kaplan R. S. & Norton D. P. (1997). *Die strategiefokussierte Organisation. Führen mit der Balanced Score Card.* Stuttgart: Schäffer-Poeschel Verlag.

Hessisches Ministerium der Finanzen und Accenture (2002). *Die neue Verwaltungssteuerung in Hessen, Landesreferenzmodell.* www.hmdf.hessen.de/nvs/Umsetzung/index.htm.

Kloff J. (2001). Wege zur Neuorganisation einer Justizvollzugsanstalt. In: Flügge C., Maelicke B. & Preusker H. (Hrsg.), *Das Gefängnis als lernende Organisation.* Baden-Baden: Nomos, 59-90.

Koop G. (2001). Führung und Zusammenarbeit im Wandel mit Beispielen aus der Vollzugspraxis. In: Flügge C., Maelicke B. & Preusker H. (Hrsg.), *Das Gefängnis als lernende Organisation.* Baden-Baden: Nomos, 174-193.

Malorny C. (1999). *TQM umsetzen.* Stuttgart: Schäffer-Poeschel Verlag.

Richstein B. (2002). Das Gefängnis als lernende Organisation. In: Maelicke B., Flügge C. & Preusker H. (Hrsg.), *Perspektiven und Strategien zur Modernisierung des Strafvollzugs.* Bericht über die NOMOS Fachtagung „Das Gefängnis als lernende Organisation" vom 27. bis 29. November 2002 in Baden Baden.

Röhrig M. (2003). *Software-Anwendungen im Hessischen Justizvollzug.* Frankfurt: Verwaltungs-Competence-Centrum.

Steffens G. (2001). Organisationsentwicklung, Institutions- und Praxisberatung als Methoden des Veränderungsmanagements. In: Flügge C., Maelicke B. & Preusker H. (Hrsg.), *Das Gefängnis als lernende Organisation.* Baden-Baden: Nomos, 209-217.

Steinhilper M. (2001). Blick zurück und stets nach vorn – Aufsicht und Steuerung im niedersächsischen Justizministerium. In: Maelicke B., Flügge C. & Preusker H. (Hrsg.), *Perspektiven und Strategien zur Modernisierung des Strafvollzugs.* Bericht über die NOMOS Fachtagung „Das Gefängnis als lernende Organisation" vom 27. bis 29. November 2002 in Baden Baden.

Konzeption für den Justizvollzug des Landes Nordrhein-Westfahlen (2002). *Punkt 5.2.: Qualitätssicherung.* www.justiz.nrw.de/pdf/justizvollzugskonzept.pdf.

Wohlgemuth R. (2004). Organisationsentwicklung im Justizvollzug. In: Pecher W. (Hrsg.), *Justizvollzugspsychologie in Schlüsselbegriffen.* Stuttgart: Kohlhammer, 144-155.

Wydra B. (2001). Die Bedeutung von Aus-, Fort- und Weiterbildungsmaßnahmen für Veränderungsprozesse. In: Flügge C., Maelicke B. & Preusker H. (Hrsg.), *Das Gefängnis als lernende Organisation.* Baden-Baden: Nomos, 154-173

Einige Bemerkungen zur ‚Autorität'

Von Guntram Skroblin

„Der starke Mann ist stärker ohne Gewalt" (Bert Brecht)

Gegenseitige Einflussnahme zwischen Menschen ist im Justizvollzug alltäglich und zwangsläufig: Bedienstete auf Gefangene, Gefangene auf Bedienstete, Bedienstete und Gefangene jeweils untereinander, Öffentlichkeit auf den Vollzug und umgekehrt. Es ist ein vielfältiges, komplexes System von gegenseitiger Einflussnahme. Wie klar und bestimmend Hierarchien von Oben und Unten, von Über- und Unterordnungen auch sein mögen, sie lösen Spannungen und Konflikte aus, die das Handeln beeinflussen. Die niederen Ränge üben einen Druck nach oben aus, die höheren Druck nach unten, sie müssen ihre Position verteidigen. Zwar stabilisieren Rangordnungen soziale Systeme, aber die Dynamik des Auf- und Abstieges stellt diese Ordnungen auch immer zugleich in Frage. Gegenseitige Relationen bestimmen dieses Spiel. Das Obensein des Einen beruht auf dem Untensein des Anderen, der Führer steht in Relation zu den Geführten, der Herrscher zu den Beherrschten, der Übermächtige zu den Ohnmächtigen. Das Problem der Autorität hat in unmittelbarer Nähe der Thematik von Führung, Herrschaft und Macht seinen sozialpsychologischen Platz (Vollzug, Kirche, Militär etc...). Die Haltung gegenüber dem, was man gemeinhin als Autorität bezeichnet, ist von gegensätzlichen Affekten bestimmt: Leicht verdächtigt man den Überlegenen, Freiheit zu unterdrücken und sehnt sich zugleich danach, in der Unterwerfung Sicherheit zu erlangen. Diese ambivalente Haltung macht das Verhältnis zur Autorität in erster Linie so verworren und problematisch. „Weil so viele von Autorität besessen sind statt sie zu besitzen, sind so wenige für ihren Abbau" (Hochheimer 1966).

Das Verhältnis zwischen Überlegenem und Unterlegenem kann vielerlei Formen annehmen: Herrscher und Beherrschter, Führer und Geführter, Lehrer und Schüler, Anstaltsleiter und Aufsichtsbeamter, Aufsichtsbeamter und Gefangener etc... Ein Einflussverhältnis zwischen diesen Paaren ist auf verschiedene Weise möglich: es kann auf einem Mehr an Wissen und Erfahrung, auf Vorbildlichkeit wie aber auch auf reinem Zwang und Gewaltanwendung beruhen oder Mischformen von größerem Wissen und Zwang annehmen.

Um hier die Verwirrung nicht zu vergrößern, will ich darum von vorneherein zwischen zwei Phänomenen unterscheiden: Autorität vs. autoritäres Verhalten

(Autoritarismus). Ich beschränke mich darauf, diesen Unterschied zu betonen, indem ich von zwei Thesen ausgehe:

1) Autorität ist Vorbildlichkeit. Sie kann beschrieben werden als ungleichgewichtige Interaktion, wobei hier das Ungleichgewicht auf der Vorbildlichkeit des einen beruht. Hier gelten die Spielregeln von Rücksicht und Vertrauen. Sie impliziert ein weites Maß an Beweglichkeit der Interaktion. Die Beteiligten haben ein gemeinsames Werteziel.
2) Autoritäres Verhalten (Autoritarismus) ist Rangverhalten. Es kann ebenfalls beschrieben werden als ungleichgewichtige Interaktion, wobei hier aber das Ungleichgewicht auf größerer Stärke und größerem Durchsetzungswillen des einen beruht, der davon auch Gebrauch macht. Hier gelten die Spielregeln von stärker und schwächer. Beim autoritären Verhalten offenbart sich eine große Starrheit der Interaktion. Die Werteziele der Beteiligten divergieren.

Interessant ist zunächst ein Blick auf die historische Entwicklung des Autoritätsbegriffes: Wort und Begriff „Autorität" (auctoritas) stammen aus der alten römischen Welt: etymologisch: lat. auctor (Urheber, Gewährsmann, Bürge) und augere (vermehren, bereichern, wachsen lassen). Auctoritas ist zunächst ein juristischer Terminus:

a) Bürgschaft beim Kaufgeschäft (der Verkäufer bürgt dem Käufer dafür, dass die angebotene Ware das ist, als was er sie ausgibt);
b) Verantwortung für ein Mündel und
c) Gewicht eines Votums (etwa des Senats für den ihn befragenden Magistrat, der sich aus freiem Antrieb danach richtet und damit für Stabilität in der Staatskultur sorgt).

Autorität wird dann gleichgesetzt mit „Ansehen", „Würde", „Gewichtigkeit" und kommt als Rat, Zeugnis und Willenskundgabe zum Ausdruck. Solche Autorität ist z. B. Alten, Schriftstellern und Philosophen eigen. Autorität stand ursprünglich nicht in der zwangsmäßigen und gewalttätigen Ausübung der Macht, sie appellierte vielmehr an die freie, sittliche Zustimmung. Im Senat besitzen zunächst einzelne Senatoren an ihre Person gebundene auctoritas gegenüber dem Magistrat. Indem der Senat die Bürgschaft aufgrund seiner Erfahrungen und Erfolge in der Politik dafür übernimmt, dass das, was er sagt, stimmt, wirkt er zugleich wie ein Gutachter. Obwohl der Magistrat nicht an die Ratschläge der Senatoren gebunden ist und rechtlich ohne den Senat regieren kann, ist der Magistrat moralisch verpflichtet, die Senatoren als in diesen Amtsgeschäften erfahrene Leute zu befragen. Aus dieser Verpflichtung heraus geht langsam die Autorität auf den Senat als Institution über. Sie bleibt trotz der Austauschbarkeit der Senatoren erhalten, d. h. die Institution erhält die Autorität, die vorher in der Person verkörpert war. Dieser Begriff der Autorität erfährt eine Begriffserweiterung, eine Ausdehnung auf andere Institutionen und Einrichtungen, die bestimmte Einflüsse auf die Entscheidungen und Handlungen anderer ausüben. Die moralische und rechtliche Verpflichtung führt schließlich zu einer formelhaften Erstarrung dieses Einflussverhältnisses und es bleibt nicht aus, dass Formen von Unterordnung und Beherrschung ins Spiel kommen oder dass ein hierarchisches Moment Teil der Interaktion zwischen beiden Partnern wird.

Eine weitere Ausdehnung des Begriffes schließt endlich ein, dass gar kein direkter Kontakt mit den Autorität besitzenden Institutionen mehr notwendig ist, sondern dass bereits ihre Symbole wie Fahne, Wappen oder Kreuz genügen, um dieses Verhältnis zur Autorität wirksam werden zu lassen.

Autorität als Interaktion im Verhältnis von Über- und Unterordnungen ist, wie die Herkunft des Wortes „Autorität" aus der Beratung des Magistrats durch den Senat deutlich macht, die Grundlage, auf der sich Autorität entfaltet. In jedem Fall übt der Überlegene Einfluss auf Handeln und Denken des Unterlegenen aus. Der sachlich legitimierte Einfluss in der Interaktion, wie beispielsweise zwischen Vater und Sohn, ist die Grundlage, auf der sich *Autorität* entwickeln kann. Dagegen ist die Grundlage des *Autoritären* ein Über- und Unterordnungsverhältnis, in dem der Einfluss nicht sachlich legitimiert ist, sondern auf einer Abgrenzung und Verschärfung von Über- und Unterordnung beruht. Interaktion ist nach dem Modell eines Regelkreises zwischenmenschliches Verhalten, das auf Gegenseitigkeit beruht.

Da in solchen Beziehungen das Verhalten *gegenseitig gesteuert* wird, kommt es für ein Verständnis der Autorität und des autoritären Verhaltens nicht nur auf die Art des Einwirkens seitens des Überlegenen, sondern ebenso auf die sein Verhalten rückwirkend beeinflussenden Antworten des Unterlegenen an.

Bei näherer Betrachtung ist in einem Autoritäts- wie auch in einem autoritären Verhältnis die Interaktion zwischen beiden Partnern nicht gleichgewichtig. Es ist keine Interaktion, in der beide Partner eine äquivalente Rolle spielen, sondern einer der beiden dominiert in irgendeiner Hinsicht: es ist eine ungleichgewichtige Interaktion.

Sie ist es insofern, als in beiden Fällen eine Überlegenheit und eine größere Mächtigkeit des einen im Spiele sein muss, damit ein Autoritäts- oder autoritäres Verhalten entstehen kann. Gefälle bestehen beispielsweise hinsichtlich des Status oder der Erfahrung oder der Stärke und des Machtmittels, die in der Interaktion eine Rolle spielen.

In dem Fall, in dem das Übergewicht des einen vom Unterlegenen freiwillig anerkannt wird und der Überlegene keinen Wert darauf legt, das Übergewicht voll auszunutzen und auch nicht mit allen Mitteln auf einer Aufrechterhaltung des Über- oder Unterordnungsverhältnisses besteht, ist es Autorität im konstruktiven Sinne. Wir sprechen bei einem Vater oder bei einem Lehrer von einer Autorität, wenn dieser kein Gewicht darauf legt, die bestehenden Dominanzverhältnisse zu verfestigen und laufend zu bestätigen, sondern wenn er seine Überlegenheit allein dazu verwendet, dem Unterlegenen zu dessen eigenen Zielen zu fördern.

Im andern Fall, wenn es Wertziel des Überlegenen ist, seine bestehende Vormachtstellung und Überlegenheit zu betonen und seinen höheren Rang notfalls mit gewalttätiger Ausübung von Macht und unter Einsatz von Druckmitteln zu verteidigen und zu festigen, ist es autoritäres oder Rangverhalten (Autoritarismus).

1. Zum Grade der Starrheit bzw. Beweglichkeit

Die Entwicklung der Kette der Autoritätsträger (Person – Amt – Institution – Symbol) zeigt eine Tendenz zur Eindeutigkeit, indem der Begriff „Autorität" immer mehr von der realen Person abgelöst wird. Während einer Person, die Autorität besitzt, Achtung, ja Liebe entgegengebracht wird (wie unserem lieben Georg Wagner), einer Autorität Respekt gezollt wird, einer Institution Gehorsam erwiesen wird, laufen einem schließlich angesichts von Symbolen heilige Schauer der Ehrfurcht rsp. Angst über den Rücken, d.h. eine weitgehend emotionale Reaktion. In dieser Entwicklung: von der Person, die Autorität besitzt und kritische Auseinandersetzungen und Widerspruch zulässt bis hin zur „Autorität" der Symbole als verdichtetes Erlebnis, sich zu fügen, Omega-Tier zu sein sogar in Abwesenheit des Alpha-Tieres, d.h. seinen Platz als Instrument der Willenserfüllung des Leittieres sogar in dessen Abwesenheit voll wahrzunehmen (emotional und in den Handlungen). Es werden nur noch bestimmte Verhaltensschemata aus- bzw. eingeklinkt: hier steckt die Problematik der Autorität.

Die Macht- und Einflusssphäre wird von der persönlichen Autorität über die amtliche, institutionelle bis hin zur symbolischen ständig verbreitert. Dem Einfluss wird immer mehr Nachdruck verliehen: während die persönliche Autorität dem Unterlegenen einen Rat gibt und Widerspruch duldet, erlässt die institutionelle Verbote und Gebote, stellt Gesetze auf, die der Unterlegene ohne Widerspruch zu befolgen hat. Widerspruch würde nur den Einsatz von Machtmitteln des Überlegenen auslösen. Gehorsam wird verlangt bzw. man gehorcht ohne Widerspruch.

Ich habe erlebt, wie ein Anstaltsleiter einer Justizvollzugsanstalt im Konferenzraum, in dem ca. 30 Bedienstete (Aufsichtsbeamte, Arzt, Psychologe, Sozialarbeiter, Verwaltungsbeamte) anwesend waren, von einem offiziellen Besucher des Justizministeriums gefragt worden ist, ob eine bestimmte Person (nämlich seine Sekretärin) „für ihn arbeite". Seine Antwort: „Die arbeiten alle für mich!" Kommentar: „Dieser Anstaltsleiter übersieht, dass er Bediensteter des Landes ist – wie alle anderen Anwesenden der JVA. Er verlangt, dass sich jeder Mitarbeiter ihm gegenüber „loyal" verhalte. Er verwechselt „loyal" mit „royal". Er sagt das eine und meint doch das andere“ (Zitat aus einem unveröffentlichten Selbstgespräch von 1998).

Autoritär ist das Verhältnis eigentlich nur, wenn persönliche und amtliche Autorität (beide personengebunden) die Macht der institutionellen und der symbolischen Einflussmöglichkeit (beide anonym, apersonal) in Anspruch nehmen, d.h. wenn die Macht der Institution und des Symbols, das als „Auslöser“ für bestimmte Verhaltensschemata wirksam werden kann, zur Unterstützung des Einflusses mit heran gezogen wird, wie z. B. die Amtskette des Bürgermeisters oder der Talar des Rektors, Richters.

Die Interaktion in der Rangreihe von der persönlichen Autorität bis hin zum Autoritarismus der Institutionen und des Symbols verändern sich kontinuierlich von großer Beweglichkeit bis hin zu großer Starrheit der Interaktion.

Im einen Extrem gelten die Spielregeln von Rücksicht und Vertrauen, im andern von stärker und schwächer, von Rücksichtslosigkeit und Ohnmacht. Das Verhalten wird immer eindeutiger bestimmt. Entsteht bei einem gegebenen Rat ein Konflikt, so ist ein Kompromiss möglich, nicht so bei einer Konfrontation mit dem Gesetz. Das Rationale tritt immer mehr hinter dem Emotionalen zurück. Andererseits kommt immer größere Gewissheit ins Spiel. Subjektiv geht man immer weniger das persönliche Risiko einer Auseinandersetzung und der Verantwortung ein, wenn man sich unterwirft.

Der Spielraum des Verhaltens, der bei der persönlichen Autorität weit und beweglich ist, wird, je autoritärer die Interaktion ist, immer enger und starrer.

2. Zur Gemeinsamkeit oder Divergenz der Ziele

In einem Verhältnis von zwei Personen im Modus der Über- und Unterordnung ist der Einfluss gegenseitig, nicht gleichgewichtig: Die Rolle von Vater und Sohn (von Arzt und Patient, von Anstaltsleiter und Aufsichtsbeamtem im Justizvollzug oder von Aufsichtsbeamtem und Gefangenem) ist jeweils durch die des anderen bestimmt. Soweit ist das Verhältnis streng komplementär.

Aber erst dadurch, dass der eine den anderen in seiner Rolle bestätigt und anerkennt, in einer Rolle, deren Rangdifferenz in Können, Wissen und der Verlässlichkeit seines Tuns begründet liegt, gewinnt der Überlegene Autorität: der Arzt, indem er sachlich und in Rücksicht auf seinen Patienten therapiert, und der Patient, indem er der Therapie mit Interesse folgt. Ebenso im Justizvollzug: der Bedienstete (Arzt, Psychologe, Aufsichtsbeamte), indem er sachlich und mit Rücksicht auf die persönlichen Belange des Gefangenen sich einlässt und der Gefangene, indem er den redlich von Mensch zu Mensch vorgebrachten und als solche erlebten Einlassungen folgen kann. In diesem Fall steht die Rangdifferenz im Hintergrund, das gemeinsame Ziel (Heilung, Programm) im Vordergrund. Autorität wird verspielt, wenn der Akzent auf dem Macht- und Einflussunterschied selbst liegt und das *gemeinsame* Ziel in den Hintergrund schiebt: Es resultiert autoritäres Verhalten, in dem nur Machtkategorien wirksam sind, wie es im Justizvollzug so häufig zu erleben ist. Dies ist übrigens von beiden Seiten der Fall: seitens der Bediensteten und seitens der Gefangenen.

In einem Autoritätsverhältnis kann wechselweise der eine oder der andere dominieren, ohne dass das Verhältnis zwischen beiden gestört würde. Das ist beispielsweise bei einem Vater-Sohn-Verhältnis denkbar oder auch im Justizvollzug im Verhältnis des Anstaltsleiters zum Abteilungsleiter, zum Aufsichtsbeamten usw. Bei einem autoritären Vater (Anstaltsleiter ...) ist dies nicht möglich: Das Verhältnis zwischen beiden würde empfindlich gestört, wenn der Vater (Anstaltsleiter, Abteilungsleiter ...) merkt, dass er seine Überlegenheit verliert. Das gemeinsame Ziel, z.B. eine bestimmte Frage möglichst sachgerecht zu lösen, tritt in den Hintergrund zugunsten der möglicherweise unbewussten Absicht des autoritären Vaters (Anstaltsleiters ...), am Beispiel dieser Frage wiederum seinen Vorrang zu demonstrieren.

Freilich kann auch der Unterlegene das gemeinsame Ziel aus dem Auge verlieren, wenn z. B. der Unterlegene genau zu hören wünscht, was er tun soll, um selber Entscheidungen zu vermeiden.

Es gibt also zwei Fälle, in denen das gemeinsame Ziel in den Hintergrund tritt: Im einen Fall sucht der eine seine Überlegenheit, im zweiten der andere seine Unterlegenheit. In beiden Fällen ist es autoritäres oder Rangverhalten.

Autorität und autoritäres Verhalten sind zwei verschiedene Formen ungleichgewichtiger Interaktion. Die Art und Weise der Interaktion variiert zwischen den Polen Beweglichkeit und Starrheit, also in verschiedenen Graden der Festigkeit eines Interaktionssystems.

Für die Unterscheidung zwischen Autorität und autoritärem Verhalten kommt zu diesem ersten Gesichtspunkt als zweiter der der Zielsetzung hinzu: Einmal tritt innerhalb der Interaktion die Gemeinsamkeit bzw. Konvergenz der Ziele in den Vordergrund, zum anderen ihre Divergenz.

Beide Gesichtspunkte sind nicht streng voneinander zu trennen und hängen schließlich auch mit dem dritten zusammen, dass nämlich innerhalb eines Autoritätsverhältnisses die Kategorien Rücksicht und Vertrauen, innerhalb des autoritären Verhaltens die Kategorien stärker und schwächer gelten.

Je beweglicher ein ungleichgewichtiges Interaktionssystem ist, umso mehr werden bei Interaktionen Faktoren berücksichtigt und ins Spiel kommen, die von den interagierenden Personen selbst wie auch von der augenblicklichen Umweltlage der beiden Partner abhängen. D. h. es gelten einerseits Rücksicht und Vertrauen und andererseits die gemeinsame Zielsetzung, also der das Interaktionssystem fundierende Wert. Es ist leicht denkbar, dass das Spektrum der Verhaltensweisen in einem Autoritätsverhältnis unter diesen Bedingungen sehr vielfältig und von vielen Variablen abhängig ist, die jedoch durch die gemeinsame Zielsetzung der Partner verbunden werden. Insofern weist der Aspekt der Beweglichkeit stärker auf die Ziele und Werte als in einem starren Interaktionssystem, bei dem die Divergenz der Ziele und ihre einseitige Verfolgung im Vordergrund steht. Diese These würde in einem Satz zusammengefasst dann etwa heißen: Beweglichkeit und Starrheit der Interaktion sind zielabhängig. Während in einem Autoritätsverhältnis die Gemeinsamkeit der Ziele und die Kategorien von Rücksicht und Vertrauen die Interaktion in Bewegung halten, fördern beim autoritären Verhältnis die Divergenz der Ziele und die Kategorien von stärker und schwächer die Starrheit der Interaktion (was so mancher als „bequemer" phantasiert, da er sich mit dem „Untergebenen" ja nicht „verständigen" müsse).

3. Autorität und autoritäres Verhalten

Wieweit in einem Personenverhältnis der sachliche Akzent (das gemeinsame Wertziel) oder der Gesichtspunkt der Macht die Über- und Unterordnung konstituiert, erweist sich am ehesten bei gemeinsamer Tätigkeit. Denn der Umgang mit einer Sache erfordert zugleich eine realistische Auseinandersetzung mit der Umwelt, die in einem Autoritätsverhältnis ermöglicht, in einem autoritären Verhältnis jedoch verhindert wird, da die Auseinandersetzung bei gemeinsamer Tätigkeit auf die Über- oder Unterlegenheit der Partner fokussiert bleibt.

Christian & Haas (1949) ließen zwei Partner, einen Gesunden und einen Kranken (Spastiker), mit einer zweigriffigen Baumsäge, die mit einem Messwerk verbunden war, das die Arbeitsleistungen der beiden Partner registrierte, zusammenarbeiten. Sie untersuchten dabei die Gesamtleistung und den Leistungsanteil jedes Einzelnen an der Gesamtleistung. Dabei zeigte sich, dass und wie das Erleben der beiden Partner als ein Bemühen um einen gemeinsamen Code verstanden werden kann: Jeder meldete mit seinem Arbeitsgang seinen Code an den anderen, der seinerseits mit seinem Arbeitsgang seinen Code zurückmeldete, bis ein gemeinsamer Code gefunden war. Jetzt entstand unmittelbar und überzeugend die gemeinsame Wirklichkeit „Bipersonalität." „Auf der Höhe der Zusammenarbeit fühlt sich jeder frei und selbständig, und dies umso mehr, je strenger er objektiv mit dem anderen verbunden ist. ... Das Erlebnis freier Selbständigkeit wird also nur gewonnen, wenn die Gegenseitigkeit des Tuns objektiv erreicht ist" (Christian & Haas 1949, 11).

Diese von zwei Partnern vollzogene Kooperation ist ein einheitlicher Prozess, der aus einer Folge von Interaktionen besteht und – bedingt durch die leistungsphysiologische Methodik – als Weg-Zeit-Diagramm aufgezeichnet werden kann. Die Zusammenarbeit von Gesundem und Krankem (Spastiker) zeigt vollwertige Leistungen, d. h. solche, die mit den Leistungen von zwei Gesunden vergleichbar sind. Die resultierende Leistung ist auch dann konstant, wenn ein Partner ein Drittel mehr oder weniger leistet (!). Der Leistungsrückstand wird vom Partner spontan und unbemerkt ausgeglichen. D. h. es führt zwar objektiv einer, aber er weiß oder er merkt es nicht, und keiner der Beteiligten kennt seinen eigenen Leistungsanteil. Ist dies schade (?) – oder erfreulich (?) für den Einzelnen? Jedenfalls wird die Gesamtleistung erhöht.

Der Gesunde, der sich sachgerecht verhält, schleppt den Kranken nicht einfach mit, sondern er entfaltet Fähigkeiten, mit dem Kranken leistungsproduktiv umzugehen. Andererseits platziert der Kranke seine Ungeschicklichkeit so, dass er am wenigsten stört: Er lässt sich passiv führen, wo etwa sein verspäteter Arbeitseinsatz zu Widerständen führen würde. So wird das Tun des Einen vom Andern erwidert und unterstützt.

Dieses Beispiel zeigt, dass zwar objektiv einer der beiden Partner dem anderen überlegen sein kann (was in der Analyse der aufgewendeten Kräfte sichtbar wird), ohne diese Überlegenheit zur Geltung zu bringen oder zu betonen.

Von hier aus lassen sich zwei Arten der Zusammenarbeit unterscheiden: Der Überlegene wird zum „Boss“ oder zum „Vorbild“ bzw. zum „Führer“ (er führt).

Die Arbeit von Christian & Haas zeigt, dass Vorbehalte und Nebenabsichten eines Partners bei einer auf ein gemeinsames Arbeitsziel ausgerichteten Tätigkeit zu Destruktion der Kooperation führen. Die hieraus resultierende Interaktionsform trägt die Kennzeichen des autoritären Verhaltens, das in der Verhaltensforschung als „Rangverhalten“ beschrieben wird.

Diktiert z. B. der Überlegene ausgesprochen oder unausgesprochen das Tempo, zwingt es dem Partner also auf, dann liegt die Initiative nicht mehr in gleichem Maße bei beiden, sondern nur bei einem, und der Unterlegene wird in die Rolle des Gegängelten gedrängt, der nur bis zu einer gewissen Grenze mitarbeitet. Seine initiative Leistungsbereitschaft ist nicht gefragt. Das gegenseitige Verhältnis wird durch Beherrschen und Gehorchen bestimmt. Arbeitet schließlich der Überlegene ohne Rücksicht auf seinen Partner und nicht mehr sachbezogen, also ohne Richtschnur eines gemeinsamen Wertzieles, dann kann sich der Unterlegene seinem Partner nur noch unterwerfen oder „innerlich kündigen“, wobei eine produktive Leistung nicht mehr erreicht wird. Indem Führung nicht mehr sachlich durch das gemeinsame Wertziel fundiert ist, tritt sie in den Dienst von Motiven, die mit der Aufgabe selbst nichts mehr zu tun haben, so dass sich die Interaktion auf ein bloßes

Verhältnis von stärker und schwächer als Grundkategorie des Rangverhaltens reduziert.

Die These, dass autoritäres Verhalten machtorientiertes Rangverhalten ist, zeigt sich auch beim Rangverhalten im Tierreich. „Jeder Vogel lernt die ihm an Stärke und Angriffslust Überlegenen zu respektieren und ebenso, wen er ungestraft schlecht behandeln darf." (Tinbergen 1964, 140). Die an der physischen Kraft orientierte Rangordnung vom ranghöchsten Alpha-Tier, das alle übrigen verjagen und angreifen kann und darf, bis hinunter zum Omega-Tier, das die niedrigste soziale Stellung einnimmt und von allen anderen angegriffen wird, trägt zur sozialen Regulation tierischer Sozietäten bei. Während jedoch bei den Tieren der Aggressivität der Rangbewahrung Hemmungsmechanismen entgegenwirken, die so verhindern, dass die artspezifische Aggression blutige Siege davonträgt, ist beim Menschen durch die Erfindung der Waffen „das bisher vorhandene Gleichgewicht zwischen Tötungsfähigkeit und Tötungshemmung gestört" (Lorenz 1963, 339), ein Grund, warum autoritäres Verhalten lebensbedrohlich sein kann. Denn „Herrschaftsverhältnisse sind Machtverhältnisse und als solche keineswegs an aufgeklärten Verstand gebunden", worauf Mitscherlich (1963) hinweist.

Würde der Einfluss, den einer auf den anderen in einem Über- oder Unterordnungsverhältnis ausübt, *entweder* zwangsläufig zu einer Betonung des Unterschiedes von Können, Wissen oder Stärke führen *oder* aber im Gegenteil zu einer offensichtlichen Nivellierung dieser Unterschiede, was als Geste des Herablassens zum Ausdruck käme, so wären bei einer gemeinsamen Tätigkeit die Bedingungen für ein Autoritätsverhältnis nicht zu sehen.

Es ist aber offenbar eine Form der Interaktion möglich, bei der die Unterschiede weder herablassend nivelliert noch nachdrücklich betont werden. In diesem Fall wird der Überlegene durch sein sachgemäßes, an der Aufgabe orientiertes Verhalten zum Vorbild. Der Unterlegene kann so freiwillig folgen. Er muss nicht das Gefühl haben, sich bedingungslos zu unterwerfen. Unter der Voraussetzung, dass jeder der beiden Partner mit Rücksicht auf den anderen handelt, verfügt jeder über einen gewissen Spielraum, aus dem heraus sich eine gemeinsame Vollzugsform der Tätigkeit ergibt, die eine produktive Leistung ermöglicht. Dabei bedeutet gegenseitige Rücksichtnahme nicht die Hinnahme des Stärker- oder Schwächerseins und damit eine Betonung des Rangunterschiedes, sondern Anerkennung der Vorbildlichkeit (Vertrauen) einerseits und Rücksicht auf die Belange und Bedürfnisse und das Können des Partners und seine Einschränkungen andererseits.

Freilich, es wäre ein Missverständnis, wollte man Autorität aus der Tätigkeit des gemeinsamen Sägens ableiten, obgleich es ein Modell abgibt, das auch auf andere Verhältnisse übertragbar ist.

Mögen diese Überlegungen ein wenig dazu beitragen, das ewige und sinnlose und destruktive „Macht“-Gerangel in unseren Vollzugsanstalten ein wenig zu bremsen. Wollen wir nicht Profis sein?

Literatur

Christian P. & Haas R. (1949). *Wesen und Formen der Bipersonalität.* Stuttgart: Enke.

Hochheimer W. (1966). Die Rolle von Autorität und Sexualität im Generationenkonflikt. *Psyche, 20,* 493-519.

Lorenz K. (1963). *Das sogenannte Böse.* Wien: Dr. G. Borotha-Schoeler Verlag.

Mitscherlich A. (1963). *Auf dem Weg zur vaterlosen Gesellschaft.* München: Piper Verlag.

Tinbergen N. (1964): *Instinktlehre.* Berlin und Hamburg: Paul Parey Verlag.

‚Psychologie im Strafvollzug' –

Das Rollenverständnis des Psychologen

Psychologie im Strafvollzug – eine Wissenschaft behauptet sich

von Elsava Schöner

Die Anfänge

Mitte der 1950er Jahre wurden die ersten Psychologen im Justizvollzug eingestellt (Rotthaus, in diesem Buch). Georg Wagner begann seine Tätigkeit im Jahr 1963 in der Justizvollzugsanstalt Landsberg, ich zwölf Jahre später im Januar 1975 in der Justizvollzugsanstalt Nürnberg. Die von mir besetzte Stelle war zwei Jahre vakant gewesen und das Bemühen der Justizvollzugsanstalt, mich für diesen Posten zu gewinnen, weckte in mir die Erwartung, gebraucht zu werden. Umso verwunderter war ich, als ich feststellte, dass eine Aufgaben- oder gar Stellenbeschreibung nicht vorhanden war. Die Vorstellungen über die Kompetenzen und Verwendungsmöglichkeiten von Psychologen im Strafvollzug waren diffus (Wagner 1972). Man wusste nichts so recht mit mir anzufangen. Das hätte die Chance auf viel Freiraum bieten können, wenn da nicht die Sorge der Anstalt gewesen wäre, ich könnte den geordneten Ablauf durch meine Aktivitäten stören oder gar Sicherheitsbelange (oder was man dafür hielt) verletzen. Die Dienst- und Vollzugsordnung – das in jenen Jahren geltende Regelwerk – gab wenig konkrete Handlungshinweise. Georg Wagner hat das 1972 eindrucksvoll in seiner Untersuchung belegt und beschrieben.

Die psychologischen Aufgaben waren in Nummer 26 der Dienst- und Vollzugsordnung (DVollzO) geregelt:

> „Den in der Anstalt tätigen Psychologen liegt die Mitarbeit an der Persönlichkeitserforschung ob sowie die Zusammenfassung und Auswertung ihrer Ergebnisse. Sie wirken mit beim Aufstellen und Durchführen des Vollzugsplans ..., bei der Freizeitgestaltung, bei der Aus- und Fortbildung der Bediensteten sowie möglichst bei der gruppen- und einzeltherapeutischen Behandlung."

Fünf Aufgabenschwerpunkte wurden also genannt, die organisatorischen Voraussetzungen, die strukturelle Einbindung des Psychologischen Dienstes und seiner Tätigkeiten blieben unerwähnt mit Ausnahme des Hinweises auf seine Mitwirkung.

Eine ergänzende Konkretisierung durch den Leiter erschöpfte sich in meiner Einbindung in die Ausbildung der Mitarbeiter des allgemeinen Vollzugsdienstes, in meiner Anwesenheitspflicht bei bestimmten Konferenzen und darin, „renitente" Gefangene zu beruhigen und dem Anstaltsalltag anzupassen. Mitunter wurde ich gerufen, um mir in der Regel völlig unbekannte Gefangene von bereits eskalierenden suizidalen Handlungen abzuhalten. In erster Linie begegnete ich der Erwartung, die Alltagsroutine störende Reaktionen von Gefangenen zu glätten. Mein eigener Anspruch und meine Pläne, Behandlungsprojekte zu initiieren, mit dem Ziel, Ursachen der Straffälligkeit auszuloten und therapeutisch zu bearbeiten, war in jenen Tagen unrealistisch – zumindest in einer großen Erwachsenenanstalt. Sie scheiterten weniger am guten Willen oder Interesse der Anstaltsleitung. Ich wurde im Gegenteil von jungen Juristen mit formaler Befugnis aus ihrer Abteilungsleiterposition heraus durchaus tatkräftig und auch moralisch unterstützt. Ohne sie hätte ich nicht Fuß fassen können. Ich erhielt so auf Umwegen sozusagen zumindest informell Einfluss. Insgesamt aber war das System baulich, strukturell und ideologisch noch so verkrustet und auf Vergeltung und Sühne ausgerichtet, dass die Aktivitäten psychologischer Fachkräfte, die auf den einzelnen Gefangenen abzielten und nicht nur seiner Beruhigung und der Aufrechterhaltung des reibungslosen Ablaufs dienten, ins Leere laufen mussten.

In der Tat – so denke ich rückblickend – passten wir damals nicht in diese traditionell geprägte Organisation, die Tugenden wie Ordnung, Disziplin und Sühne repräsentierte und auf die Bewahrung bestehender Gewohnheiten pochte (Barth 2004). Auf individuelle Behandlungsbedürfnisse und Behandlungsnotwendigkeiten gerichtete Anstrengungen mussten vor dem Prinzip der Gleichschaltung scheitern.

Die Mindestvoraussetzungen für wirksames Arbeiten in einer Organisation waren nicht gegeben:

- Der Psychologische Dienst hatte keine formale Befugnis.
- Ihm stand kein weiteres Personal zur Verfügung.
- Er wurde nicht durch einen baulichen Apparat sichtbar. Ihm wurde kein räumliches Tätigkeitszentrum zugeteilt, wie etwa dem Arzt die Krankenstation oder dem Anstaltsgeistlichen die Kirche (Wagner 1972).
- Die Vorschriften enthielten keine Handlungsanweisungen, keine operationalisierenden Informationen.
- Die Ideologie der Institution erlaubte nicht die Hinwendung zum Gefangenen im psychologisch-therapeutischen Sinn.

Interner kollegialer Austausch war nicht möglich, da der Psychologische Dienst in der Regel nur mit einer Person besetzt war. Umso bedeutsamer waren die regionalen und überregionalen Treffen der Berufsgruppe. Im bayerischen Kollegenkreis, dem damals etwa zwölf Psychologinnen und Psychologen angehörten, traf ich erstmals Georg Wagner. Ich bewunderte seine Klugheit und Gedankenschärfe. Er breitete Überlegungen vor uns aus, auf die ich selbst nicht gekommen wäre. Wie ein Jongleur drehte und wendete er Ideen, Konzepte, betrachtete sie von allen Seiten, zog Schlussfolgerungen, bettete sie in vielerlei Zusammenhänge, Abfolgen und Wirkungen. Bis weit in die Nacht hinein debattierten wir – eine kleine, unglaublich engagierte Gruppe von Kolleginnen und Kollegen – Möglichkeiten der Implantation psychologischen Wirkens im Strafvollzug mit hoffnungsvollem Blick auf die Chancen, die das Strafvollzugsgesetz eröffnen sollte. Ich war nach diesen Begegnungen nicht nur erfüllt von vielen Inhalten und Anregungen für meine Arbeit, ich erhielt vor allem so unglaublich viel Ermutigung, moralisch kollegiale Rückenstärkung. Georg Wagner war (und ist) nicht nur ein brillanter Denker, er zeigte sich stets auch als aufmerksamer, einfühlsamer Zuhörer und Ratgeber.

Meine Aufgabe als einzige Psychologin in einer Anstalt mit etwa 1.000 Gefangenen konnte sich nicht in Einzelfallarbeit erschöpfen. Wenn überhaupt Arbeit mit den Gefangenen opportun erschien, dann durch die Zusammenfassung in Gruppen. In Zusammenarbeit mit weiteren Fachdienstmitarbeitern, Sozialpädagogen, Pädagogen, Anstaltsgeistlichen, mit motivierten Mitarbeitern des allgemeinen Vollzugsdienstes und mit Rückendeckung der bereits erwähnten juristischen Kollegen wurden eine Behandlungsabteilung für suizidgefährdete Untersuchungsgefangene eingerichtet und der im Entstehen befindliche Wohngruppenvollzug in der Abteilung für Strafgefangene ausgebaut, der später noch um eine Gruppe für Suchtmittelgefährdete und Suchtmittelabhängige erweitert wurde. Wesentlicher aber war mir in der Situation die Aus- und Fortbildung der Bediensteten und die Begleitung der Arbeit insbesondere des allgemeinen Vollzugsdienstes, der größten Personalgruppe und der Gruppe, die den unmittelbarsten und häufigsten Kontakt zum Gefangenen hatte.

Die Entwicklung psychologischer Arbeitsschwerpunkte

Krisenintervention

Selbstverständlich hat der Psychologische Dienst einem Gefangenen, der in einer aktuellen Krise steckt, seine Hilfe anzubieten und ihm zur Seite zu stehen. Wenn Krisenintervention aber den Schwerpunkt seiner Arbeit darstellt, wie es noch heute in großen Anstalten mitunter der Fall ist, und die kritische Situation als Antwort auf die Inhaftierung bzw. auf Haftbedingungen interpretiert werden muss, dann wird kaum berufliche Zufriedenheit zu erwarten und – schlimmer noch – der psychologische Einsatz auf Dauer wenig effizient sein. Krisenintervention ist fraglos Aufgabe des Psychologischen Dienstes. Allerdings könnten gut ausgebildete und fachlich begleitete Mitarbeiter des allgemeinen Vollzugsdienstes in diese Arbeit einbezogen werden. So könnten für den Psychologen, die Psychologin Ressourcen für weitere Aufgaben frei werden. Gerade in großen, wenig überschaubaren Anstalten ist es sinnvoll, dass der Psychologische Dienst Reserven für organisationspsychologisches Arbeiten hat, um insbesondere den Anstaltsleiter zu beraten, Konzepte für die Gestaltung von Wohn- und Behandlungsgruppen zu entwickeln, sich der Aus- und Fortbildung des Personals zu widmen, sowie Behandlungs- und Freizeitgruppen ins Leben zu rufen. Isolierte, strukturell unzulänglich eingebundene Tätigkeiten wirken zu kurzfristig und haben eine zu geringe Breitenwirkung.

Behandlung von Straftätern

Die kriminalpolitische Entwicklung der Behandlung von Straftätern erinnert an eine Achterbahnfahrt. Der Optimismus der 1960er und 1970er Jahre, der zur Einrichtung Sozialtherapeutischer Anstalten in fast jedem Bundesland führte, wich relativ rasch einer Ernüchterung auf Grund verschiedener Evaluationsstudien und machte der Auffassung Platz, durch therapeutische Maßnahmen könnten keine substanziellen Effekte erzielt werden. An der These des „nothing works" wurde lang und zäh festgehalten und das Interesse an der Entwicklung und Erprobung therapeutischer Konzepte erlahmte. In Forschung und Praxis wandte man sich anderen Themen zu. Die bis dahin bestehenden Sozialtherapeutischen Einrichtungen blieben zwar bis auf wenige Ausnahmen erhalten, doch der Elan, die Euphorie waren dahin. Gestützt wurde diese Entwicklung von Gruppierungen, denen die Kosten für derartige „Experimente" zu hoch erschienen und die meinten, der Strafgedanke und die Bedeutung der Sicherheit gerieten in Gefahr, ausgedünnt zu werden (Lösel 2004).

Die Wirksamkeit der therapeutischen Bemühungen in jenen Jahren war in der Tat mager. Das Personal war zwar mit Eifer und Begeisterung dabei, aber zum Teil doch unzureichend auf das neue Aufgabenfeld vorbereitet. Man begann ja auch gerade erst, mit der Klientel der Straftäter Erfahrungen hinsichtlich behandlerischer Methodik zu sammeln. Die „klassischen" therapeutischen Ansätze waren an Klienten der Mittelschicht erprobt. Den Gedanken, das sozialtherapeutische Angebot durch die sogenannte Maßregellösung breiter zugänglich zu machen, wurde 1984 mit der Herausnahme des § 65 aus dem Strafgesetzbuch aufgegeben (Egg 2004).

Anfang der 1990er Jahre flammte das Interesse an Behandlungsmaßnahmen im Vollzug wieder auf. Lösel sieht die Ursachen der neuerlichen Hinwendung darin, dass

- andere „modische" kriminalpolitische Konzepte ebenfalls umstritten blieben,
- Grundlagenforschung konkrete Hinweise darauf gab, „welche psychischen Faktoren bei fortgesetzter Kriminalität bedeutsam sind",
- Erfahrungen mit Behandlungsmaßnahmen zur Formulierung präziserer Konzepte führten,

- neuere Metaevaluationsstudien, die systematische und differenzierte Forschungsstandards einbezogen, durchaus signifikante – wenn auch moderate – Effekte zeigten.

Zumindest für den deutschsprachigen Raum haben die Metaevaluationsstudien von Lösel frischen Wind in die Debatte der Straftäterbehandlung gebracht und den mit diesem Sujet Befassten neuen Mut gemacht (Lösel 1992).

Im Januar 1998 wurde das „Gesetz zur Bekämpfung von Sexualdelikten und anderen gefährlichen Straftaten" verabschiedet, das ein sozialtherapeutisches Angebot – zumindest für Sexualstraftäter – verbindlich festschreibt.

In der Folge wurden die Therapieplatzkapazitäten bundesweit maßgeblich erweitert. Allein in Bayern wurden neben den bereits bestehenden 53 sozialtherapeutischen Plätzen weitere 140 Behandlungsplätze geschaffen (vgl. dazu Kröniger 2004).

Zwischenzeitlich arbeiten 25 bis 30% der bundesdeutschen Vollzugspsychologen in Sozialtherapeutischen Einrichtungen. Ihre klinisch-therapeutische Kompetenz ist anerkannt, die Leitung Sozialtherapeutischer Anstalten und Abteilungen wird bundesweit in aller Regel ihnen übertragen. In diesem Feld hat sich die Vollzugspsychologie klar behauptet.

Meiner Einschätzung nach hat dazu insbesondere beigetragen,
- dass aus der Praxis heraus überzeugende, empirisch fundierte Therapiekonzepte entwickelt und fortgeschrieben wurden. Die Veröffentlichung dieser Verfahren belebt ihre Diskussion und Weiterentwicklung.
- dass die Psychologinnen und Psychologen sich in der Regel einer therapeutischen Zusatzausbildung unterzogen bzw. unterziehen zum Erwerb der Approbation als psychologische Psychotherapeuten. Das Psychotherapeutengesetz dürfte zur Standortbestimmung und Rollensicherheit einen wesentlichen Beitrag leisten.
- dass Dokumentation und Evaluation sozialtherapeutischer Maßnahmen in den Einrichtungen selbstverständlich geworden sind.
- die enge Verbindung zwischen Praxis und Forschungseinrichtungen (insbesondere zur Kriminologischen Zentralstelle e. V. in Wiesbaden, zu den Universitäten und zum Max-Planck-Institut in Freiburg).

Gutachtertätigkeit

Die Weiterentwicklung von Prognoseverfahren zur Einschätzung von Rückfallrisiken insbesondere bei Gewalt- und Sexualstraftätern haben in den letzten zehn Jahren breites Interesse bei Wissenschaft und Forschung gefunden. Insbesondere im angloamerikanischen und kanadischen, zwischenzeitlich auch im deutschsprachigen Raum existieren inzwischen eine ganze Reihe ausgereifter Instrumente und stehen nun den Praktikern zur Verfügung. Die diagnostische und prognostische psychologische Kompetenz hat sich durch Bereitstellung dieser Verfahren enorm erweitert und an Bedeutung gewonnen. Erlaubten doch die bisher verfügbaren diagnostischen Instrumente nur mittelbar Schlussfolgerungen auf regelkonformes Verhalten von Gefangenen im Rahmen von Lockerungen des Vollzugs bzw. nach ihrer Entlassung. Aussagen über Bedingungsfaktoren für kriminelles Verhalten lassen sich mit den „klassischen" Tests kaum zuverlässig treffen, da sie in der Regel für andere Zwecke entwickelt wurden. Besonders bei gefährlichen Straftätern verzichtet heute wohl kein Anstaltsleiter mehr auf die gutachterliche Äußerung des Psychologischen Dienstes. Gegen sein Votum – zumindest wenn er vor einer Lockerung des Vollzugs warnt – wird eine Entscheidung wohl nicht getroffen. Im Laufe der letzten Jahre haben sich die intern gutachterlich tätigen Psychologinnen und Psychologen zu besonders geschätzten Experten entwickelt, insbesondere weil

- ihnen die besondere Klientel der Gefangenen bestens vertraut ist,
- sie die risikoeingrenzenden Möglichkeiten für Lockerungen kennen, die dem Anstaltsleiter zur Verfügung stehen (z.B. besondere Auflagen, die mit der Gewährung von Ausgang, Urlaub, Freigang verbunden werden können: stützende Vorbereitung bzw. Begleitung der Lockerungsmaßnahmen durch den Fachdienst; flankierende Behandlungsmaßnahmen wie etwa eine Suchtberatung),
- sie unmittelbar Kenntnis von Fehleinschätzungen (bei funktionierendem Rückmeldesystem) erhalten, zumindest über falsch-positive Beurteilungen (Rotthaus in diesem Band).

Besonderen Respekt haben sich die gutachterlich tätigen Kolleginnen und Kollegen auch dadurch erworben, dass ihre Tätigkeit dem Erhalt der Sicherheit und dem Opferschutz dient.

Personalauswahl

Zur Zeit der Erhebung Georg Wagners in den Jahren 1968 bis Frühjahr 1971 war die Mitwirkung des Psychologischen Dienstes bei der Personalauswahl und Stellenbesetzung nicht einheitlich geregelt (Wagner 1972). Als ich 1975 meine Tätigkeit aufnahm, war die Einbindung des Psychologischen Dienstes in die Personalauswahl für die Laufbahn des allgemeinen Vollzugsdienstes in Bayern fest installiert. Eine zentrale Psychologenkommission reiste in die großen Anstalten, in die die Bewerber zur Aufnahmeprüfung eingeladen worden waren. Die psychologische Eignungsprüfung zielte auf Persönlichkeitsmerkmale wie Intelligenz, Art,

Umfang und Richtung von Aggressionen, Teamfähigkeit, Durchsetzungsvermögen, Zuverlässigkeit, soziale Kompetenz, Umgang mit Ärger und psychische Stabilität. Die Methodik umfasste Exploration, Gruppengespräch und Testdiagnostik.

Der Psychologenkommission stand eine sogenannte Praktikerkommission gegenüber, der ein Anstaltsleiter, Personalstellenleiter, Aufsichtsdienstleiter, mitunter ein Pädagoge und/oder Werkdienstleiter angehörten. Jede Kommission konnte vom Vetorecht Gebrauch machen. Grundsätzlich wurde ein Bewerber zur Anstellung zugelassen, wenn beide Gremien zustimmten. Diese Praxis wurde bis heute im Prinzip beibehalten.

Wünschenswert wäre eine oder eine vergleichbare Systematik auch bei der Personalauswahl der weiteren im Vollzug tätigen Berufsgruppen. Auf der Grundlage von Stellenbeschreibungen und Anforderungsprofilen und einheitlichen Standards hinsichtlich Auswahlkriterien und Methodik des Auswahlverfahrens sowie der Zusammensetzung der Beurteilungskommission könnte eine ähnliche Qualität der Personalauslese wie beim allgemeinen Vollzugsdienst gesichert werden. So würden gleichzeitig Transparenz und Vergleichbarkeit der Auswahlpraxis geschaffen.

Aus- und Fortbildung der Bediensteten

Bereits Georg Wagner erwähnt in seiner 1972 veröffentlichten Untersuchung als ein Tätigkeitsfeld des Psychologischen Dienstes die Aus- und Fortbildung, insbesondere des allgemeinen Vollzugsdienstes. Die Fächer Entwicklungspsychologie, Sozialpsychologie, Kriminalpsychologie, Organisationspsychologie, Klinische Psychologie und Diagnostik sind nun bereits seit über drei Jahrzehnten Bestandteil der Curricula in der Aus- und Fortbildung des uniformierten Dienstes und seit 1976 auch des gehobenen Vollzugs- und Verwaltungsdienstes. Die Erhebungen Wagners lassen insgesamt auf eine in jenen Jahren noch sehr unsystematische, uneinheitliche und willkürlich erscheinende Praxis schließen. Das änderte sich jedoch rasch. Im Januar 1974 gab eine Gruppe von vier Psychologen (Ballhausen, Federl, Schott und Wagner) einen ersten „Lehrbrief über Vollzugspsychologie für die Bediensteten im Justizvollzug" heraus. Mitte der 1970er Jahre wurde in Bayern ein Koordinator (Jurist mit pädagogischer Zusatzausbildung) für alle Fortbildungsveranstaltungen bestellt und mit umfassenden formalen Befugnissen durch die Aufsichtsbehörde ausgestattet. Mit Eröffnung der bayerischen Justizvollzugsschule im Jahr 1980 wurde auch die Ausbildung des allgemeinen Vollzugsdienstes, mittleren Werkdienstes und mittleren Verwaltungsdienstes einheitlich in Lehrplänen festgeschrieben. Dem psychologischen Fächerkanon kommt seitdem bei allen Dienstgruppen eine besondere Bedeutung zu.

Aus- und Fortbildung gewannen schnell an Bedeutung und Profil in Erwartung des Inkrafttretens des Strafvollzugsgesetzes. Das Personal sollte rechtzeitig auf die neuen Anforderungen vorbereitet und insbesondere auf den neuen Geist des Regelwerks eingestimmt werden. Ich kann mich noch gut an die Unruhe, den Unmut und auch Ängste insbesondere in den Reihen des allgemeinen Vollzugsdienstes erinnern. Der Begriff „Behandlung" war plötzlich in aller Munde, aber kaum jemand konnte sich darunter etwas Konkretes vorstellen. Das neue Gesetz enthielt so gut wie keine operationalisierenden Hinweise. Rollenunsicherheit entstand bei vielen Bediensteten, insbesondere aber bei der Berufsgruppe, die für die Aufrechterhaltung von Sicherheit und Ordnung stand. Den Begriff „Ordnung" fand man erst in der zweiten Hälfte des neuen Gesetzes und die Sicherheit war zwar bereits in § 2 erwähnt, aber dem Ziel der Resozialisierung nachgeordnet. So mancher überlegte auszusteigen.

Die Zeichen der Zeit wurden in der bayerischen Aufsichtsbehörde erkannt – hier sei an das besondere Verdienst des damaligen Referatsleiters für Personalangelegenheiten erinnert. Mit großem personellen, zeitlichen und materiellen Aufwand wurde zügig reagiert. Dass die bayerische Justizvollzugsschule regional und überregional einen so ausgezeichneten Ruf genießt, schreibe ich nicht zuletzt den immensen Anstrengungen und dem systematischen Auf- und Ausbau in jenen Jahren zu.

Organisationsentwicklung

Die organisationspsychologische Kompetenz von Vollzugspsychologen wird erst seit wenigen Jahren breiter praktisch genutzt. Zwar werden ihnen schon seit über drei Jahrzehnten entsprechende Lehraufträge für die Ausbildung des gehobenen Vollzugs- und Verwaltungsdienstes oder auch in der Fortbildung von leitenden Mitarbeitern übertragen. In der Praxis der eigenen Organisation wurden diese Kenntnisse jedoch nur selten abgerufen. Dies lag zum einen daran, dass seitens der Anstaltsleitung die hier vorhandenen Ressourcen lange Zeit nicht wahrgenommen wurden, zum Teil haben die Psychologinnen und Psychologen ihre organisationspsychologische Kompetenz zu wenig deutlich gemacht und angeboten.

Zwischenzeitlich sind in Bayern mehrere Kollegen mit Aufgaben der Organisationsentwicklung und des Personalmanagements betraut. Eine wichtige Vorreiterfunktion hat hier ein Kollege aus Niedersachsen übernommen, zunächst in seiner Funktion als Anstaltsleiter, derzeit als Leiter der Führungsakademie im Bildungsinstitut des niedersächsischen Justizvollzugs.

Leitungsaufgaben

Die meisten Anstalten in Deutschland werden von Juristen geleitet. Lediglich die Leitung von kleinen Anstalten oder Sondereinrichtungen sowie Abteilungen wird mitunter Sozialwissenschaftlern oder auch Verwaltungsbeamten übertragen. Leitungskompetenz wird offenbar vielerorts und scheinbar ganz selbstverständlich Juristen zugeschrieben (Barth 2004). Im Norden Deutschlands wird allerdings größere Bereitschaft offenbar, auch Bewerberinnen und Bewerber aus anderen Fachdisziplinen (insbesondere Psychologinnen und Psychologen) in die Auswahl einzubeziehen (Bremen, Niedersachsen, Schleswig-Holstein). Fakt ist, dass kein Hochschulstudium schwerpunktmäßig spezielle Führungsfertigkeiten vermittelt und folgerichtig steckt auch das Strafvollzugsgesetz den Rahmen der Bewerberauswahl weiter: „Ein Beamter des höheren Vollzugsdienstes ...“, heißt es in § 156 StVollzG, soll es sein.

Die Ausschreibung der Stelle eines Anstaltsleiters wird zwar allen Beamten und Beamtinnen des höheren Dienstes zugänglich gemacht, aber in manchen Bundesländern – so scheint es – wird der nicht-juristische Bewerber von vornherein als für diese Aufgabe ungeeignet ausgesondert. Anders ist nicht zu erklären, wenn in etlichen Jahrzehnten keinem anderen Bewerber eine Anstaltsleitung übertragen wurde. Alle Nicht-Juristen ungeeignet? Unwahrscheinlich!

Ich habe sowohl hervorragende JuristInnen als auch PsychologInnen in Leitungsfunktion kennen gelernt (das hat wohl jeder, der längere Zeit dabei ist). „Spricht man mit ihnen über ihr Amt (Leitung der Anstalt), so ist oft auch bei längerem Kontakt nicht herauszuhören, welche Grundausbildung der Gesprächspartner gehabt hat“, schrieb Böhm (2003). In der Tat prägt die berufliche Position das Verhalten nachdrücklicher als die berufliche Ausbildung. Ich habe mich selbst als Anstaltsleiterin mitunter gefragt, was denn nun so spezifisch Psychologisches an meinem beruflichen Wirken ist – und die Antwort war nicht immer sehr klar.

Langfristig halte ich es personalpolitisch für bedenklich, MitarbeiterInnen, die Leistung und Karriere koppeln möchten, prinzipiell bei der Besetzung von Spitzenämtern auszugrenzen. Bei manchen dürfte das Einfluss auf ihr berufliches Engagement haben, manche(r) tüchtige Bewerber(in) wird in dieses Berufsfeld möglicherweise gar nicht erst einsteigen. Eine solche Personalpolitik wird zudem kaum MitarbeiterInnen anspornen, sich durch Fortbildung auf Managementaufgaben vorzubereiten und sich zur Verfügung zu halten.

Ein weiteres gebe ich zu bedenken: Die Kompetenzen, das Wissen derjenigen, die Führungspositionen bekleiden, setzen sich gegenüber anderen Fachkompetenzen leichter durch. Die psychologische Fachkompetenz wurde lange Zeit nur unzulänglich genutzt, weil sie nicht an Einfluss und Macht geknüpft war. Die klinischen und die forensischen psychologischen Kompetenzen wurden erst bedeutsam und finden regelmäßig in Besprechungen und Entscheidungen Eingang, seit sie per legem abzurufen sind.

Einige Bundesländer haben begonnen, PsychologInnen in ihre Aufsichtsbehörden zu berufen (Brandenburg, Hamburg, Hessen, Niedersachsen, Nordrhein-Westfalen, Rheinland-Pfalz, Schleswig-Holstein). Von einem leitenden Ministerialbeamten wurde mir als Begründung mitgeteilt: „Wir wollen auf den fächerübergreifenden Austausch und auf die interdisziplinäre Zusammenarbeit nicht mehr verzichten und die Chance auf ein breiter gefächertes Spektrum an Überlegungen und Lösungskonzepten nutzen".

3. Schlusssatz

Georg Wagner nannte 1972 die psychologische Fachdisziplin eine „bevormundete Wissenschaft". In den seitdem vergangenen Jahrzehnten hat sie sich aus ihrer eher randständigen Position gelöst und im Justizvollzug etabliert.

Die Psychologinnen und Psychologen liefern unverzichtbare Beiträge insbesondere bei der Diagnostik und Behandlung von Straftätern, bei der Auswahl und beruflichen Qualifizierung des Personals, bei der Klimagestaltung und Organisationsentwicklung, bei der Qualitätssicherung psychologischer Methodik. Nicht zuletzt haben sie bedeutsamen Anteil an der Entwicklung des Gefängnisses zu einer modernen behandlungsorientierten und an humanitären Grundsätzen ausgerichteten Einrichtung.

Literatur

Ballhausen W., Federl G., Schott D. & Wagner G. (1974). *Vollzugspsychologie für Bedienstete in Justizvollzugsanstalten.* München: Eigenverlag Bayerisches Staatsministerium der Justiz.

Barth A. (2004). Psychologen als Leiter. In: Pecher W. (Hrsg.). *Justizvollzug in Schlüsselbegriffen.* Stuttgart: Kohlhammer, 193-202.

Böhm A. (2003). *Strafvollzug, 3. Aufl.* Neuwied u. Kriftel: Luchterhand.

Egg R. & Kröniger S. (2004). Sozialtherapie und Sozialtherapeutische Einrichtungen. In: G. Rehn R., Nanninga, A. & Thiel A. (Hrsg.). *Freiheit und Unfreiheit.* Herbolzheim: Centaurus, 219-233.

Kröniger S. (2004). *Sozialtherapie im Strafvollzug 2004. Ergebnisübersicht zur Stichtagserhebung vom 31.3.2004.* Kriminologische Zentralstelle Wiesbaden: Eigenverlag.

Lösel F. (1992). Sprechen Evaluationsergebnisse von Meta-Analysen für einen frischen Wind in der Straftäterbehandlung? In: Killias M. (Hrsg.), *Rückfall und Bewährung*. Zürich: Rüegger, 335-353.

Lösel F. (2004). „Unbehandelbare“ Straftäter: Probleme und Lösungsansätze. In: Rehn G., Nanninga R. & Thiel A. (Hrsg.). *Freiheit und Unfreiheit*. Herbolzheim: Centaurus, 368-382.

Rotthaus K.-P. (2005). *Psychologen und Juristen im Justizvollzug*. In diesem Buch.

Wagner G. (1972). *Psychologie im Strafvollzug. Analysen und Reformvorschläge*. München: Goldmann.

Hauptsache ist, dass nichts passiert?

von Monica Steinhilper

1. Strafvollzug im Spiegel der Öffentlichkeit

Seit Jahrzehnten ist der Strafvollzug bemüht, sein Image und das seiner Mitarbeiter in der Öffentlichkeit zu verbessern. So wird auf geringere Rückfallquoten nach speziellen Behandlungsmaßnahmen (z. B. Sozialtherapie) und berufsqualifizierende Weiterbildung hingewiesen und mit Produkten aus Arbeitstherapie und Ausbildung z. B. auf Weihnachtsmärkten für den Behandlungsvollzug geworben. Auch die Bedeutung des allgemeinen Justizvollzugsdienstes (AVD) für Sicherheit und Resozialisierung sowie das strenge Eignungsauswahlverfahren für diese Laufbahn und die anspruchsvolle Ausbildung werden herausgestellt. Seit Mitte der neunziger Jahre hat der Justizvollzug als Werbestrategie die Verwaltungsmodernisierung entdeckt: neue Steuerungsmodelle, Kosten- und Leistungsrechnung, Budgetierung, Balanced Scorecard und Controlling sind die Schlagworte, die den Justizvollzug modern, leistungsfähig und in Organisation und Steuerung einem Wirtschaftsunternehmen vergleichbar erscheinen lassen. Nichts wirkt – in der Öffentlichkeit! Im Gegenteil: Law and order-Denken nehmen zu; die Aufbruchstimmung der siebziger Jahre ist vorbei.

„Wir sind vorn!“ Mit Selbstbewusstsein und Charisma versuchen auch wir in Niedersachsen, positiv auf uns aufmerksam zu machen und dem „Schmuddelimage“ des Strafvollzugs zu entfliehen. In zahlreichen Vorträgen quer durch die Republik, auf Konferenzen und Fortbildungstagungen und im Dialog mit anderen Behörden versuchen wir, den Justizvollzug als einen attraktiven, modernen und leistungsstarken Dienstleistungsbetrieb zu präsentieren. Vollzugsabteilungen anderer Bundesländer machen es ebenso, unterstützt durch die jeweiligen Pressereferate, die behilflich sind, Erfolgsmeldungen öffentlichkeitswirksam zu vermarkten („Weniger Ausbrüche“, „Weniger Entweichungen als im Vorjahr“, „Therapie senkt Rückfallquote“, „Hauptsekretär Meyer mit Theodor und Friederike Fliedner-Medaille ausgezeichnet“, „JVA Celle gewinnt Wettbewerb als innovative Behörde“). Diese Verlautbarungen bleiben jedoch meist ungehört und ungelesen, wenn sie von den Medien überhaupt aufgenommen werden.

Völlig anders ist das Medienecho, wenn einer von etwa 20.000 Gefangenen, die Jahr für Jahr durch den niedersächsischen Vollzug laufen, ausbricht. Oder wenn die Redaktion einer Tageszeitung erfährt, dass ein Gefangener aus dem offenen Vollzug entwichen oder von einer Vollzugslockerung nicht zurückgekehrt ist. Diese Ereignisse sind mit sehr großer Wahrscheinlichkeit am nächsten Tag nachzulesen oder beherrschen, im Fall eines Ausbruchs, z. T. auch wochenlang die örtliche Presse. Bitter ist es für die Mitarbeiter des Justizvollzugs zu erleben, wie Einzelfälle pauschaliert und nicht selten skandalisiert werden. In Niedersachsen ist im vergangenen Jahr sogar über Entweichungen aus Jugendarrestanstalten mehrfach berichtet worden. In einem Fall hatte die Polizei zur Unterstützung der sofort eingeleiteten Fahndung einen (allerdings bereits in der Luft befindlichen) Hubschrauber eingesetzt; das Vorkommnis wurde noch berichtenswerter.

Während der öffentlichen Diskussionen und parlamentarischen Debatten um einzelne „besondere Vorkommnisse" interessiert sich niemand dafür, dass zum Beispiel die Wahrscheinlichkeit eines Ausbruchs in Niedersachsen 2004 lediglich 0,015% betragen hat und demnach ein seltenes Ereignis ist, das weder den Rücktritt des Justizministers rechtfertigt noch Sicherheitsmängel im Justizvollzug belegt. Niemand will hören, dass die Wahrscheinlichkeit, Opfer eines beurlaubten Gefangenen zu werden, um ein Vielfaches geringer ist, als bei einem Verkehrsunfall zu sterben. Niemand will hören, dass bei mehr als 70.000 Ausgängen und 20.000 Urlauben im Jahr die Mitarbeiter des niedersächsischen Justizvollzugs eine hervorragende prognostische und betreuerische Arbeit leisten. Niemand will hören, dass 65% der Gefangenen Strafen von weniger als zwei Jahren verbüßen und nach relativ kurzer Zeit wieder unsere Nachbarn sind. Und noch immer halten sich in der Öffentlichkeit hartnäckig Berufsbezeichnungen wie „Wärter" oder „Aufseher". Trotz nachweisbarer Behandlungserfolge bei der Therapie von Sexualstraftätern heißt es pauschal: „Wegsperren für immer!"

Wieso erntet der Justizvollzug in der Gesellschaft nicht die Anerkennung, die er verdient? Wieso erwartet die Öffentlichkeit, im Justizvollzug dürfe überhaupt nichts passieren: keine Entweichungen, keine Straftaten während Vollzugslockerungen, kein Drogenmissbrauch, keine Übergriffe auf Bedienstete, keine Auseinandersetzungen in der Subkultur, keine Suizide? In welchem anderen Dienstleistungssektor unserer Gesellschaft haben wir diese Null-Fehler-Toleranz (z. B. in der ärztlichen (Fehl-)Behandlung, im Straßenverkehr, im Umweltschutz)?

2. Veränderung des kriminalpolitischen Kraftfeldes

Maelicke hat 2001 anschaulich dargestellt, wie sich die Akzeptanz des Justizvollzugs in den vergangenen Jahrzehnten nach Verabschiedung des Strafvollzugsgesetzes gewandelt hat. In den entscheidenden gesellschaftlichen Bereichen gab es seinerzeit weitgehende Übereinstimmung darüber, was Strafvollzug leisten sollte und musste und wie er zu reformieren war. Die Politik hat sich von der

Wissenschaft überzeugen lassen; deren Erkenntnisse fanden ihren Niederschlag in der Rechtsprechung. Bürger und Medien standen dem sog. Behandlungsvollzug aufgeschlossen gegenüber. Kriminalpolitiker, Journalisten, Wissenschaftler, Praktiker aus dem Vollzug, Richter und Staatsanwälte und die Bürger haben mehr miteinander gesprochen und sich konzeptionell befruchtet.

Schaubild 1

Verändertes Kriminalpolitisches Kraftfeld

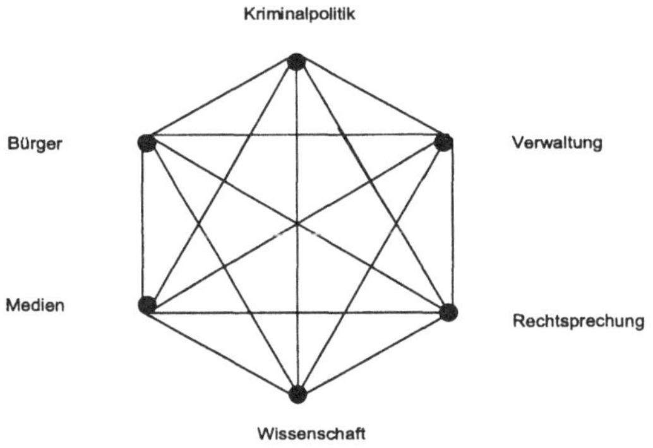

aus: Maelicke B. (2001). Perspektiven des Behandlungsvollzugs in Deutschland; *Zeitschrift für Kriminalpolitik, 13, Heft 3*, 20.

Heute gibt es diesen Konsens auf breiter Ebene nicht mehr. Heute beeinflussen die Medien mit tagespolitischen Ereignissen die Kriminalpolitik unmittelbar. Heute sind es überwiegend spektakuläre Einzelfälle, die öffentlichen und parlamentarischen Druck erzeugen und z.T. symbolischen und legislativen Aktionismus provozieren. Der Wunsch des Bürgers nach Vereinfachung in einer komplexen Welt mit einer unüberschaubaren Informationsdichte und seine Orientierungslosigkeit haben diese Entwicklung begünstigt. Politiker und politische Parteien sind kaum in der Lage, sich diesem öffentlichen (Medien-)Druck zu widersetzen. Symbolischer Aktionismus, symbolische Gesetzgebung, aber auch symbolische Rufe aus der Wissenschaft, die an vergangenen Zeiten festhält und die gesellschaftlichen Veränderungen negiert, machen es einer „rationalen Kriminalpolitik" schwer.

Zu Recht wird darauf hingewiesen, dass die in den sechziger und siebziger Jahren versprochenen Effekte und erhofften Erfolge des Strafvollzugs nur in bescheidenem Umfange eingetreten sind. Die Kluft zwischen der Erwartung des Gesetzgebers und der Vollzugswirklichkeit ist unübersehbar (siehe u. a. die Begründung der Bundesratsinitiative Niedersachsens zur Änderung des § 18 StVollzG – Recht auf Einzelunterbringung). Wissenschaftler und Experten aus der Praxis müssen sich fragen, woran es liegt: Fehlende Ressourcen? Unbegründete Behandlungseuphorie? Falsche Konzepte? Strukturelle Mängel in der Organisation der Straffälligenhilfe?

3. Konsequenzen für Politik und Verwaltung

Wie wirkt sich dies auf den Justizvollzug – auf die Justizminister und die Vollzugsabteilungen in den Ministerien aus?

Politik und Administration setzen demonstrativ auf das Thema „Sicherheit". Sicherheit heißt die Botschaft nach außen. Sicherheit toppt Resozialisierung (siehe u. a. die Bundesratsinitiative aus Hessen zur Änderung des § 2 StVollzG). Wir definieren uns selbst als Teil der inneren Sicherheit und als Dienstleistungsbetrieb für die Gesellschaft zum Schutz der Allgemeinheit. Wir setzen uns selbst in puncto Sicherheit unter Erfolgsdruck:

> Presseerklärung des Bayerischen Staatsministeriums der Justiz vom 03.01.2005:
> „Auch 2004 kein Ausbruch aus bayerischen Gefängnissen – Justizministerin Dr. Beate Merk: ‚Eine großartige Leistung'."

> Presseinformation des Hessischen Ministeriums der Justiz vom 20.02.2005:
> „Hessens Gefängnisse so sicher wie noch nie / Kein Ausbruch im Jahr 2004 / Sicherheit der Anstalten und Sicherheit der Bevölkerung in den vergangenen Jahren weiter erheblich verbessert / Justizminister Christian Wagner besucht Justizvollzugsanstalt Gießen."

> Pressemitteilung des Niedersächsischen Justizministeriums vom 02.01.2003:
> „Niedersachsens Gefängnisse waren noch nie so sicher wie heute. Justizminister Pfeiffer zieht Bilanz 2002 des Justizvollzugs: Kein einziger Ausbruch – 18 Ausbruchsversuche im Vorfeld aufgedeckt und vereitelt."

> Pressemitteilung des Landes Brandenburg vom 29.03.2005:
> „Brandenburgs Justizvollzugsanstalten sind sicher... Im Jahr 2004 gab es aus dem geschlossenen Vollzug keine Flucht."

Geradezu wohltuend ist es, wenn die Niedersächsische Justizministerin Elisabeth Heister-Neumann in einer Landtagsrede deutlich macht, dass es eine 100%ige Sicherheit im Justizvollzug nicht geben kann, weder bei der CDU noch bei der SPD noch bei der FDP noch bei den GRÜNEN (Pressemitteilung des Niedersächsischen Justizministeriums vom 28.01.2005).

Wir verrennen uns in Zahlenakrobatik, um die Leistungsfähigkeit des Justizvollzugs als Dienstleistungsunternehmen für die Sicherheit in unserer Gesellschaft unter Beweis zu stellen (Es ist leichter, mit Entweichungszahlen und Lockerungsversagen zu jonglieren als mit Rückfallquoten!). Wir untermauern die Sicherheit im Justizvollzug, indem wir absolute Zahlen mitteilen (0 Ausbrüche in 2002) oder sie in Relation zu je 1.000 Gefangene berechnen (1995: 3,6 Ausbrüche pro 1.000 Gefangene, 2001 lediglich 0,4 Ausbrüche pro 1.000 Gefangene) oder wir berechnen die Wahrscheinlichkeiten für Ausbrüche über die einzelnen Legislaturperioden (z. B. SPD-Zeit: 0,018% Ausbruchswahrscheinlichkeit). Wir rechnen die Zahlen dorthin, wo wir sie haben wollen. Sie sollen so eindrucksvoll wie möglich belegen, dass der Justizvollzug, für den wir verantwortlich sind, – fast – absolut sicher ist.

Wir machen gerne öffentlich, wie viele Millionen Euro wir in die instrumentelle Sicherheit gesteckt haben, wie viele Meter S-Draht verlegt und wie viele Personennotrufanlagen beschafft wurden. Bei Haushaltsverhandlungen begründen wir unsere Personalforderungen gerne mit Sicherheitsbelangen. Wir haben gelernt, insoweit mit dem Thema „Sicherheit" zu gewinnen. Und wir dürfen uns daher nicht wundern, wenn die Öffentlichkeit ein verzerrtes Bild von den Insassen einer Justizvollzugsanstalt und ihrer Gefährlichkeit hat. Tragen nicht auch wir, die eine einseitige Ausrichtung der Medien auf sicherheitsrelevante Ereignisse im Justizvollzug beklagen, mit dazu bei, dass die Bevölkerung zum Beispiel zunehmend weniger Verständnis für Vollzugslockerungen hat und selbst Entweichungen aus dem offenen Vollzug als Bedrohung der persönlichen Sicherheitslage erlebt?

Es wird kein Zurück mehr in die Stimmungslage unserer Gesellschaft der sechziger und siebziger Jahre geben. Das Strafvollzugsgesetz wird sich Schritt für Schritt den Realitäten anpassen müssen. Unsere Gefangenenklientel hat sich seit 1977 negativ verändert und erfordert zweifelsohne heute mehr Sicherheit als noch vor 40 Jahren. Die Medien tun ein Übriges. Es ist daher für den Justizvollzug klug, sich professionell auf den Umgang mit den Medien vorzubereiten.

In Niedersachsen sind die Anstaltsleiter für die örtliche Pressearbeit verantwortlich. Sie sind in Medientrainings geschult. Durch regionale Öffentlichkeitsarbeit gelingt es immer wieder, das Interesse der Bürger auch losgelöst von spektakulären Einzelfällen auf den Justizvollzug zu lenken und sie mit den vielfältigen Problemen, Fragen und Konzepten und den Auswirkungen auf die Insassen vertraut zu machen. Durch gute Medienarbeit vor Ort wird nicht selten ein Klima im Umfeld der Justizvollzugsanstalt geschaffen, in dem besondere Vorkommnisse wie Entweichungen oder Lockerungsmissbräuche in das richtige – sachliche – Licht gerückt werden, in dem Fakten zählen und nicht irrationale Ängste. Das muss weiter – bundesweit – verstärkt werden.

Wenn etwas passiert, ist für die Strafvollzugsabteilungen vor allem ein gutes Krisenmanagement wichtig. Schnelle, zuverlässige Informationen aus den Anstalten nach besonderen Vorkommnissen sind elementar, ebenso wie die zügige Information an die politische Spitze und die Presseabteilung, eine verlässliche Analyse der Ausgangssituation, die Entwicklung einer „Strategie" für die Verlautbarungen nach außen und institutionalisierte Formen der Beratung und Abstimmung aller in der politischen und medialen Öffentlichkeit auftretenden Personen. Wichtig ist, dass die notwendigen Konsequenzen gezogen werden, aber eben auch nur die notwendigen und nicht mehr. Aktionismus trägt zur Dramatisierung einzelner Vorkommnisse bei. Auch wenn die Versuchung groß ist, aus einem Ausbruch oder einer Geiselnahme bei Haushaltsverhandlungen Kapital zu schlagen, sollte Zurückhaltung geboten sein. Dem Bild des Justizvollzugs in der Öffentlichkeit wird es zugute kommen.

4. Das Ausbalancieren von Zielen- Anforderung an Aufsicht und Steuerung im Justizvollzug

Ein gekonntes Krisenmanagement und ein gelassener Umgang mit Medien und Politik sind allerdings nicht alles. Für die Entwicklung des Justizvollzugs, für das Zusammengehörigkeitsgefühl und Ansehen der Mitarbeiter ist es elementar, dass nach innen und nach außen gerichtete Ziele in einem ausgewogenen Verhältnis zueinander stehen. Der Justizvollzug muss als komplexe Organisation verstanden werden, die auch wirtschaftlich zu führen ist. Ein effizienter Personaleinsatz ist für den Erfolg des Justizvollzugs ebenso wichtig wie eine gute Personalentwicklung. Keinesfalls darf in der Aufsichtsbehörde die Haltung vorherrschen: „Hauptsache ist, dass nichts passiert."

Der niedersächsische Justizvollzug arbeitet deshalb mit einer Balanced Scorecard (BSC), die interne, externe, wirtschaftliche und öffentlichkeitswirksame Ziele unterscheidet. Die BSC liegt dem Arbeitsprogramm, dem Aufsichtssystem, dem Controlling mit den zugeordneten Kennzahlen und sogar der Geschäftsverteilung in der Strafvollzugsabteilung zugrunde. Wenn auch im Außenverhältnis sicherheitsrelevante Themen dominieren, sind im Innenverhältnis Fragen der Behandlung, der gesetzmäßigen Unterbringung der Gefangenen, der Personalentwicklung und des Personaleinsatzes, der ökonomischen Ausrichtung und der wirksamen Öffentlichkeitsarbeit annähernd gleichermaßen wichtig. Die Orientierung an einem ausbalancierten Zielsystem hilft, einer einseitigen Ausrichtung an Sicherheitsbelangen entgegenzuwirken. Aus der Privatwirtschaft ist bekannt, dass nur die Organisationen sich erfolgreich entwickeln, die strategisch geführt werden, den Blick auf das Personal, die Zahlen und auf das Image richten. Je stabiler und ausgewogener eine

Organisation nach innen ist, um so leichter fällt es ihr, nach außen selbstbewusst aufzutreten.

Eine selbstbewusste, starke und funktionierende Organisation ist wie eine gute Marke. Sie darf einmal irren und Fehler machen, ohne dass gleich das ganze Vertrauen verloren geht. Ein Vorfall darf nicht beschönigt, sondern muss offensiv angegangen werden, um das Problem zu lösen. Für den Justizvollzug in Niedersachsen bedeutet dies, dass jedes besondere Vorkommnis Anlass ist aufzuklären, Ursachen zu finden, Konsequenzen zu ziehen und diese öffentlich zu kommunizieren.

Niedersachsen sucht daneben verstärkt den Kontakt zu Forschungseinrichtungen. Die empirische Wissenschaft ist ein wichtiger Partner für den Justizvollzug. Die Kommunikation zwischen Vollzugspraxis und Forschung muss neu belebt und ein gemeinsames Verständnis über Notwendiges, Machbares und Erfolgreiches im Justizvollzug entwickelt werden. Dann haben wir eine Chance, gehört und ernst genommen zu werden und trotz des einseitigen Medieninteresses eine rationale Kriminalpolitik voranzubringen.

Kriminologische Forschung im Strafvollzug

Der Kriminologische Dienst als Insel zwischen Wissenschaft und Praxis, Öffentlichkeit und Politik

von Gabriele Dolde

Der hier zu ehrende und sehr geschätzte Georg Wagner hat 1985 das „Gefängnis" als „Biotop" betrachtet (Wagner 1985, 84 ff.) und 10 Jahre später „Inseln der Behandlung" gefunden (Wagner 1995, 96 f.), wie z. B. Behandlungsgruppen, sozialtherapeutische Einrichtungen und andere Maßnahmen. Im Folgenden möchte ich den Blick auf eine andere Insel richten, nämlich auf den Kriminologischen Dienst (§ 166 StVollzG), der irgendwo zwischen akademischer Forschung und Praxis des Justizvollzugs seine Existenzberechtigung sucht und ab und zu kleine Signale sendet. 1985 beurteilte Georg Wagner das Entwicklungspotenzial und die Einwirkungsmöglichkeiten des Kriminologischen Dienstes ziemlich skeptisch (Wagner 1985, 65). Auch heute, nach 20 Jahren hat die institutionelle Entwicklung des Kriminologischen Dienstes seine skeptische Einschätzung eher bestätigt als widerlegt. So kommentiert Jehle (Schwind, Böhm & Jehle 2005, Rn. 6):

> „Die personelle und finanzielle Ausstattung des Kriminologischen Dienstes, seine gedankliche Verankerung in den Ministerien und in der Strafvollzugspraxis, ist nach wie vor äußerst dürftig. Eine kritische Bilanz ergibt: Die *Chance* des Kriminologischen Dienstes ist in der Bundesrepublik Deutschland *nicht hinreichend genutzt.* §166 ist daher nach wie vor überwiegend Programm geblieben."

Jehle teilt diese kritische Bilanz mit anderen namhaften Kriminologen und Kommentatoren des Strafvollzugsgesetzes, wie z.B. Böhm (2003, RN. 56), Laubenthal (2002, Rn.304), Calliess & Müller-Dietz (§ 166, Rn. 1) und Schöch (§ 11, Rn. 30). Dabei wird in den Kommentaren die Kritik an der mangelnden Institutionalisierung mit der Forderung verbunden, die Kriminologischen Dienste in den Ländern stärker auszubauen.

1. Aufgaben des Kriminologischen Dienstes

> Dem Kriminologischen Dienst obliegt es, in Zusammenarbeit mit den Einrichtungen der Forschung den Vollzug, namentlich die Behandlungsmethoden, wissenschaftlich fortzuentwickeln und seine Ergebnisse für Zwecke der Strafrechtspflege nutzbar zu machen (§ 166 StVollzG).

Anfang der 1970er Jahre waren offensichtlich die „Väter“ des Strafvollzugsgesetzes von der Notwendigkeit eines Kriminologischen Dienstes überzeugt. Sowohl der Regierungsentwurf von 1973 als auch der Alternativentwurf zum Strafvollzugsgesetz hatten eine selbstständige und einflussreiche Organisation für die kriminologische Forschung im Strafvollzug gefordert. Allerdings wurden die Aufgaben des Kriminologischen Dienstes nur vage umschrieben, ohne dass im Laufe von 30 Jahren weitere Konkretisierungen erfolgten (Dolde 1999, 206 ff.). Strittig ist, ob die Länder überhaupt verpflichtet sind, nach § 166 StVollzG einen Kriminologischen Dienst einzurichten (Schöch, § 11, Rn. 28). Nach Arloth &Lückemann (2004, § 166) handelt es sich um keine Pflichtaufgabe, vielmehr sei es den einzelnen Landesjustizverwaltungen überlassen, einen Kriminologischen Dienst nach ihren jeweiligen finanziellen, personellen und organisatorischen Möglichkeiten einzurichten.

Das kriminalpolitische Interesse an der wissenschaftlichen Begleitung durch den Kriminologischen Dienst bleibt aber weiterhin bestehen, wie der Entwurf eines Gesetzes zur Regelung des Jugendstrafvollzuges (Bundesministerium der Justiz, 29.04.2004) zeigt. § 39 GJVollz fordert – wie folgt – kriminologische Forschung:

> „Die Vollzugsbehörden sollen den Jugendstrafvollzug, insbesondere seine Gestaltung, die Umsetzung seiner Leitlinien und die Fördermaßnahmen für die Gefangenen regelmäßig durch den Kriminologischen Dienst, durch eine Hochschule oder durch eine andere Stelle wissenschaftlich begleiten und erforschen lassen.“

Die wissenschaftliche Begleitforschung als permanente Evaluation des Strafvollzugs und des Vollzugs der Jugendstrafe wird also weiterhin gefordert. Hierfür ist zwar in besonderer Weise der Kriminologische Dienst berufen, die wissenschaftliche Begleitung kann aber auch durch eine Hochschule oder durch andere geeignete Stellen, die wissenschaftliche Forschung betreiben, erfolgen. Nach dem aktuellen Gesetzentwurf zur Regelung des Jugendstrafvollzugs ist entscheidend, dass der Nutzen der verschiedenen Fördermaßnahmen evaluiert wird – gleichgültig ob durch behördeninterne Forschung des Kriminologischen Dienstes oder durch „freie“ wissenschaftliche Institutionen. Die am Ziel des Vollzugs orientierten Effizienzuntersuchungen, die die Wirksamkeit bereits eingeführter Behandlungsmaßnahmen, organisatorischer Veränderungen oder Differenzierungen überprüfen, stehen im Mittelpunkt. Nach § 166 StVollzG hat der Kriminologische Dienst neben dieser feststellenden und kontrollierenden Funktion aber auch im positiven und aufbauenden Sinne die Aufgabe, den Vollzug zu verändern und zu verbessern. Diese Funktion traut man dem Kriminologischen Dienst offensichtlich kaum noch zu, faktisch wird diese Aufgabe überwiegend von den Justizverwaltungen der Länder wahrgenommen. Es bleibt also als Hauptaufgabe des Kriminologischen Dienstes die „praxisorientierte Bedarfsforschung" (Jehle 2005, Rn. 8), bei der es primär um die Evaluierung des Erfolgs bestimmter Maßnahmen geht.

Eine positive Ausnahme bildet die Arbeitsgruppe Kriminologischer Dienst des Justizministeriums Nordrhein-Westfalen. Nachdem W. Wirth durch Erhebungen bei Entlassenen aus dem Jugendvollzug das erhöhte Rückfallrisiko von Arbeitslosen und die positiven Wirkungen „berufsfördernder" Maßnahmen auf die Wiedereingliederung junger Gefangener „statistisch nachweisen" konnte (Forschungsbericht 1989), entwickelte er mit seinem Team ein überregionales Vermittlungs- und Nachsorgenetz zur beruflichen Wiedereingliederung Haftentlassener in Nordrhein-Westfalen (www.mabis-net.de). Mabis-net (2002-2005 Modellprogramm) verknüpft das berufliche Qualifizierungsangebot des Strafvollzugs mit externen Ausbildungs- und Beschäftigungsangeboten für Haftentlassene. Dabei zielt die „Marktorientierte Ausbildungs- und Beschäftigungsintegration für Strafentlassene" darauf, Gefangene schon während der Haft in Arbeitsverhältnisse oder (Folge-) Qualifizierungsmaßnahmen nach der Entlassung zu vermitteln. Mabis-net wird durch das Justizministerium des Landes Nordrhein-Westfalen getragen und durch das Bundesministerium für Wirtschaft und Arbeit im Rahmen der Gemeinschaftsinitiative IQUAL aus Mitteln des europäischen Sozialfonds gefördert. Dieses Beispiel zeigt, dass aus zunächst recht einfach erscheinenden statistischen Erkenntnissen kreativ Modelle entwickelt werden können, die sogar im europäischen Verbund interessant sind und auch gefördert werden (Wirth 1992, 347 ff.).

Der Forschungsbedarf im Vollzug ist nach wie vor enorm groß und betrifft sehr unterschiedliche Forschungsfelder.

1.1 Deskriptive Studien zur Gefangenenstruktur und zu Maßnahmen im Vollzug

Für den mit Einzelfällen beschäftigten Praktiker kann es sehr hilfreich sein, wenn er statistisch abgesicherte Daten zur Gefangenenstruktur, zu den sozialen und psychischen Defiziten der Gefangenen, zu den verschiedenen Behandlungsmaßnahmen und den Integrationsschwierigkeiten nach der Entlassung einschließlich der späteren Legalbewährung erhält. So wurde beispielsweise in den 1980er Jahren in Baden-Württemberg und in Nordrhein-Westfalen deskriptiv der Jugendstrafvollzug untersucht bis hin zur späteren Legalbewährung der ehemaligen Jugendstrafgefangenen (Kerner, Dolde & Mey 1996, 219 ff., 357 ff.). Aktuell werden vom Kriminologischen Dienst in beiden Ländern für die wegen Sexualstraftaten inhaftierten Gefangenen die Daten zur Biographie (einschließlich strafrechtlicher Vorverurteilungen), aus der psychologischen Diagnostik sowie zum Behandlungs- und Vollzugsverlauf deskriptiv erfasst und ausgewertet.

Eine gründliche Basisdokumentation erleichtert dem Anstaltsleiter als vorausschauendem Manager die Planung, bildet die Basis für einen sinnvollen Vollzugsplan und für die Verbesserung der an den individuellen Bedürfnissen der Gefangenen orientierten Angebote und fördert die Transparenz sowie das Kostenbewusstsein mit dem Ziel, die knappen Mittel effektiver einzusetzen. Daneben hat natürlich auch jede Basisdokumentation den nicht zu unterschätzenden Wert, der interessierten Öffentlichkeit, dem Landtag und anderen Institutionen, die für die Genehmigung der Haushaltsmittel zuständig sind, einen statistisch abgesicherten Leistungsnachweis zu präsentieren und spezifische Problemfelder der Gefangenen, z. B. die zunehmenden Drogenprobleme, sichtbar zu machen (Wirth 2002,104ff.). In den letzten Jahrzehnten hat sich im Vollzug die Gefangenenstruktur mehrfach verändert, so dass die Bildungsmaßnahmen und sonstigen Behandlungsangebote an die veränderten Bedürfnisse und Problemlagen anzupassen sind. Basisdokumentationen und deskriptive Bedarfsforschungen sollten kontinuierlich für das ganze Land durchgeführt werden. Die im Justizvollzug eingeführte elektronische Datenverarbeitung bringt für derartige Dokumentations- und Bedarfsanalysen erhebliche Vorteile. Freilich sollte das nicht zu einem wilden „Daten sammeln" führen, denn nicht alles, was gezählt werden kann, zählt. Umgekehrt gilt natürlich auch: Nicht alles, was zählt, kann gezählt werden. Das heißt, es können auch Dokumentationssysteme sinnvoll sein, die qualitativ den individuellen Gefangenen, seine sozialen Orientierungen und Kompetenzen, sowie seine Behandlungsfortschritte erfassen.

1.2 Evaluierung von bereits eingeführten Behandlungsmaßnahmen - Erfolgskontrollen

In Zeiten der Budgetierung, des Controlling und der Einführung der Balanced Scorecard kommt der Evaluierung bereits eingeführter Behandlungsmaßnahmen ebenso wie der sicheren Unterbringung eine besondere Bedeutung zu. Die immer knapper werdenden Ressourcen sollen dort eingesetzt werden, wo sie Erfolg versprechen. Der Erfolg kann allerdings nur dann gemessen werden, wenn zuvor die *Ziele* klar definiert wurden, also die Maßstäbe für den Erfolg intersubjektiv nachvollziehbar sind. Wenn nach § 2 StVollzG das Vollzugsziel ist, den Gefangenen durch geeignete Angebote auf ein künftiges Leben ohne Straftaten vorzubereiten, dann fokussiert sich das Erkenntnisinteresse auf die Frage: Welche Behandlungsarten, pädagogischen Maßnahmen und Vollzugsformen dienen am ehesten der Erreichung des Vollzugsziels, nach Entlassung ein straffreies Leben zu führen?

Das *Evaluierungskriterium* hierfür ist traditionell die *Legalbewährung* nach der Entlassung aus der Haft für einen festgelegten Zeitraum (z. B. 5 Jahre). Auch wenn die Kriminologen wissen, dass in Anbetracht des Dunkelfeldes dieses Kriterium nur oberflächlich und wissenschaftlich nicht befriedigend ist (Walter 1999, Rn. 335), wird unter pragmatischen Aspekten die Analyse der „Rückfälligkeit“ auf das „Hellfeld“ reduziert. Schließlich werden auch alle Maßnahmen und Sanktionen nur an registrierten Straftätern vollzogen und die Forderungen der Gesellschaft und der Politiker nach härteren Strafen beziehen sich nur auf offiziell identifizierte Rückfalltäter (Egg 2004, 120 f.). Die Öffentlichkeit interessiert sich primär für die sichtbare, offiziell registrierte Kriminalität, denn das Dunkelfeld sieht man nicht und man will es wohl auch nicht sehen.

Die Öffentlichkeit schiebt die Verantwortung für den Rückfall recht einseitig dem Strafvollzug zu, obwohl jedermann einsichtig sein müsste, dass der soziale Empfangsraum und die sozioökonomischen Bedingungen nach der Entlassung (im Rückfallzeitraum) nicht einfach ausgeklammert werden sollten.

Dem Vollzug wird quasi als „Reparaturanstalt“ für eine über Jahrzehnte hinweg misslungene Sozialisation der Gefangenen eine fast unlösbare Aufgabe zugeteilt. Das führte Mitte der 1980er Jahre zur undifferenzierten *„nothing works“*-These mit der Folge, dass sich die wissenschaftlichen Kriminologen aus der Strafvollzugs- und Behandlungsforschung weitgehend verabschiedeten. Denn Erfolgskontrollen im Strafvollzug erscheinen dann überflüssig, wenn Behandlungserfolge nicht mehr zu erwarten sind. Die „nothing-works“-These wurde auch von manchem Vollzugspraktiker resignierend übernommen, obwohl die Kriminologischen Dienste durch differenzierte Rückfalluntersuchungen sich bemühten, positive Ansätze zu finden. Der Weg führte erst zum „something works“, nachdem die internationale Behandlungsforschung in ihren Meta-Evaluationen nicht mehr pauschal nach der Wirkung irgendwelcher Maßnahmen fragte, sondern die Forschungsfragen in folgendem Sinne differenzierte: Welche speziellen Programme wirken wie bei welchen Tätergruppen unter welchen Bedingungen? *„What works for whom“*? (Lösel 1996, 259 ff.; Kury 1999, 260 ff.).

Diese Frage gehört zentral zum „Leitbild“ der Kriminologischen Dienste; sie eröffnet einen immensen Forschungsbedarf im Rahmen des Strafvollzugs. Dabei wird in den letzten Jahren zunehmend mehr gefordert, Kosten-Nutzen-Gesichtspunkte in die Analyse mit einzubeziehen (Entorf & Meyer 2004, 130 ff.).

Das klassische Forschungsfeld für Erfolgskontrollen im Strafvollzug war in den 1980er Jahren die Unterbringung und Behandlung in Sozialtherapeutischen Anstalten (Dolde 1985, 148 ff.). Nachdem seit 1998 durch neue gesetzliche Regelungen die wegen Sexualdelikten Inhaftierten in das Zentrum des Behandlungsinteresses gerückt wurden (§§ 6, 7, 9 StVollzG), sind in jüngster Zeit wieder vermehrt Evaluationsstudien (z. B. in Nordrhein-Westfalen, Baden-Württemberg, Bayern, Niedersachsen) angelaufen, die sich auf die Behandlung dieser Gefangenengruppe konzentrieren.

Die Evaluationsstudien verfolgen im Wesentlichen zwei Ziele bzw. Fragestellungen:

Wird der Vollzug den Anforderungen der neuen gesetzlichen Regelungen gerecht, d. h. entspricht sein Angebot den rechtlichen Erfordernissen? Diese Fragestellung gehört in den Bereich der *Implementationsforschung* und der *Prozessevaluation*.

Das zweite Erkenntnisinteresse zielt auf die Wirksamkeit bzw. auf die Beurteilung des *Erfolges* der Behandlung oder Maßnahmen und wird als *Effektevaluation* bezeichnet. In diesem Zusammenhang wird beispielsweise gefragt: Für welche Gefangenen sind welche Methoden und Behandlungsansätze besonders geeignet, um die Rückfallwahrscheinlichkeit zu reduzieren.? Das Evaluationskriterium ist i. d. R. die Legalbewährung nach der Entlassung. Es könnten aber auch Messungen von Verhaltensänderungen oder bestimmte Ergebnisse psychologischer Tests als Maßstab gewählt werden.

Üblicherweise beziehen sich die Evaluationsstudien auf das *Resozialisierungsziel*. Es wäre aber wünschenswert, wenn das in den letzten Jahren immer stärker in den Vordergrund rückende *Sicherheitsziel* ebenfalls evaluiert würde. In diesem Zusammenhang reicht es nicht aus, nur die Ausbrüche und Lockerungsmissbräuche zu zählen, um den „Ausschaltungseffekt“ durch eine ausbruchssichere Unterbringung und die restriktive Gewährung von Lockerungen zu evaluieren, sondern es ist auch daran zu denken, dass Gefangene vor Übergriffen Mitgefangener wirkungsvoll geschützt werden müssen. Somit muss ein weiteres Ziel sein, der Entwicklung von subkulturellen Machtstrukturen, der gewaltsamen Unterdrückung von Gefangenen durch Gefangene effektiv entgegenzuwirken, damit nicht aus inhaftierten Straftätern Opfer werden (Kury & Smartt 2002, 325 ff.). Sicherheitsziele und Resozialisierungsziele sind zwar verschiedene Aspekte des Vollzuges, aber sie können nicht separat optimal verfolgt werden. Eine zu restriktive Gewährung von Lockerungen erschwert die soziale Integration nach der Entlassung und reduziert somit die Resozialisierungschancen. Eine starke Subkultur der Gefangenen macht die Resozialisierungsbemühungen ineffektiv (Ortmann 1992, 375 ff.), wenn die Gefangenen aufgrund subkultureller Bindungen oder auch Erpressungen die Kooperation mit dem Behandlungsstab ablehnen (Hürlimann 1993; Otto & Pawlik-Mierzwa 2001, 124 ff., Dietlein 2002, 151 ff.; Dolde 2002, 149 f.). Trotz zahlreicher theoretischer Arbeiten, die sich vor allem auf Amerika beziehen, mangelt es in Deutschland an aktuellen, methodisch fundierten empirischen Untersuchungen zu den informellen Machtstrukturen der Subkulturen im Gefängnis.

1.3 Wissenschaftliche Begleitung bei der Modellerprobung

Da bei der Evaluierung von bereits etablierten Behandlungseinrichtungen, wie z. B. der Sozialtherapeutischen Anstalt meistens ein retrospektiver Ansatz gewählt werden muss, ergeben sich methodische Probleme, die nachträglich keine sichere Trennung mehr zwischen *Selektions*effekten und *Behandlungs*effekten erlauben (Dolde 1996, 290 ff.). Wenn der Prozess, der in die Therapie und eventuell auch zum Abbruch der Therapie führt, nicht mehr genau nachvollziehbar ist, kann nicht ausgeschlossen werden, dass nur noch eine „positive Auswahl", die auch ohne Sonderbehandlung bessere Messergebnisse zeigen würde, den therapeutischen Prozess abschließt. Ein experimentelles Untersuchungsdesign, das prospektiv bei der Zuweisung zur Behandlungsgruppe nach dem Zufallsprinzip ansetzt, könnte diese methodischen Mängel umgehen (Ortmann 1995, 87-114), ist aber in der Praxis nur selten realisierbar.

In den letzten 15 Jahren hat sich die Einsicht durchgesetzt, dass Projekte, Modelle oder Programme von Anfang an, also bereits in der Startphase wissenschaftlich begleitet werden sollten. Der Kriminologische Dienst ist bereits in der Phase der Modellerprobung einzuschalten (Jehle 2005, Rn. 15), um durch zeitnahe Rückmeldungen über die Auswahlprozeduren, bzw. über den Zugang zu bestimmten Behandlungseinheiten, über die Durchführung der Maßnahmen selbst bis hin zum Abbruch oder zur programmgemäßen Beendigung der Vollzugspraxis die Möglichkeit zu geben, systematisch über sich selbst zu lernen. Derartige systematische Lernphasen sollten nicht nur auf die Erprobungsphase beschränkt sein, sondern in gewissen Abständen auch nach der Institutionalisierung dieser Maßnahmen oder Vollzugsprogramme stattfinden, um auf Mängel aufmerksam zu machen, die sich mit der Alltagsroutine einschleichen können, aufgrund gewisser „Betriebsblindheit" aus sich heraus aber nicht ohne weiteres sichtbar werden. Darüber hinaus hat die Aufmerksamkeit, die man den zu evaluierenden Prozessen widmet, auch den positiven Nebeneffekt, dass die Motivation der Mitarbeiter, die die Maßnahmen und Programme durchführen, gestärkt wird. Als Beispiel für diese Vorgehensweise kann auf die Einführung des sog. Kurzstrafenprogramms von Baden-Württemberg verwiesen werden, das seit den 1980er Jahren für einen definierten Gefangenenkreis die sofortige Zulassung zum Freigang vorsieht (Dolde & Rössner 1987). Es wurde damals schrittweise erprobt, ob und bei welchen Gefangenen eine soziale Desintegration durch die sofortige Zulassung zum Freigang, also unmittelbar nach Aufnahme im Vollzug vermieden werden kann. Die positiven Ergebnisse der wissenschaftlichen Begleitung führten dazu, dass dieses Programm, das zunächst bei Freiheitsstrafen bis zu 6 Monaten erprobt wurde, schrittweise auf Strafen bis zu 15 Monaten ausgedehnt werden konnte. Erst in einer späteren Phase erfolgten Rückfalluntersuchungen, die im Sinne einer

„Effektevaluation" eruieren sollten, ob diese Vollzugsform in Hinblick auf ein späteres straffreies Leben effektiv ist. Das Ergebnis konnte zeigen, dass die Gefangenen des Freigängervollzugs deutlich geringere Rückfallraten hatten als andere und sich somit die Vermeidung der sozialen Desintegration bewährte. Das gesellschaftliche Vorurteil, dass der Strafvollzug als Freigang nicht ausreichend eindrucksvoll sei, konnte empirisch widerlegt werden (Dolde 1992, 24 ff.).

Wenn der Kriminologische Dienst die zeitnahe Evaluierung als Feedback für die systematische Fortentwicklung der Vollzugspraxis ernst nimmt, dann muss er auch die Warn- und Kritikfunktion wahrnehmen. Er muss vor Maßnahmen und Änderungen in der Praxis warnen, die vielleicht politisch populär, aber kriminologisch widersinnig sind oder sich im Laufe der wissenschaftlichen Begleitung als Irrwege erweisen. Wenn beispielsweise kriminologische Untersuchungen zeigen, dass die zu einem bestimmten Zeitpunkt wegen eines Sexualdelikts Inhaftierten nur selten „gefährliche Serientäter" in dem Sinne sind, dass sie nach einschlägigen Vorstrafen auch einschlägig rückfällig werden (Elz 2001; 2002), sondern häufig kriminelle Karrieren hinter und vor sich haben, wie viele andere Gefangene auch, ihr Rückfallrisiko sogar unter dem Durchschnitt der sonstigen Gefangenen liegt, dann muss die spezielle Behandlung von „Sexualstraftätern" im Vollzug kritisch hinterfragt werden. Denn aufgrund der knappen Ressourcen besteht die Gefahr, dass die Gefangenen, die aktuell nicht wegen eines Sexualdelikts inhaftiert sind, aber ein erhebliches Rückfallrisiko haben, kaum noch Chancen haben, psycho- oder sozialtherapeutisch behandelt zu werden.

1.4 Haftvermeidung als Praxisexperiment und Forschungsfeld

„Niemand sägt gerne den Ast ab, auf dem er sitzt."

Die Praxis zeigt aber, dass sowohl die Justizverwaltungen als auch die Leiter und Mitarbeiter des Justizvollzuges daran interessiert sind, die Überbelegung der Vollzugsanstalten zu reduzieren. Die *Haftvermeidung* liegt also im Interesse der Praxis. So ist der Vollzug von *Ersatzfreiheitsstrafen* nicht nur lästig, sondern auch unökonomisch, weil hier teure Haftplätze von Gefangenen besetzt werden, für die eigentlich der Strafvollzug der falsche Ort ist. In diesem Zusammenhang sind einerseits Befragungen von Ersatzfreiheitsstrafen verbüßenden Gefangenen über ihren sozioökonomischen Hintergrund und die Gründe für die gescheiterte Tilgung der Geldstrafe hilfreich und andererseits müssen die Möglichkeiten der Ratenzahlungen und der gemeinnützigen Arbeit zur Vermeidung des Vollzugs empirisch eruiert werden (Dolde 1999, 15 ff.). Es lohnt sich, auch im derzeitigen System der Strafvollstreckung nach Möglichkeiten zu suchen, den Geldstrafenschuldnern effektiver zu helfen, den drohenden Vollzug der Ersatzfreiheitsstrafe zu vermeiden (Dünkel, Scheel & Grosser 2002, 56 ff.).

Eine andere Möglichkeit der Haftvermeidung zielt auf die *Verkürzung der Untersuchungshaft* durch frühzeitige Strafverteidigung auch der Beschuldigten, die zu Beginn der U-Haft noch nicht durch einen Wahlverteidiger vertreten sind (Jehle & Bossow 2002, 73 ff.).

Solche und ähnliche Praxisexperimente werden teilweise durch Stiftungen finanziert und sollten stets wissenschaftlich evaluiert werden (z. B. Projektverbund „Haftvermeidung", gefördert durch die „Internationale Stiftung zur Förderung von Kultur und Zivilisation" und durch die Volkswagenstiftung).

Es wäre auch denkbar, durch die frühere Aussetzung eines Strafrests zur Bewährung ggf. mit strenger kontrollierter Bewährungsauflage (z. B. durch elektronisch überwachten Hausarrest) den Freiheitsentzug hinter Mauern zu verkürzen und zugleich durch individuell abgestimmte Bewährungsauflagen die soziale Reintegration zu fördern.

Generell gilt für regional begrenzte Praxisexperimente, dass sie erstens unter *kontrollierten* Bedingungen durchgeführt werden sollten und zweitens *wissenschaftlich zu begleiten sind.* Erst dann können sie zu innovativen Modellen in der Praxis werden.

1.5 Mitarbeiterbezogene Forschungsansätze

Die Mitarbeiter im Justizvollzug beeinflussen entscheidend die Arbeits- und Lebensbedingungen im Vollzug; von ihnen hängt es ab, wie effektiv und effizient der Vollzug arbeitet. Die Privatisierungsdebatte der letzten Jahre macht das Unbehagen über die angebliche Ineffizienz staatlich bürokratischen Handelns deutlich und fördert die Suche nach Veränderungsmöglichkeiten. Das staatliche System des Strafvollzugs muss sich den veränderten Bedingungen, z. B. dem Kostendruck und den Sparerfordernissen, aber auch den erhöhten Ansprüchen der Gesellschaft im Hinblick auf Sicherheit und Kriminalprävention durch Differenzierung und Weiterentwicklung anpassen. Folgerichtig haben die für den staatlichen Justizvollzug Verantwortlichen das Problem der Stagnation erkannt und im Zusammenhang mit den allgemeinen Reformansätzen der öffentlichen Verwaltung Veränderungs- und Entwicklungsprozesse eingeleitet, die grob mit Organisations- und Personalentwicklung umschrieben werden. Diese Entwicklungsprozesse zielen auf effektivere Arbeitsabläufe, auf die Stärkung der Arbeitsmotivation, die Entwicklung der Eigenverantwortlichkeit und die Stärkung kooperativer Kommunikationsstrukturen sowie die Qualifizierung und Weiterbildung der Mitarbeiterinnen und Mitarbeiter. Um diese Ziele zu erreichen, ist es notwendig, den Ist-Zustand möglichst detailliert, vorurteilsfrei und zuverlässig zu erfassen und nach einer gewissen Zeit zu erfragen, in wieweit sich die Kommunikationsstrukturen, die Arbeitszufriedenheit, die subjektiv erlebten Erfolge im Beruf, das berufliche Engagement und insgesamt die Einschätzung der Arbeitssituation entsprechend den Zielen verändert (möglichst verbessert) haben. In Baden-Württemberg befragte der Kriminologische Dienst auf diesem Hintergrund 1989 und 1999 die Mitarbeiter des allgemeinen Vollzugsdienstes und Werkdienstes in vier großen Justizvollzugsanstalten (Dolde 1990, 350 ff.; 1995, 45 ff.; 2001, 15 ff.). Derartige Befragungen werden auch von anderen Instituten durchgeführt. So hat z. B. das Kriminologische Forschungsinstitut Niedersachsen eine sehr breit angelegte Befragung der Mitarbeiterinnen und Mitarbeiter im niedersächsischen Justizvollzug durchgeführt (www. kfn.de, Projekt: Justizvollzug als Profession). Da sich die Probleme des staatlichen Justizvollzuges deutlich von Unternehmen der freien Wirtschaft unterscheiden, sollte – wenn justizferne Institute mit der Befragung beauftragt werden – bei der Erarbeitung des Fragenkatalogs eine vollzugsnahe Beratung erfolgen, um möglichst viele Missverständnisse auszuschließen. Fundierte und wissenschaftlich abgesicherte Mitarbeiterbefragungen sind ein wichtiger Baustein dafür, dass sich das System Strafvollzug weiter entwickeln kann, dass es quasi über sich selbst lernt. Dazu gehört auch, den Transfer von Fortbildungsveranstaltungen in die Praxis zu überprüfen.

2. Zusammenarbeit mit der „freien" Wissenschaft

In den 1980er Jahren war die Zusammenarbeit mit der Wissenschaft nicht unproblematisch, da sich zwischen behördeninterner und universitärer Forschung teilweise ein Konkurrenzkampf entwickelt hatte, der vom Kampf um Zugang zu den Daten und um die Forschungsmittel bis zu wechselseitigen Verunglimpfungen führte. Letzteres war dann der Fall, wenn den Wissenschaftlern zu große Theorielastigheit und Praxisferne und den behördeninternen Forschern Parteilichkeit, methodische Naivität und Einseitigkeit in der Auswahl ihres Forschungsfeldes vorgeworfen wurde (Brusten 1986, 25 ff.; Steinhilper 1986, 61 ff.; Dolde 1987, 18 f.). In den letzten Jahren hat sich das Verhältnis zwischen behördeninterner Forschung und freier Forschung entspannt, sodass sich vielfältige Möglichkeiten der Zusammenarbeit entwickeln konnten.

Kritisch ist anzumerken, dass es nur wenige Lehrstühle oder Institute an den Universitäten gibt, die sich für die Strafvollzugsforschung interessieren und personell dazu in der Lage sind. Die Institutionalisierung der Strafvollzugsforschung an den Universitäten ist sehr dürftig.

Der Kriminologische Dienst ist gut beraten, wenn er immer wieder die Diskussion mit der „freien" Wissenschaft sucht und möglichst auch eine Zusammenarbeit anstrebt. Wenn er darauf verzichtet, besteht die Gefahr, dass er „betriebsblind" wird und verlernt, in Alternativen zur gegenwärtigen Praxis zu denken. Die so genannte Bedarfsforschung des Kriminologischen Dienstes muss methodisch sauber und für die wissenschaftliche Öffentlichkeit nachvollziehbar durchgeführt und veröffentlicht werden. Wenn nur noch die Forschungsergebnisse veröffentlicht werden, die einseitig zur Bestätigung der bestehenden Praxis beitragen, dann wird der Kriminologische Dienst als Instrument positiver Öffentlichkeitsarbeit missbraucht und verliert die kritische Distanz zur Praxis und somit auch die Glaubwürdigkeit in der Wissenschaft. Allerdings würde eine den erreichten Leistungen angemessene Selbstdarstellung dem gesellschaftlichen Ansehen des Vollzuges gut tun.

2.1 Auftragsforschung und Initiierung von Fremdforschung

Durch seinen engen Kontakt mit der Strafvollzugspraxis und mit der Justizverwaltung erkennt der Kriminologische Dienst Forschungslücken, ist aber oft aus personellen und finanziellen Gründen nicht in der Lage, eine eigene Forschung durchzuführen. Der Kriminologische Dienst erarbeitet die klärungsbedürftigen Forschungsfragen und regt Untersuchungsaufträge an Forschungsinstitutionen außerhalb des Strafvollzugs an (Auftragsforschung), er kann aber auch durch Kontakte mit einschlägigen Lehrstühlen und wissenschaftlichen Instituten Wissenschaftler (auch Diplomanden und Doktoranden) für spezifische Untersuchungen interessieren. Je nach Fragestellung können auf diese Weise kriminologische, rechtstatsächliche, psychologische und psychiatrische Forschungen initiiert werden. Als Voraussetzung muss der Kriminologische Dienst einerseits in der Lage sein, interdisziplinär zu kommunizieren und andererseits auch die Bereitschaft haben, Motivationsarbeit für Fremdforschung zu leisten und die wissenschaftlichen „Lorbeeren" anderen zu überlassen. Dabei sollte der Kriminologische Dienst darauf achten, dass sich eine ursprünglich praxisrelevante Frage im Laufe der Untersuchung nicht zu einem eher abstrakt-theoretischen Problem wegentwickelt, dessen Lösung für die Praxis bedeutungslos ist (Jehle 2005, Rn. 11).

2.2 Die Wissenschaft initiiert praxisrelevante Forschungsfragen

Kommt die Initiative zu den Forschungen im Strafvollzug von der Wissenschaft selbst (z. B. im Rahmen von Diplomarbeiten, Dissertationen und Habilitationen), kann der Kriminologische Dienst als Mittler zwischen Wissenschaft und Praxis beraten, die Vollzugspraxis als Forschungsfeld strukturieren und die Vollzugsbediensteten für die durch die Forschung produzierte Mehrarbeit motivieren. Wichtig ist, dass nach Abschluss der Untersuchungen der Praxis das Feedback aus den Forschungsergebnissen übermittelt wird. Diese Form der Zusammenarbeit setzt einerseits voraus, dass der Forschungsansatz auch einen Erkenntnisgewinn für die Vollzugspraxis erwarten lässt. Andererseits muss der Kriminologische Dienst ausreichend wissenschaftlich qualifiziert und zur interdisziplinären Zusammenarbeit fähig sein.

2.3 Projektbezogene Forschungsgemeinschaft

Der Kriminologische Dienst arbeitet in einem konkreten Projekt unmittelbar und arbeitsteilig mit einem wissenschaftlichen Institut zusammen. So kann beispielsweise ein Teil der Daten durch den Kriminologischen Dienst und das Personal im Vollzug erhoben werden und ein anderer Teil durch Mitarbeiter einer wissenschaftlichen Einrichtung (z. B. Interviews mit Gefangenen). Hier bietet sich die Chance, dass sowohl unter methodischen, als auch unter inhaltlichen Aspekten das Forschungsprojekt differenzierter, umfangreicher und aussagekräftiger wird. Als jüngstes Beispiel für eine derartige Optimierung ist auf das Kooperationsprojekt zur Behandlung von Sexualstraftätern im Vollzug zu verweisen, das vom Kriminologische Dienst in Baden-Württemberg und dem Max-Planck-Institut für internationales und vergleichendes Strafrecht, Forschungsgruppe Kriminologie, in Freiburg gemeinsam durchgeführt wird. Mit diesem Projekt sind zwei Diplomarbeiten und eine Dissertation verbunden, zugleich verfolgt der Kriminologische Dienst spezifische, für die Praxis relevante Forschungsfragen. Durch outsourcing eines Teils der Forschungsarbeiten kann der sehr knapp besetzte Kriminologische Dienst ökonomisch und effektiv zu wissenschaftlich abgesicherten Ergebnissen kommen.

2.4 Vermittlung der wissenschaftlichen Forschungsergebnisse in die Praxis

Liegen wissenschaftliche Forschungsergebnisse zu Themen vor, die den Strafvollzug mehr oder weniger direkt berühren, so müssen diese in die Vollzugspraxis vermittelt und umgesetzt werden. Die Umsetzung wissenschaftlicher Erkenntnisse in die Praxis wird oft durch Kommunikationsprobleme und Sprachbarrieren zwischen Wissenschaft und Praxis erschwert. Das Problem besteht vor allem dann, wenn die akademische Forschung als Adressaten primär die „scientific community“ im Auge hat und einen Sprachstil pflegt, der in der Praxis kaum verstanden wird bzw. eher auf Ablehnung stößt als zu klärenden Nachfragen anregt. Hier kann der Kriminologische Dienst für die Praxis „dolmetschen“ und gemeinsam mit der Praxis die wissenschaftlichen Ergebnisse interpretieren und Schlussfolgerungen daraus ziehen.

Vorraussetzung hierfür ist, dass der Kriminologische Dienst einerseits ausreichend für eine rationale und fundierte Kommunikation mit Vertretern der Wissenschaft qualifiziert ist und andererseits durch seine kritische Sympathie mit dem Justizvollzug von der Praxis akzeptiert wird. Dann können die Signale der Wissenschaft von der Praxis wahrgenommen und umgesetzt werden.

In der Regel erfolgt die Wissensvermittlung im Rahmen der Aus- und Fortbildung. Unter diesem Aspekt ist die organisatorische Nähe des Kriminologischen Dienstes zu einer zentralen Aus- und Fortbildungsinstitution für den Justizvollzug eines jeden Landes von Vorteil.

3. Institutionalisierung des Kriminologischen Dienstes

Der Kriminologische Dienst ist in den einzelnen Bundesländern sehr unterschiedlich organisiert und ausgebaut (Jehle 2005, Rn. 3-6) und hat auch schon eine wechselhafte Geschichte hinter sich.

Einen sehr ambitionierten Versuch hatte Niedersachsen mit der Institutionalisierung der Referatsgruppe „Planung und Forschung“ (später: „Planung, Forschung, Soziale Dienste“) unternommen. Die Referatsgruppe übernahm die Aufgaben des Kriminologischen Dienstes seit 1979, bis sie Ende der 1980er Jahre aufgelöst wurde; die Referenten wurden in die Vollzugsabteilung des Justizministeriums integriert. (Steinhilper 1988, 189 ff.). Seit 2002 hat sich in Niedersachsen die Projektgruppe „Forschung im Justizvollzug“ unter der Leitung von Katharina Bennefeld-Kersten etabliert und nimmt nun die Aufgaben des Kriminologischen Dienstes wahr.

In Nordrhein-Westfalen arbeitet die „Arbeitsgruppe Kriminologischer Dienst des Justizministeriums des Landes Nordrhein-Westfalen“ unter der Leitung von Wolfgang Wirth mit vier hauptamtlichen Mitarbeitern sehr effektiv. Die Arbeitsgruppe hat ihren Forschungsschwerpunkt auf drei Feldern:

1. *Dokumentation* dessen, was der Vollzug leistet,
2. *Evaluation* im Sinne von Bewertung des Geleisteten,
3. *Innovation* mit der Frage: Was kann auf welche Art und Weise verbessert werden?

In Baden-Württemberg ist der Kriminologische Dienst an die Justizvollzugsschule angegliedert, die Forschungsfelder des Jugendstrafvollzuges werden überwiegend vom Kriminologischen Dienst der JVA Adelsheim bearbeitet. Da der Leiter des

Kriminologischen Dienstes (ab 01.10.2005 Dr. Joachim Obergfell-Fuchs) zugleich stellvertretender Leiter der Justizvollzugsschule Baden-Württemberg ist, können die kriminologischen und sonstigen wissenschaftlichen Erkenntnisse auf kurzem Wege im Rahmen der Aus- und Fortbildung des Personals der Vollzugspraxis vermittelt werden.

In Bayern ist für den Kriminologischen Dienst der Leiter der Justizvollzugsschule mit (aber nicht hauptamtlich) zuständig und wird (nebenamtlich) unterstützt durch einen Vertreter des psychologischen Dienstes der JVA Ebrach (Dr. Johann Endres).

In den anderen Bundesländern sind mit den Aufgaben des Kriminologischen Dienstes Referenten in den Justizministerien oder Fachdienste in den Justizvollzugsanstalten (mit) befasst. Es ist das Verdienst der Kriminologischen Zentralstelle in Wiesbaden, dass trotz der relativen Vereinzelung oder auch des Inseldaseins der Kriminologischen Dienste in den Ländern der Informations- und Erfahrungsaustausch zwischen den Kriminologischen Diensten bundesweit recht gut funktioniert. (Jehle 1988; 2005, Rn. 5 und 21). Die Kriminologische Zentralstelle organisiert nicht nur regelmäßig die Treffen der Kriminologischen Dienste, sondern trägt wesentlich zum Transfer der wissenschaftlichen Erkenntnisse bei.

Trotz der weit verbreiteten Sparzwänge hat die allgemeine Sparwelle die Inseln der Kriminologischen Dienste noch nicht überrollt. Der Kriminologische Dienst blieb als Institution erhalten und wurde in Niedersachsen sogar ausgebaut.

4. Nachfrage nach kriminologischer Forschung im Justizvollzug

In den letzten Jahren ist die Nachfrage nach kriminologischer Forschung im Justizvollzug eher größer als kleiner geworden. So werden beispielsweise zunehmend häufiger wieder Rückfalluntersuchungen gefordert, auch wenn die Rückfallstatistik vom Bundesministerium der Justiz (Jehle, Heinz & Sutterer 2003) dankenswerterweise wichtige Basisdaten zur Legalbewährung nach strafrechtlichen Sanktionen geliefert hat. Wirkungszusammenhänge zwischen individueller Vorgeschichte der Gefangenen, verschiedenen Behandlungsansätzen im Vollzug und der späteren Rückfälligkeit kann diese Statistik aufgrund der völlig anderen Datenbasis nicht befriedigend klären. Hier bedarf es eigener Forschungsansätze im Justizvollzug. Das sind wichtige Forschungsfelder für die Kriminologischen Dienste in Zusammenarbeit mit den Institutionen der wissenschaftlichen Kriminologie und ihrer Bezugswissenschaften.

Für wen erbringt der Kriminologische Dienst seine Leistungen?

- Erstens für die *Vollzugspraxis,* die allerdings nicht immer begeistert ist, wenn sie evaluiert wird und ihre Aktivitäten dokumentieren muss. Meistens wächst das Interesse an den Ergebnissen aber im Laufe des Forschungsprozesses. Die Gefangenen profitieren vom verbesserten Angebot.
- Zweitens erhält die *Wissenschaft* eine gut strukturierte Datenbasis für weitere Forschungen.
- Drittens können die *Politiker* die Ergebnisse des Kriminologischen Dienstes als Leistungsnachweis und als Instrument der Öffentlichkeitsarbeit (miss)brauchen, sind aber sicher auch dankbar für konstruktive Kritik und innovative Vorschläge.
- Viertens wird der Strafvollzug für die *Öffentlichkeit* transparenter, allerdings lässt sich die „Gesellschaft" nur ungern von ihren Vorurteilen und Dramatisierungen abbringen.

Der Kriminologische Dienst kann also für die Vollzugspraxis, für die Wissenschaft, für die Politik und für die Öffentlichkeit hilfreich sein und zum rationalen Diskurs über die Probleme der Kriminalitätskontrolle beitragen. Er kann aber auch unbequem und lästig werden, falls er die vorgefassten Meinungen oder die allgemeinen Vorurteile mit empirisch abgesicherten Erkenntnissen konfrontiert und Tendenzen des Zeitgeistes als Irrtümer entlarvt.

Wenn der Kriminologische Dienst durch systematische Untersuchungen zeitnahe Rückmeldungen über die Veränderungen in der Gefangenenstruktur, über Probleme des Personals sowie über Inanspruchnahme und Verlauf von pädagogischen und therapeutischen Angeboten des Vollzuges gibt, dann hat das System des Justizvollzugs die Chance, laufend über sich selbst zu lernen (Flügge, Maelicke & Preusker 2001). Diese Rückkopplung ist die notwendige Basis, um den Vollzug in Hinblick auf die Erreichung seiner Ziele systematisch fortzuentwickeln. Durch Praxisexperimente der Haftvermeidung kann der Vollzug aber auch auf das notwendige Maß reduziert werden.

Literatur

Arloth F. & Lückemann C. (2004). *Strafvollzugsgesetz. Kommentar.* München: Verlag C. H. Beck.

Böhm A. (2003). *Strafvollzug, 3. neu bearbeitete Aufl.* Neuwied: Luchterhand.

Brusten M. (1986). Kriminologische Forschung unter staatlicher Regie? In: Brusten M., Häußling J. M. & Malinowski P. (Hrsg.), *Kriminologie im Spannungsfeld von Kriminalpolitik und Kriminalpraxis.* Stuttgart: Enke, 25-38.

Calliess P. & Müller-Dietz H. (2002). *Strafvollzugsgesetz, 9. neu bearbeitete Aufl.* München: Verlag C. H. Beck.

Dietlein M.-G. (2002). Bilder des GULag im baden-württembergischen Jugendstrafvollzug von heute. *Zeitschrift für Strafvollzug und Straffälligenhilfe, 51,* 151-156.

Dolde G. (1985). Neuere Forschungsvorhaben zur Sozialtherapie im Strafvollzug der Bundesrepublik Deutschland. Ein Überblick und Ergebnisse. *Zeitschrift für Strafvollzug und Straffälligenhilfe, 34,* 148-154.

Dolde G. (1987). Wissenschaftliche Begleitung des Strafvollzugs unter besonderer Berücksichtigung des Kriminologischen Dienstes. *Zeitschrift für Strafvollzug und Straffälligenhilfe, 36,* 16-23.

Dolde G. (1990). Die Arbeitszufriedenheit des allgemeinen Vollzugsdienstes und des Werkdienstes im Langstrafenvollzug – ein Problem für die Vollzugsorganisation. *Zeitschrift für Strafvollzug und Straffälligenhilfe, 39,* 350-355.

Dolde G. (1992). 10 Jahre Erfahrung mit dem Vollzug der Freiheitsstrafe ohne soziale Desintegration. *Zeitschrift für Strafvollzug und Straffälligenhilfe, 41,* 24-30.

Dolde G. (1995). Motivationsprobleme der Strafvollzugsbediensteten. „Sisyphus"-Arbeit oder Erfolgserlebnisse? In: Müller-Dietz H. & Walter M. (Hrsg.), *Strafvollzug in den 90er Jahren: Perspektiven und Herausforderungen. Festgabe für Karl Peter Rotthaus.* Pfaffenweiler: Centaurus, 45-54.

Dolde G. (1996). Zur „Bewährung" der Sozialtherapie im Justizvollzug von Baden-Württemberg: Tendenzen aus einer neuen Rückfalluntersuchung. *Zeitschrift für Strafvollzug und Straffälligenhilfe, 45,* 290-297.

Dolde G. (1999). Kriminologischer Dienst – Aufgaben und Probleme. In: Egg R. (Hrsg.), *Kriminologie und Praxis (KUP), Bd.24.* Wiesbaden: Eigenverlag Kriminologische Zentralstelle, 205-219.

Dolde G. (1999). Vollzug von Ersatzfreiheitsstrafen – ein wesentlicher Anteil im Kurzstrafenvollzug. *Zeitschrift für Strafvollzug und Straffälligenhilfe, 48,* 330-335.

Dolde G. (2001). Organisations- und Personalentwicklung im Justizvollzug. Ergebnisse einer Mitarbeiterbefragung in drei Justizvollzugsanstalten von Baden-Württemberg. *Zeitschrift für Strafvollzug und Straffälligenhilfe, 50,* 15-21.

Dolde G. (2002). Spätaussiedler – „Russlanddeutsche" – ein Integrationsproblem. *Zeitschrift für Strafvollzug und Straffälligenhilfe, 51,* 146-151.

Dolde G. & Grübl G. (1996). Jugendstrafvollzug in Baden-Württemberg – Untersuchungen zur Biographie, zum Vollzugsverlauf und zur Rückfälligkeit von ehemaligen Jugendstrafgefangenen. In: Kerner H.-J., Dolde G. & Mey H.-G. (Hrsg.), *Jugendstrafvollzug und Bewährung. Analysen zum Vollzugsverlauf und zur Rückfallentwicklung*. Bonn: Forum Verlag, 219-356.

Dolde G. & Rössner D. (1987). Auf dem Wege zu einer neuen Sanktion: Vollzug der Freiheitsstrafe als Freizeitstrafe – ein Programm zum Vollzug kurzer Freiheitsstrafe und seine empirische Bestätigung. *Zeitschrift für die gesamte Strafrechtswissenschaft, 99*, 424-451.

Dünkel F., Scheel J. & Grosser R. (2002). Vermeidung von Ersatzfreiheitsstrafen durch gemeinnützige Arbeit durch das Projekt „Ausweg" in Mecklenburg-Vorpommern. *Bewährungshilfe, 49*, 56-72.

Egg R. (2004). Rückfalluntersuchungen mit Hilfe von Bundeszentralregisterauszügen – am Beispiel von Sexualstraftätern. In: Heinz W. & Jehle J.-M. (Hrsg.), *Rückfallforschung. Kriminologie und Praxis (KUP), Bd. 45*. Wiesbaden: Eigenverlag Kriminologische Zentralstelle.

Elz J. (2001). *Legalbewährung und kriminelle Karriere von Sexualstraftätern – sexuelle Missbrauchsdelikte – Kriminologie und Praxis (KUP), Bd. 33*. Wiesbaden: Eigenverlag Kriminologische Zentralstelle.

Elz J. (2002). *Legalbewährung und kriminelle Karriere von Sexualstraftätern – sexuelle Gewaltdelikte – Kriminologie und Praxis (KUP), Bd. 34*. Wiesbaden: Eigenverlag Kriminologische Zentralstelle.

Entorf H. & Meyer S. (2004). Kosten und Nutzen des Strafvollzugs: Grundlagen im Rahmen einer rationalen Kriminalpolitik. *Bewährungshilfe, 51*, 130-148.

Flügge C., Maelicke B. & Preusker H. (2001). *Das Gefängnis als lernende Organisation*. Baden-Baden: Nomos.

Hürlimann M. (1993). *Führer und Einflussfaktoren in der Subkultur des Strafvollzugs*. Pfaffenweiler: Centaurus.

Jehle J.-M. (2005). Kriminologische Forschung im Strafvollzug. In: Schwind H.-D., Böhm A. & Jehle J.-M. (Hrsg.), *Strafvollzugsgesetz, 4. Aufl.* Berlin, New York: Walter de Gruyter, § 166.

Jehle J.-M. & Bossow B. (2002). Verkürzung von Untersuchungshaft durch frühzeitige Strafverteidigung. *Bewährungshilfe, 49*, 73-82.

Kerner H.-J., Dolde G. & Mey H.-G. (1996). *Jugendstrafvollzug und Bewährung. Analysen zum Vollzugsverlauf und Rückfallentwicklung*. Bonn: Forum Verlag.

Kury H. (1999). Zum Stand der Behandlungsforschung oder: Vom nothing works zum something works. In: Feuerhelm W., Schwind H.-D. & Bock M. (Hrsg.), *Festschrift für Alexander Böhm zum 70. Geburtstag*. Berlin, New York: de Gruyter, 251-274.

Kury H. & Smartt U. (2002). Gewalt von Strafgefangenen: Ergebnisse aus dem anglo-amerikanischen und deutschen Strafvollzug. *Zeitschrift für Strafvollzug und Straffälligenhilfe, 51*, 323-338.

Laubenthal K. (2003). *Strafvollzug. 3. Aufl.* Berlin u. a.: Springer.

Lösel F. (1996). Ist der Behandlungsgedanke gescheitert? Eine empirische Bestandsaufnahme. *Zeitschrift für Strafvollzug und Straffälligenhilfe, 45*, 259-267.

Mey H.-G. & Wirth W. (1999). Veränderte Vollzugspopulationen und kontinuierliche Vollzugsforschung: Der Jugendstrafvollzug im Blick des Kriminologischen Dienstes. In: Feuerhelm W., Schwind H.-D. & Bock M (Hrsg.), *Festschrift für Alexander Böhm zum 70. Geburtstag*. Berlin, New York: de Gruyter, 597-618.

Ortmann R. (1992). Die Nettobilanz einer Resozialisierung im Strafvollzug. Negativ? In: Kury H. (Hrsg.), *Gesellschaftliche Umwälzung. Kriminalitätserfahrungen, Straffälligkeit und soziale Kontrolle. Kriminologische Forschungsberichte aus dem Max-Planck-Institut für ausländisches und internationales Strafrecht, Bd. 54*. Freiburg: Eigenverlag, 375-451.

Ortmann R. (1995). Resozialisierungseffekt der Sozialtherapie anhand einer experimentellen Längsschnittstudie zu Justizvollzugsanstalten des Landes Nordrhein-Westfalen. In: Müller-Dietz H. & Walter M. (Hrsg.), *Strafvollzug in den 90er Jahren – Perspektiven und Herausforderungen. Festgabe für Karl Peter Rotthaus*. Pfaffenweiler: Centaurus, 86-114.

Otto M. & Pawlik-Mierzwa K. (2001). Kriminalität und Subkultur inhaftierter Aussiedler. *DVJJ-Journal*, 124-132.

Schöch H. (2002). Kriminologischer Dienst. In: Kaiser G. & Schöch H. (Hrsg.), *Strafvollzug. 5. neu bearbeitete Aufl.* Heidelberg : C. F. Müller Verlag, § 11 Rn. 28-30.

Steinhilper G. (1986). Der kriminologische Dienst: Eine Herausforderung für Wissenschaft und Praxis. In: Brusten M. , Häußling J. M. & Malinowski P. (Hrsg.), *Kriminologie im Spannungsfeld von Kriminalpolitik und Kriminalpraxis*. Stuttgart: Enke, 61 ff.

Steinhilper G. (1988). Der Kriminologische Dienst. In: Schwind H.-D. & Blau G. (Hrsg.), *Strafvollzug in der Praxis. 2. Aufl.* Berlin, New York: de Gruyter, 189-192.

Wagner G. (1985). *Das absurde System, 2. Aufl.* Heidelberg: C. F. Müller Juristischer Verlag.

Wagner G. (1995). Behandlung im Justizvollzug: Etikett, Ideologie, Faktum. *Zeitschrift für Strafvollzug und Straffälligenhilfe, 44,* 76-101.

Walter M. (1999). *Strafvollzug, 2. neu bearbeitete Aufl.* Stuttgart, München u.a.: Richard Boorberg Verlag.

Wirth W. (1989). *Wirkungsbedingungen und Wirkungsweisen beruflicher Förderung im Jugendstrafvollzug. Forschungsgutachten für das Justizministerium Nordrhein-Westfalen.*

Wirth W. (1988). Wiedereingliederung durch Ausbildung? Zur Wirkungsweise berufsfördernder Maßnahmen im Jugendstrafvollzug. In: Kaiser G., Kury H. & Albrecht H.-J. (Hrsg.). *Kriminologische Forschungen in den 80er Jahren. Projektberichte aus der Bundesrepublik Deutschland.* Freiburg: Eigenverlag Max-Planck-Institut, 419-446.

Wirth W. (1992). Europäische Perspektiven der beruflichen Wiedereingliederung Straffälliger. *Zeitschrift für Strafvollzug und Straffälligenhilfe, 41*, 347-351.

Wirth W. (2002). Das Drogenproblem im Justizvollzug. *Bewährungshilfe, 49,* 104-122.

Der Psychologe als Personalentwickler im Justizvollzug

von Bernhard Wydra

1. Einleitende Überlegungen zum Thema

Es gibt sicherlich viele Wege, die ein Personalentwickler zur Verwirklichung seiner Ziele beschreiten kann. So kann er sich Gedanken machen zum gängigen Verständnis von Personalentwicklung und seinen eigenen Schwerpunkt in den Zielen setzen; er kann aus der Vielfalt der Strategien, die ihm zur Verwirklichung von Zielen zur Verfügung stehen, die auswählen, die ihm am besten geeignet erscheinen. Für einen Psychologen[1] werden bei diesen Schritten Überlegungen im Vordergrund stehen, die aus seinem Wissen über den Menschen als bio-psycho-soziales Wesen und über dessen Verhalten in Gruppen stammen. Für einen Psychologen im Justizvollzug ist „Insiderwissen" notwendig, um die Personalentwicklung in den Kontext der besonderen Verhältnisse in diesem System einzuordnen. Georg Wagner hat dieses „Insiderwissen", er hat auf seine Art zur Personalentwicklung im Justizvollzug beigetragen – vielfach dadurch, dass er „angeeckt" ist, wie es im Vorwort zum Ausdruck kommt. Er hat es aber auch auf andere Weise getan, die mit verständnisvoller Sanftheit zu tun hat, einem weniger bekannten Aspekt seiner Persönlichkeit. Im vorliegenden Beitrag sollen einige Bereiche der Personalentwicklung im zeitlichen Kontext mit dem Wirken Georg Wagners dargestellt werden; sie sollen Besonderheiten der Umsetzung von Zielen der Personalentwicklung im Justizvollzug durch den Psychologen aufzeigen.

2. Zum Begriff Personalentwicklung

Für die Auswahl von Zielen ist zunächst eine kurze Darstellung des gängigen Verständnisses vom Begriff Personalentwicklung erforderlich. Personalentwicklung beinhaltet ein ganzes Bündel von Maßnahmen. Sie haben – ganz allgemein – zum Ziel ein Personal, das für die Aufgaben (eines Betriebes oder) einer staatlichen

---

[1] Die Ausführungen über den „Psychologen" gelten auch für die „Psychologin"; aus Vereinfachungsgründen ist hier das Geschlecht des Autors gewählt.

Institution qualifiziert ist. Personalentwicklung beginnt mit einer gezielten Auswahl des Personals, das für die Aufgabenstellung geeignet sein muss. Die qualifizierende Vorbereitung auf die anfallenden Aufgaben und die konkrete Einführung in diese bilden einen Schwerpunkt bei den Maßnahmen. Sie beinhalten nicht nur eine Qualifizierung für die gegenwärtigen Aufgaben, sondern auch eine Vorbereitung auf Aufgaben, die künftig zu bewältigen sind; dazu gehört die Bereitschaft, sich auf Veränderungen einzulassen und Neues zu lernen. Diese Bereitschaft ist bereits in einem frühen Stadium zu wecken; ein veränderungsfreundliches Klima in (einem Betrieb oder) einer Institution ist dabei sehr förderlich. Die weitere Qualifizierung des Personals trägt der Vorbereitung auf künftige Aufgaben in konkreter Weise Rechnung. Sie ermöglicht es darüber hinaus, das Personal bei der Entfaltung persönlicher Fähigkeiten im Rahmen persönlicher Neigungen zu unterstützen. Überhaupt ist die Unterstützung und Entlastung des Personals, vor allem bei belastenden Situationen, ein wichtiges Thema der Personalentwicklung. Spezielle Maßnahmen wie das Mitarbeitergespräch, das klare Beziehungen zwischen den Personalangehörigen schaffen und verbessern soll und das auch Zielvereinbarungen ermöglicht, sowie die Leistungsbewertung und Beurteilung der Mitarbeiter sind weitere bedeutsame Maßnahmen im Rahmen der Personalentwicklung; die letztere ist – vor dem Hintergrund einer fairen Rückmeldung über die Leistungen im Vergleich zu anderen – Ausgangspunkt für eine spezielle Förderung des Personals. In einer begrifflichen Definition lautet eine Zusammenfassung der erwähnten Aspekte folgendermaßen: „Personalentwicklung kann definiert werden als Inbegriff aller Maßnahmen, die der individuellen beruflichen Entwicklung der Mitarbeiter dienen und ihnen unter Beachtung ihrer persönlichen Interessen die zur optimalen Wahrnehmung ihrer jetzigen und künftigen Aufgaben berufliche Qualifikation vermitteln“ (Heeg et al. 1993, 304). Andere Definitionen lauten ähnlich; sie erfordern meist noch ein Gesamtkonzept für all die Maßnahmen.

Alle Maßnahmen der Personalentwicklung haben zum Ziel, (den Betrieb oder) die Institution in die Lage zu versetzen, die anfallenden Aufgaben möglichst effektiv und zeitgerecht zu erledigen. Dabei sollen die Mitarbeiter ihre Arbeit nach Möglichkeit ihren Fähigkeiten und auch ihren Neigungen entsprechend gestalten können. Das fördert ihre Arbeitsmotivation.

Die Einbeziehung künftiger Aufgaben (des Betriebes oder) der Institution in Personalentwicklungsmaßnahmen trägt der Tatsache Rechnung, dass sich (der Betrieb oder) die Institution verändert, weiterentwickelt; das Personal muss auf Veränderungen eingestellt sein, um sie jeweils nachzuvollziehen und umzusetzen. Die Entwicklung einer Organisation wird so durch Maßnahmen der Personalentwicklung vorbereitet und ermöglicht. Personalentwicklung ist daher ein wichtiger Teil der Organisationsentwicklung.

In diesem Zusammenhang erscheint es wichtig, darauf hinzuweisen, dass Personalentwicklung – wie die Organisationsentwicklung – ein Prozess ist; sie muss also auch als Prozess gestaltet werden. Das bedeutet, dass Personalentwicklung einen Anfang hat, von dem aus der Prozess geplant und gestartet wird. Die Planung nimmt Bezug auf die aktuellen Aufgaben und Ziele der Organisation und bezieht künftige Veränderungen so weit wie möglich mit ein. Maßgeblich für die Perspektive ist der jeweilige Stand der Entwicklung der Organisation. Das ist eine wichtige Feststellung; ein Warten auf eine endgültige Planung würde zu Zögern und Stagnation führen.

Im Hinblick auf den Prozesscharakter bildet der – jeweilige – Beginn eine Art Provisorium: es wird immer wieder einen neuen Anfang geben. Der Charakter des Provisorischen erlaubt es, den Start als noch verbesserungsfähig anzusehen, er braucht nicht perfekt zu sein. Das erleichtert den Start. Freilich steckt auch ein Risiko in so einem Provisorium: Provisorien neigen zu einem langen Leben und führen anfängliche Fehler daher nicht selten weiter.

3. Besonderheiten der Personalentwicklung im Justizvollzug

Diese allgemeinen Ausführungen über Personalentwicklung gelten auch für den Justizvollzug. Freilich weist die Organisation Justizvollzug einige Besonderheiten auf, die auf die Maßnahmen der Personalentwicklung in diesem Bereich bedeutsame Rückwirkungen haben.

So sind Aufgaben und Ziel in § 2 des Strafvollzugsgesetzes festgelegt. Diese Festlegung in abstrakter Form lässt zwar eine Reihe von konkreten Ausgestaltungen offen; die entscheidende Schwierigkeit für den Justizvollzug, konkreter für den Strafvollzug, ist darin aber grundgelegt. Es geht um die Spannung zwischen den beiden Aufgaben, die sich formelhaft als „Wiedereingliederung des Gefangenen" und „Schutz der Allgemeinheit" skizzieren lassen. Der darin steckende „Zielkonflikt" (Waldmann 1968) enthält ein hohes Risiko für eine Spaltung des Personals innerhalb der Organisation. Für die Lösung dieses Zielkonfliktes gibt es unterschiedliche Ansätze. So werden in einem modernen Verständnis zum Beispiel beide Aufgaben mit dem Konzept der dynamischen Sicherheit verbunden. Dynamische Sicherheit beinhaltet – kurz zusammengefasst – ein Konzept, das die instrumentelle Sicherheit (die durch Mauern, Gitter, Überwachungskameras und andere technische Einrichtungen und Kontrollmaßnahmen dargestellt wird) um die Aspekte administrative und soziale Sicherheit ergänzt: Administrative Sicherheit bedeutet dabei, dass es eine Konzeption für eine Anstalt gibt, in der Ziele, Strukturen und interne Regelungen konkret niedergelegt sind, gegenseitige Information gewährleistet ist und Qualifizierungsmaßnahmen für das Personal vorgesehen sind;

soziale Sicherheit hat vornehmlich zu tun mit den Beziehungen der Personen in einer Anstalt, und zwar zwischen Personal und Insassen, aber auch zwischen den Bediensteten untereinander. Dieses Konzept der dynamischen Sicherheit erleichtert den Zugang zur anderen Aufgabe, der „Wiedereingliederung des Gefangenen"; vor allem die soziale Sicherheit mit dem Erfordernis der Gestaltung von positiven Beziehungen zwischen den beteiligten Personen lässt die Anstalt zu einem Lernort für soziales Lernen werden.

Hier wird der Psychologe mit seiner Sicht von Personalentwicklung ansetzen – auch wenn er sieht, dass im Vollzugsalltag häufig die Sicherheit stark im Vordergrund steht; er versteht, dass es offensichtlich schwer ist, die Spannung des „Zielkonfliktes" auszuhalten. Er wird mit seinen Personalentwicklungsmaßnahmen darauf besonders achten, denn er weiß, dass die Lösung des Zielkonfliktes in der Praxis einen Prozess darstellt, in dem die Balance zwischen den unterschiedlichen Aufgaben immer wieder neu gestaltet werden muss. Sein Wissen um die Hintergründe, die den Zielkonflikt so spannungsgeladen machen, erleichtert ihm den Zugang zur Lösung. Diese Hintergründe haben zu tun mit dem Gegenpol zur Sicherheit, nämlich mit der Unsicherheit und der damit verbundenen Angst: viele Menschen („die Gesellschaft") haben (hat) Angst vor dem gefährlichen Rechtsbrecher, eine Angst, die häufig wenig differenziert und daher in hohem Masse irrational ist. Vollzugsanstalten dienen einer kollektiven Abwehr dieser Angst. Der Aufwand für die „Sicherheit" in den Anstalten leistet dabei einen wichtigen Beitrag zu dieser Angstabwehr. Er wird aber nur dann funktional sein, wenn er Bezug zur Wirklichkeit in der Anstalt hat. Sonst wird er dysfunktional, führt zu unnötiger Bindung von Energie, zur Verhärtung und zum ungesunden Umgang mit Gefühlen bei den Bediensteten, die die Gesellschaft in der Anstalt repräsentieren. Der Psychologe wird sein Wissen um solche Zusammenhänge bei Maßnahmen der Personalentwicklung nutzen und bei der Aus-, Fort- und Weiterbildung gezielt einsetzen.

Eine weitere Besonderheit des Justizvollzugs bildet die hohe Belastung des Personals. Das Personal, insbesondere der allgemeine Vollzugsdienst, der einen überwiegenden Anteil des Personals darstellt, steht vielfach unter ständigem Stress auf hohem Niveau. M. Steinhilper hat die Belastung des allgemeinen Vollzugsdienstes eindrucksvoll für den niedersächsischen Vollzug dargestellt. Sie nennt neben der unregelmäßigen Arbeitszeit, den unzureichenden räumlichen Bedingungen und den geringen Entscheidungsbefugnissen die hohe Zahl der Gefangenen, die zur Überbelegung der Anstalten führt, die wachsende Zahl von ausländischen Gefangenen, die eine Verständigung erschwert, und die Zunahme von aggressiven Verhaltensweisen der Gefangenen gegenüber den Bediensteten; dazu kommt noch das geringe gesellschaftliche Ansehen des Vollzugs und der Vollzugsbediensteten (Steinhilper 2001, 136 ff.). Solche Belastungen, die auf die Situation des deutschen Vollzugs verallgemeinert werden können, haben Auswirkungen auf das Wohlbefinden, auf die Gesundheit und auf die Motivation der Bediensteten.

Der Psychologe achtet aus seiner Sicht auf solche Belastungen und bezieht sie in seine Planung von Maßnahmen im Rahmen der Personalentwicklung ein.

4. Konkrete Beiträge des Psychologen zur Personalentwicklung im Justizvollzug

Im Folgenden sollen einige konkrete Bereiche für Maßnahmen der Personalentwicklung im Justizvollzug dargestellt werden, die den Psychologen als Personalentwickler charakterisieren.

Zunächst ist der Bereich der Personalauswahl zu betrachten. Hier kann der Psychologe sein besonderes Wissen um diagnostische Möglichkeiten und um die erforderlichen Schritte bei der Gestaltung des Auswahlprozesses zur Geltung bringen. Er wird sein Wissen der Aufsichtsbehörde anbieten, die die formale Verantwortung für die Auswahl hat. Er wird aber auch seine Kollegen aktivieren und sie in den Auswahlprozess einbeziehen.

Aus dieser Sicht leisten etwa in Bayern Psychologen bereits seit den 1970er Jahren wichtige Beiträge zur qualifizierten Auswahl von Bewerbern für den allgemeinen Vollzugsdienst. Sie haben eine Reihe von Kriterien erarbeitet, die es ermöglicht, diese Auswahl professionell durchzuführen. Dazu gehört eine Liste von Eigenschaften wie „kommunikativ, kontaktfähig, selbstsicher, intelligent, gefühlsfähig, veränderungsbereit, leistungsbereit und –fähig" u. a., die den Hintergrund für ein Auswahlverfahren mit Tests, Einzel- und Gruppeninterviews bilden. Dabei wurde herausgestellt, dass *ein* konkretes Anforderungsprofil für den allgemeinen Vollzugsdienst mit seinen vielfältigen Aufgaben im Vollzug nicht zweckmäßig und funktional ist. Die Auswahl hat daher eher den Charakter des Ausschlusses von ungeeigneten Kandidaten. Für eine solche Art der Auswahl bringen die Psychologen ihre diagnostischen Fähigkeiten ein und entwickeln sie weiter; im Laufe der Jahre haben sie so einen hohen professionellen Standard für diese spezielle Fähigkeit erreicht. Die Arbeit der Psychologen in der Psychologenkommission (die aus je drei Anstaltspsychologen besteht) wird ergänzt durch die Beiträge der Praktikerkommissionen; diese bestehen aus je einem Anstaltsleiter mit vier bis fünf seiner Mitarbeiter, meist dem Leiter der Hauptgeschäftstelle, dem Leiter des allgemeinen Vollzugsdienstes, dem Ausbildungsleiter und einem oder zwei Mitgliedern der besonderen Fachdienste wie Psychologen oder Sozialarbeiter. Die Praktikerkommission führt mit dem Bewerber ein Gespräch, das sich an einem gemeinsam erarbeiteten Fragebogen orientiert; Schwerpunkte bilden die Einstellung zum Gefangenen, zu Mitarbeitern und zum Dienst mit seinen Besonderheiten

(z. B. Schichtdienst, der Umgang mit Waffen). Beide Kommissionen geben unabhängig voneinander eine Stellungnahme über die Eignung des Bewerbers ab; wenn die Stellungnahmen beider Kommissionen den Bewerber als „geeignet“ ausweisen, wird er eingestellt und zur Ausbildung eingeladen.

Dieses von den Psychologen wesentlich mitgestaltete Auswahlverfahren erfordert zwar einen hohen Aufwand; er lohnt sich aber, wie eine Untersuchung durch eine Anstaltspsychologin gezeigt hat (Bickel 1980).

Einen besonderen Schwerpunkt der Personalentwicklung bilden die qualifizierende Vorbereitung auf die Aufgaben im Vollzug und die konkrete Einführung in diese. Sie werden für den allgemeinen Vollzugsdienst – den Dienst, der zahlenmäßig den weit überwiegenden Anteil am Gesamtpersonal im Vollzug stellt und in der täglichen Praxis auch zeitlich am meisten mit den Gefangenen zu tun hat – im Rahmen der Ausbildung verwirklicht. Das in allen Bundesländern geltende System der Einteilung in fachtheoretische und fachpraktische Abschnitte der Ausbildung trägt psychologischen Forderungen nach einer praxisbezogenen Ausbildung Rechnung. Darzustellen, wie wichtig die sozialpsychologischen Fächer für die Qualifizierung des allgemeinen Vollzugsdienstes sind, gehört zu den besonderen Leistungen, die vom Psychologen als Personalentwickler im Vollzug gefordert sind. Wenn etwa in Bayern fast ein Drittel der fachtheoretischen Fächer zum Bereich der sozial-psychologischen Inhalte gerechnet werden können – die in der Fachpraxis noch ergänzt werden – dann ist das sicher ein Anhaltspunkt dafür, dass der Psychologe als Personalentwickler hier einen beachtlichen Beitrag leistet. Freilich hat der Psychologe dabei anzumerken, dass die Vermittlung der wichtigen Inhalte der psychologischen Fächer weitgehend theoretisch erfolgt. Das hat zu tun mit der Konzeption der Ausbildung, die – als Laufbahnvoraussetzung für den Eintritt in den mittleren Dienst – mit einem Examen abschließt und dabei auf theoretisches Wissen zurückgreifen muss. Theoretisches Wissen hat für sich genommen oft wenig Relevanz für die praktische Arbeit. Erst wenn es in Beziehung zu dieser gesetzt wird, wird es relevant. Die Vermittlung des theoretischen Wissens in psychologischen Fächern im Rahmen der Ausbildung wird daher ergänzt durch praktische Übungen bei den sozialpsychologischen Fächern, etwa bei der Gesprächsführung. Ein guter Unterricht bei der theoretischen Vermittlung knüpft im Übrigen an die Erfahrungen der Anwärter an und bringt dadurch auch einen emotionalen Anteil in das theoretische Wissen; das haben uns viele Rückmeldungen der Anwärter bestätigt.

Es gehört auch zu den Möglichkeiten des Psychologen als Personalentwickler, dass er auf die Gestaltung des Unterrichts in der Fachtheorie durch die Qualifizierung der Lehrkräfte Einfluss nimmt. Er wird dabei seine eigene Qualifikation in den Dienst der Qualifikation von Lehrkräften stellen, sie auf die Gegebenheiten der Erwachsenenbildung einstimmen und dabei vor allem gruppendynamische Prozesse einbeziehen. Ähnliches gilt für die Qualifizierung von Ausbildungsleitern und Ausbildern für die fachpraktischen Abschnitte. Der Erfolg der Fachpraxis, in der praktische Fähigkeiten, die der Anwärter im Vollzugsalltag braucht, konkret vermittelt werden, hängt entscheidend davon ab, wie geschickt und motiviert die Vermittler dieser Fähigkeiten, also die Ausbildungsleiter und Ausbilder, ihre Vermittlungsaufgabe wahrnehmen.

Der Psychologe als Personalentwickler nimmt praktischen Einfluss auf die Qualifizierung der Lehrkräfte und Ausbilder vor allem im Rahmen der Fort- und Weiterbildung. Auch bei diesen Maßnahmen stehen ihm vielfältige Ansätze zur Verfügung; hier kann der Psychologe seine besondere Qualifikation und seine Interessensschwerpunkte zum Wohle der gesamten Qualifizierung des Personals konkret zur Geltung bringen. Einige Beispiele aus der Fort- und Weiterbildung an der Bayerischen Justizvollzugsschule mögen das verdeutlichen.

Ein Schwerpunkt für viele Fort- und Weiterbildungsmaßnahmen an der Bayerischen Justizvollzugsschule ist ein direkter Bezug zur Selbsterfahrung: die Teilnehmer an solchen Maßnahmen sollen sich in ihrer Eigenart kennen lernen, sollen grundlegende Erfahrungen über ihre Wirkung auf andere machen und sich mit gruppendynamischen Gegebenheiten auseinandersetzen. Die Intensität dieses Bezuges zur Selbsterfahrung ist zwar je nach Zielrichtung der Maßnahme unterschiedlich, er bildet jedoch stets einen wichtigen Rahmen für den Lernprozess bei den Maßnahmen. Dieser Schwerpunkt steht im Vordergrund vor allem bei der Qualifizierung der Lehrkräfte für die Fachtheorie sowie der Ausbildungsleiter und Ausbilder für die Fachpraxis. (Selbstverständlich ist die Wirkung auf die Zielpersonen unterschiedlich; der angestoßene Prozess bleibt aber jeweils nicht ohne Folgen.)

Dieser beschriebene Schwerpunkt kann von der Justizvollzugsschule aus verbreitet werden, weil sich die Lehrkräfte dort intensiv damit auseinandergesetzt haben; sie werden dafür auch zielgerichtet geschult. Die Situation in Bayern war günstig: der Schulleiter und sein Vertreter waren Psychologen, der erstere auch Jurist; beide arbeiteten sehr gut zusammen. In einer Vielzahl von Veranstaltungen, zu denen zum Teil auch externe Trainer eingeladen waren, lernte die Gruppe der Lehrkräfte selbsterfahrungsbezogen, was die Selbsterfahrung für ihre Arbeit bedeutet. Das Ergebnis war nicht nur eine spürbare Verbesserung der Zufriedenheit mit der Arbeit, sondern auch eine erhöhte Effektivität und Effizienz. Letzteres mag an folgendem einfachen Beispiel deutlich werden: Bei der Jahresplanung für die Fort- und Weiterbildung pflegte das Team üblicherweise eine „Einstimmung" zu machen, in der für ca. einen halben Tag die Beziehungen untereinander kreativ aufgegriffen und bearbeitet wurden. Die anschließende Arbeit an der Planung war dann regelmäßig viel eher beendet als vorgesehen. Gelegentlich wurde diese „Einstimmung" – die sehr intensiv und fordernd war – ausgelassen; das führte dann aber jedes Mal dazu, dass die Planungsarbeit wesentlich länger dauerte als vorgesehen und zeitraubende, mühsame Diskussionen beinhaltete.

Die gemeinsame Qualifizierung für den „selbsterfahrungsbezogenen“ Aspekt der gemeinsamen Arbeit, die zusätzlich eine Intensivierung der Zusammenarbeit an der Justizvollzugsschule zur Folge hatte, führte dazu, dass auch die Lehrkräfte vom mittleren Dienst Fort- und Weiterbildungsveranstaltungen für das Vollzugspersonal mit dem beschriebenen Schwerpunkt durchführen. Ein Beispiel dafür sei hier aufgezeigt: Eine Form von Fortbildungsmaßnahmen beinhaltet Veranstaltungen in den Justizvollzugsanstalten mit Kleingruppen von (maximal 12) Bediensteten des allgemeinen Vollzugsdienstes. Sie haben neben einer Auffrischung des Wissens im Bereich des Strafvollzugsgesetztes die Kommunikation mit Gefangenen und den Umgang mit dem eigenen Stress zum Inhalt. Das Programm ist mit dem Psychologen vorbereitet, die Durchführung erfolgt durch Lehrkräfte des allgemeinen Vollzugsdienstes an der Justizvollzugsschule in Zusammenarbeit mit je einem Ausbildungsleiter an der betreffenden Anstalt. Die Ergebnisse sind meist ausgezeichnet, die soziale Nähe zwischen Trainern und Teilnehmern begünstigt die intensive Arbeit. Für die Trainer sind solche Veranstaltungen regelmäßig mit einem hohen Gewinn an Befriedigung verbunden, da sie anerkennende Rückmeldungen erhalten. Solche Erfahrungen bereichern und motivieren sie zugleich.

Ein anderes Beispiel für die Qualifizierung von Vollzugspersonal, bei dem die Selbsterfahrung eine wesentliche Rolle spielt, sind die Veranstaltungen für die besonderen Fachdienste (Psychologen, Sozialpädagogen, Pädagogen, gelegentlich auch Juristen und Referatsleiter aus dem gehobenen Dienst), die zur Leitung von Gruppen qualifizieren. Nach einer Woche intensiver Selbsterfahrung in der Gruppe der Teilnehmer folgt einige Zeit später eine weitere Woche mit einer Einführung in die Gruppendynamik, in der wichtige Aspekte der Gruppendynamik selbsterfahrungsbezogenen dargestellt werden. In einer so genannten Praxisphase sollen die Teilnehmer dann eigene Erfahrungen mit einer Gruppe (für 15 Doppelstunden) sammeln; dafür erhalten sie von den Psychologen der Justizvollzugsschule Supervision. Den Abschluss dieser Qualifizierung bildet eine weitere einwöchige Veranstaltung, bei der die Erfahrungen der Teilnehmer zusammengetragen und (wiederum selbsterfahrungsbezogen) in eine Planung von Gruppenveranstaltungen eingearbeitet werden. Solche Veranstaltungen können ohne Einschränkung als erfolgreich bewertet werden; die Rückmeldungen der Teilnehmer zeigten fast durchweg einen hohen Lerngewinn. Insbesondere die Supervision in der Praxisphase zeigt beobachtbare Veränderungen bei den Teilnehmern.

Die für die Praxisphase aufgezeigte Supervision bildet einen weiteren Schwerpunkt in der selbsterfahrungsbezogenen Arbeit der Justizvollzugsschule. Supervision in dem hier geschilderten Sinn beinhaltet eine intensive Reflexion der beruflichen Arbeit mit dem Ziel, (neue) Lösungen für ein Problem zu finden und emotionale Entlastung zu erfahren. Supervision erfolgt meist in Kleingruppen unter Leitung eines professionell qualifizierten Supervisors. An der Bayerischen Justizvollzugsschule gibt es zertifizierte Supervisoren, die Supervision für verschiedene Gruppen im Vollzug anbieten können. Solche Gruppen sind etwa die Teams, die mit der Leitung von Wohngruppen oder mit besonderen Behandlungsgruppen befasst sind (z. B. für schwierige Gefangene oder für Jugendliche in großen Untersuchungshaftanstalten) oder Teams von Sozialtherapeutischen Abteilungen. Die Supervision gestaltet sich durchweg fruchtbar, da die Justizvollzugsschule Vertrauen bei den Teilnehmern genießt. Die Supervision fördert – über die erwähnten Ziele der Problemlösung und der emotionalen Entlastung hinaus – auch die Zusammenarbeit zwischen den verschiedenen Diensten, die jeweils in einem Team zusammenzuarbeiten haben. Eine Zielgruppe für Supervision verdient hier besondere Erwähnung, da sie zunächst einzigartig war: es sind die Anstaltsleiter. Das behutsam aufgebaute Vertrauen zwischen den Anstaltsleitern und den Psychologen der Justizvollzugsschule ermöglichte bald einen intensiven Austausch über dienstliche Belange und Probleme, die ein Anstaltsleiter (in seiner dienstlichen „Einsamkeit") sonst kaum ansprechen kann. Die Supervision führt hier auch zu einer Intensivierung der Zusammenarbeit untereinander, die fördernde Auswirkungen auf die gemeinsame Arbeit und auf ein konstruktives Verhältnis zur Aufsichtsbehörde hat. Die Teilnehmer an diesen Supervisionsveranstaltungen gaben regelmäßig sehr positive Rückmeldungen ab.

Selbsterfahrung wird von der Justizvollzugsschule auch in eigenständigen Veranstaltungen mit diesem Ziel angeboten. Dafür gibt es häufig Wartelisten, obwohl die Gerüchte, was in solchen Veranstaltungen passiert, eher negativ waren (z. B. „Teilnehmer haben da geheult"). Die Neugier überwog offenbar – und meist war das Ergebnis für die Teilnehmer nutzbringend und für die tägliche Arbeit hilfreich.

Ein anderer Schwerpunkt der Fort- und Weiterbildungsmaßnahmen, auf die der Psychologe als Personalentwickler achtet, ist die Bezogenheit der verschiedenen Maßnahmen aufeinander. Die einzelnen Maßnahmen sollen in einem systemischen Gesamtbezug einander ergänzen und verstärken. Die Qualifizierung der besonderen Fachdienste beispielsweise ist gewinnbringend für deren vollzugliche Arbeit, sie erweitert zugleich auch den Personenkreis, der für Lehr- und Trainertätigkeiten an der Justizvollzugsschule oder in den Justizvollzugsanstalten zur Verfügung steht. Qualifizierungsmaßnahmen für Teilnehmer in Gruppen aus unterschiedlichen Diensten tragen – über die jeweilige Qualifizierung hinaus – unmittelbar zu einer Verbesserung der Zusammenarbeit zwischen diesen Dienstgruppen bei; der intensive und offene Austausch führt zu einer besseren Kenntnis voneinander und damit zu einem verbesserten Kontakt mit gesteigerter Effizienz in der Arbeit. Veranstaltungen mit relativ intensiver Selbsterfahrung bereichern die Teilnehmer, sie bilden aber auch die Voraussetzung für die Teilnahme an weiteren Qualifizierungsangeboten. Auf solche Zusammenhänge zu achten, ist eine Chance für den Psychologen als Personalentwickler; denn dafür ist sein fachmännischer Blick geschärft.

Andere Bereiche, in denen der Psychologe als Personalentwickler eine besondere Funktion hat, sind Veranstaltungen zur Organisationsentwicklung im weiteren Sinn. Dazu gehören etwa Veranstaltungen in den Justizvollzugsanstalten, zu denen der Anstaltsleiter die Justizvollzugsschule einlädt, wenn er in seinem Team ein Projekt beginnen oder ein Problem lösen will; praktische Beispiele sind die Einrichtung einer Wohngruppe oder Spannungen zwischen zwei Abteilungen. Es bedarf des besonderen Vertrauens eines Anstaltsleiters zu den Psychologen der Justizvollzugsschule, um solche Veranstaltungen erfolgreich durchführen zu können. Denn diese Veranstaltungen geben Einblicke in Interna der Justizvollzugsanstalt, die dort bleiben sollen. Bei den Psychologen bleiben diese Interna geschützt.

Zu den Veranstaltungen der Personalentwicklung im Rahmen der Organisationsentwicklung gehören aber auch Trainings für Führungskräfte in Fragen der Leitung und des Managements. Die für solche Trainings relevanten Themen (z. B. Führungsaufgaben, Kommunikation, Konfliktmanagement, Projektmanagement, Zeitmanagement, Delegation), die teilweise mit externen Trainern zusammen gestaltet werden, haben jeweils auch einen Bezug zur Selbsterfahrung bei den Teilnehmern. Dieser Bezug wird von ihnen als bereichernd erfahren, wie aus den Rückmeldungen deutlich wird. Er eröffnet aus der Sicht des Psychologen auch einen intensiven Zusammenhalt in der Teilnehmergruppe, der für die künftige Zusammenarbeit nach Beendigung der Veranstaltungen fruchtbar ist.

Aus den weiteren Bereichen der Personalentwicklung sei hier der Beitrag des Psychologen zum Mitarbeitergespräch aufgezeigt. Hier kann er intensiv darauf Einfluss nehmen, mit Widerständen des Personals behutsam und kreativ umzugehen. Solche Widerstände stammen aus Ängsten und Vorurteilen, sie sind aber durchaus nachvollziehbar. In verschiedenen Veranstaltungen, in denen diese Ängste und Vorurteile aufgegriffen und bearbeitet werden, kann es gelingen, das Konzept des Mitarbeitergesprächs mit Leben zu füllen und für einen praktischen Einsatz verfügbar zu machen. Das Mitarbeitergespräch kann dann als ein anerkanntes Mittel der Personalentwicklung das Klima beim Personal der Anstalt entscheidend verbessern.

5. Abschließende Bemerkungen

Die Arbeit im Bereich der Personalentwicklung ist für den Psychologen in hohem Masse befriedigend. Hier kann er seine besonderen Kenntnisse und Erfahrungen in konkrete Aktionen umsetzten. Die Vermittlung von kommunikativen Fähigkeiten führt ihn in die unmittelbare Auseinandersetzung mit Menschen. Deren Möglichkeiten und Grenzen fordern ihn heraus, kreativ ihre Ängste, Vorurteile, Probleme und Stärken aufzugreifen und damit in einer Weise umzugehen, die neue Ansätze für die schwierige Arbeit im Justizvollzug erlaubt. Sein Wissen um und seine Erfahrung mit der Wirkung von menschlichem Verhalten auf andere erlauben ihm, dieses Thema in Fort- und Weiterbildungsveranstaltungen wirkungsvoll in unmittelbare zwischenmenschliche Abläufe einzubinden und für die gemeinsame Arbeit fruchtbar zu machen. Selbsterfahrung bildet dabei den Hintergrund und zugleich den konkreten Einstieg in die zwischenmenschliche Arbeit im Rahmen der Personalentwicklung. Der Psychologe ist sich seiner Grenzen bewusst, er weiß, dass er nicht alle Maßnahmen der Personalentwicklung durchführen kann, vor allem nicht auf einmal. Denn er sieht die Personalentwicklung als Prozess, der irgendwann angefangen werden muss, auch wenn der Gesamtplan noch nicht befriedigend klar ist. Er kann sich dabei – wie wir es in Bayern gemacht haben – auf die Idee „der grünen Inseln“ einlassen, wie sie A. Baechtold (2001) für die Reformen im schweizerischen Strafvollzug beschrieben hat: Maßnahmen in einzelnen Bereichen lassen sich leichter und wirksamer gestalten als flächendeckende – und sie haben stets Auswirkungen auf andere Bereiche. Die dafür erforderliche Geduld bezieht der Psychologe aus seinem Wissen um systemische Zusammenhänge und seinen Erfahrungen damit. Er kann feststellen, dass Veränderungen im Justizvollzug zwar Zeit brauchen – aber möglich sind.

Literatur

Baechtold A. (2001). Strategie der grünen Inseln – die Implementation neuer Steuerungsinstrumente im schweizerischen Strafvollzug. In: Flügge C., Maelicke B. & Preusker H. (Hrsg.), *Das Gefängnis als lernende Organisation*, Baden-Baden: Nomos, 350-362.

Bickel C. (1980). *Eignungsdiagnostische Untersuchung der Bewerber für die Laufbahn des allgemeinen Vollzugsdienstes*. Straubing: Eigenverlag.

Heeg F. J., Kleine G., Jaeger C. & Ernst H. (1993). Grundlagen der Personalentwicklung. In: Heeg F. J. Münch (Hrsg.), *Handbuch Personal- und Organisationsentwicklung*. Stuttgart: Klett, 299-318.

Steinhilper M. (2001). Personalentwicklung und Personalmanagement als Führungsaufgabe. In: Flügge C.; Maelicke M. & Preusker H. (Hrsg.), *Das Gefängnis als lernende Organisation*. Baden-Baden: Nomos, 136-153.

Waldmann P. (1968). *Zielkonflikte in einer Strafanstalt*. Stuttgart.

Wie sich Psychologen (und Ärzte) im Justizvollzug organisieren

Die Bundesarbeitsgemeinschaft der Ärzte und Psychologen in der Straffälligenhilfe (BAGÄP)

von Annegret Pfundstein

Am 30.01.1968 trafen sich in Asperg acht im Justizvollzugsdienst tätige Herren (fünf Ärzte und drei Psychologen) und beschlossen die Gründung der „Bundesarbeitsgemeinschaft der Ärzte und Psychologen in der Straffälligenhilfe (BAGÄP)“. Unter diesem Namen wurde die BAGÄP später ins Bonner Vereinsregister eingetragen.

Diese Gründung ist im Zusammenhang zu sehen mit den gesellschaftlichen Veränderungen Ende der sechziger Jahre und den damaligen Bemühungen um eine Strafvollzugsreform. Der Grundgedanke „Behandeln statt Strafe“ wurde immer häufiger diskutiert und fand seinen Niederschlag bekanntlich in dem 1977 verabschiedeten Strafvollzugsgesetz. Der Behandlungsgedanke ist seitdem eine wesentliche Grundlage für die Arbeit im Strafvollzug.

Die Themen der ersten Mitgliederversammlung am 08.05.1968 zeigen, dass die im Vollzug tätigen Ärzte und Psychologen schon damals von Problemen bewegt wurden, die uns auch heute noch beschäftigen:

- Menschenkundliche Probleme des modernen Strafvollzugs;
- Medikamentöse Zwangsbehandlung bei Untersuchungs- und Strafgefangenen;
- Engpässe im vollzugsärztlichen Dienst;
- Aggressionen – ein Dilemma des Strafvollzuges;
- Die verschiedenen Formen der Konfliktbewältigung (Neurosen, Sucht, Verwahrlosung);
- Selbstmord und Selbstbeschädigung im Freiheitsentzug.

Die BAGÄP hatte sich gleich zu Beginn unter die Fittiche des „Bundeszusammenschluss für Straffälligenhilfe“ begeben. Dadurch erhielt der Verein nicht nur finanzielle Unterstützung für die Durchführung von Fortbildungsveranstaltungen. Dies hat ein Polster geschaffen, von dem die BAGÄP noch heute, viele Jahr nach der Auflösung des Zusammenschlusses profitiert. Bis zum Jahr 1989 hatte die BAGÄP sozusagen auch ihre Heimat im Ludwig-Clostermann-Haus des Bundeszusammenschlusses in Bonn-Bad Godesberg. Seit 1991 hat die BAGÄP ihre neue

Heimat in der Bayerischen Justizvollzugsschule in Straubing gefunden, wo jährlich eine Fortbildungsveranstaltung durchgeführt wird.

Zweck der BAGÄP ist,

> „... die medizinische und psychologische Behandlung und Betreuung Straffälliger innerhalb und außerhalb des Justizvollzuges zu fördern. Darum unterstützt der Verein den Erfahrungsaustausch der medizinischen und psychologischen Dienste untereinander, die Einführung neuer Behandlungsmethoden, die Weiterentwicklung von Forschung im Bereich des Justizvollzuges und unterstützt gesetzliche Reformvorhaben. Der Verein führt regelmäßig Fortbildungsveranstaltungen zu Themen der medizinischen und psychologischen Behandlung und Betreuung Gefangener, zu medizinischen und psychologischen Entwicklungen und zu organisatorischen und personellen Problemen im Justizvollzug durch. Er nimmt beratend und empfehlend Einfluss auf die Gestaltung von gesetzlichen Vorschriften auf dem Gebiet des Justizvollzuges und den Erlass von Richtlinien in den Ländern und beim Bund. Der Verein betreibt Öffentlichkeitsarbeit. Er hält Kontakt zu nationalen und internationalen Organisationen und Gremien, die mit Vollzugsfragen befasst sind“ (§ 2 der Satzung).

Seit 1973 führt die BAGÄP regelmäßig zwei Fortbildungsveranstaltungen im Jahr durch. Durch ihre Arbeit erreichte die BAGÄP weitreichende Anerkennung bei den Justizverwaltungen der Länder und des Bundes. So wurde sie im Laufe der Jahre mehrfach zu Expertenanhörungen in Gesetzgebungsverfahren des Bundes gerufen. Das war erstmals im Zusammenhang mit der Zwangsernährung hungerstreikender Gefangener des RAF-Umfeldes der Fall. Maßgeblich beeinflusst durch das von Vertretern der BAGÄP vorgetragene Votum vieler Anstaltsärzte ist die Änderung des § 101 Abs 1 Satz 2 StVollzG durchgeführt worden. Danach brauchte gegen den ausdrücklichen Willen des Gefangenen keine Zwangsernährung mehr durchgeführt werden.

Des Weiteren wurde sie beteiligt unter anderem an den Anhörungen zum Untersuchungshaftvollzugsgesetz, zum Jugendstrafvollzugsgesetz und zur Anwendung des § 35 BtmG auf alkoholabhängige Straftäter. Darüber hinaus entwarf die BAGÄP, basierend auf einem Gutachten von Prof. Dr. Müller-Dietz, gemeinsam mit dem Berufsverband Deutscher Psychologen (BDP) das Berufsbild des Psychologen im Justizvollzug, welches 1982 veröffentlicht wurde. Als wichtigste Arbeitsfelder wurden herausgearbeitet:

- Vollzugsgestaltung, Organisation, Planung, Anstaltsleitung, Vollzugsleitung;
- Diagnostik, Vollzugsplanung und Beratung/Behandlung;
- Personalwerbung, Personalauswahl, Aus-, Fort- und Weiterbildung der Vollzugsbediensteten;
- Psychologische Tätigkeit in Aufsichtsbehörden;
- Kriminologischer Dienst.

Die gesamte Arbeit der BAGÄP lässt sich hier kaum vollständig darstellen. Am Besten lässt sich das auf einer der Fortbildungsveranstaltungen erleben.

Und Georg Wagner?

Obwohl ich schon im April 1973, gleich zu Beginn meiner beruflichen Laufbahn, in Frankfurt a. M. zur Geschäftsführerin gewählt wurde, lernte ich Georg Wagner nicht auf einer Tagung der BAGÄP, sondern erst bei dem Bundeskongress der Vollzugspsychologen in Freising kennen. Er gehörte dem Verein zwar schon seit 1969 an, wurde aber erst ab 1975 aktives Mitglied. Georg Wagner gehört der BAGÄP bis heute an und war in den Jahren 1983 bis 1993 als psychologischer Vorsitzender Mitglied des Vereinsvorstandes. Vor allem aber ist er immer ein kritischer, gegenüber den Schwächen des Vollzugssystems unnachgiebiger, gegenüber den Schwächen des in diesem System Tätigen wohlwollend strenger Teilnehmer an den Diskussionen der Fortbildungsveranstaltungen gewesen.

Warum sich Georg Wagner nicht gleich von Beginn seiner Mitgliedschaft an aktiv an der BAGÄP-Arbeit beteiligt hat, kann ich nur vermuten. Vielleicht konnte er sich dem damaligen bayerischen Trend nicht entziehen, dass die dort tätigen Psychologen eine Trennung der eigenen Berufsgruppe von der der Ärzte anstrebten. Zum Glück lehnte unser damaliger Dachverband die Unterstützung von zwei Arbeitsgemeinschaften ab, sodass es nicht zu der Trennung kam. Trotzdem dauerte es noch eine Weile, bis – dem Beispiel Georg Wagners folgend – die Kolleginnen und Kollegen aus Bayern zu einem zuverlässigen und wertvollen Bestandteil der BAGÄP wurde.

Die BAGÄP hat praktisch während ihres gesamten Bestehens von den reichhaltigen praktischen, aber auch wissenschaftlichen Erfahrungen Georg Wagners profitiert und wird es hoffentlich auch in Zukunft weiter können. Seine leise Ironie und seine Geistesblitze werden sicherlich auch in den nächsten Jahren die Fortbildungstagungen noch bereichern, was sich die BAGÄP jedenfalls wünscht.

Psychologen und Juristen im Justizvollzug

Entwicklung und Perspektiven ihrer Zusammenarbeit

von Karl Peter Rotthaus

1. Das Konfliktfeld

Für die Zusammenarbeit von Psychologen und Juristen im Justizvollzug waren Konflikte programmiert. Einst waren die Juristen im Gefängnis die unumschränkten Herrscher. In allen wichtigen Fragen lag die Entscheidung bei ihnen. Ob ein Bewerber einzustellen war oder ein Gefangener vorzeitig entlassen werden sollte – um nur zwei Beispiele zu nennen – entschied der Jurist. Natürlich wurde gefragt, woher er die Kenntnisse nehme, so schwierige Entscheidungen zu treffen, die Juristenausbildung liefere dafür doch kein Handwerkszeug. Zur Antwort berief er sich auf seine Erfahrung. Als später Psychologen in den Strafvollzug kamen, reichte diese Erklärung nicht aus. Hatten doch die Psychologen ein Universitätsstudium absolviert, das ihnen die Grundlagen für menschenkundliche Entscheidungen vermittelt hatte. Das musste die Juristen, die die Vorgesetzten der Psychologen wurden, verunsichern. Ein unsicherer Vorgesetzter aber kann nicht die Voraussetzungen für eine gute Zusammenarbeit schaffen. Denn um seine Unsicherheit zu besänftigen, muss er ständig nach Beweisen suchen, dass er es doch noch besser weiß.

2. Psychologen als Mitglieder der Fachdienste

Mitte der fünfziger Jahre des vergangenen Jahrhunderts wurden die ersten Psychologen Mitarbeiter im Personal des Gefängnisses. Sie wollten psychologisches Fachwissen in den Vollzug einbringen und den Gefangenen helfen. Ihre Motivation war bestimmt vom Gedanken der Behandlung mit dem Ziel der Resozialisierung (Bitter 1957; Wagner 1972, 105), der in manchen unserer Nachbarländer bereits große Bedeutung erlangt hatte, in Deutschland aber, beginnend im Jugendstrafvollzug, erst langsam Anhänger gewann. In den Anstalten des Erwachsenenvollzugs war von dieser Bewegung damals noch kaum etwas zu spüren.

Einzelne Psychologen hatte es schon früher im Strafvollzug gegeben. Sie waren in die Laufbahn des höheren Vollzugs- und Verwaltungsdienstes integriert worden.

Es gab sie in Hamburg und Hessen. In Nordrhein-Westfalen war ein Psychologe Leiter einer großen Anstalt für erstbestrafte Männer (Feige 1969), daneben gab es zwei promovierte Pädagogen (einer davon F. Weber), die ebenso Anstaltsleiter waren. In Bayern leiteten zwei Psychologen Jugendstrafanstalten. Der Einfluss dieser Humanwissenschaftler auf den Vollzug war jedoch begrenzt. Es gab zwar kein Juristenmonopol für die Funktion des Anstaltsleiters. Die Mehrzahl der Anstaltsleiter aber waren Juristen und sie bestimmten zusammen mit den Juristen der Aufsichtsbehörden den konservativen Geist des Vollzuges, der ideologisch auf Vergeltung und praktisch auf Sicherheit, Ordnung, Arbeitsfleiß und Sauberkeit ausgerichtet war.

Für die neuen Mitarbeiter, die Psychologen, war in der Organisation der Anstalt kein Arbeitsplatz vorgegeben. Es gab die Linie des Aufsichtsdienstes und die Linie der Verwaltung, die in der Person der hierarchischen Spitze des Anstaltsleiters zusammen liefen. In keine dieser Linien ließ sich der Psychologe einfügen. Anders als für die Lehrer und die ‚Fürsorger', die ebenso meist als Einzelne im Gefängnis tätig waren, ließ sich der Aufgabenbereich der Psychologen nicht ohne weiteres erkennen. Die Einstellung von Psychologen war von der Politik und von den Leitern der Landesjustizverwaltungen als Signal gedacht. Der Gedanke der Resozialisierung sollte damit herausgestellt werden. Über die Frage, wie für die Einbeziehung einer neuen Laufbahn in die Vollzugsarbeit der Boden zu bereiten sei, hatte sich niemand Gedanken gemacht. Ein großer Teil des Personals hatte keine Vorstellung von dem, was die Vorbildung und die Möglichkeiten der Mitarbeit eines Psychologen ausmachten. Im Jahre 1961 fragte mich auf einer Tagung der vorsitzende Justizminister nach dem Referat eines Psychologen: „Wie wird man eigentlich Psychologe? Haben die studiert?" So erhielt diese Gruppe neuer Mitarbeiter mehr aus Verlegenheit als durch Planung die Stabsposition eines Beraters.

Die ersten Psychologen im Männervollzug waren Männer. Bereits in den sechziger Jahren traten jedoch zunehmend Psychologinnen als Mitarbeiterinnen in die Anstalten ein. Zusammen mit den anderen Fachdiensteten leisteten sie wichtige Beiträge dazu, dass das Gefängnis sich weg von der eingeschlechtlichen Institution (Stöckle-Niklas 1989) zu mehr Normalität entwickelte. Wenn ich in diesem Beitrag gleichwohl durchweg von ‚Psychologen' spreche, geschieht das aus sprachlichen Gründen; die Psychologinnen sind stets ebenso gemeint.

3. Georg Wagners Umfrage

Um das Jahr 1970 hielt der Jubilar, Georg Wagner, eine detaillierte Umfrage unter den 34 damals im Vollzug tätigen Psychologen. Der Rücklauf bestand in 18 auswertbaren Antworten. Auf dieser Grundlage zeichnete er in seiner Dissertation

(Wagner 1972) ein anschauliches Bild von der Situation der Psychologen im Gefängnis:

Der Psychologe hatte recht häufig Kontakt zum Anstaltsleiter. Von ihm erhielt er seine Aufträge. Für den zweckmäßigen Umgang mit schwierigen oder gefährlichen Gefangenen und für die Frage der vorzeitigen Entlassung hatte er gutachtliche Stellungnahmen zu erstellen. Verhaltensauffällige Gefangene, die den anderen Mitgliedern des Personals, besonders dem Aufsichtsdienst, Schwierigkeiten machten, sollte er mit seinen Mitteln zur Ruhe bringen. Die Suizid-Prävention war eine wichtige Aufgabe für ihn (vgl. Konrad, in diesem Buch). Wenn es jedoch um die Beurteilung von Angehörigen des Personals und deren Einsatz ging, war die Meinung des Psychologen nicht gefragt. An Einfluss und Macht, um die es bei Personalentscheidungen geht, mochten die Juristen den Psychologen nicht teilnehmen lassen.

Häufigen Kontakt hatten die Psychologen zu Sozialarbeitern und Pädagogen. Verbindend wirkte offenbar ihre gemeinsame humanwissenschaftliche Orientierung. Umgekehrt waren Kontakte zum Aufsichtsdienst und Werkdienst selten. Die Unkenntnis, was Psychologen eigentlich im Gefängnis ‚zu suchen' hatten, und die schichtspezifische Distanz erschwerten den Kontakt. Immerhin wurden sie gelegentlich von Mitgliedern dieser Dienste um Rat gefragt, wenn schwierige Gefangene sie verunsicherten und ihnen zusätzlich Arbeit machten.

Die Gefangenen erkannten bald, dass sie im Psychologen einen geduldigen Gesprächspartner und einen Berater und Helfer in einer Welt finden konnten, die wenig Beratung und Hilfe anbieten konnte. Es gab sogar schon Psychotherapie in der Form von Einzeltherapie. Die Gruppenarbeit steckte noch in den Anfängen, doch unternahmen einzelne Psychologen bereits Versuche mit Group Counseling (Pietsch 1969; Feige 1962).

Als Ergebnis stellt Georg Wagner fest, dass die Psychologen Kontakt nur zu einem kleinen Teil der Menschen im Gefängnis haben. Sie befanden sich in einer ‚Erstrolle' (S. 7) und hatten keine Vorbilder, an denen sie sich orientieren konnten. Ihre Einmanntätigkeit hatte einen nur geringen organisatorischen Stellenwert (S. 73). Auf das Zusammenleben der Menschen im Gefängnis konnten sie keinen Einfluss nehmen.

Der Anstaltsleiter brauchte den Psychologen nicht. Er konnte ihn zu Aufgaben heranziehen, war dazu aber nicht verpflichtet. Behandlungsvorschläge oder Prognosen des Psychologen konnte er bei seinen Entscheidungen berücksichtigen oder nicht. Die Psychologen bekamen oft nicht einmal eine Rückmeldung auf ihre Voten. Manche Psychologen nutzten ihre unstrukturierte Arbeitssituation und entwickelten für sich einen Arbeitsbereich, wie er ihren Bedürfnissen und Interessen entsprach. So blieb der Psychologe oft ein Außenseiter in der Anstalt.

4. Die Anfänge der Zusammenarbeit von Psychologen und Juristen

Die berufliche Beziehung von Psychologe und Anstaltsleiter war abhängig von der persönlichen Beziehung. In Einzelfällen kam es zu einem steten Gedankenaustausch und zu einer engen fachlichen Zusammenarbeit. Konflikte entzündeten sich seltener an Grundsatzfragen, eher an kleinen Ärgerlichkeiten. Ein Gefangener, um den sich der Psychologe besonders bemüht hatte, wurde plötzlich verlegt, ohne dass der Psychologe davon vorher unterrichtet wurde. Der Psychologe wurde gehindert, einen Gefangenen in der Beruhigungszelle aufzusuchen, aus Sicherheitsgründen angeblich. Ein Gefangener, der mit Hilfe des Psychologen einen Arbeitsplatz gefunden hatte, wurde aus wenig einsichtigen Gründen abgelöst. Noch banalere Streitfragen betrafen die Einrichtung des Büros des Psychologen und die Ausstattung mit Literatur und anderen Hilfsmitteln. Viele der Psychologen, die sich an der Untersuchung beteiligten, waren mit ihrer Arbeitssituation unzufrieden, machten aber keine konkreten Vorschläge, wie ihre Lage zu verbessern sei. Anscheinend litten sie unter ihrer Einbindung in eine Organisation, die ihrem Menschenbild nicht entsprach und die sie für dringend reformbedürftig hielten. Thilo Eisenhardt (1979) hat dieses Leiden in seinem Werk ‚Strafvollzug' anschaulich gemacht und – wie manche seiner Kollegen – die Konsequenz daraus gezogen, den Strafvollzug zu verlassen.

5. Eine Realutopie der Zusammenarbeit

Am Ende seines Werkes zeichnet Georg Wagner ein Bild, wie die Arbeit des Psychologen sinnvoll in die Organisation der Anstalt einzufügen sei. Er schlägt eine Doppelspitze von einem Vollzugsdirektor und einem Verwaltungsdirektor vor. Der Vollzugsdirektor – ein Psychologe – steht an der Spitze einer Linie, deren Arbeit unmittelbar auf das Vollzugsziel der Resozialisierung gerichtet ist. Die Arbeit des Verwaltungsdirektors – eines Juristen oder Verwaltungsbeamten – und seiner Mitarbeiter andererseits soll mittelbar zur Zielerreichung beitragen. Dieses Bild schien zur damaligen Zeit eine kühne Utopie zu sein. Schneller als erwartet, wurde es jedoch Wirklichkeit. Etwa gleichzeitig mit der Untersuchung verpflichtete der Gesetzgeber durch das Zweite Gesetz zur Reform des Strafrechts von 1969 die Landesjustizverwaltungen Sozialtherapeutische Anstalten einzurichten. Da sich die vom Gesetzgeber für die Aufgabe des Anstaltleiters vorgesehenen Fachärzte nicht finden ließen, schlug hier die Stunde der Psychologen. Die Mehrzahl der Sozialtherapeutischen Modellanstalten erhielt unterschiedlich organisierte Doppelspitzen, in denen Psychologen die Behandlungsseite leiteten. Den Landesjustizverwaltungen schien es aber riskant, den Psychologen die letzte Entscheidung zu überlassen, wenn es um Sicherheitsfragen und heikle Fragen mit Außenwirkung wie Ausgang, Freigang und Urlaub ging. Deshalb behielten Juristen das letzte Wort. Diese Organisationsstrukturen funktionierten unterschiedlich. Letztlich fanden sich die Spitzen von Behandlung und Verwaltung jedoch zusammen (Egg 1984, 175). Bei den übrigen Anstalten des konventionellen Vollzuges änderte sich dagegen wenig. Es fand keine systematische Umstrukturierung der Leitungsorganisation statt.

6. Die Funktion der Psychologen in der Strafvollzugsreform

Die grundlegenden Veränderungen in der Stellung des Psychologen im Gefängnis waren nicht die Folge einer Umgestaltung der Organisation oder gar einer Neufassung der Geschäftsverteilungspläne. Die Änderungen folgten der Veränderung des Vollzuges und gingen oft von den Juristen als den immer noch Herrschenden im Vollzug aus. Anders als im bisherigen statischen System erwies sich die Mitarbeit der Psychologen jetzt als notwendig. Sie erhielten mit den Neuerungen Aufgaben, die für die Entscheidungsfindung notwendig waren und gewannen damit Einfluss auf die neuen Entwicklungen.

Anstalten des offenen Vollzugs hatte es in einzelnen Bundesländern seit Anfang der fünfziger Jahre gegeben: Hamburg-Neuengamme, Hamburg-Hahnöfersand, Hövelhof-Staumühle, Gustav-Radbruch-Haus Frankfurt a. M., Laufen-Lebenau u. a. (Loos 1970, 28). Obwohl diese Anstalten problemlos funktionierten, gab es keine Ausstrahlung auf den Vollzug im Allgemeinen. Als aber im Jahre 1968 eine wichtige Gerichtsentscheidung Justizminister Josef Neuberger zwang, in Nordrhein-Westfalen schnell und preiswert neue Haftplätze zu schaffen, richtete er drei große offene Anstalten mit insgesamt mehr als tausend Haftplätzen ein. Der offene Vollzug für so große Zahlen erwachsener Männer war eine Neuigkeit. Seine Einführung konnte nur gelingen, weil es mit Hilfe der diagnostischen und prognostischen Arbeit der Psychologen gelang, gefährliche und gemeinschaftsunfähige Gefangene aus diesen Anstalten heraus zu halten.

Auch das Einweisungsverfahren für erwachsene Männer mit längeren und langen Strafen wurde für das Land Nordrhein-Westfalen von Juristen eingeführt (Thole 1975). Die Übertragung der Einweisungsentscheidungen auf weisungsunabhängige Kommissionen, in denen Psychologen mitwirkten, gab diesen Einfluss und damit ein Stück Macht. Der Leiter der Einweisungsanstalt, der ein Jurist sein musste, blieb zwar Vorsitzender der Kommission. Er konnte aber überstimmt werden und verlor seine hierarchische Allmacht. Die Arbeit der Einweisungsanstalten gewann ihren Sinn dadurch, dass es aufgefächerte Möglichkeiten unterschiedlicher Vollzugsgestaltung gab. Es ging neben der Frage der Verlegung in eine offene oder eine geschlossene Anstalt um Maßnahmen der schulischen und beruflichen Fortbildung, intensive Entlassungsvorbereitung, Behandlung in den Sozialtherapeutischen Anstalten und andere therapeutische Hilfen.

Es gibt aber auch Beispiele dafür, dass mächtige Reformanstöße primär von Psychologen ausgingen. So hat Günther Schmitt die Sozialtherapeutische Anstalt Ludwigshafen eingerichtet und viele Jahre geleitet (Schmitt 1978). H. D. Stark bewies als Leiter der Anstalt Hamburg-Fuhlsbüttel, einer großen mit langstrafigen, oft schwierigen und gefährlichen Gefangenen belegten Einrichtung, dass auch dort ein nach innen offener Vollzug möglich ist. Es gelang ihm im Zuge seiner Reformbemühungen, die Angehörigen der Insassen und zahlreiche ehrenamtliche Betreuer in die Vollzugsarbeit einzubeziehen (Stark 1978).

7. Die Auswahl und Ausbildung der Bewerber für den allgemeinen Justizvollzugsdienst

Auf politischen Druck von außen gewannen die Auswahl und die Ausbildung der Anwärter des allgemeinen Vollzugsdienstes und des Werkdienstes große Bedeutung. Die Auswahlverfahren wurden in den einzelnen Bundesländern zentral organisiert. So unterschiedlich diese Verfahren auch gehandhabt wurden, gemeinsam war ihnen, dass die Psychologen bei den Untersuchungen und den Entscheidungen ein gewichtiges Wort mitzusprechen hatten. In der Ausbildung trat das Erlernen von Gesetzen und Dienstvorschriften zurück. Die Ausbildung des allgemeinen Vollzugsdienstes und des Werkdienstes erhielt ihren Schwerpunkt auf den Gebieten der menschenkundlichen Fächer, unter denen die Vollzugspsychologie einen zentralen Platz einnahm (Böhm 2003, 53 ff.). – Entsprechendes galt für die Fortbildung nicht nur dieser Dienste, sondern aller Mitarbeiter im Vollzug. Es setzte sich die Auffassung durch, dass Fortbildung für die Angehörigen aller Laufbahnen erforderlich war. Psychologen übernahmen oft die Organisation und Durchführung dieser Fortbildungstagungen.

8. Entscheidungsfindung in Konferenzen

Die Konferenzen außerhalb der Sozialtherapeutischen Anstalten, außerhalb des Einweisungsverfahrens und außerhalb des Auswahlverfahrens für Bewerber änderten sich ebenfalls. Früher war es dem Anstaltsleiter überlassen, ob er Konferenzen durchführte und wie er sie gestaltete. Es gab Anstaltsleiter, denen die Beobachtungen und Vorschläge der Konferenzteilnehmer wichtig waren und die ihren Diskussionsbeiträgen aufmerksam lauschten. Andere verzichteten auf Konferenzen gänzlich oder beschränkten sie auf einen engen Kreis von Honoratioren ihrer Anstalt, denen sie ihre Entscheidungen eröffneten.

Heute verpflichtet § 159 StVollzG die Anstaltsleiter Konferenzen ‚zur Aufstellung und Überprüfung des Vollzugsplanes' (Vollzugskonferenzen) und ‚zur Vorbereitung (anderer) wichtiger Entscheidungen' (Organisationskonferenzen) ‚mit an der Behandlung maßgeblich Beteiligten' durchzuführen. Naturgemäß haben die Psychologen in den Vollzugskonferenzen eine wichtige Stimme, geht es doch um die Bewertung des aktuellen und die Prognose des künftigen Verhaltens der Insassen. Nicht selten vertreten die Psychologen Auffassungen, die denen der Juristen widersprechen. Meist wissen sie ihren Standpunkt geschickt zu vertreten. Dadurch werden sie zu Vorbildern nicht nur für die anderen Fachdienste, sondern auch für den mittleren Dienst. Anders als früher kommt es zu einem offenen Diskurs. Entsprechendes gilt für die Organisationskonferenzen, wenn es darum geht, den Rahmen für die Behandlung der Gefangenen und die Arbeitsabläufe für das Personal zu gestalten.

Die Verwaltungsvorschriften der Bundesländer zum Strafvollzugsgesetz haben die Bedeutung der Konferenzen und die Mitwirkung der Psychologen dabei noch unterstrichen. So ist ‚die Entscheidung über Lockerungen im Vollzug der lebenslangen Freiheitsstrafe ... in einer Konferenz nach § 159 vorzubereiten. Über die Konferenz ist eine Niederschrift zu fertigen; gutachtliche Äußerungen sind aktenkundig zu machen' (VV Nr. 5 Abs. 1 zu § 11 und ähnlich VV Nr.7 Abs. 3 zu § 13, die Beurlaubung Lebenslänglicher betreffend). Da Psychiater in den Anstalten nur sehr selten anzutreffen sind, tragen fast stets Psychologen die gutachtlichen Äußerungen bei. Richtlinien mancher Bundesländer haben die Verpflichtung zur Konferenzberatung ausgedehnt: Damit haben die Psychologen Macht bekommen. Gegen ihr Votum sind Entscheidungen, die mit Lockerungen verbunden sind, kaum durchzusetzen. Restriktivere Entscheidungen, als die Konferenz sie empfohlen hat, kann der Anstaltsleiter freilich treffen.

9. Die heutige Arbeitsbeziehung von Psychologen und Juristen

Damit hat sich die Beziehung der Psychologen zu den Juristen radikal verändert. Beide Seiten sind aufeinander angewiesen. Viele und gerade die besonders wichtigen Entscheidungen über Lockerungen kann der Anstaltsleiter nicht ohne Mitwirkung eines Psychologen treffen. Die Psychologen andererseits müssen, wenn sie ihre Vorstellungen durchsetzen wollen, den Anstaltsleiter überzeugen. Für ihre Überzeugungsarbeit aber haben sie in den Konferenzen eine taugliche Plattform. Es gibt reiche Möglichkeiten für Meinungsverschiedenheiten und Konflikte, aber auch ein Feld für eine vertrauensvolle, erfolgreiche Zusammenarbeit. Allgemein lässt sich feststellen, dass die Psychologen in das Team der Mitarbeiter der Anstalt eingebunden sind. Auch wenn es Meinungsverschiedenheiten gibt, so sind sie doch allgemein akzeptiert. Anders als zur Zeit von Georg Wagners Untersuchung sind sie keine Exoten mehr, deren Tätigkeit misstrauisch verfolgt wird. Dazu hat beigetragen, dass Psychologen heute ‚draußen' eine jedem vertraute Erscheinung sind. Psychologen haben sich als Psychotherapeuten niedergelassen; ihre Praxisschilder sind in den Straßen zu sehen. Sie begegnen uns im Alltag als Schulpsychologen, als Sportpsychologen bei wichtigen Wettkämpfen und als Mitglieder von Kriseninterventionsteams bei Unglücksfällen.

Diese Entwicklung hat dazu geführt, dass der früher oft ständig spürbare Gegensatz von Psychologen und Anstaltsleitern, schwächer geworden und verblasst ist. Die Psychologen mussten erkennen, dass sie mit ihren Mitteln nur einen Teil der Gefangenen erreichen. Die Anstaltsleiter haben ihre oft starre Haltung, nach der eine gut geleitete Anstalt in erster Linie an der strikten Beachtung von Sicherheitsvorschriften, der Ordnung und Sauberkeit im Hafthaus sowie am Arbeitsfleiß der Insassen zu erkennen war, aufgegeben oder wenigstens gelockert. Psychologen und Juristen leiden heute in ähnlicher Weise unter den Mängeln des Vollzuges, auf die sie keinen Einfluss haben. Das ist einmal die verbreitete Überbelegung und der Zwang, einen Teil der Gefangenen in Notgemeinschaften unterzubringen. Zum andern ist es der Mangel an Arbeitsplätzen für die Insassen. Schließlich sind es die durch den Personalmangel eingeschränkten Möglichkeiten für Besuche von Angehörigen und zu Freizeitveranstaltungen.

10. Die Rechtsstellung der Psychologen im Strafvollzug

Das Strafvollzugsgesetz hat die Rechtsstellung der Psychologen nicht geregelt. Es hat sich darauf beschränkt zu bestimmen, dass für ‚jede Anstalt ... entsprechend ihren Aufgaben die erforderliche Anzahl von Bediensteten der verschiedenen Berufsgruppen', darunter auch die Psychologen, vorzusehen ist. Das Gesetz überlässt es den Justizverwaltungen, ob überhaupt und wie viele Psychologen sie an einer Vollzugsanstalt beschäftigen wollen. Die bundeseinheitlichen Verwaltungsvorschriften zum Gesetz beschränken die Reichweite der Dienstaufsicht, sagen damit aber nur Selbstverständliches aus (VV Nr. 2 Abs. 2 zu § 156). Die dem Anstaltsleiter übertragene Befugnis, einzelne Maßnahmen der Fachdienste aus Gründen der Sicherheit, der Ordnung oder der zweckmäßigen Behandlung der Gefangenen bis zur Entscheidung der Aufsichtsbehörde auszusetzen (VV Nr. 2 Abs.3 zu § 156), ist bedeutungslos geblieben, da kein Psychologe derart sensible Entscheidung allein treffen kann und wird. Wie oben gezeigt, geht solchen Entscheidungen stets die Beratung in einer Konferenz voraus (Schwind, Böhm & Jehle Rn. 5 zu § 159).

Zahlreiche Bundesländer haben wegen dieses Fehlens von Einzelvorschriften die Arbeit der Psychologen in den Vollzugsanstalten durch Verwaltungsvorschriften geregelt. So Nordrhein-Westfalen durch die ‚Richtlinien für die hauptamtlichen Psychologen bei den Justizvollzugsanstalten des Landes' (www.justiz.nrw.de). Diese Richtlinien, die etwa zwei Druckseiten umfassen, sind nützliche Arbeitsmittel. Junge Psychologen können sich damit ein Bild von ihren Aufgaben im Gefängnis machen. Junge Juristen können aus ihnen ersehen, wie sich die Arbeit der Psychologen in die Arbeitsabläufe der Anstalt einfügt. Alle aber, die als Psychologen oder als Juristen längere Zeit im Vollzug tätig sind, werden die Vorschriften kaum einmal zur Hand nehmen. Insbesondere bieten sie keine Hilfen, wenn es zu Konflikten gekommen ist.

Eine Novellierung des Strafvollzugsgesetzes regelte vor einigen Jahren Schweigerecht und Offenbarungspflicht der Psychologen bezüglich solcher personenbezogener Daten, die ihnen ‚von einem Gefangenen als Geheimnis anvertraut oder über einen Gefangenen sonst bekannt geworden sind' (§ 182 Abs. 2 Sätze 1 und 2 i. V. m. § 203 Abs.1 Nr. 2 StGB). Den psychotherapeutisch tätigen Psychologen ging die Offenbarungspflicht zu weit. Sie gilt bereits, wenn ‚dies für die Aufgabenerfüllung der Vollzugsbehörde ... erforderlich ist'. Es gab einen Aufschrei der Empörung und besonders von außerhalb in die Anstalt kommende Psychotherapeuten prophezeiten das Ende der Psychotherapie im Gefängnis. Hier war ein ergiebiges Feld, für leidenschaftlich geführte Konflikte zwischen Psychologen und Juristen im Vollzug. Schöch hat damals Mitte des Jahres 1999 auf einer Fachtagung der Kriminologischen Zentralstelle Wiesbaden ein viel beachtetes, zunächst aber unterschiedlich bewertetes Referat gehalten, in dem er die Besorgnisse der Therapeuten zu besänftigen versuchte (Schöch 1999). Im Ergebnis haben sich seine Erwartungen, dass sich mit der Vorschrift leben lasse, bestätigt. Schwerwiegende Konflikte bei der praktischen Anwendung der Vorschrift sind nicht bekannt geworden. Ich schließe daraus, dass die Zusammenarbeit zwischen Psychologen und Juristen selbst bei der Lösung schwieriger Abgrenzungsfragen durchweg gelingt. In einer neueren Untersuchung ist J. Hildebrandt (2004) allerdings zu differenzierten Ergebnissen gekommen, abhängig davon, welches psychotherapeutische Verfahren gewählt wurde.

Das schließt berufstypische Meinungsverschiedenheiten nicht aus. Der Psychologe möchte den Einzelfall befriedigend lösen. Der Jurist dagegen sieht in erster Linie oft die Bedeutung der Entscheidung des Einzelfalls für die Anstalt als Ganzes. Er sieht ständig die Gefahr von Präzedenzfällen. Gleichwohl sind heute Konflikte zwischen Psychologen und Juristen nicht häufiger und schwerwiegender als zwischen Juristen und anderen Fachdiensten, ja selbst der Verwaltungskräfte, des allgemeinen Vollzugsdienstes und der Juristen untereinander.

11. Die Situation der Psychologen heute

Im Vorstehenden habe ich die Entwicklung der Zusammenarbeit von Psychologen und Juristen in der Vergangenheitsform beschrieben. Tatsächlich handelt es sich hier um einen Prozess, der in den einzelnen Anstalten unterschiedlich weit fortgeschritten ist. Wie weit diese Entwicklung gediehen ist, hängt von vielen Faktoren ab. Einmal bieten die einzelnen Vollzugsanstalten unterschiedliche Arbeitsfelder für Psychologen. In manchen Anstalten, wie Einweisungsanstalten und Einrichtungen für Gefangene mit langen Strafen, ist ohne Psychologen nicht auszukommen. In anderen, wie Jugendstrafanstalten, gibt es ein weites Feld, auf dem die Arbeit der Psychologen vielgestaltig und im Zusammenwirken mit den anderen Fachdiensten organisiert werden kann. Schließlich gibt es Anstalten, in denen Untersuchungshaft und nur kürzere Strafen vollzogen werden. Dort findet oft nur eine eingeschränkte Mitarbeit der Psychologen statt. Bei größeren Einrichtungen dieser Art wird man wenigstens auf ihre Hilfe als ‚Feuerwehr' nicht verzichten wollen.

Die Persönlichkeit der Psychologen und Juristen, die an dem Entwicklungsprozess beteiligt sind, ist ebenfalls von großer Bedeutung. Auch heute mag es noch Anstaltsleiter geben, die der Zusammenarbeit mit Psychologen mit Zurückhaltung und Skepsis begegnen. Sie werden diese nur dann zur Vorbereitung von Entscheidungen heranziehen, wenn die Vorschriften das gebieten. Umgekehrt mögen manche Psychologen die Notwendigkeit, sich an Entscheidungen und an Führungsaufgaben zu beteiligen, als Last empfinden. Deshalb gibt es heute noch Vollzugsanstalten, für die die von Georg Wagner beschriebene Lage zutrifft: Die Psychologen dort sind Einzelkämpfer mit Kontakt nur zu einem kleinen Teil der Menschen in der Anstalt und ohne Einfluss auf deren Organisation. Wie einst werden sie sich ein Arbeitsfeld einrichten, das ihren besonderen Fähigkeiten und Interessen entspricht. Ein solcher Einsatz von Psychologen ist jedoch nicht sinnvoll. Perspektive bleibt, dass die Psychologen auch in diesen Anstalten Einfluss auf die Organisation und auf die Behandlung der Gesamtheit der Gefangenen gewinnen.

12. Perspektiven der Zusammenarbeit von Psychologen und Juristen

Ein Blick in die Zukunft, um die Perspektiven für das Zusammenwirken von Psychologen und Juristen im Vollzug zu erkennen, ist schwierig. Zwangsläufig wird sich diese Beziehung in Abhängigkeit von der Entwicklung des Gefängniswesens als Gesamtsystem und des Lebens in den individuellen Anstalten gestalten. Damit ist zunächst die Vorfrage zu beantworten, wie sich der Vollzug mittelfristig verändern wird. Bestimmend werden weiterhin die punitiver gewordene Gesellschaft und ihr gesteigertes Sicherheitsbedürfnis sein. An dem Bestreben der Medien, diese Gefühle zu schüren, wird sich nichts ändern. Die Politiker werden auch künftig aus ihrer Sorge um die Gunst der Wähler keine langfristig angelegten Reformen planen, sondern unter dem Druck augenblicklicher, vermeintlicher Sachzwänge reagieren. Daher ist zu befürchten, dass der Gefangenenstand hoch bleibt und die Überbelegung der Vollzugsanstalten fortdauern wird. Auf der anderen Seite wird der Kostendruck weniger als bisher vom Justizvollzug fernzuhalten sein. Wenn selbst bei der Polizei gekürzt wird, dann werden Kürzungen künftig den Vollzug noch härter treffen. An die Einstellung zusätzlichen Personals ist nicht zu denken. Die Betreuung der Gefangenen, Angehörigenbesuche und Freizeitveranstaltungen werden weitere Einschränkungen erfahren, jedenfalls nicht in dem notwendigen Umfang erweitert werden. Punktuelle Verbesserungen sind möglich, wie sie das Gesetz zur Bekämpfung von Sexualdelikten und anderen gefährlichen Straftaten vom 26.01.1998 für die Sozialtherapie gebracht hat (Specht 2004). Die Welt des Gefängnisses insgesamt ist kälter geworden durch diese Einschränkungen und wird noch mehr von ihrer ohnehin schwachen Wärme verlieren. Diese Veränderungen betreffen Psychologen und Juristen in der selben Weise. Meinungsverschiedenheiten mag es hier und da bei der Umsetzung von übersteigerten Sicherheitsvorstellungen – aber eher der Aufsichtsbehörden als der örtlichen Anstaltsleiter – geben. Juristen mögen konkrete zusätzliche Sicherungsmaßnahmen in der Anstalt bereitwillig umsetzen, wo Psychologen an deren Sinn zweifeln und Widerstand leisten möchten. Juristen mögen für den Perfektionismus ergänzender Möglichkeiten für die Sicherungsverwahrung eher Verständnis haben als die Psychologen. Doch ist nicht anzunehmen, dass sich dadurch die Zusammenarbeit von Psychologen und Juristen verschlechtern und ihre Distanz wieder größer werden wird.

13. Die Organisation des künftigen Strafvollzugs

Schon bald wird der Justizvollzug nicht umhinkommen, sich von Grund auf neu zu organisieren (Lösel & Bliesener 1989; Ohle 2001; Wohlgemuth 2004 a). Ich vermeide das Wort reformieren, weil es keine Fortsetzung der mit dem Strafvollzugsgesetz begonnenen Reform sein wird. Am Beginn muss eine schonungslose Aufgabenkritik stehen: Welche Leistungen sind notwendig, welche wünschenswert? Auf welche Weise lassen sich die Leistungen am preiswertesten ‚einkaufen'? Eine einfache Formel wäre: Sichere Verwahrung muss sein! Die Mittel, die nach Garantie der Sicherheit übrig bleiben, können für Betreuung und Behandlung verwendet werden. Doch ist die Formel nicht praktikabel. Es ist außerordentlich schwierig abzugrenzen, welche Maßnahmen zur Sicherung notwendig und welche verzichtbar sind. Übersicherung aber ist schädlich. Sie bedeutet nicht nur sinnlosen Aufwand von Personal und von Sachmitteln, sondern zugleich die Lähmung des Lebens in der Anstalt (Wohlgemuth 2004 b, 254). In einer übersicherten Anstalt kommt es zu neuen Risiken und als weitere Folge zu Störungen in Form von Ausbrüchen und Unruhen. Merkwürdigerweise sind die Vorstellungen von dem, was für die Sicherheit erforderlich ist, stark von Zeitströmungen, ja Moden abhängig. Dafür ein Beispiel:

In einer Anstalt war der Nachtdienst seit unvordenklicher Zeit mit fünf Beamten besetzt gewesen. Ein Beamter Zentrale und Telefon, zwei Beamte im Hafthaus und zwei auf den Höfen. Anfang der 1970er Jahre gab es im Sommer in dieser Anstalt Schwierigkeiten mit der Urlaubsplanung. Daraufhin schlugen der Leiter des allgemeinen Vollzugsdienstes und der überwiegend aus Beamten dieser Laufbahn bestehende Personalrat gemeinsam vor, den Nachtdienst in den hellen Sommermonaten nur mit vier Kräften zu besetzen. Der Anstaltsleiter folgte diesem Vorschlag. Es gab keine Probleme. Die Regelung bewährte sich. – Zwanzig Jahre später war der Nachdienst dieser Anstalt bei einer nach Anzahl und Gefährlichkeit vergleichbaren Belegung mit neun Beamten besetzt und der Personalrat wehrte sich mit großer Entschiedenheit gegen die Vorschläge des Anstaltsleiters, am Nachtdienst zu ‚sparen'. Dadurch entstünden unkalkulierbare Risiken. Die Argumente der Anstaltsleitung waren nicht durchzusetzen.

Aufgabe der Psychologen wird es sein, die Diskussion irrationaler Sicherheits-Besorgnisse auf eine rationale Basis zurückzuführen.

Demgegenüber lassen sich die Bedürfnisse der Betreuung und Behandlung einfacher abgrenzen. Zwar sind auch hier Ermessensentscheidungen erforderlich. Doch lässt sich für jede Anstalt praxisnah ein Konsens – unter den Behandlern und den Verwaltern – über die Bedürfnisse herbeiführen: an wie vielen Tagen sollen Besuche möglich, an wie vielen Abenden soll Aufschluss oder Umschluss sein, welche Sportgruppen, welche und wie viele andere Freizeitmöglichkeiten sollten angeboten werden. Im Anschluss daran ist zu entscheiden, welche Leistungen mit dem vorhandenen Personal erbracht werden können.

Noch schwerer zu beantworten sind die Fragen, wer die Leistungen erbringen soll. Hier sind tief greifende Veränderungen der Strukturen der Anstalten unabdingbar. Die Zusammensetzung des Personals im Strafvollzug wird sich grundlegend wandeln. Macht und Einfluss der verschiedenen Personalgruppen und ihrer Vertretungen werden sich verschieben. Schon die Vorüberlegungen werden Gewerkschaften und Politiker alarmieren. Für das Thema dieses Beitrags kommt es auf die Beantwortung der Frage an, wie viele Psychologen und wie viele Juristen im künftigen Strafvollzug erforderlich sind. Dafür bedarf es eines knappen Überblicks über die Funktionsbereiche der wichtigsten Mitarbeiter des Vollzugs.

14. Der allgemeine Vollzugsdienst

Die Untersuchung wird zeigen, dass die Beamten des allgemeinen Vollzugsdienstes für einen Teil ihrer Aufgaben zu aufwändig ausgebildet und deshalb zu teuer sind. Die Außensicherung, die bloße Beaufsichtigung der Gefangenen in der Anstalt, ihre Versorgung und die Vorführdienste drinnen und draußen ohne beständigen Kontakt sind Basisfunktionen, die andere Mitarbeiter ohne eine so aufwändige Ausbildung leisten können (Rotthaus 1999). Sie müssen nach ihrem Persönlichkeitsbild sorgfältig ausgewählt werden, brauchen eine gute Einführung in die praktische Arbeit und eine ständige Beaufsichtigung, im Sinne von Kontrolle, vor allem aber auch als Hilfe in unerwarteten, schwierigen Situationen. Für die heutigen Beamten des allgemeinen Vollzugsdienstes ist es frustrierend, wenn sie lange Zeit Wachtätigkeiten ausüben müssen, ohne mehr als flüchtige Kontakte zu den Insassen zu haben, um das in der Ausbildung Erlernte anwenden zu können. Ein solcher Dauerfrust schadet der Arbeitsmotivation und der Arbeitszufriedenheit (Preusker 1987). Zwangsläufig lässt er die Beamten ihre Ausbildung in Vollzugspsychologie, Sozialarbeit und Vollzugspädagogik schließlich vergessen. Ob die hier aufgeworfene Frage, durch Einrichtung eines einfachen Vollzugsdienstes oder durch den ‚Einkauf' draußen, durch die Beschäftigung von privaten Wachdiensten (Bongartz 2004) zu lösen ist, braucht hier nicht beantwortet zu werden.

Für den allgemeinen Vollzugsdienst bleiben wichtige Aufgaben wie die Organisation und das Management von Ordnung und Sicherheit sowie die Steuerung der Versorgung der Gefangenen. Die Wohngruppenarbeit und die Mitarbeit in therapeutischen Gruppen sind anspruchsvolle Tätigkeiten, bei denen sie sich fachlich und menschlich voll einsetzen können. Unter Anleitung und im Team mit Psychologen und Sozialarbeitern erbringen sie Leistungen, die denen der Fachdienste nicht gleichartig, aber gleichwertig sind. Wegen ihrer geringeren sozialen Distanz zu den Insassen leisten sie Beiträge zur Vollzugsarbeit, die von den akademisch gebildeten Mitarbeitern nicht erbracht werden können. Der Spareffekt im Personal-Budget ist eine erwünschte Nebenfolge.

15. Der gehobene Vollzugs- und Verwaltungsdienst

Auch die Tagesgeschäfte der Leitung von Vollzugsabteilungen müssen zur Basis hin verlegt werden. Es sind dies die Entscheidungen über die alltäglichen Anträge der Gefangenen und die einschränkenden Vollzugsmaßnahmen aus Gründen der Ordnung und Sicherheit. Diese Aufgaben sind je nachdem, ob sie mehr technischer oder mehr juristischer Art sind, von Aufstiegskräften des allgemeinen Vollzugsdienstes und von den Absolventen des vollzuglichen Studienganges der Fachhochschulen für Rechtspflege zu übernehmen. Gerade die Angehörigen der letzteren Gruppe, des heute so genannten gehobenen Vollzugs- und Verwaltungsdienstes, sind in vielen Bundesländern überwiegend mit Verwaltung beschäftigt. Dabei wird vernachlässigt, dass sie die einzigen Vollzugskräfte sind, die für die Tätigkeit im Vollzug juristisch, kriminologisch und haushälterisch umfassend ausgebildet sind. Sie erhalten vielfach nicht die ihrer akademischen Ausbildung entsprechenden Funktionen und damit auch nicht die für ihre menschliche Entwicklung und ihre Karriere notwendigen Chancen. In diesem Zusammenhang ist zu bedenken, dass Kräfte des gehobenen Dienstes in Zukunft ihren Arbeitsplatz verlieren könnten, wenn Teilgebiete der Verwaltung privatisiert werden. In Betracht kommen die Arbeits- und Wirtschaftsverwaltung sowie die Bauverwaltung. Das sind Bereiche, die nur zum kleinen Teil hoheitliche Aufgaben einschließen und die deshalb für die Privatisierung in Betracht kommen.

16. Die Sozialarbeiter und Sozialpädagogen

Die Fachkräfte, die den engsten Kontakt zu den Insassen haben, sind die Sozialarbeiter und Sozialpädagogen. Ihr Einfluss auf das Klima einer Anstalt ist groß, weil sie Vorbilder für den allgemeinen Vollzugsdienst bei der Betreuungsarbeit sein können. Viele von ihnen haben sich neben ihrer Arbeit in der Anstalt fortgebildet. Dadurch können sie in Aufgabenbereiche hineinwachsen, die der therapeutischen Behandlung nahe stehen. Hier sei nur der Bereich des Sozialen Trainings erwähnt. Diese Entwicklung verdient Förderung. Dabei geht es nicht darum, diese Kräfte zu ‚kleinen' Psychologen zu machen, sondern ihnen aus dem heutigen Arbeitsbereich der Psychologen Aufgaben zu übertragen, die sie gleichwertig bewältigen können. Bei der Erfüllung dieser Aufgaben kommt es auf eine gute Zusammenarbeit mit den Psychologen an. Schon heute sind Sozialarbeiter in Einzelfällen in Führungspositionen hineingewachsen. Diese Entwicklung wird sich verstärken.

17. Die Psychologen

Die ‚Feuerwehrfunktion' der Psychologen ist eine vielleicht nicht besonders beliebte, für die Anstalten aber äußerst wichtige Aufgabe. Natürlich ist es oft unbefriedigend, Probleme zu lösen, die durch den Vollzug erst geschaffen wurden und die man zweckmäßiger vorbeugend angegangen wäre. Trotzdem kann der Psychologe hier am sichersten mit Anerkennung durch seine Vorgesetzten und durch die anderen Mitarbeiter rechnen.

Auf dem Felde der Diagnostik und Begutachtung wird sich am wenigsten ändern. Diejenigen, die Gutachten und gutachtliche Stellungnahmen abrufen, meist also die Juristen, müssen sich um klare Fragestellungen bemühen. Zu einer guten Zusammenarbeit gehört, dass die Beteiligten zu einem gemeinsamen Sprachverständnis finden.

Im Bereich der Psychotherapie (Pecher 1999; Pecher 2004) können und dürfen die Juristen den Psychologen nicht hinein reden. Zur guten Zusammenarbeit aber gehört eine Abklärung von Orientierungslinien. ‚Große Psychotherapie' lässt sich in den Anstalten – vielleicht mit Ausnahme der Sozialtherapeutischen Einrichtungen – schwer umsetzen. Auf das Ganze der Anstalt gesehen ist es auch unbefriedigend, wenn die Arbeitskraft eines Psychologen über lange Zeit zum erheblichen Teil von einem einzelnen Gefangenen in Anspruch genommen wird. Eine größere Breitenwirkung ist zu erstreben. Zu denken ist hier an die große Zahl der Insassen mit psychosomatischen Störungen, denen heute viel zu wenig Aufmerksamkeit geschenkt wird. Durch ‚kleine Psychotherapie' kann eine weit größere Zahl von Betroffenen erreicht werden.

Die vorstehende Übersicht zeigt, dass im Vollzug der Zukunft Psychologen – wie schon heute – auf vielen Tätigkeitsfeldern tätig sein werden. Diese Aufgaben können von Vollzugspsychologen erfüllt werden, sie können aber ebenso von ‚draußen' eingekauft werden. Beide Lösungen haben Vorteile. Zur Zeit spricht vor allem die haushaltsrechtliche Seite für den Einsatz von Psychologen im Vollzugsdienst. Auswärtige Gutachter und Psychotherapeuten sind teuer. Ich möchte aber aus einem noch anderen Grund nicht darauf verzichten, dass wenigstens ein Teil dieser Funktionen in der Hand von internen Psychologen bleibt. Die ständige Anwesenheit und Mitarbeit von Psychologen im Vollzug beeinflusst das Klima der Anstalt und gewährleistet eine Ausrichtung auf humanen Umgang mit den Insassen und auf das Vollzugsziel der Resozialisierung.

18. Die Juristen

Die Bereiche der Vollzugsarbeit, in denen juristisches Fachwissen erforderlich ist, sind nicht so einfach zu beschreiben. An erster Stelle sind sie für die Gewährleistung der Menschenrechte im Gefängnis und die Rechtsstaatlichkeit des Vollzuges verantwortlich. Das gilt einmal bei der Bearbeitung von Einzelfällen, besonders aber auch bei der Entwicklung von Rechtsnormen (Rundverfügungen, Hausordnungen u. ä.) für das Zusammenleben in den Anstalten.

Die Rechtssachen des Alltagsgeschäfts werden künftig vollständig von den Fachhochschulabsolventen erledig werden. Es bleiben die Rechtssachen von grundsätzlicher Bedeutung. Kleine bis mittelgroße Anstalten brauchen dann keinen Juristen. In den Fällen, in denen juristisches Fachwissen erforderlich ist, kann eine zentrale Stelle oder die Aufsichtsbehörde Hilfen geben.

Die Einrichtungen des Justizvollzugs haben es ständig mit Gerichten, Staatsanwaltschaften und anderen von Juristen geleiteten Behörden, besonders auch mit den von Juristen gesteuerten Aufsichtsbehörden zu tun. Zur Pflege der Zusammenarbeit ist ein gemeinsamer Bildungshintergrund nützlich. Das rechtfertigt die Beschäftigung von Juristen zum Beispiel in den großen Untersuchungshaftanstalten. Als Ergebnis ist festzuhalten, dass im künftigen Vollzug sehr viel weniger Juristen gebraucht werden, als heute dort tätig sind. Es liegt nahe, hier Einschränkungen vorzunehmen, denn Juristen sind wegen ihrer langen Ausbildung an der Universität und im Referendariat teure Mitarbeiter.

19. Die Zusammenarbeit von Psychologen und Juristen auf gleicher Ebene

Bereits heute arbeiten Psychologen und Juristen nicht selten auf gleicher Ebene und erfüllen gleichartige Aufgaben. So leitete der Jubilar eine Vollzugsabteilung in einer großen Vollzugsanstalt, in der die anderen Abteilungen von Juristen geleitet wurden. Diese Arbeitssituation wird künftig noch weit häufiger vorkommen. Gleichzeitig wird sich der Hintergrund an Fachwissen und Erfahrung angleichen. Das wird die Zusammenarbeit erleichtern. Fachspezifische Konflikte und Streitigkeiten werden seltener werden.

20. Psychologen und Juristen in Führungspositionen

Wenn es um die Besetzung von Führungspositionen im Vollzug geht, ist zu bedenken, dass weder das Studium der Psychologie noch das der Rechtswissenschaft auf Managementaufgaben vorbereitet. Beide Gruppen bringen zwar brauchbares Basiswissen mit. Sie müssen jedoch durch Fortbildung auf die Spitzenämter vorbereitet werden.

Psychologen brauchen eine systematische Fortbildung auf zwei Gebieten. Sie müssen einmal die moderne Sicht der Führungsprobleme und das zu ihrer Bewältigung außerhalb des Vollzugswesens dafür entwickelte Instrumentarium kennen lernen. In das ihnen so vermittelte Rahmenwissen müssen sie ihr psychologisches Fachwissen einordnen. Im organisatorischen Bereich sind das Elemente der Sozialpsychologie. Bei der Personalführung, an der die Psychologen bisher viel zu wenig mitwirken konnten, geht es überwiegend um individualpsychologische Probleme. Fähigkeiten sind rechtzeitig zu erkennen und an der richtigen Stelle zu nutzen. Mitarbeiter mit besonderen Entwicklungsmöglichkeiten müssen durch den Einsatz auf entsprechenden Dienstposten gefordert und gefördert werden. Hier ist nicht an testpsychologische Untersuchungen zu denken. Assessment-Veranstaltungen werden ebenso meist verzichtbar sein. In der Regel wird es genügen, die für die Personalbeurteilung üblicher Weise gesammelten Beobachtungen mit psychologischem Sachverstand kritisch zu hinterfragen und zu bewerten.

Unverzichtbar sind zweitens Kenntnisse des staatlichen Haushaltswesens. Ökonomische Forderungen und Zwänge beherrschen den Strafvollzug schon heute und werden noch an Einfluss gewinnen. Die Anstaltsleiter und ihre engsten Mitarbeiter müssen die Voraussetzungen mitbringen, sich an der Beratung dieser Fragen – sei es innerhalb der Verwaltung des der Anstalt zugewiesenen Budgets, sei es im Gespräch mit den Aufsichtsbehörden – sachkundig beteiligen zu können. Nur so können sie später auf die Beratung und Entscheidung von Haushaltsfragen und damit auf die Entwicklung ihrer Anstalt Einfluss gewinnen. – Eine systematische Fortbildung auf dem Gebiet des Vollzugsrechts und des Verwaltungsrechts halte ich nicht für erforderlich. Das notwendige Grundwissen lässt sich *on the job* erlernen. Bei schwierigen Einzelfragen kann der Psychologe juristischen Rat einholen.

Der Fortbildungsbedarf der *Justizjuristen* für die Arbeit im Strafvollzug ist umfangreicher als der der Psychologen. Wie die Psychologen müssen sie auf dem Gebiet von Management und Personalführung hinzu lernen. Daneben aber fehlt es ihnen an Kenntnissen in Vollzugspsychologie und Kriminologie. Diese Bereiche sind so wichtig, das zu erwerbende Wissen ist so umfangreich, dass man sich hier nicht, wie heute noch zumeist, auf das individuelle Interesse und die Lernbereitschaft der jungen Juristen verlassen darf. Eine systematische Fortbildung ist nötig. An dieser Stelle kommen Zweifel, ob die Ausbildung des Justizjuristen für den

Vollzug die richtige ist. Vermittelt sie nicht zu viel Unnötiges und dauert sie nicht zu lange? Diese Grundfrage stellt sich für manche andere juristische Fachgebiete wie zum Beispiel für die Anwaltstätigkeit ähnlich. Die Forderung, alle Juristen müssten im Wesentlichen dasselbe lernen und wissen, ist nicht aufrecht zu erhalten. Naheliegend wäre es, wenn die künftigen Vollzugsjuristen im Anschluss an das Erste Staatsexamen ein Diplom in Kriminologie erwerben würden. Die Lösung ist bestechend. Problematisch ist nur, dass der Bedarf an Juristen im Vollzug schon jetzt gering ist und im Zuge der künftigen Reformen noch geringer werden wird. Wer wird auf das breite Tätigkeitsmöglichkeiten eröffnende Referendariat verzichten wollen und ein Diplom in Kriminologie erwerben, wenn er damit den Zugang zu einer nur kleinen Anzahl von Stellen erwirbt? Die Lösung könnte darin bestehen, die jungen Juristen nach dem Ersten Staatsexamen in den Vollzugsdienst zu übernehmen und dort durch Abordnung zum Studium der Kriminologie fortzubilden.

21. Psychologen und Juristen als Bewerber um Spitzenämter

Wenn Spitzenstellungen im Vollzug, Anstaltsleiterstellen oder wichtige Stellen in Aufsichtsbehörden, zu besetzen sind, werden Psychologen und Juristen als Konkurrenten nebeneinander stehen. Derartige Fälle hat es heute bereits gegeben, ohne dass daraus fachspezifische Konflikte entstanden wären. So werden in Nordrhein-Westfalen zwei große und schwierige Anstalten, die JVA Aachen und die JVA Düsseldorf, von Psychologen geleitet. In Zukunft sind solche Konflikte noch weniger zu erwarten. Voraussichtlich werden zu den vollzugsinternen Bewerbern Quereinsteiger treten. Das können Psychologen und Juristen von draußen sein, die auf anderen Gebieten in Führungsaufgaben Erfahrung gesammelt und erfolgreich gearbeitet haben. Bewerben könnten sich ebenso ganz andere Fachkräfte, zum Beispiel Betriebswirtschaftler, die in Kliniken – nicht notwendig in psychiatrischen – Leitungsaufgaben wahrgenommen haben. Dann könnte eine ganz andere Konfliktlinie aufbrechen. Interne Psychologen und Juristen könnten dann gemeinsam Anstrengungen unternehmen, Bewerber von draußen abzuwehren.

22. Ergebnis

Nach allem komme ich zu dem Schluss, dass künftig im Vollzug erheblich weniger Juristen tätig sein werden, während der Anteil der Psychologen eher steigen wird. Zur Zeit sind etwa in Nordrhein-Westfalen ungefähr gleich viele Vertreter dieser Fachrichtungen beschäftigt: 117 Juristen / 114 Psychologen und Soziologen (NRW

Justiz in Zahlen 2002, Nr. 12.7). Die Gegensätze in der Denkweise werden sich im Vollzug der Zukunft weiter einebnen. Natürlich wird es keine heile Welt vollständiger Harmonie geben. Dazu gibt es im Alltag des Lebens im Vollzug zu viele Auslöser für Spannungen und Konflikte. Diese Konflikte aber werden nicht mehr von dem unterschiedlichen Bildungshintergrund der Beteiligten ausgehen. Böhm hat das prägnant wie folgt beschrieben: „Spricht man mit ihnen über ihr Amt (die Leitung der Anstalt, K. P. R.), so ist oft auch bei längerem Kontakt nicht herauszuhören, welche ‚Grundausbildung' der Gesprächspartner gehabt hat" (Böhm 2003, 46). Die Prägung durch die Rolle ist stärker und überlagert die Prägung durch die Vorbildung. Das heißt andererseits nicht, dass sich die heutigen Psychologen und Juristen im Sessel zurücklehnen könnten, um die Lösung der heute noch aktuellen Gegensätze dem Zeitablauf zu überlassen. Es bleibt unsere Aufgabe, sich in der täglichen Arbeit um Verständnis für die Sichtweise der jeweils anderen Disziplin zu bemühen und die eigene Sichtweise anschaulich und klar zu erläutern.

Literatur

Bitter A. (1957). *Heilen statt Strafen.* Göttingen: Verlag für Medizinische Psychologie.

Böhm A. (2003). *Strafvollzug, 3. Aufl.* Neuwied: Luchterhand.

Bongartz Th. (2004). Abschiebehaft einmal anders. *Zeitschrift für Strafvollzug und Straffälligenhilfe, 53,* 345-349.

Egg R. (1984). *Straffälligkeit und Sozialtherapie.* Köln: Karl Heymanns Verlag.

Eisenhardt T. (1979). *Strafvollzug.* Stuttgart: Kohlhammer.

Feige, J. (1962). Neue psychologische Methoden für die Behandlung der Gefangenen. *Zeitschrift für Strafvollzug und Straffälligenhilfe, 11,* 316-326.

Feige J. (1969). Differenzierung und Klassifizierung. *Tagungsberichte der Strafvollzugskommission, Band 6,* 95-115.

Hildebrandt J. (2004). *Schweigepflicht im Behandlungsvollzug. Zur Neuregelung des § 182 Abs. 2 StVollzG.* Frankfurt a. M.: Verlag Peter Lang.

Konrad N. (2005). Psychiater und Psychologen im Strafvollzug. *In diesem Buch.*

Loos E. (1970). *Die offene und halboffene Anstalt im Erwachsenenstraf- und Maßregelvollzug,* Stuttgart: Enke.

Lösel F. & Bliesener T. (1989). Psychology in Prison, Role Assessment and Testing of an Organizational Model. In: Wegener H., Lösel F. & Haisch J. (eds.), *Criminal Behavior and the Justice System.* New York: Springer.

Ohle K. (2001). Grundgedanken des neuen Steuerungsmodells – Überlegungen zur Praxis im Strafvollzug. In: Rehn G., Wischka B., Lösel F. & Walter M. (Hrsg.), Behandlung „gefährlicher“ Straftäter. Herbolzheim: Centaurus, 276-293.

Pecher W. (1999). *Tiefenpsychologisch orientierte Psychotherapie im Justizvollzug.* Pfaffenweiler: Centaurus.

Pecher W. (2004). Gruppenpsychotherapie. In: Pecher W. (Hrsg.), *Justizvollzugspsychologie in Schlüsselbegriffen.* Stuttgart: Kohlhammer, 104-116.

Pietsch K. (1969). Versuch einer Psychotherapie im Strafvollzug. In: Busch M. & Edel G. (Hrsg.), *Erziehung zur Freiheit durch Freiheitsentzug.* Neuwied: Luchterhand, 347-367.

Preusker H. (1987). Was erwartet die Praxis von der Ausbildung der Strafvollzugsbediensteten? *Zeitschrift für Strafvollzug und Straffälligenhilfe, 36,* 67-69.

Rotthaus K. P. (1999). Die Mitarbeiter des Behandlungsvollzugs im XXI. Jahrhundert. In: Feuerhelm W., Schwind H.-D. & Bock M. (Hrsg.), *Festschrift für Alexander Böhm.* Berlin: de Gruyter, 187-201.

Schmitt G. (1978). Die Behandlung von Jugendlichen und Erwachsenen in der Sozialtherapeutischen Anstalt. *Zeitschrift für Strafvollzug und Straffälligenhilfe, 27,* 146-153.

Schmitt G. (1980). *Sozialtherapie – eine Gratwanderung im Strafvollzug.* Frankfurt a. M.: Haag & Herchen.

Schwind H.-D., Böhm A. & Jehle J.-M. (Hrsg.). *Strafvollzugsgesetz, 4. Aufl.* Berlin, New York: de Gruyter.

Schöch H. (1999). Zur Offenbarungspflicht der Therapeuten im Justizvollzug gemäß § 182 Abs. 2 StVollzG. *Zeitschrift für Strafvollzug und Straffälligenhilfe, 48,* 259-266.

Specht F. (2004). Sozialtherapeutische Anstalten und Abteilungen. In: Pecher W. (Hrsg.), *Justizvollzugspsychologie in Schlüsselbegriffen.* Stuttgart: Kohlhammer, 267-285.

Stark H. D. (1978). Haftschäden durch den Vollzug der lebenslangen Freiheitsstrafe. In: Jeschek H. & Triffterer O. (Hrsg.), *Ist die lebenslange Freiheitsstrafe verfassungswidrig?* Baden-Baden: Nomos.

Stöckle-Niklas C. (1989). *Das Gefängnis eine eingeschlechtliche Organisation,* Bonn: Forum-Verlag.

Thole E. (1975). Die Klassifizierung der Gefangenen im Erwachsenenstrafvollzug des Landes Nordrhein-Westfalen, *Monatsschrift für Kriminologie und Strafrechtsreform, 60,* 261-267.

Wagner G. (1972). *Psychologie im Strafvollzug – Analysen und Reformvorschläge.* München: Goldmann.

Weber F. (1937/38). Erfahrungen in der Sicherungsanstalt. *Blätter für Gefängniskunde*, 429-448.

Wohlgemuth R. (2004 a). Organisationsentwicklung im Justizvollzug. In: Pecher W. (Hrsg.), *Justizvollzugspsychologie in Schlüsselbegriffen.* Stuttgart: Kohlhammer, 144-155.

Wohlgemuth, R. (2004 b). Sicherheit. In: Pecher W. (Hrsg.), *Justizvollzugspsychologie in Schlüsselbegriffen*, Stuttgart: Kohlhammer, 252-255.

Psychologen und Psychiater im Justizvollzug

von Norbert Konrad

Georg Wagner hat in seinem Klassiker über das „absurde System" einen weiten, über die Psychologie des Strafvollzuges hinausgehenden Bogen von der Philosophie des Strafens bis zu Theorie und Praxis des Strafvollzugsgesetzes geschlagen. Psychiater und Psychologen sind dabei keine Dioskuren. Im Bereich der Strafgerichtsbarkeit, die in aller Regel dem Justizvollzug vorgeschaltet ist, ist die Beziehung zwischen den Disziplinen Psychiatrie und Psychologie als Revierkrieg beschrieben worden: „Ein Feld, das kampflos den Psychologen zu überlassen wäre, ist jenes der Aussagediagnostik und der psychophysiologischen Bedeutsamkeitsdiagnostik; die Psychologen allerdings machen keine Anstalten, irgendein Feld der Psychiatrie den Psychiatern zu überlassen" (Kröber 1999). Dies wird keineswegs negativ, vielmehr – nicht nur das Geschäft – belebend bewertet.

Im grundsätzlichen wissenschaftlichen Ansatz von Psychiatrie und Psychologie bestehen polare Differenzen: Während die Psychiatrie sich um krankhafte Abwandlungen des Erlebens und Verhaltens, also um psychopathologische Phänomene zentriert, fokussiert die Psychologie zunächst das Normale, Nicht-Krankhafte mit all seinen Streuungen in den Erlebnis- und Verhaltensbereitschaften. Nur wenn man (forensische) Psychologie primär als Wissenschaft definiert, die auf der Basis profunder Kenntnis statistischer Verfahren Wahrscheinlichkeitsaussagen präsentiert und dabei primär standardisierte Erhebungen im Sinne objektivierender Querschnittsbefunde heranzieht, kann man der Psychiatrie die kasuistisch-biographische Auseinandersetzung mit der real existierenden einzelnen Person unter Handlungs- und Entscheidungsdruck als „genuin" zuschreiben. In der klinisch-forensischen Praxis wird diese idealtypische Abgrenzung nicht eingehalten: Hier gibt es breite Überlappungen zwischen Psychiatrie und Psychologie sowohl in diagnostischen als auch therapeutischen Aufgabenbearbeitungen.

In der strafgerichtlichen Praxis werden Beschuldigte meist von Psychiatern, vermeintliche oder tatsächliche Opfer zumeist von Psychologen begutachtet, beide Disziplinen bewegen sich auf dem Feld der Legalprognose. Ausnahmen im Bereich der Täterbegutachtung beziehen sich nach Rechtsprechung und Strafrechtskommentaren auf die Fragen der Schuldfähigkeit bei nicht krankhaften Ausnahmezuständen, also dem Merkmal der „tiefgreifenden Bewusstseinsstörung" gemäß § 20 StGB. Demgegenüber hat schon der Psychiater Rasch in der 1. Auflage seines Lehrbuchs 1986 darauf hingewiesen, dass sich der Psychologe bereits während seines Studiums intensiv mit psychischen Zuständen auseinandersetzen muss, die dem gesetzlichen Begriff der „Bewusstseinsstörung“ entsprechen, und auch im Rahmen der Leistungsdiagnostik mit dem Merkmal des „Schwachsinns“ sowie mit Problemen der Entwicklung einer Persönlichkeit vertraut gemacht wird, was möglicherweise sogar bessere Kenntnisse zur Beurteilung einer „seelischen Abartigkeit“ für die Gutachtenerstattung mit sich bringt als eine typische ärztliche und dann psychiatrisch-fachärztliche Sozialisation.

Darüber hinaus ist die besondere Kompetenz der Medizin bzw. Psychiatrie für Prognosefragestellungen in Frage zu stellen, insoweit sie aus Erfahrungen mit psychisch Kranken abgeleitet wird, da diese in ihrer Gesamtheit – nicht die Untergruppen der schizophren Erkrankten und Wahnkranken – nicht als wesentlich gefährlicher gelten können als die Allgemeinbevölkerung, und diese Untergruppen wiederum nur eine kleine Gruppe unter den Delinquenten ausmachen.

Die in dem Bereich der Schuldfähigkeitsdiagnostik vorfindbare fehlende Anerkennung als gleichberechtigte Disziplinen durch die Jurisprudenz findet nicht selten ihre Entsprechung in der gutachterlichen Praxis, in der häufig Psychologen als Hilfskräfte (mitunter abwertend als „Testknechte“ bezeichnet) eines Psychiaters mit „testpsychologischen Zusatzgutachten“ aufwarten, während die umgekehrte Vorgehensweise – „medizinisches Zusatzgutachten“ – im Sinne einer Sicherung gegen das Übersehen abweichender somatischer Befunde bei Beauftragung eines Psychologen als „Hauptgutachter“ eher selten ist.

Dabei geht es bei strafrechtlichen Gutachten zur Schuldfähigkeit und Prognose weniger um die primäre Disziplin, sondern um die persönliche Kompetenz, die spezielle forensische Qualifikation und Erfahrung, welche die Gutachtenqualität prägen. Ebenso wenig wie eine nachlässige psychiatrische Exploration und Befunderhebung das Erkennen psychotischer oder hirnorganischer Symptome sichert, trägt die – Justizorgane durchaus beeindruckende – Zusammenstellung von 20 oder gar mehr Testverfahren ohne fallbezogene hypothesengeleitete Fragestellung eine unmittelbare Beurteilung des Ausmaßes einer Schuldfähigkeitsbeeinträchtigung.

Gleichwohl haben die – trotz großer Überschneidungen potentieller Kompetenzen – disziplineigenen Domänen (vor allem die körperliche Untersuchung für die Psychiatrie, die spezielle leistungs- und persönlichkeitspsychologische Diagnostik für die Psychologie) zur Anregung geführt, einen Täter regelhaft durch einen Psychiater *und* einen Psychologen begutachten zu lassen. Der in diesem Zusammenhang von Rasch empfohlene, durchaus kostenträchtige Ausbau ist jedoch in der Praxis nicht umgesetzt worden.

Während die Prognosebeurteilung im Erkenntnisverfahren aufgrund der Kompetenzzuschreibungen (noch) eine Domäne der Psychiatrie ist, sind im Bereich des Justizvollzuges, genauer Strafvollzuges, speziell bei der Frage der Vollzugslockerungen und der Vorbereitung von Stellungnahmen der Justizvollzugsanstalt im Hinblick auf die Empfehlung einer vorzeitig bedingten Entlassung die Fronten geklärt. Dies ist in der Praxis eindeutig ein Arbeitsfeld der Diplom-Psychologen, die häufig als „Psychologischer Dienst" entsprechende Aufträge erledigen. Wenn dies, wie in einzelnen Justizvollzugsanstalten praktiziert, ausschließliches Aufgabenfeld darstellt, sammeln sich bei den Betreffenden im Verlauf der beruflichen Sozialisation enorme Erfahrungen, soweit ein Rückmeldesystem im Hinblick auf Fehlprognosen eingerichtet ist. Gleichzeitig wird die berufliche Sozialisation aber auch durch Verzerrungen derart geprägt, dass Begutachtungsfehler der anderen Art, die beispielsweise zu eigentlich nicht begründeten Versagungen von Lockerungsanträgen führen, nur dann erkannt werden können, wenn – aus welchen Gründen auch immer – entgegen der gutachterlichen Empfehlung verfahren und dies rückgemeldet wird. Bedauerlich ist, dass sich Diplom-Psychologen in der Justizvollzugspraxis nicht allzu selten von fachlichen Standards – mitunter sogar bewusst – abkehren und statt Prognosegutachten nur kurze, einer fachlichen Überprüfung nicht standhaltende, aber für den Auftraggeber lesefreundliche „Stellungnahmen" abliefern.

Deutlichere Kompetenzunterschiede betreffen nach meinen Erfahrungen den Bereich psychotherapeutischer Qualität: Die meisten Psychiater haben vor Einführung des Facharztes für Psychiatrie und Psychotherapie als „nur" Psychiater oder Nervenfachärzte eher selten psychotherapeutische Kompetenz erworben; diese war (und ist) eher bei psychologischen Psychotherapeuten anzutreffen, wobei in den letzten Jahren die lerntheoretisch fundierten Verfahren, vor allem kognitiv-behaviorale Methoden, immer mehr Terrain im Justizvollzug erobern.

Ein Konkurrenzfeld könnte man dort vermuten, wo man sich einem psychisch auffälligen Gefangenen von zwei Wegen her nähert: Einmal über die anstaltsärztliche Schiene via konsiliarpsychiatrischer Fragestellung, aus der sich – sofern eine regelmäßige psychiatrische Versorgung sichergestellt ist – mitunter auch eine – wenn auch allermeist nur supportive – Psychotherapie entwickelt. Der andere Zugangsweg betrifft den – in der Regel vom allgemeinen Vollzugsdienst direkt oder über den zuständigen Gruppenleiter alarmierten – psychologischen Fachdienst, von dem dann Krisenintervention und vor allem Suizidprophylaxe erwartet wird, wobei sich auch hier aus Gesprächskontakten mitunter psychotherapeutische Arbeit im engeren Sinne entwickelt.

In der Justizvollzugspraxis werden vielerorts notfall- oder konsiliarpsychiatrische sowie psychotherapeutische Fragestellungen und Aufgaben von Diplom-Psychologen (als Psychologischer Dienst/Fachdienst) wahrgenommen. Bei vorhandener psychotherapeutischer Qualifikation und Eignung sowie Gewährleistung der Vernetzung innerhalb eines psychiatrisch-psychotherapeutischen Versorgungssystems dürfte dieses Vorgehen besser funktionieren als der verstärkte Einsatz ärztlicher, aber vielerorts fehlender psychotherapeutischer Kompetenz. Unter organisatorischen Aspekten ist zu beachten, dass klare Regeln im Umgang mit psychisch auffälligen Inhaftierten existieren müssen, welche Versorgungszuständigkeiten definieren und verhindern, dass insbesondere „schwierige" und/oder suizidgefährdete Patienten zwischen anstaltsärztlichen, fachpsychiatrischen und fachpsychologischen Diensten hin- und hergeschoben werden. Spannungen, die etwa in diesem Kontext auftreten können, soll § 154 Strafvollzugsgesetz entgegenwirken, der alle im Vollzug Tätigen zur Zusammenarbeit und gemeinsamen Aufgabenerfüllung verpflichtet.

Psychiater sind eher ausnahmsweise hauptamtlich als Anstaltsärzte im Justizvollzug beschäftigt. Vergleicht man Justizvollzugsanstalten mit fachpsychiatrischen Institutionen, die in der Regel ärztlich geleitet werden, zeigen sich unterschiedliche Hierarchiestrukturen: Während außerhalb des Justizvollzuges Diplom-Psychologen zumeist einem Arzt – und das muss etwa auf psychiatrischen Stationen nicht einmal ein Facharzt sein – unterstellt sind, gibt es im Justizvollzug seit Abkehr von der Besetzung der Leitungspositionen in Sozialtherapeutischen Anstalten und Abteilungen mit Psychiatern praktisch keine Unterstellungen unter Ärzte mehr. Vielmehr ist mit zunehmender Eroberung von Leitungspositionen in Justizvollzugsanstalten bis hin zum Anstaltsleiter immer häufiger die Dienstaufsicht über Anstaltsärzte (und ggf. deren konsiliarpsychiatrische Hilfskräfte) Diplom-Psychologen übertragen worden. Die Biographie von Georg Wagner ist ein Beispiel für eine solche Karriere.

Psychologen werden – wenn sie von psychotherapeutischen Aufgaben abrücken und als Vollzugs- oder Anstaltsleiter tätig sind – über die Ungleichbehandlung im Hinblick auf die Verschwiegenheitsverpflichtung gemäß § 182 Strafvollzugsgesetz hinaus im Vergleich zu Anstaltsärzten und Psychiatern eher mit einer mitunter als Vorwurf gemeinten größeren „Vollzugsnähe" identifiziert. Dabei dürfte nicht nur die prognostische Kompetenz, sondern insbesondere die auf breiten psychologischen Grundkenntnissen fußende Kompetenz im Umgang mit straffällig gewordenen Menschen, welche überwiegend nicht als psychisch krank im engeren Sinne einzuschätzen sind, den verfassungsgerichtlich (noch) abgesicherten Resozialisierungsleitgedanken durchaus mit Inhalt füllen.

Als der (psychiatrische) Maßregelvollzug 1933 etabliert wurde, waren die Leitsätze des Justizvollzuges „Sühnen und Strafen". Seit der Strafvollzugsreform Mitte der 1970er Jahre ist dagegen Ziel des Vollzuges die Resozialisierung der Täter (§ 2 StVollzG). So bewegen sich die Aufgaben des Maßregelvollzuges und des Strafvollzuges von der gesetzlichen Vorgabe her auf dasselbe Ziel zu. In der Praxis zeigen sich Annäherungstendenzen in der zunehmenden Ausgestaltung äußerer Sicherheitsvorkehrungen und in der Angleichung der Maßregelvollzugsgesetze an strafvollzugsgesetzliche Bestimmungen in den Neufassungen der letzten Jahre.

Psychiatrische Krankenhäuser gemäß § 63 StGB werden traditionell von Psychiatern geleitet. Es wird spannend sein zu beobachten, inwieweit es Psychologen in vollzuglichen Leitungspositionen gelingt, die (Justizvollzugs-)Institutionen und ihre Weiterentwicklung zu prägen.

Literatur

Kröber H.-L. & Steller M. (Hrsg.) (1999). *Psychologische und psychiatrische Begutachtung im Strafrecht.* Darmstadt: Steinkopf.

Missoni L. & Konrad N. (1998). Beteiligung des Maßregelvollzuges an der psychiatrischen Versorgung von Straf- und Untersuchungsgefangenen in Deutschland. *Recht & Psychiatrie,16*, 84-90

Rasch W. (1999). *Forensische Psychiatrie. 2. Aufl.* Stuttgart: Kohlhammer.

‚Eine Sitzkur, nicht mehr' –

Möglichkeiten und Grenzen von Behandlung im Strafvollzug

Psychotherapie und Beratung im Strafvollzug[1]

von Cornelia Wiegand

Einleitung

Mein Anliegen ist es, mit den Kolleginnen und Kollegen über die Erfahrungen zu sprechen, die diejenigen von uns machen, die in einer Anstalt des Normalvollzugs arbeiten – im Gegensatz zu Sozialtherapeutischen Anstalten oder therapeutisch orientierten Sonderabteilungen – und sich regelmäßig oder hin und wieder mit einzelnen Gefangenen über einen längeren Zeitraum intensiv beschäftigen. Der Untertitel müsste also heißen: Gedanken und Erfahrungen einer Anstaltspsychologin aus dem Regelvollzug.

Zunächst möchte ich über Beratung sprechen, psychologische Beratung darstellen als Funktion des Beziehungsangebotes. Einige Gedanken zur konkreten Ausübung von psychologischer Beratung im Vollzug will ich in Form von Behauptungen und Fragen zur Diskussion stellen.

Anschließend möchte ich die wesentlichen Bestimmungsmerkmale einer psychotherapeutischen Beziehung aufzeigen und versuchen, die verschiedenen Konflikte darzustellen, die sich aus den Doppelidentitäten Anstaltspsychologe/Therapeut und Gefangener/Klient ergeben, und der Erfüllbarkeit der Bestimmungsmerkmale für Psychotherapie unter Vollzugsbedingungen nachgehen.

Meine persönlichen Kompromisse, die ich skizzieren will, haben mich zu einigen tieferschürfenden Fragen geführt, die ich an den Schluss des Referats stellen will, und ich hoffe, dass wir darüber ins Gespräch kommen. Bei den anwesenden Kolleginnen und bei mir selbst entschuldige ich mich dafür, dass mir keine griffige Formulierung parat ist, die männliche und weibliche Personen einschließt, so dass ich im Folgenden notgedrungen die männlichen Formen (Psychologe, Therapeut, Klient, Gefangener) gebrauche.

---

[1] Referat auf der Jahrestagung der Psychologen im bayerischen Justizvollzug im Oktober 1987

1. Psychologische Beratung im Justizvollzugsdienst

1.1 Was ist psychologische Beratung?

Die Beratung von Gefangenen, die sich zum Psychologen melden, ist eine von sehr verschiedenartigen Funktionen, die wir ausüben. Im Geschäftsverteilungsplan liest sich das meist als „Psychologische Betreuung der Gefangenen“ o. ä. Beratung und Beratung unterscheiden sich jedoch nach Inhalt und Ziel und lassen sich nach der Art und Intensität der Beziehung, die zwischen Psychologen und Gefangenen entsteht, ordnen *(siehe Anhang: Schaubild 1).*

Die distanzierte, weitgehend emotionsfreie Sachberatung enthält die Strukturelemente Macht und Unterordnung in der Variante Wissen und Abhängigkeit von Informationen. Sie findet nicht nur im Psychologenbüro statt, sondern ebenso beim Juristen, Vollzugsinspektor, Dienstleiter etc. Sie ist systemkonform und relativ konfliktarm. Je mehr in der Interaktion die Individualität und Bezogenheit der Partner (Gefangener/Bediensteter) zum Gegenstand wird, desto mehr fachliche (psychologische, psychotherapeutische) Kompetenz erfordert sie für die Handhabung der Beziehung.

1.2 Wovon hängt es nun ab, wie die Beratung sich im Einzelfall entwickelt?

In der konkreten Situation sicher von der zeitlichen Möglichkeit des Psychologen und vom Anliegen des Gefangenen. Wenn ein Gefangener von mir wissen will, ob es möglich ist, den Führerschein während der Haftzeit wiederzuerwerben und ob ich für ihn das notwendige psychologische Gutachten erstellen kann, möchte er eine sachliche Auskunft und keine therapeutische Beratung.

Fragt mich ein Gefangener, ob er in die Sozialtherapeutische Anstalt Erlangen verlegt werden kann und was ihn dort erwartet, so ist sein Anliegen mehrdeutig: Ich kann es als reine Sachfrage behandeln, anhand der formalen Aufnahmekriterien ja oder nein sagen und ihm das 3-Stufen-Konzept erläutern (Sachberatung). Ich kann mit ihm eine Beratung durchführen, die mit der Entscheidung für eine Bewerbung nach Erlangen oder mit der Entscheidung für eine konkrete Alternative dazu endet (Entscheidungsberatung). Ich kann mir auch viel Zeit nehmen, mit ihm über seine Erwartungen, Befürchtungen und Ziele sprechen, ihm transparent machen, welche Funktion sein Verlegungswunsch in seinen kognitiven Konzepten und Handlungsstrategien hat und die Frage der Verlegung in Bezug zu seiner Gesamtpersönlichkeit, seinem Selbstbild, seinen charakteristischen Beziehungsmustern setzen. Die Entscheidung für oder gegen eine Bewerbung ist dann Nebenprodukt einer emanzipatorisch-therapeutischen Beratung, Ziel ist die eigene Entscheidungskompetenz und Selbstverantwortlichkeit des Klienten (Persönlichkeitsberatung).

Möglicherweise entdecken wir im Gespräch die Unzufriedenheit des Klienten mit sich selbst, entdecken, dass er sich häufig selbst nicht versteht, immer wieder zum Opfer seiner Lebensumstände wird und lernen möchte, mit sich, seiner Lebenssituation und seinen Angehörigen anders, befriedigender umzugehen. Damit ist von Seiten des Klienten die Voraussetzung für die Durchführung einer Psychotherapie gegeben.

1.3 Für welche Form der Beratung entscheiden wir uns im Einzelfall?

An dieser Stelle möchte ich Sie auffordern, sich selbst zu überprüfen, nach welchen Kriterien Sie sich für welche Art der Interaktion mit Gefangenen entscheiden. Ich meine, wir sind uns dieser subtilen Prozesse im Alltag unserer Arbeit viel zu wenig bewusst. Ich behaupte, wir orientieren uns durchaus nicht nur an den Bedürfnissen des Gefangenen und an unseren zeitlichen Möglichkeiten, sondern lassen auch weniger bewusste Motive wirksam werden. Spontane Sympathie und Antipathie, narzisstische Gratifikation oder Kränkung im Beziehungsangebot des Klienten, das Ausmaß der Identifikation mit dem Gefangenen und seiner Problematik und der Widerstand gegen die Aufdeckung eigener ungelöster Probleme spielen durchaus eine Rolle. Mir selbst passiert es auch, dass ich mich auf eine Sachberatung beschränke, obwohl ich deutlich spüre, dass der Gefangene damit alleine nicht viel anfangen kann, dass er viel mehr von mir erwartet. Aber: er „nervt" mich, ich fühle mich überfordert, ausgebeutet, erschöpft und verweigere mich. Manchmal verweigere ich mich auch der Wahrnehmung, dem Hineindenken und dem Mitfühlen der tatsächlichen Situation des Gefangenen. Ich sage ihm dann: „Es tut mir leid, aber daran kann ich nichts ändern." oder: „Das haben Sie sich letztlich alles selber zuzuschreiben, Sie können von mir jetzt nicht erwarten, dass ich in Ordnung bringe, was Sie sich und Ihrer Familie eingebrockt haben." oder gar: „Schließlich sind Sie nicht der einzige hier, dem es so geht, und ich bin nicht daran schuld, dass Sie hier sind."

Solche Antworten schaffen Distanz, wehren den Anspruch auf Verständnis und Hilfe ab und schützen vor emotionaler Berührung mit der seelischen Not der Gefangenen, mit Hass, Angst und Verzweiflung, mit Sehnsucht und Begierde. Die Identifikation mit dem Strafsystem über die Rechtsprinzipien des Verschuldens und der Gleichbehandlung legitimiert diese Distanzierung.

1. 4 Fragen zur Situation des Psychologen als Gefangenenberater

Wie können wir die belastenden Erwartungen der Gefangenen aushalten, wie können wir uns entlasten? Wie gehen wir mit unseren eigenen Motiven und Bedürfnissen um? Welchen Anspruch haben wir an die Qualität unserer Beratungsarbeit? Brauchen wir Eigentherapie und Supervision, um mehr Offenheit und Nähe zu verwirklichen, oder bestimmen wir besser unsere Funktionen so, dass wir uns vor der emotionalen Überforderung schützen und Aufgaben übernehmen, die mehr Distanz zum einzelnen Gefangenen gewährleisten? Es bieten sich andere Arbeitsfelder an, in welchen der Anstaltspsychologe wichtige Arbeit leisten kann, ohne sich in der täglichen Beratungsarbeit psychisch zu verschleißen oder mit der Unzufriedenheit „fauler Kompromisse" mit sich selbst zu leben. Ich erinnere an das Papier „Das Berufsbild des Diplom-Psychologen im Justizvollzug", das vom BDP – Sektion Forensische und Kriminalpsychologie und der BAGÄP 1982 erarbeitet worden ist. In dieser Auflistung nimmt „Durchführung und Supervision von Behandlungsmaßnahmen" eine Randposition ein. Diese Überlegungen möchte ich im Anschluss gerne mit Ihnen diskutieren, ich habe bisher keine überzeugende Lösung gefunden.

2. Psychotherapie

Lassen Sie mich nun die Problematik der Psychotherapie im Kontext einer „normalen" Strafvollzugsanstalt darstellen.

2.1 Was verstehen wir unter Psychotherapie?

Psychotherapie möchte ich dabei eingrenzen auf die in der üblichen Vollzugssituation praktizierbaren und allgemein gebräuchlichen Methoden wie klientenzentrierte Gesprächstherapie, themenzentrierte Interaktion, Transaktionsanalyse, Gestalttherapie und Verhaltenstherapie. Der Verhaltenstherapie stehe ich innerlich ferne, vielleicht gilt deshalb nicht alles, was ich noch auszuführen habe, hier in gleicher Weise. Eine klassische analytische Therapie sprengt meines Erachtens den Rahmen, für eine psychoanalytisch orientierte Gesprächstherapie gilt in etwa das gleiche wie für die vorher genannten Therapieformen.

Allen gemeinsam ist, dass idealtypischerweise eine Einzeltherapie zustande kommt, indem ein Klient von sich aus einen Therapeuten aufsucht und mit diesem einen Therapievertrag abschließt. Materiell besteht der Vertrag darin, dass regelmäßige Sitzungen vereinbart werden, zu welchen der Klient jeweils freiwillig geht, und dass das Honorar des Therapeuten festgelegt wird. Inhaltlich verpflichtet sich der Therapeut, nach seinen Fähigkeiten und mit der erlernten Therapiemethode dem Klienten zu helfen, das von diesem definierte Problem zu lösen bzw. dessen Wunsch nach Selbsterfahrung, Selbstentfaltung, seelischem Reifen, intensiverem Leben und Erleben oder wie Sie es nun nennen wollen, verwirklichen zu helfen. Kann der Therapeut die Ziele des Klienten aus berufsethischen oder sonstigen Gründen nicht billigen, so wird er den Vertrag nicht schließen. Keinesfalls wird er jedoch die Therapieziele über den Kopf des Klienten hinweg selbst festsetzen. Unverzichtbare Basis ist ein Vertrauensverhältnis des Klienten zum Therapeuten und die unbedingte Verschwiegenheit des Therapeuten über die Inhalte, den Verlauf und die Ergebnisse der Therapiegespräche. In einem Vorgespräch werden diese Vereinbarungen getroffen, beiden Vertragspartnern steht frei, den Vertrag einzugehen oder nicht, beide können ihn auch wieder auflösen. Dem Klienten steht es frei, den Therapeuten zu wechseln, wenn er mit ihm nicht zufrieden ist. Während des Verlaufs der Therapie kann der Klient sein Therapieziel präzisieren, verändern, erweitern oder einschränken. Er kann neu gewonnene Einsichten oder neu erlernte Verhaltensweisen aus der Therapiestunde in seinem alltäglichen sozialen Umfeld erproben, er kann die dort erfahrenen Rückmeldungen seiner Angehörigen, Freunde, Arbeitskollegen etc. in die Therapie einbringen. Er kann aus neuen Einsichten praktische Konsequenzen ziehen, beispielsweise eine Partnerbeziehung beenden oder auf eine neue Basis stellen, die Wohnung oder den Arbeitsplatz wechseln, seine Freizeitgestaltung grundlegend ändern, mehr oder weniger als bisher Sport treiben, soziale Kontakte pflegen und vieles andere mehr. Kurz: Der Klient kann den eigenen Entwicklungsprozess, den er im Verlauf der Therapie erfährt, in seine Lebensgestaltung integrieren. Die Therapie endet erfolgreich, wenn der Klient subjektiv der Meinung ist, dass er seine Ziele erreicht hat bzw. die weiteren Schritte ohne die kostenaufwändige Hilfe eines „Professionellen" auf sich selbst gestellt tun kann. Die Therapie endet erfolglos, wenn der Klient zu der Auffassung gelangt, dass er so nicht die erwünschte Hilfe finden kann und seinen Zielen nicht oder nicht wesentlich nähergekommen ist. Ein solcher Therapieabbruch zieht für den Klienten keine negativen Konsequenzen nach sich, von Therapeutenseite wird die Frustration des Klienten schon als wesentliches Übel bewertet.

Zusammenfassend lässt sich festhalten, dass eine Psychotherapie eine vertraglich geregelte Interaktion zwischen einem selbstverantwortlichen Klienten und einem ebenso selbstverantwortlichen Therapeuten ist. Das Ziel dieser Interaktion bestimmt der Klient, für die Methodik ist der Therapeut fachlich kompetent. Beide stehen außerhalb der Therapiesituation in keiner engeren Beziehung, insbesondere besteht kein gegenseitiges Macht- und Abhängigkeitsverhältnis *(siehe Anhang: Schaubild 2).*

2.3 Psychotherapie in der Situation des Strafvollzugs

Psychotherapie im Strafvollzug ist zunächst ein scheinbar gleichartiger Vorgang. Therapeut wie Klient haben jedoch beide eine Doppelidentität, einen inneren Rollenkonflikt, sie sind immer auch Anstaltspsychologe und Gefangener. Darüber hinaus stehen beide in Konflikt mit den Erwartungen ihrer jeweiligen Bezugsgruppe, des Anstaltspersonals bzw. der Mitgefangenen. Für zusätzliche Komplikationen sorgt die Konfliktspannung, die entsteht, wenn der Therapeut seinem Klienten auch als Anstaltspsychologe begegnet und umgekehrt, wenn der Klient seinem Therapeuten als Gefangener gegenüber steht.

2.4 (Rollen-)Konflikte des Psychologen

Betrachten wir diese verzwickte Lage einmal aus der Sicht des Anstaltspsychologen: Wenn auch die Schwerpunkte je nach persönlicher Neigung und Struktur der Anstalt differieren, so reicht unser Aufgabengebiet doch stets von Funktionen der Organisationsberatung (Konferenzen auf Leitungsebene, Mitwirkung an Umstrukturierungen, Entwicklung von Behandlungskonzepten, Aus- und Fortbildung von Mitarbeitern) und Mitausübung von struktureller Gewalt (Einhalten von Sicherheitsvorschriften u. a.) und direkter Amtsgewalt (Anordnungsbefugnis gegenüber Gefangenen, teilweise auch gegenüber Bediensteten) und Entscheidungsmacht (Mitwirkung an Lockerungs- und Entlassentscheidungen) bis zu diagnostischen Aufgaben (Gutachten, Zugangsbeurteilung) und beratendem oder therapeutischem Umgang mit einzelnen Gefangenen und/oder Gruppen. Der Anstaltspsychologe ist als Mitarbeiter der Institution gegenüber dem Gefangenen in einer Machtposition und übt zumindest mittelbar repressive Gewalt aus. Er ist gegenüber dem Anstaltsleiter, der die Ziele der Institution repräsentiert, weisungsgebunden und auskunftsverpflichtet. Mehr noch, er ist verpflichtet zur Miterhaltung der Sicherheit und Ordnung in der Anstalt, d. h. er muss auch ungefragt Mitteilung über relevante Erkenntnisse und Hinweise machen. Generell ist er verpflichtet, sein wie auch immer gewonnenes Wissen über einen Gefangenen der Institution zugänglich zu machen, soweit es für Entscheidungen von Bedeutung ist. Im Umgang mit dem Gefangenen ist er folglich nicht nur mit dessen Erwartungen konfrontiert, sondern auch mit den Erwartungen der Institution, die aus seiner oben skizzierten Einbindung resultieren. Die Anstalt möchte mehr über den Gefangenen erfahren, d. h. vor allem vor unerwünschten Handlungen des Gefangenen (Gewalttätigkeit, Suizidversuche und Selbstverletzungen, Flucht oder Missbrauch von Lockerungen) gewarnt werden und sie erwartet, dass der Psychologe an einer Verhaltensänderung des Gefangenen mitwirkt. Das Ziel dieser Verhaltensänderung ist notwendig kaum von der unkonkreten Vorgabe des § 2 StVollzG bestimmt, sondern liegt viel näher: im bequemen alltäglichen Umgang mit dem Gefangenen. Dieser soll sich höflich und diszipliniert verhalten. Anweisungen soll er stets befolgen, fleißig arbeiten, wo immer er eingesetzt wird, und auch sonst keinen Anlass für Meldungen und Disziplinarmaßnahmen geben. Er soll keinen Versuch unternehmen, sich der Haft zu entziehen, auch nicht durch Suizid, und die Bediensteten mit Fragen, Bitten oder Beschwerden weitgehend verschonen. Darüber hinaus kann durchaus im Einzelfall die Erwartung hinzutreten, der Psychologe möge sich gegenüber Gefangenen, die sich besonders unbotmäßig verhalten, auch an Strafsanktionen beteiligen, und sei es durch Nichtbeachtung und Ausgrenzung *(siehe Anhang: Schaubild 3).*

2.4.1 Konflikt zwischen Psychologe/Therapeut und anderen

Damit ist eine Art von Konflikten vorprogrammiert. Aus unserem beruflichen Selbstverständnis heraus werden wir diesen Erwartungen nur teilweise gerecht werden wollen, nämlich nur insoweit, als sie der Erhaltung und dem Erwerb sozialer Kompetenz und persönlicher Reifung des Gefangenen nicht entgegenwirken. Aus dem Selbstverständnis des Psychotherapeuten heraus dürfen diese systemimmanenten Erwartungen keinen Eingang in die Therapie finden, sofern sie nicht in den persönlichen Therapiezielen des Klienten mit enthalten sind bzw. zumindest von ihm selbst thematisiert werden.

2.4.2 Intrapersonaler Rollenkonflikt

Dieser Konflikt zwischen Therapeuten und anderen Vollzugsbediensteten wird ergänzt durch einen intrapersonalen Konflikt zwischen der Therapeuten-Identität und der Vollzugsmitarbeiter-Identität. Begebe ich mich als Anstaltspsychologin in die Funktion einer Therapeutin, so muss ich mich nicht nur beständig vom Erwartungsdruck meiner Vorgesetzten und der Kollegen aus dem Vollzugsdienst abgrenzen, ich gerate auch in Konflikt mit meiner eigenen Berufsrolle als Vollzugsmitarbeiterin. In milder Form ist dieser Konflikt allgegenwärtig, weil fast alles, was ich vom Klienten erfahre, in irgendeiner Form meine administrative Funktion berührt und somit meine Schweigepflicht gegenüber dem Klienten in Frage stellt. Auch wenn ich beispielsweise nur ein anderes als das oberflächlich bekannte Bild von der Ehebeziehung und der inneren Einstellung des Klienten zur Verbindlichkeit von Rechtsnormen bekomme, muss ich mich fragen, ob ich dies nicht in einer Konferenz über die Gewährung von Vollzugslockerungen oder Befürwortung einer vorzeitigen Entlassung einbringen müsste. Verschärft tritt der Konflikt auf, wenn ich beispielsweise von einem Klienten erfahre, dass er von der Außenarbeit zu entweichen beabsichtigt, weil ihm bekannt geworden ist, dass seine Frau einen anderen Mann in die Wohnung aufgenommen hat. Und nicht nur die Schweigepflicht: die Überzeugungskraft des Strafsystems, meine innere Loyalität gegenüber der Funktion gerechten Strafens, „meine" eigenen Verhaltenserwartungen an verurteilte Straftäter kollidieren mit einer therapeutischen Haltung gegenüber Klienten.

2.5 Rollenkonflikte des Gefangenen als Therapieklienten

Damit nicht genug der Konflikte: für einen weiteren sorgt die Doppelidentität des Gefangenen als Therapieklienten oder, andersherum, der Konflikt des Klienten, der gleichzeitig Gefangener ist.

Zur Rolle des Gefangenen gehört die misstrauische Abgrenzung vom Vollzugspersonal, die ansprüchliche Erwartungshaltung und gezielte Manipulation. Er gerät sowohl mit seiner Bezugsgruppe in Konflikt, wenn er sich auf eine manipulationsfreie Vertrauensbeziehung einlässt, als auch mit seiner eigenen Gefangenen-Identität und seinen wesentlichen Interessen als Gefangener.

2.5.1 Intrapersonaler Rollenkonflikt

Auch wenn er durchaus eine „echte" Therapiemotivation besitzt, wie wir sie von einem freien Klienten voraussetzen, so besitzt er gleichzeitig ein existenzielles Interesse an einer Situationsveränderung, die der Therapeut/Psychologe evtl. mit herbeiführen könnte. Um seinen Therapeuten dazu zu veranlassen, muss er auf die Manipulationsmechanismen seiner Gefangenenidentität gegenüber einem Bediensteten zurückgreifen und Offenheit und Selbstexploration einschränken.

2.5.2 Konflikte mit der Anstaltspsychologenfunktion des Therapeuten

Darüber hinaus können Konflikte entstehen, die nicht unmittelbar aus der Therapiesituation resultieren, sondern aus Kontakten mit seinem Therapeuten in dessen Anstaltspsychologen-Funktion. Ob sie ihn persönlich betreffen oder einen Mitgefangenen, mit dem er sich solidarisiert: die Verärgerung und Betroffenheit, das

Ausgeliefertsein an die institutionelle Macht, an welcher der Psychologe als Konferenzmitglied, als Gutachter o. a. teilhat, wirkt in die therapeutische Beziehung hinein.

2.6 Vergleich der Bestimmungselemente

Ich hoffe, ich habe damit verdeutlichen können, dass eine Psychotherapie, die ein Anstaltspsychologe mit einem Gefangenen durchführt, höchstens formal einer Psychotherapie in Freiheit entspricht. Die Einbindung beider Partner in die Struktur und Dynamik der totalen Institution Vollzugsanstalt lässt die Erfüllbarkeit der wesentlichen Bestimmungselemente fraglich erscheinen. Ich setze voraus, der Gefangene kommt freiwillig, er sucht von sich aus Kontakt und therapeutische Hilfe. Die totale Institution Strafvollzug macht jedoch eine saubere Trennung rein persönlicher Schwierigkeiten und situationsbedingter Probleme viel weniger möglich als in Freiheit. Sogar wenn der Therapeut meint, ein persönliches und prinzipiell situationsunabhängiges Verhaltens- und Erlebensmuster beim Klienten zu erkennen, so gelingt diesem die Trennung nicht: Der extrem eingeengte Spielraum für Situationsveränderungen suggeriert notwendig die situative Bedingtheit. Beispiel: Der Klient in Freiheit, der unter der zunehmenden Entfremdung zu seiner Partnerin leidet, kann durch Wahrnehmung seines eigenen Interaktionsstils in verschiedenen Situationen mit der Partnerin und mit anderen Frauen viel eher erleben, dass seine egozentrische Erwartungshaltung selbst dazu beiträgt, als der Gefangene, der eventuell nicht einmal Urlaub bekommt. Für ihn ist es sehr schwierig, unter dem erdrückenden Beziehungsproblem „Trennung und Verlust jeder Intimität" seinen aktuellen Eigenanteil überhaupt wahrzunehmen und in der unnatürlichen Besuchssituation und den Briefen seine generellen Verhaltensmuster wieder zu finden.

Nun diskutieren wir schon den therapeutischen Prozess im engeren Sinne, obwohl die Frage der Motivation noch weitere Aspekte beinhaltet. Unser Klient kommt also freiwillig, weder vom Abteilungsbeamten wegen seines auffälligen Verhaltens geschickt, noch vom Psychologen zitiert, weil er dem Juristen in der Sprechstunde oder im Disziplinarverfahren aufgefallen ist.

Er berichtet, dass er so depressiv ist und nachts nicht schlafen kann oder dass er häufig heftige Aggressionen in sich auftauchen fühlt und befürchtet „auszuflippen" oder dass er übernervös, zerstreut und von psychosomatischen Beschwerden geplagt ist, seiner Arbeitspflicht trotz guter Vorsätze nicht mehr nachkommen kann und befürchtet, über die Haftzeit hinweg endgültig zum psychischen Wrack zu werden. Einem freien Klienten glaube ich das zunächst vorbehaltlos, warum sollte er sich auch entschließen, Zeit und Geld für einen Therapeuten auszugeben, um ihm dann unwahre Beschwerden zu berichten? Bei einem Gefangenen kann ich mich nicht ohne weiteres gegen misstrauische Fragen immunisieren wie: „Was will er erreichen? Möchte er meine Fürsprache in einer Konferenz? Möchte er Sondervergünstigungen, Zusatzbesuche, eine andere Arbeit? Oder möchte er, ganz banal, eine Stunde Zeit schinden und mit einer netten Frau plaudern?“ Alles menschlich verständliche Anliegen, deshalb ist ein gewisses „Misstrauen“ auch gerechtfertigt. Verständlich – aber Anliegen an mich als Anstaltspsychologin oder als Mensch und Frau, nicht aber an mich als Therapeutin, insofern nur scheinbare Therapiemotivation.

Nicht nur, dass wir also sehr behutsam die Hintergrundmotivation erfragen müssen, nein, der Gefangene als Klient selber kann das eine vom anderen kaum trennen. In der ausgelieferten Situation sind unvermeidbar neben einer „echten“ Therapiemotivation andere Motive wirksam für den Kontakt mit dem Anstaltspsychologen, vielleicht noch mehr in Bezug auf eine Anstaltspsychologin im Männervollzug – vielleicht auch nicht. Das ist eine Diskussionsfrage an die Kollegen und Kolleginnen.

Wo so viele zentrale menschliche Bedürfnisse frustriert werden, ist die therapeutische Beziehung eben befrachtet mit einem Bündel von Erwartungen, viel stärker als in Freiheit. Damit werden Widersprüchlichkeiten zum Problem. Der Wunsch nach Nähe, nach persönlichem Vereinnahmen des Therapeuten, der Therapeutin, nach Aufwertung des männlichen Selbstwerterlebens, ja nach Geliebtwerden kollidiert mit der Bereitschaft zu völliger Offenheit und Selbstexploration in einer Atmosphäre neutraler menschlicher Zuwendung. Der Wunsch nach günstiger vollzuglicher Beurteilung und Unterstützung in Bezug auf Lockerungsentscheidungen u. a. tangiert ebenso die ungeschminkte Ehrlichkeit wie auch die Erwartung, dass Inhalte und Erkenntnisse aus der Therapie eben nicht vollzuglich verwertet werden.

Ein weiteres Handicap liegt darin, dass der Gefangene als Klient häufig kein Interesse an einem raschen Fortschritt der Therapie hat, weil er das Ende der Therapie gar nicht herbeiwünscht. Warum sollte er auch, soweit überhaupt eine positive Beziehung entstanden ist, das Ende herbeisehnen? Bei wem sonst im Vollzug findet er ein vergleichbares Maß an erlebter Wertschätzung, an emotionaler Wärme? Wo sonst steht er so im Mittelpunkt der Aufmerksamkeit, bestimmt das Geschehen?

Die damit verbundenen Nachteile sind gering: Meist lediglich Abzug der Arbeitszeitvergütung, häufig nicht einmal das, soweit Leistungslohn gezahlt wird. Die oft hämischen und abwertenden Kommentare der Mitgefangenen und auch Bediensteter („Musst Du schon wieder zum Auswuchten?“ oder „Schleimst Dich wohl überall ein.“ u. a.) hat er schon verdaut, das legt sich ja mit der Zeit. Das Fazit, das ich persönlich aus dieser Analyse gezogen habe, lautet: Psychotherapie im Vollzug ist nicht gleichzusetzen mit Psychotherapie in Freiheit. Die Rollen- und

Interessenkonflikte sowie der Machtaspekt lassen sich nicht aus der therapeutischen Beziehung eliminieren.

3. Persönliche Folgerungen und Handlungsstrategien

Von dieser Erkenntnis lasse ich persönlich mich nicht völlig abhalten, in Einzelfällen mit Gefangenen einen Therapievertrag abzuschließen und über einige Monate therapeutische Einzelstunden durchzuführen. Im Wissen um die vielfältigen Konflikte versuche ich, in ausführlichen Vorgesprächen das tatsächliche Konfliktpotential im Einzelfall abzuschätzen, und wäge ab, ob meine Konfliktfähigkeit und die des Klienten für eine konstruktive therapeutische Arbeit ausreichen. Beispielsweise fange ich keine Einzeltherapie mit einem Gefangenen an, für den in absehbarer Zeit wesentliche vollzugliche Entscheidungen zu treffen sind, an welchen ich mitzuwirken habe. Weiterhin schließe ich Gefangene aus, von welchen erhebliche Verstöße gegen die Sicherheit der Anstalt zu erwarten sind. Sie können mir jetzt vorhalten: „Aber vielleicht bedarf gerade ein solcher Gefangener einer Therapie!“ Ja, vielleicht. Für mich wird aber dann die Gegensatzspannung zwischen therapeutischer Nichteinmischung und vollzuglicher Loyalität unauflösbar und die Therapie muss fehlschlagen. Mit dem Gedanken „Er wird doch hoffentlich nicht wirklich ...“ kann ich nicht unvoreingenommen zuhören, ihn sich entfalten und explorieren lassen. Weiterhin schließe ich Gefangene aus, deren zu geringe psychische Belastbarkeit und Konfliktfähigkeit erwarten lässt, dass sie meine verschiedenen Rollen – einmal Therapeutin, einmal Repräsentantin des Vollzugssystems – nicht trennen können und daher keine stabile therapeutische Beziehung aufbauen werden. Ein Gefangener, der nie verstehen wird, wieso ich, die ich ihn doch nun kenne, ihm nicht zu Hilfe komme, wenn er zum Arrest „verdonnert“ wird, und nicht für ihn zum Abteilungsleiter gehe und einen Urlaub erreiche, obwohl ich doch weiß, wie er unter der Trennung von seiner Frau leidet, kann mit der Therapiesituation nicht zurechtkommen. Oder ein Gefangener, der von Mitgefangenen dies und jenes hört, was ich für diesen oder jenen getan oder nicht getan haben soll, und dadurch beständig in seinem Vertrauen in der konkreten Interaktion irritiert ist, erlebt die Therapie als zusätzliche psychische Belastung. In jedem Fall schließe ich Gefangene aus, die erheblich auffällig geworden sind und deshalb zu mir geschickt wurden. Der Erwartungsdruck, dass die Therapie möglichst bald eine von außen definierte Verhaltensänderung erbringen soll, behindert zu stark.

Fällt nämlich der Gefangene erneut auf, so wird dies, je nach Einstellung des Beobachters, mit Häme oder Bedauern quittiert, in beiden Fällen erlebe ich ein Rechtfertigungsbedürfnis und bezweifle, dass ich verhindern kann, subtil den

Klienten zu manipulieren. Indem ich Verantwortung für sein Verhalten übernehme, fördere ich statt Emanzipation Abhängigkeit oder Widerstand (oder beides). Und wer kommt dann als Klient in Frage? Wenige. Nicht nur, weil ich zeitlich nicht mehr als ein oder zwei Therapien durchführen kann. Nach meiner Einschätzung gut gearbeitet habe ich beispielsweise mit einem Gefangenen, der über seine paranoiden Ängste besorgt war – er erkannte sie selbst als irrational, konnte sie aber doch nicht überwinden – und das Gefühl, wegen seiner Herkunft hoffnungslos von jedem Zugang zu Menschen mit dem Lebensstil, nach dem er sich sehnte, ausgeschlossen zu sein, als bedrückend erlebte. Vollzuglich war er zwar erheblich auffällig, jedoch galt er längst als „unverbesserlich" und niemand erwartete von mir, dass ich daran etwas ändern könnte. Wesentliche Entscheidungen waren zu diesem Zeitpunkt nicht in Sicht, außerdem war er in einer anderen Abteilung untergebracht, so dass ich mit der für ihn zuständigen Konferenz nichts zu tun hatte. Da er darüber hinaus die nicht ganz unrichtige Einstellung besaß, dass Psychologen im Vollzug doch nichts ändern können, hegte er auch keine wesentlichen Erwartungen dieser Art. Darüber hinaus ist er – was nicht unbedingt erforderlich ist – homosexuell, auch praktizierend und bekennend, so dass ich keine Sorge haben musste, zum einzig gegenwärtigen Objekt sexueller Wünsche zu werden.

Ein anderer Gefangener wandte sich in einer Phase an mich, die vollzuglich nicht brisant war – vom Delikt und Strafmaß her war derzeit keine wesentliche Entscheidung zu treffen – außerdem war er ebenfalls nicht in meiner Abteilung untergebracht. Er war nicht auffällig, davon abgesehen, dass er HIV-infiziert und dies in der Anstalt relativ bekannt war. Sein erklärtes Therapieanliegen war, mit seinen heftigen Stimmungsschwankungen, seinen depressiven „Null-Bock-Phasen" und seinen aggressiven Phantasien umgehen zu lernen. Er befürchtete, sich selbst durch Aggressionshandlungen jede Zukunftschance zu verbauen und überlegte gleichzeitig, ob es für ihn als HIV-Positiven überhaupt eine lebenswerte Zukunft geben könne.

Der zweite Schritt nach der Vorauswahl ist der Therapievertrag. Ich finde es gerade im Vollzug sehr wichtig, über Erwartungen, Möglichkeiten, Grenzen zu sprechen. Ich mache dem Gefangenen deutlich, dass eine Therapiestunde eine andere Situation ist als jeder sonst übliche Kontakt mit mir als Anstaltspsychologin. Ich sage ihm, dass er verantwortlich ist dafür, was er mir mitteilt und was nicht. Wir besprechen die organisatorische Seite genau. Wann und wie oft wir Stunden vereinbaren, ob ich ihn rufen lasse oder ob er sich über den Beamten meldet, dass er, auch wenn Abruf vereinbart ist, nicht kommen muss, wenn er spürt, dass er jetzt nicht kommen möchte. Ich spreche die Grenzen meiner Verschwiegenheit an, die Grenzen meiner Therapeutenfunktion im Strafvollzug. Ob nun im „Therapievertragsgespräch" oder im weiteren Verlauf: Ich halte es für wichtig, dass meine zwiespältige Rolle transparent wird, dass der Klient selbst genau einschätzen kann, wann er mich in eine schwere Konfliktsituation bringt. Dies bewirkt einerseits, dass er auch Sicherheit gewinnt, wann er sich auf meine Therapeutenrolle verlassen kann, und dass ich andererseits mit Provokationen als solchen umgehen kann. Ein Klient, der sagt, dass er morgen beim Besuch ein Sägeblatt oder Rauschgift übermittelt bekommt, handelt nicht mehr im naiven Vertrauen, sondern testet die Grenzen. Ich kann ihm dann durchaus mitteilen, dass ich diese Information an die Dienstleitung weitergeben werde, und dies auch tun. Thema der Stunde wird wahrscheinlich auch nicht das Rauschgift oder das Sägeblatt sein, sondern die Art und Weise, wie er mit der Beziehung zu mir als seiner Therapeutin umgeht. Tatsächlich habe ich diesen Fall bisher so nicht erlebt, das Testen der Grenzen vollzieht sich eher im verbalen Probehandeln. Dialoge im Stil von: „Ich weiß nicht, ob ich mit Ihnen über alles sprechen kann ..." lassen eine eindeutige Klarstellung zu, indem hypothetische Situationen durchgespielt werden.

Genauso wichtig ist es, Transparenz für die eigenen Rollen- und Identitätskonflikte des Klienten zu schaffen. Das alles ist Bedingung für ein therapeutisches Vorgehen in der Vollzugsanstalt und ist auch schon ein Stück therapeutische Arbeit selbst. Insofern möchte ich gerne in bescheidenen Optimismus ausbrechen und sagen: Sicher können wir nicht naiv „Therapie machen", ohne die besondere Situation in der Vollzugsanstalt zu berücksichtigen. Aber mit einigen Einschränkungen, mit Mut zum Konflikt und unter beständiger Supervision können wir doch sinnvolle therapeutische Arbeit leisten .

Ein schöner Schluss für mein Referat, aber ich muss Sie enttäuschen: Bei dieser Aussage möchte ich nicht stehen bleiben. Ich möchte eine Psychoanalytikerin, Thea Bauriedl, zitieren und Carl Rogers, ich möchte aus einem Lehrbuch für Gesprächspsychotherapie zitieren und einen Gestalttherapeuten, Josef Zinker, zu Wort kommen lassen.

Thea Bauriedl sagt unter der Kapitelüberschrift „Der psychoanalytische Prozess als Überschreitung manipulativer Beziehungsnormen": „Manipulation in der hier gemeinten Bedeutung von Absolutsetzung einer Struktur oder Norm zum Zweck der Beseitigung von ‚Falschem' oder ‚Bösem' ist auch hier als Beziehungsstörung und -fixierung zu sehen. (...) Kreativität und lebendiger (therapeutischer, eigene Anmerkung) Kontakt beruhen auf demselben Prinzip. Sie haben nicht zur Bedingung, dass irgend etwas anders ist, als es ist, und sind deshalb grundsätzlich manipulationsfrei" (Bauriedl 1983, 46). Carl Rogers sagt: „Der therapeutische Prozess lässt sich im weitesten Sinn als die Antwort verstehen, welche die Einstellungen des Therapeuten im Klienten hervorrufen. Wenn der Klient feststellt, dass ihm jemand zuhört und ständig akzeptiert, wie er seine Gedanken und Gefühle äußert, lernt er nach und nach dem zuzuhören, was in seinem Inneren vorgeht; er lernt wahrzunehmen, dass er wütend oder ängstlich ist oder liebevolle Empfindungen verspürt. Allmählich wird er fähig, auf Empfindungen in seinem Inneren zu lauschen, die ihm früher so seltsam, so erschreckend oder bedrohlich erschienen waren, dass er sie ganz aus dem Bewusstsein verbannt hatte. Während er diese verborgenen und ‚schrecklichen' Aspekte seines Selbst bloßlegt, merkt er, dass sich an der akzeptierenden Haltung des Therapeuten ihm gegenüber nichts ändert. Und langsam beginnt er die gleiche Einstellung sich selbst gegenüber anzunehmen und sich so, wie er ist, zu akzeptieren, womit er die Voraussetzungen für seine Weiterentwicklung schafft. Wenn der Klient schließlich imstande ist, sich selbst besser wahrzunehmen, gelangt er zu größerer Kongruenz und kann sich offener äußern. Er gewinnt zuletzt die Freiheit, sich zu verändern und in die Richtungen hin zu entwickeln, die der reifende menschliche Organismus natürlicherweise einschlägt" (Rogers 1983, 32 f.). Hören wir noch Josef Zinker: „Agape von Seiten des Therapeuten erzeugt Vertrauen. Weil der Prozess oft mit den verwundbarsten Teilen der Person zu tun hat, muss immer Vertrauen da sein, damit beide Seiten sich erlauben können, ihre Gefühle zu entfalten. Es ist diese Liebe in all ihren Formen, die den kreativen Prozess zwischen Klient und Therapeut in Gang hält" (Zinker 1982, 16). Und weiter: „Ein naturalistischer Standpunkt gibt einem den Freiraum, das Erleben des Menschen aufzunehmen, ohne ihn zu bewerten oder zu verurteilen. In diesem Rahmen erlebt der Therapeut die ‚Symptome', von denen der Klient erzählt, als Wege, auf denen dieser für sich in seiner Welt sorgt" (ebd., 45). Ein weiteres Zitat aus einem Lehrbuch der Gesprächs-Psychotherapie: „Gegenstand der Therapie ist unter dieser Annahme nichts anderes als die Arbeit an der Frage, was es verhindert, dass der Klient zu sich selbst eine solche Beziehung aufnehmen kann, wie sie ihm der Therapeut anzubieten bemüht ist. Wir werden diese Annahme später ausführlicher begründen. An dieser Stelle möchten wir herausstellen, dass wir die Gesprächs-Psychotherapie als eine korrigierende Beziehungserfahrung ansehen. Ist die Korrektur erfolgt, d. h., kann der Klient im Idealfall die Beziehung zu sich finden, wie es ihm der Therapeut anbietet, dann ist die therapeutische Beziehung beendet" (Biermann-Ratjen 1981, 13). Und ein weiteres Zitat aus dem gleichen Buch: „In der Gesprächs-Psychotherapie dient die Formulierung der Therapeutenvariablen dem Ziel, den Therapeuten zu hindern an der Machtergreifung gegenüber dem Klienten, zugunsten seiner Befähigung, dem Klienten bedingungslos und in keiner Weise bestimmend begegnen zu können" (ebd., 79). Wir kennen die Vorgabe des § 2 StVollzG. Ich möchte ergänzend dazu die Definition der Therapieziele von Josef Zinker danebenstellen: „Wenn die Gestalttherapie auch nicht danach strebt, Menschen in Schablonen einzupassen, wäre es jedoch unrealistisch zu leugnen, dass die Therapie implizite Ziele enthält. Meine Hoffnung ist es, dass ein Mensch durch eine kreative Beschäftigung mit dem Gestaltprozess

- zu einem größeren Gewahrsein seiner selbst kommt – seines Körpers, seiner Gefühle, seiner Umwelt;
- lernt, sein Erleben anzunehmen, statt es auf andere zu projizieren;

- lernt, sich seiner Bedürfnisse bewusst zu sein und Fertigkeiten zu entwickeln, um seine Bedürfnisse zu befriedigen, ohne andere zu verletzen;
- zu einem umfassenderen Kontakt mit seinen Empfindungen kommt, zu riechen, schmecken, fühlen, hören und sehen lernt, alle Aspekte seiner selbst auszukosten lernt;
- dazu kommt, seine Kraft und die Fähigkeit, für sich selbst zu sorgen, erlebt, statt dass er sich darauf verlässt, zu jammern, andere zur Verantwortung zu ziehen oder ihnen Schuldgefühle zu machen, um die Welt dazu zu bringen, für ihn zu sorgen;
- empfänglich für seine Umgebung wird, doch gleichzeitig eine kugelsichere Weste in Situationen trägt, die potentiell destruktiv oder vergiftend sind;
- lernt, die Verantwortung für seine Handlungen und ihre Konsequenzen zu übernehmen;
- sich mit dem Gewahrsein und dem Ausdruck seines Phantasielebens wohlfühlt" (Zinker 1982, 101).

Sicher können wir diese Therapieziele als eine Präzisierung der „Befähigung zu einem Leben in Freiheit ohne Straftaten" auffassen. Doch möchte ich im Hinblick auf das Wesen einer Psychotherapie vor dem Hintergrund der vorher zitierten Sätze einige weitere Fragen stellen: Kann die Institution „Vollzugsanstalt" einen solchen Prozess, eine solche Art der Beziehung zwischen einem Mitarbeiter und einem Gefangenen zulassen? Die psychotherapeutische Beziehung hebt wesentliche Funktionen des Vollzugs auf: die Entmündigung und Unterordnung des Gefangenen, seine Anpassung an vorgegebene Normierungen, seine Bestrafung und gewaltsame Verhaltensdressur.

Würde der Umgang mit lauter – hypothetisch – selbstbewussten, selbstbestimmten, angstfreien, kreativen und verantwortlichen Menschen nicht das System aus den Angeln heben? Das System, das auf Egoismus, auf die Macht- und Unterwerfungstendenzen, auf die Abhängigkeitswünsche und auf die Unselbständigkeit seiner Gefangenen angewiesen ist?

Kann irgendein Mitarbeiter dieser Institution sich so befreien von seiner Teilhabe an der institutionellen Macht, von seinen Wünschen nach Anerkennung und Arbeitsplatzsicherheit, von seiner ganzen beruflichen Sozialisation im Arbeitsfeld Strafvollzug, dass er einem Gefangenen wirklich mit einem therapeutischen Beziehungsangebot begegnen kann? Und wenn er es versucht: Wird er nicht, je mehr er beginnt, den Gefangenen/Klienten liebevoll zu verstehen, desto eher zu seinem Verbündeten gegen ein antiemanzipatorisches Gewaltsystem werden? Damit ist er jedoch im System des Klienten gefangen und identifiziert sich mit einer der gängigen Projektionen des Personals auf den Psychologen. Die innere Unabhängigkeit des Therapeuten ist verloren, er ist dem „Spaltungsprozess" verfallen, hält die „eigene, intrapsychische Ambivalenzspannung" nicht mehr aus. „Er erlebt sich nicht mehr getrennt vom Patienten und weiß plötzlich, was richtig und falsch, gut und schlecht für den Patienten, ihn selbst und die Beziehung ist" (Bauriedl 1983, 48). Das therapeutische Prinzip „... sich nicht verwenden lassen, den anderen nicht verwenden." (ebd.) ist durchbrochen.

Zuletzt: ist es dem Gefangenen überhaupt möglich und zumutbar, seine Wahrnehmungsabwehr, seine Überlebensstrategien im Vollzug aufzugeben? Wenn er seine sämtlichen widersprüchlichen Gefühle lebendig empfinden lernt, wenn er Beziehungsstrukturen sensibel und unverzerrt wahrnimmt, wenn er statt in Rollenidentitäten, Illusionen und Ablenkungen in der Realität des Eingesperrtseins, der unvorstellbaren Einschränkung zentraler Bedürfnisse wie Liebe, Zärtlichkeit, selbstbestimmtes Handeln, Freiheit, Privatheit bewusst lebt – was bedeutet das für ihn? Kann er sich das, dürften wir ihm das zumuten?

Literatur

Bauriedl T. (1983): *Beziehungsanalyse.* Frankfurt a. M.: Suhrkamp Biermann-Ratjen M. E., Eckert J. & Schwartz H. J. (1981): *Gesprächspsychotherapie.* Stuttgart: Kohlhammer.

Rogers C. R. (1983): *Therapeut und Klient.* Frankfurt a. M.: Fischer-Taschenbuch.

Zinker J. (1982): *Gestalttherapie als kreativer Prozess.* Paderborn: Junfermann.

Schaubilder

Schaubild 1: (Psychologische) Beratung

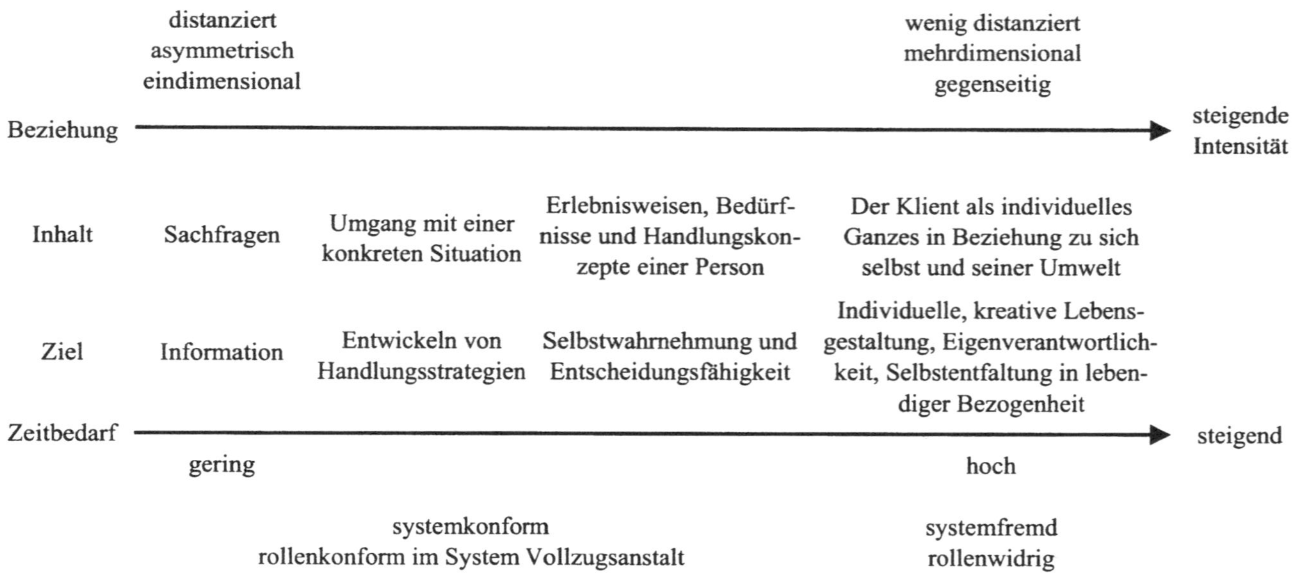

Schaubild 2: Beziehungen zwischen Vollzugspersonal und Gefangnen

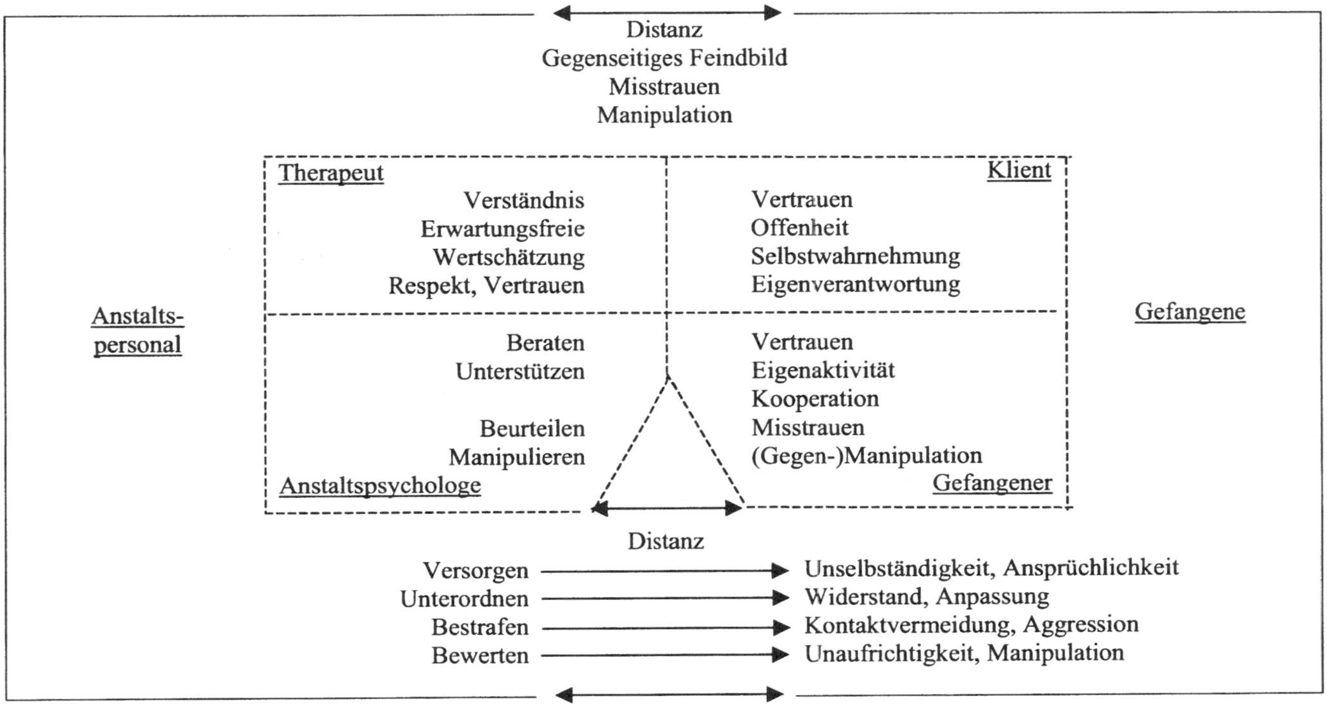

Schaubild 3: intra- und extrapersonale Rollenkonflikte

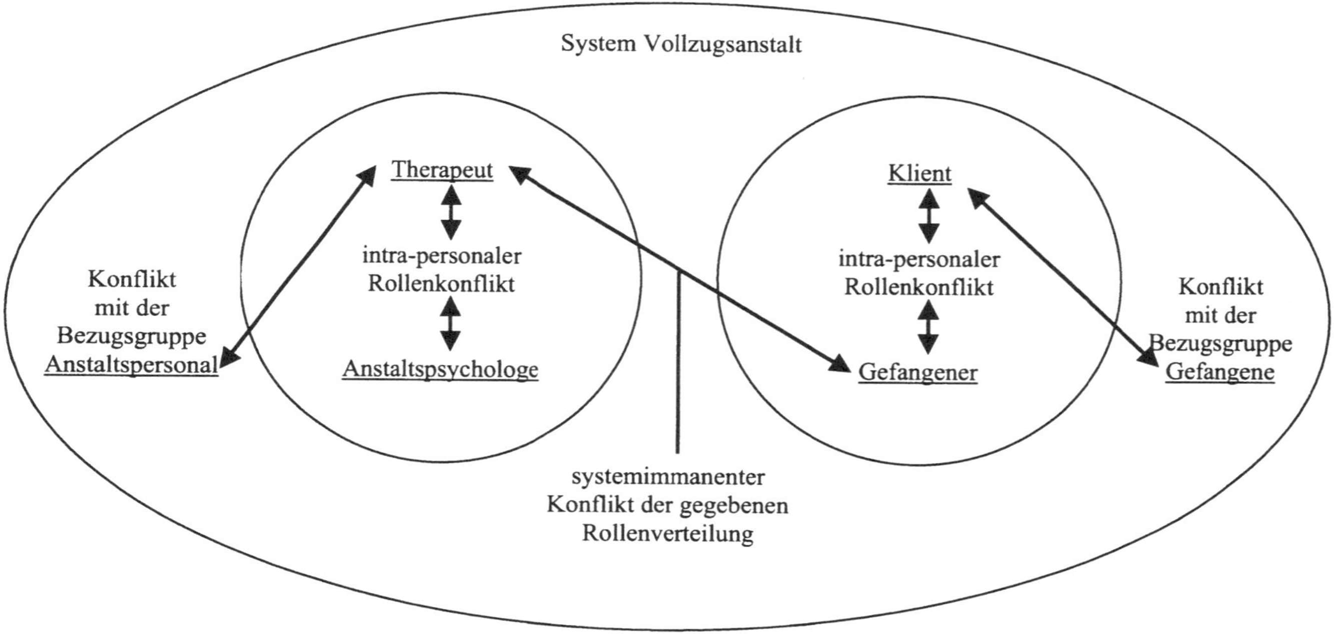

„Wer Spagat kann, ist im Vorteil!“

Gedanken zur sozialtherapeutischen Arbeit mit Sexualstraftätern in einer Justizvollzugsanstalt mit höchstem Sicherheitsstandard

von Susanne Bergmann-Caffell

Herr P. war's nicht. Ja, es stimmt: Er, der Mittfünfziger, hat schon das eine oder das andere Jahr in Haft verbracht. Um genau zu sein: Den Großteil seines Lebens. Ja, es stimmt auch, dass Herr P. Diebstähle begangen hat. Der eine oder andere Einbruch war auch dabei. Richtig ist auch, dass er sich damals – irgendwo im Nordwesten dieses Landes – nicht ganz korrekt verhalten hat, indem er die Zimmertür seiner Freundin eingetreten hat. Aber der anschließende Geschlechtsverkehr war doch einvernehmlich. Zumindest hat sie sich nicht gewehrt. Aus welchen Gründen auch immer. Doch dann die Sache in N. – nein, das war er nicht. Nie, niemals, um nichts in der Welt wird er diese Vergewaltigung eingestehen! 10 Jahre Sicherungsverwahrung liegen hinter ihm, aber lieber in Haft sterben, als etwas zugeben, was er nicht getan hat – so das unerschütterliche Motto des Herrn P. Seit nunmehr 18 Jahren.

Herr W. hingegen war es schon: Zumindest im Großen und Ganzen könnte es sich so zugetragen haben, wie aus den umfangreichen, den sehr umfangreichen Akten hervorgeht. Herr W. ist Mitte 40 und blickt auf eine 20jährige Inhaftierung zurück, die lediglich von einer kurzen Phase in Freiheit unterbrochen war. Wenn man acht Tage überhaupt als Phase in Freiheit bezeichnen möchte. Wie dem auch sei – Herr W. war es zwar, ist aber seiner Selbsteinschätzung zufolge trotzdem ein prima Kerl und könnte eigentlich sofort aus der Sicherungsverwahrung entlassen werden. Herr W. trägt immer, auch im tiefsten Winter, kurze Hosen und ein spitzbübisches Lächeln zur Schau. Entlassung? Nicht in Sicht.

Auch Herr S. war's. Er war's vor 23 Jahren und er ist es heute. Die Bilder hat er nicht verloren, aber das Sprechen fällt ihm schwer. Nach 23 Jahren in seinem Universum, begrenzt durch die Koordinaten Sport, Arbeit und Verdrängen, ist ihm wohl die Sprache abhanden gekommen. Und nicht nur das: Er wundert sich auch darüber, dass die Postleitzahlen nun fünfstellig sind. Und er ist stolz auf seinen ersten selbstgebackenen Kuchen. Käsekuchen. Ein ganz einfaches Rezept von seiner Mutter, die überraschend und viel zu früh verstorben ist. Warum? Das weiß er gar nicht. Sein Stiefvater hat ihm damals nur eine Kopie der Todesanzeige in die Anstalt geschickt. „Weitere Kontaktversuche zwecklos“ stand da drauf. Das war im Jahre 1987.

Und dann wäre da noch der Doppelmörder Herr U., seit vielen Jahren inhaftiert, seit vielen Jahren tief gläubig. Herr U., ergeben in sein Schicksal, betet den Rosenkranz und verlangt nichts. Herrn U. ist die Liebe zum Nächsten so wichtig wie die Liebe zu sich selbst. Und irgendwo in seiner Vergangenheit ruhen zwei Leichen, an die er sich kaum mehr erinnern kann. Können wir Therapeuten uns an das erinnern, was sich vor mehr als 20 Jahren zugetragen hat? Wissen wir noch um unsere Gefühle und Einstellungen, um unsere Beziehungen im Jahre 1980? Haben wir damals anders gefühlt als heute? Herr U. stellt Fragen, die nachdenklich machen.

Ein Rundgang durch die Sozialtherapeutische Abteilung für Sexualstraftäter, zur Zeit das Zuhause von Herrn P., Herrn W., Herrn S., Herrn U. und anderen Gefangenen mit lebenslanger Freiheitsstrafe oder Sicherungsverwahrung, von gefährlichen Gefangenen und Risikoprobanden, beginnt im Unterkunftsbereich: Einzelhafträume, keine Fernsehgeräte. Optisch abgegrenzt vom Rest der Justizvollzugsanstalt durch andersfarbige Haftraumtüren, zur Zentrale hin durch ein Scherengitter. Sie folgen dann dem Gang und erreichen die Abteilungsküche: Geschmackvoll-funktionale Einbauschränke, komplett ausgestattet und piksauber. Immer. Gleich gegenüber der Gemeinschaftsraum mit Fernseher, Wandzeitung, Gesellschaftsspielen, Zimmerpflanzen und Aquarium. Sie passieren ein weiteres Scherengitter und befinden sich im Bereich der Dienstzimmer und Funktions- und Behandlungsräume: Hier wiederholen sich die Farben des Unterkunftsbereiches, Türen aus Buchenholz, geschmackvolle Bilder und Oberlichte geben dem Ganzen eine luftige, man könnte fast sagen: freundliche Atmosphäre. Die Therapieräume, drei an der Zahl, zeichnen sich ebenfalls durch Funktionalität aus. Eng beschriebene Flipchartbögen lassen die Themen erkennen, an denen hier gearbeitet wird: Ziele, Ängste, rollenspezifisches Verhalten und so weiter und sofort. Das Übliche eben.

Aber was ist „das Übliche“? Wir befinden uns in einer Hochsicherheitsanstalt, in der es seit einem Jahr eine Sozialtherapeutische Abteilung für Sexualstraftäter gibt. Wir befinden uns in einer Anstalt, in der „Behandlung“ im psycho- oder sozialtherapeutischen Sinne keine oder kaum Tradition besitzt. Wir haben einen Rundgang durch eine Abteilung gemacht, die mit über 50 Jahren einen außergewöhnlichen hohen Altersdurchschnitt der dort Untergebrachten aufweist, da der Anteil der Lebenslänglichen und Sicherungsverwahrten unter ihnen sehr groß ist.

Dennoch unterscheidet sich das auf einen Zeitraum von zwei Jahren ausgerichtete Behandlungsprogramm nur geringfügig von dem anderer Sozialtherapeutischer Einrichtungen im Strafvollzug: Nach umfassender Eingangsdiagnostik nehmen die Inhaftierten im Rahmen einer dreimonatigen Probezeit an einer Vorbereitungsgruppe teil, um dann in eine der Behandlungsgruppen zu wechseln. Parallel wird, je nach Einzelfall, die Teilnahme am Training sozialer Kompetenzen, Suchtgruppe, Gender-Training, Entspannungstraining, Kreativgruppe, Hauswirtschaftskurs oder Freizeitgruppen festgeschrieben. Die Einzelarbeit erfolgt im Rahmen eines Coaching, d. h. jedem Therapieteilnehmer wird ein Mitarbeiter des Behandlungsteams zur engeren persönlichen Betreuung bzw. Begleitung im Therapieprozess zugeordnet. Die Behandlungsmaßnahmen finden nachmittags statt, alle arbeitsfähigen Inhaftierten sind halbtags in den Anstaltsbetrieben beschäftigt. Enge Kooperation und regelmäßiger Austausch innerhalb des gesamten Teams sind genauso selbstverständlich wie regelmäßige Behandlungskonferenzen. Soweit das Übliche, das sich, wie gesagt, nur in Details abhebt.

Das Unübliche, das, was die therapeutische Arbeit mit Herrn P., Herrn W., Herrn S., Herrn U. und den anderen spannend, nervtötend, erstaunlich, aussichtslos, bereichernd, ermüdend und interessant zugleich macht, werde ich versuchen, anhand der folgenden Gedanken zu beschreiben. Das Meiste wird dem Vollzugspraktiker bekannt sein, manches den Besucher irritieren. Sie werden feststellen, dass wir das sozialtherapeutische Rad nicht neu erfunden haben, und Sie werden feststellen, dass Sie auf einen äußerst subjektiven Bericht stoßen. Das ist auch so gewollt – vielleicht verweilen Sie dennoch einen Moment. ...

Gedanke 1: Erst mal in die Gänge kommen.

Als ich im Jahre 2002 das Angebot bekam, eine Sozialtherapeutische Abteilung für Sexualstraftäter im Süden der Republik, in einer Hochsicherheitsanstalt, aufzubauen, war der erste, spontane Gedanke ein klares „Niemals!“. Ich konnte zum damaligen Zeitpunkt auf einige Jahre Vollzugspraxis im Langstrafenbereich zurückblicken, mir waren Begriffe wie Verflachung, Hospitalisierung, Chronifizierung bestens vertraut, ich hatte unzählige Gespräche zu beliebten Themen wie „Wann bekomme ich Lockerungen?“, „Wieso bekomme ich keine Lockerungen?“, „Warum kriegt der Lockerungen und ich nicht?“ geführt und mir – Psychotherapeutin hin oder her – diesen Zynismus und Pessimismus zugelegt, der sich bei Vollzugspsychologen durchaus einer gewissen Verbreitung erfreut. Stationäre Sozialtherapie im Langstrafenbereich? Hochsicherheit? Gefährliche Gefangene? Sicherungsverwahrte? Und dann ausgerechnet in Bayern? Aus hier nicht weiter zu erörternden Gründen bin ich in die Gänge gekommen und fand einen für Vollzugsverhältnisse ungeahnten Gestaltungsspielraum vor: Ideen waren erforderlich und mussten durchgesetzt werden, Reibungspunkte standen im Raum, Kompromisse waren an allen Ecken und Kanten erforderlich. Von der Auswahl der Büromöbel und Wandfarben über die Personalfrage bis hin zum Behandlungskonzept war

Kreativität angesagt. Und ich bemerkte, wie der Elan und die Freude an der Arbeit, die mir zwischen Stellungnahmen, Kriseninterventionen und Konferenzen im Laufe der Zeit fast verloren gegangen wären, zurückkehrten. Das klingt pathetisch? Oder naiv idealisierend? Das mag sein – aber ich habe Ihnen ja gesagt: Diese Subjektivität ist gewollt.

Um nun zum Kern dieses Gedankens zurückzukommen: Sozialtherapeutische Arbeit mit Langstrafigen kann – so meine Beobachtung – durchaus eine Bereicherung für langjährige Vollzugspraktiker sein. Das gewissermaßen auf der Netzhaut eingebrannte Bild des unmotivierten, nichtssagenden Gefangenen kann sich verändern: Bei dem, den man schon seit Jahren zur gleichen Zeit mit dem gleichen Gesichtsausdruck über den gleichen Zellengang hat schleichen sehen, tut sich etwas. Da kommt Bewegung rein. Hinter der Gefangenenbuch-Nummer steht ein Gesicht, eine Geschichte, die Bereitschaft sich einzulassen. Nicht immer aus hehren Motiven heraus, nicht immer gefällt das Gesicht oder erfreut die Geschichte, aber immerhin – es bewegt sich etwas. Die Arbeit auf der Abteilung ist nicht leicht, man kann beispielsweise als Bediensteter des allgemeinen Vollzugsdienstes sein Geld wahrlich einfacher verdienen. Und doch scheint das Team, scheinen wir zwar manchmal müde und erschöpft, prinzipiell aber zufrieden zu sein. Es tut sich etwas in einer Anstalt, die sich nicht gerade durch Lebendigkeit und Innovations- bzw. Experimentierfreude auszeichnet. Allerdings musste das, was sich tut, auch verkauft werden.

Das bedeutet konkret, dass wir uns bereits in der Planungsphase um größtmögliche Transparenz bemüht haben. Dazu gehörten anstaltsinterne Fortbildungen zum Thema „Sozialtherapie“, dazu gehörte aber auch die Botschaft: „Jeder kann kommen und schauen!“ Und in letzter Konsequenz gehörte zum Prinzip der Offenheit auch der Verzicht auf Trennwände und Sichtschutz. Diese intensiv diskutierte Entscheidung läuft – das ist uns durchaus bekannt – dem sozialtherapeutischen Prinzip der Trennung zuwider. Dem steht jedoch entgegen, dass sich dieser Grundsatz ohnehin nicht umsetzen lässt, da die Therapieteilnehmer in den Anstaltsbetrieben arbeiten, am Hofgang teilnehmen und die umfangreich vorgehaltenen Freizeitangebote der Anstalt nutzen. „Schmoren im eigenen Saft“ – um den früheren Anstaltsleiter zu zitieren – wurde von uns bewusst durch die Devise „Schmoren im Sud der Gesamtanstalt“ ersetzt.

Zu dieser Transparenz, oder nennen wir es Klarheit, gehörte auch die Entscheidung, dass unsere Gefangenen „Gefangene“ sind. Keine Probanden. Keine Klienten. Es sind und bleiben Gefangene, weil der Bezugsrahmen nach wie vor „Strafvollzug“ heißt. Den Ausdruck „Therapieteilnehmer“ lesen Sie manchmal nur aus kosmetisch-redaktionellen Gründen, er gehört nicht zu unserem alltäglichen Sprachgebrauch. Klarheit bedeutet auch sprachliche Klarheit.

Sie sehen: schon bei unseren ersten Schritten waren Anpassungsleistungen an das System erforderlich. Trotzdem sagte neulich ein Kollege aus einer anderen Abteilung: „Ich komme gerne hierher. Hier herrscht eine ganz andere Atmosphäre“. Ich denke, das werten wir als Kompliment. Aber verlassen wir nun die Euphorie der Planungs- und Anfangsphase und wenden uns dem nächsten Gedanken zu:

Gedanke 2: Wer versucht, die Ruder zu halten, kommt ins Boot.

Die Personalfrage hat uns, wie bereits eingangs am Rande erwähnt, sehr beschäftigt. Im Ergebnis meine ich behaupten zu können, wir können stolz sein auf unsere funktionierende Mannschaft, wobei das Funktionieren nicht reibungslos vonstatten gehen kann und auch nicht muss. Das versteht sich von selbst. Anders gelagert war die Frage der Gefangenenauswahl, die Suche nach Inhaftierten, die geeignet sind für eine integrative sozialtherapeutische Maßnahme. Also gut: Der Prototyp sollte halbwegs intelligent sein, aber natürlich auch nicht zu intelligent, eine Suchtmittelproblematik darf nicht vorliegen, zu alt wäre schlecht, zu jugendlich-impulsiv jedoch auch nicht gut, schwerwiegende Erkrankungen wären eher hinderlich, sein Vollzugsverhalten müsste im Großen und Ganzen beanstandungsfrei sein, Gruppenfähigkeit eine unbedingte Voraussetzung, der Entlassungszeitpunkt in greifbarer Nähe wäre wünschenswert, primäre Störungseinsicht und Behandlungsmotivation wären erfreulich und überhaupt – am besten wäre, er brächte seine Therapieziele und die Maßnahmen, die er einzuleiten gedenkt, um dieselben zu erreichen, gleich mit.

In unserer Justizvollzugsanstalt sind circa 180 Sexualstraftäter inhaftiert. Einer davon, vielleicht auch zwei, maximal drei genügen diesen Kriterien. Somit lag der Schluss nahe: wir lassen es sein! Oder der Schluss, den wir dann auch gezogen haben: wir passen unsere Aufnahmekriterien den Gegebenheiten an. In der Praxis bedeutet diese Entscheidung die konsequente Anwendung des Prinzips der Einzelfallentscheidung. Zur Probe aufgenommen wird, wer die Bereitschaft zur Veränderung erkennen lässt, die Probezeit übersteht, wer bereit ist, das Experiment der Veränderung zu wagen, wer bereit ist, neues Terrain zu betreten, die Ruder wirklich in die Hand zu nehmen – ob er je rudern kann, wird sich dann zeigen. Wobei wir beim nächsten Gedanken wären...

Gedanke 3: Runter mit der Messlatte.

„Man muss seine Patienten da abholen, wo sie sich befinden – nicht zu sich herpfeifen". Welcher Psychotherapeut hat diesen Satz nicht schon gehört, wissend bestätigt oder selbst weitergegeben? In unserer Abteilung – so mein Eindruck – gewinnt diese Philosophie jedoch eine ganz neue, ungeahnte Bedeutung: „Abholen" heißt nun, den behandlerischen Ehrgeiz in bislang ungekannter Weise zurückzuschrauben. Die Querstange, um in der Sprache der Stabhochspringer zu bleiben, darf nicht zu hoch hängen, wenn man noch rüberkommen möchte. Zur Not auf allen Vieren. Beispiel: Herr W. – Sie haben ihn vorhin bereits kennen gelernt – möge sich bitte – so das Ziel – einen „sozialen Empfangsraum" aufbauen. Er brauche Freunde, Bekannte, normale Kontakte zu normalen Menschen. So das Ergebnis der Behandlungskonferenz und zahlreicher Coaching-Gespräche. Mittlerweile besteht der „soziale Empfangsraum" des Herrn W. aus diversen Briefkontakten zu eher fragwürdigen Vertreterinnen des anderen Geschlechts. Bei allem Respekt: Als „normal" ist diese Kontaktform, wie aus der Briefzensur hervorgeht, selbst mit allem Wohlwollen kaum zu bezeichnen. Herr W. ist glücklich, nahezu begeistert ob seiner ersten schriftlichen Kontakte seit Jahren. Sein Coach, menschlich über jeden Zweifel erhaben und fachlich fraglos kompetent, hingegen zeigt sich irritiert: Sollte das nun das Ergebnis seiner einjährigen Bemühungen sein? Ja, das ist es wohl. Zumindest vorläufig. Und nur mit Akzeptanz dessen können wir die besagte Querlatte überwinden.

Allerdings beinhaltet diese nüchterne Feststellung eine immense Anforderung an das Behandlungsteam, speziell an die Kollegen, die über keine jahrzehntelange Therapieerfahrung verfügen. Diese machen nach der Anfangseuphorie, nach Fortbildung, Seminaren usw. eine Art Crashkurs in Sachen „Anpassung der sozialtherapeutischen Erwartungen an die tatsächlichen Gegebenheiten" durch. Manche landen unsanft auf dem harten Boden der Realität. Das ist eine ernüchternde, desillusionierende, manchmal sogar schmerzhaft enttäuschende Erkenntnis. Straftataufarbeitung? Opferempathie? Lang ist der Weg dorthin. Und vorerst gilt es, auch selbstgebackenen Käsekuchen als Etappenziel zu würdigen.

Bei Menschen, die bereits lange Jahre in Haft verbracht haben, vermischen sich Problembereiche. Es ist nicht mehr eindeutig feststellbar, welche Verhaltensdefizite sich auf primäre Störungen und welche sich auf die Inhaftierung zurückführen lassen. Fest steht, dass die zu attestierenden Unzulänglichkeiten im Regelfall klar über das hinausreichen, was standardmäßig mit sozialem Kompetenztraining oder Rückfallvermeidungsprogramm zu bearbeiten wäre. Hier werden vom therapeutischen Personal Zeit, Geduld, Kreativität, Flexibilität und überdurchschnittliche Arbeitsmotivation im Tagesgeschäft verlangt. Und – wichtiger noch und eingangs erwähnt – die unerschütterliche Bereitschaft, jeden Gefangenen dort abzuholen, wo er sich befindet. Daraus folgt, dass die Frustrationstoleranz auf Seiten der Behandler meiner Einschätzung nach deutlich höher zu sein hat, als in anderen Bereichen üblich. Entwicklung braucht Zeit, Behandlung braucht ein Ende – wann sich dieses abzeichnet, ist in manchen Fällen offen. Zumindest bei Herrn W. und den anderen, die Sie eingangs getroffen haben.

Gedanke 4: Sekundäre Motivation ist besser als gar keine.

Warum lassen sich die Gefangenen auf den sozialtherapeutischen Stress ein? Die Antwort ist natürlich bestechend einfach: Sie wollen raus. Sätze wie „Ich leide unter einem Problem XY und bin motiviert, an mir und an diesem Problem zu arbeiten, damit ich nicht mehr rückfällig werde." werden sie mit hoher Wahrscheinlichkeit auf keiner Sozialtherapeutischen Abteilung innerhalb des Strafvollzuges vernehmen. Bei uns auch nicht. Sie werden aber Sätze hören wie: „Das hier ist meine letzte Chance." oder: „Wenn ich das hier nicht schaffe, schaffe ich es nie." Dieses Bewusstsein ermöglicht, dass Herr S. zitternd und schweißgebadet vor seinen Mitgefangenen seine verhaltenstherapeutischen Übungen erledigt. Dieses Bewusstsein ermöglicht, dass der Sprachlose spricht, obgleich weiter schweigen soviel einfacher wäre. Diese Gewissheit der „letzten Chance" befähigt Herrn P., seiner Trauer über den Verlust eines geliebten Menschen nachzugeben, trotz Scham und ohne zu kneifen, auch wenn es noch so schmerzt. Und es schmerzt einen „coolen Sicherungsverwahrten", so das Selbstbild, in der Tat, vor sieben Mitgefangenen Rotz und Wasser zu heulen. Da können Sie ganz sicher sein.

„Die letzte Chance" ist der Spalt, an dem der therapeutische Hebel ansetzen kann. Und um diese zu nutzen, wird von den Gefangenen auch außerhalb der Abteilung einiges abverlangt: Alle bewegen sich weiter in ihren althergebrachten sozialen Bezügen, müssen aber auf ihre Legenden verzichten. Der „Bankräuber" ist plötzlich keiner mehr, der „Autodieb" entpuppt sich nach Jahren als Kinderschänder. Die Bereitschaft langjährig Inhaftierter, sich auf diese Konfrontation in den Werkbetrieben oder beim Hofgang einzulassen, werten wir positiv. Diese neuen Erfahrungen, die im Abteilungsalltag aufzuarbeiten sind, werten wir als Beleg für beginnende Veränderungsprozesse.

Und noch einige Anmerkungen zu der speziellen Situation Sicherungsverwahrter: Wir haben bislang keine guten Erfahrungen damit gemacht, Gefangene vor Antritt der Sicherungsverwahrung aufzunehmen. Im Behandlungsprozess kristallisiert sich bei diesem Personenkreis eine Art Tunnelblick heraus. Sie fixieren das Antrittsdatum der Sicherungsverwahrung und der motivationale Durchhänger – Motto: „Das bringt doch alles nichts!" – zeichnet sich bereits in den Fällen ab, in denen der Antritt der Sicherungsverwahrung so gut wie sicher ist. Nicht unproblematisch ist, dass die bei uns untergebrachten Sicherungsverwahrten unter Gleichbehandlungsgesichtspunkten auf bestimmte Vorrechte, die ihnen auf der „normalen“ Sicherungsverwahrtenstation zuständen, zu verzichten haben. Ein meist zähneknirschender Verzicht zugunsten einer ungewissen Zukunft, der immer wieder zum Anlass für Diskussionen oder Konflikte wird. Konflikte, die auch zum Prüfstand der sekundären Behandlungsmotivation werden. Bislang hat diese die Prüfung erst in einem Falle nicht bestanden.

Gedanke 5: Wer Spagat kann, ist im Vorteil.

Viel ist gesagt worden über das Spannungsfeld „Therapie im Strafvollzug“ und „Sicherheit“. Dieses ständige Aufeinanderprallen unterschiedlicher Interessen, diese Unvereinbarkeit der Ziele werden natürlich auch durch eine gesetzlich verordnete sozialtherapeutische Behandlung nicht außer Kraft gesetzt. Also geht es um die Quadratur des Kreises. Um genau zu sein: Gleich mehrere Kreise sind zu quadrieren. Eine qualifizierte sozialtherapeutische Behandlung ist gewollt, darf aber am Besten nichts kosten. Der Teamgedanke ist in der Behandlung unverzichtbar, wir bewegen uns aber in einem hierarchischen System. Die Gefangenen sollen lernen, künftig ein Leben ohne Straftaten zu führen, aber die Lockerungspraxis ist rigide, ein Erprobungsraum fehlt in vielen Fällen. Und so weiter. Geht man ins therapeutische Detail: Gefangene sollen lernen, ihre Interessen zu vertreten, aber die meisten Anträge werden abgelehnt. Gefangene sollen lernen, sich kreativ auszudrücken und sich sinnvoll zu beschäftigen, aber ein 5000-Teile-Puzzle (originalverpackt) auf dem Haftraum – das geht nicht. Auch diese Aufzählung ließe sich problemlos fortsetzen. Ohne Wertung ist festzustellen, dass in einer Hochsicherheitsanstalt – und nicht nur dort – unterschiedliche Interessen naturgemäß aufeinanderprallen. Kompromisse sind oft nicht möglich. Ich betone: Nicht möglich! Es soll hier nicht suggeriert werden, sie seien nicht erwünscht.

Wir haben einen Teil dieser Probleme vorläufig dadurch gelöst, dass die Gefangenen von unserer Abteilung keine Lockerungen während der laufenden Behandlung erhalten. Dieses bedeutet, nach Behandlungsende erfolgt eine Rückverlegung in den Normalvollzug, von wo aus gegebenenfalls das übliche Prüfverfahren für die Lockerungsgewährung eingeleitet wird. Unter psychotherapeutischen Gesichtspunkten fatal: Wie lange werden die vermutlich eher instabilen Therapieerfolge unter den Bedingungen des Normalvollzuges Bestand haben? Wie lange wird es dauern, bis die Gefangenen Gelegenheit haben, den einzufordernden Transfer der erarbeiteten Inhalte in das „wirkliche Leben“ zu leisten, sich auszuprobieren? Unter Sicherheitsaspekten ergibt sich jedoch eine andere Fragestellung:

Wer ist bereit, das Risiko des Ausprobierens zu tragen? Wem ist das Risiko des Ausprobierens zuzumuten?

In diesem Zusammenhang sei eine kleine Anekdote erzählt, bei der dem Leser das Lachen im Halse stecken bleibt: Ich habe unlängst mit einem Sexualstraftäter – Erstvollzug, mehrjährige Freiheitsstrafe wegen sexuellen Kindesmissbrauchs – gesprochen. Er war nach zweijähriger sozialtherapeutischer Behandlung in einer anderen Abteilung in den Normalvollzug seiner Stammanstalt zurückverlegt worden. Unübersehbar war sein blaues Auge, als er zum Gespräch erschien, und das er wie folgt kommentierte: „Na ja, ich habe versucht, meine neu erlernten Konfliktlösungsstrategien anzuwenden. Leider ohne nennenswerten Erfolg". Wie gesagt: Da bleibt einem das Lachen im Halse stecken.

Um nun die oben aufgeworfenen Fragen fortzusetzen: Wie werden wir damit umgehen, wenn sich Gutachter negativ zur Prognose äußern, obwohl ein positiver Therapieabschlussbericht vorliegt? Welche Auswirkungen auf die Therapiemotivation der Gefangenen sind dann zu erwarten? Mit welchen Auswirkungen auf unsere Arbeitsmotivation wird langfristig zu rechnen sein? Wer kennt den Gefangenen besser, der Gutachter oder das Behandlungsteam? Sieht man verschwommen, wenn man zu dicht dran ist? Oder nur die Hälfte, wenn man zu weit weg ist?

Die Unvereinbarkeit von Behandlungsansprüchen und Sicherheitsinteressen ist nur feststellbar, nicht lösbar und erfährt durch die Aufnahme sozialtherapeutischer Arbeit im Langstrafenvollzug eine Verschärfung. Wer imstande ist, diesen Spagat in der täglichen Arbeit auszuhalten, ist im Vorteil. Das gilt für das therapeutische Personal wie für die Gefangenen.

Ich möchte aber keinesfalls unerwähnt lassen, dass – allen Unkenrufen zum Trotz – sich sehr wohl abzeichnet, dass unsere Abteilung in der Gesamtanstalt eine gewisse und nicht selbstverständliche Akzeptanz erfährt. Eine Akzeptanz, die wir uns hart erarbeitet haben. Andererseits soll aber auch nicht unterschlagen werden, dass es sich dabei um eine zerbrechliche und störungsanfällige Akzeptanz handelt: Unlängst war ein Therapieteilnehmer, seines Zeichens in Sicherungsverwahrung untergebracht, disziplinarisch zu belangen, weil er entgegen der vorangegangenen Absprache Schnitzel gebraten hat. Diese sozialtherapeutisch durchaus sinnvolle und begründbare Entscheidung hat zu allgemeiner Erheiterung geführt: „Die spinnen doch da oben". Stimmt. Manchmal müssen wir auch spinnen dürfen.

Gedanke 6: Wer richtig lahmt, wird niemals springen.

Sollte sich bei Ihnen mittlerweile der Eindruck eingestellt haben, die Herren, die sie eingangs getroffen haben, seien doch eigentlich ganz umgänglich und pflegeleicht, darf ich Sie nun eines Besseren belehren: Es gibt auch andere. Auf unserer Abteilung befindet sich ein Gefangener mit sehr langer Freiheitsstrafe. Liest man dessen Akte, wird schnell deutlich, dass die von ihm begangenen Straftaten ein Ausmaß erreicht haben, das selbst hartgesottenen Vollzugspraktikern glatt die Sprache verschlagen kann. Seine Prognose ist nicht schwarz. Sie ist rabenschwarz. Er erreicht einen Psychopathie-Wert, der ganz, aber wirklich nur ganz knapp unter dem Maximum liegt, und muss damit als untherapierbar gelten. Es gibt keine Methode, die geeignet wäre, diese Störung abzumildern. Von „Beheben" kann sowieso nicht die Rede sein. Und, schlimmer noch, es steht zu befürchten, dass dieser Gefangene in negativer Hinsicht von der Behandlung profitiert, indem er Strategien lernt, künftig noch ausgefeiltere Straftaten zu begehen und Therapeuten zu blenden. Gleichzeitig gibt er sich vordergründig therapiemotiviert, hat sich in vielen Einrichtungen um einen Behandlungsplatz beworben und mittlerweile reichlich Ablehnungen aus Gründen der Sicherheit zu seinen Unterlagen nehmen können. Nun ist er hier, arbeitet mit, ist freundlich-charmant, grüßt nett und niemand weiß, was in ihm vorgeht. Die nächste Behandlungskonferenz wird über das weitere Vorgehen zu entscheiden haben, wird festschreiben müssen, was mit diesem manipulativen und gefährlichen Hoch-Risiko-Probanden zu geschehen hat. Sollte er unsere Abteilung verlassen, werden wir nicht auf das Privileg zurückgreifen können, ihn in seine Stammanstalt zurückzuschicken. Er wird die nächsten Jahre in unserer unmittelbaren Nähe verbringen. Und ihm wird vielleicht irgendwann bewusst werden, dass es für ihn keine „letzte Chance" mehr gibt. Und dann? Sie sehen: Wir befinden uns in einer Hochsicherheitsanstalt. Und wir können auch hier nicht darüber hinwegsehen, dass die Gefangenen nicht nur die Pflicht zur, sondern auch das Recht auf eine sozialtherapeutische Behandlung haben. Unsere Aufgabe ist es, auch in aussichtslos erscheinenden Fällen die Therapiefähigkeit und -bereitschaft gewissenhaft zu prüfen und gegebenenfalls zu einer negativen Einschätzung zu gelangen. Unsere Aufgabe ist es, Hoffnungslosigkeit klar zu benennen, wenn wir auf sie stoßen. Unsere Aufgabe ist es aber auch, diesen Gefangenen vielleicht über Jahre in die Augen zu blicken, wenn uns unser abendlicher Weg nach Hause über andere Stationen oder Abteilungen führt.

Bevor Sie uns nun wieder verlassen, darf ich Ihnen noch eine Zusammenfassung der Aussagen mit auf den Weg geben, die mir am Wichtigsten erscheinen: Sozialtherapeutische Behandlung von Sexualstraftätern in einer Hochsicherheitsanstalt heißt,

- Bewegung in das prinzipiell eher träge System „Langstrafenvollzug" zu tragen;
- die Bereitschaft aufzubringen, in einem vertretbaren Rahmen größtmögliche Transparenz und Klarheit in die sozialtherapeutische Arbeit zu bringen;
- große Sorgfalt auf die Personalauswahl zu verwenden;
- den Begriff der „Angezeigtheit sozialtherapeutischer Maßnahmen" neu zu fassen und die Kriterien den Gefangenen – nicht umgekehrt! – anzupassen;
- sich der Mühe gründlicher Einzelfallentscheidungen zu unterziehen statt Listen von Ablehnungsgründen zu fertigen;
- die therapeutische Quer- oder Meßlatte sehr niedrig anzusetzen;
- dem Personal ein hohes Maß an Frustrationstoleranz, Kompromissbereitschaft, Geduld und Flexibilität abzuverlangen;
- davon ausgehen zu können, dass die Motivation der Gefangenen oft besser ist, als man gemeinhin annehmen möchte;
- sich auf ein ganz besonders intensives Spannungsfeld zwischen Behandlungsinteressen und Sicherheitsbelangen einzustellen;
- nicht umhin zu kommen, sich auch mit aussichtslosen Fällen zu beschäftigen.

Vielleicht ist Ihnen aufgefallen, dass ich den großen Bereich unserer „Psychohygiene" ausgeklammert habe. Ich denke, darüber berichte ich bei Ihrem nächsten Besuch...

Was ist eigentlich ‚strukturierte' Behandlung?

von Willi Pecher

Einleitung

Begriffen auf den Grund zu gehen, vermeintlichen common sense zu hinterfragen, zieht sich wie ein roter Faden durch Georg Wagners Schaffen. Als Vollzugsforscher und -praktiker beschäftigte er sich naturgemäß auch mit dem Behandlungsbegriff, wobei ihn nicht in erster Linie behandlungstechnische Fragen interessierten – er verstand sich nie als klinischer Psychologe –, sondern die gesellschaftlichen und politischen Konnotationen, intentionaler Ge- und Missbrauch des Begriffs. Als die bayerischen Vollzugspsychologen den Bundeskongress 1994 ausrichteten und sich entschlossen, den Begriff der Behandlung ins Zentrum zu stellen, kam von Georg Wagner der Vorschlag für das Kongressthema: „Behandlung im Justizvollzug: Etikett, Ideologie, Faktum?" (Wagner 1995).

Während der Jahre 1988 bis 1992, in denen ich mit Georg Wagner in der Justizvollzugsanstalt München-Stadelheim zusammenarbeitete, war die Rollenaufteilung klar: Er der Organisationspsychologe in leitender Position, ich der klinische Psychologe mit dem Schwerpunkt der therapeutischen Leitung einer Wohngruppe überwiegend für Untersuchungsgefangene. Verbunden hat uns unter vielem anderen die tiefenpsychologische Sichtweise. Vor diesem theoretischen Hintergrund und der Praxiserfahrung der Wohngruppe will ich mich mit dem Begriff der ‚strukturierten Behandlung' auseinandersetzen.

Insbesondere in der Evaluationsforschung über die Wirksamkeit von Straftäterbehandlung wird der Begriff ‚strukturierte Behandlung' als eines der zentralen Gütekriterien aufgeführt. Den behavioralen und kognitiven Programmen wird dabei im Allgemeinen ein hohes Maß an Struktur, den psychodynamischen geringe Struktur zugesprochen. So etwa Lösel (2001, 42): „Geringe Effekte zeigen schwach strukturierte psychodynamische Therapien ..." Wobei er anmerkt, dass es nicht um die Verteilung genereller „Therapie-Etiketten" (ebd.) geht, sondern um faktische Inhalte, die sich schulenübergreifend durchaus ähneln können. Was mit ‚Struktur' eigentlich gemeint ist, wird in den mir bekannten Veröffentlichungen als mehr oder weniger evident vorausgesetzt. Es geht wohl um standardisierte Abläufe therapeutischen Vorgehens und um die Setzung klarer Regeln.

1. Struktur und Beziehung

Die Psychoanalyse galt lange Zeit als besonders rigide im Setzen von Regeln und Strukturen: Das äußere Setting von auf der Couch liegendem Patienten und dahinter sitzendem Therapeuten wurde als Standard angesehen. Erst mit der theoretischen Ausarbeitung des Borderline-Syndroms wurde die Behandlung im Gegenüber-Sitzen als diesen Patienten angemessene Methode diskutiert und eingeführt. Auch die Einhaltung der Zeitstruktur galt in der Psychoanalyse als besonders rigide: Nach 50 Minuten wird die Sitzung beendet. Wenn der Patient am Schluss noch bedeutsames Material einführt, wird diese Platzierung in der nächsten Stunde besprochen und gedeutet. Eissler (1953) hat sich in den 1950er Jahren als erster sehr ausführlich mit Abweichungen vom klassischen Setting beschäftigt, die er als Parameter bezeichnete. Sie sollten nur eingeführt werden, wenn sie für die Behandlung des Patienten unbedingt notwendig waren, und nur so lange wie unbedingt notwendig aufrecht erhalten werden. Auch sollten sie mit dem Patienten besprochen und ihr Sinn bewusst gemacht werden. Im Zusammenhang mit der Abstinenz des Analytikers wurde früher z. B. diskutiert, ob der Analytiker dem Patienten zur Begrüßung und Verabschiedung die Hand geben sollte, ob er ein Gespräch mit ihm führen dürfe, wenn er den Patienten außerhalb der Sitzungen begegnete u. ä. Bezüglich Abstinenz wird heute kaum mehr jemand die Freud'schen Metaphern vom Analytiker als Spiegel und Projektionsleinwand vertreten. Es geht nicht darum, sich als Therapeut aus dem Beziehungsprozess herauszuhalten, sondern notwendige Grenzen zu setzen, also an der richtigen Stelle den Schritt zurückgehen zu können. Bauriedl (1997) beschreibt Abstinenz als „Sich nicht verwenden zu lassen und den anderen nicht zu verwenden.“ Es geht also darum, Szenen des Missbrauchs nicht in der Therapie zu wiederholen und dadurch zu verfestigen.

In einem Lehrbuch der eklektischen Psychotherapie, Pflichtlektüre während meines Studiums, stand folgender Ratschlag: Wenn der Therapeut bemerkt, sein Patient oder seine Patientin hat ihm gegenüber erotische Gefühle, dann solle er sich einen Ehering anstecken. Anstatt diesen wichtigen Bereich zuzulassen, anzusprechen, seine Bedeutung zu erkennen und selbstverständlich in der Beziehung auch die nötigen Grenzen zu setzen, wird er als Störfaktor aus der Beziehung verbannt. Ganz abgesehen davon ist die Wirksamkeit dieser Intervention sehr fraglich, da auf bestimmte Patienten ein schon gebundener Therapeut noch größere Anziehung ausübt.

Das Sich-Einlassen auf die oft chaotischen und destruktiven Persönlichkeits- und Beziehungsmuster der Patienten im Vollzug ist enorm mühsam und oft überfordernd. So wichtig äußere Strukturen und Regeln sind, so müssen wir uns trotzdem fragen, ob sie eventuell auch die Funktion des Eherings übernehmen: dass von außen gesetzte Grenzen uns unangenehme, uns eventuell überfordernde Persönlichkeitsanteile unserer Patienten vom Leibe halten. Wir hätten dann die Situation wieder besser unter Kontrolle, aber wichtige Themen aus dem therapeutischen Prozess ausgeklammert.

Als einmal in meiner Behandlungsgruppe der Prozess so vor sich hindümpelte, seit etlichen Sitzungen nichts Aufregendes mehr passierte, überlegten sich meine Koleiterin – eine Beamtin des AVD – und ich, eine Feedback-Übung durchzuführen, damit wieder Leben in die Gruppe käme. Doch es kam ganz anders. Als ich die Übung erklären wollte, attackierte mich ein Gruppenteilnehmer mit ungewöhnlicher Heftigkeit: Er kenne diese Psycho-Spielchen von einer früheren Therapie, das langweile ihn und er werde keinesfalls mitmachen. Ich sei auch einer von diesen Psychologen, die immer nur Probleme zwischen den Gefangenen herbeireden wollten, die es gar nicht gebe. Ich spürte Zorn in mir aufkommen und schlug auch zurück, indem ich ihm vorhielt, gerade er sei einer von denen, die schon lange nichts mehr beigetragen hätten, und was er denn überhaupt wolle. Thema der Stunde und auch der darauf folgenden wurde die Beziehung zwischen Teilnehmern und Gruppenleitung. Auch die anderen Teilnehmer beteiligten sich rege. Von den Vorwürfen kamen wir zu den Beziehungswünschen an uns. Die Wut und Trauer über die unzureichende elterliche Fürsorge, wie sie alle Gruppenteilnehmer erlebt hatten, wurde auf uns Gruppenleiter übertragen und konnte bearbeitet werden. Im Anschluss arbeitete die Gruppe wieder so gut, dass wir Leiter uns keine Vorgaben überlegen mussten.

Eng verbunden mit dem Begriff Abstinenz ist der der gleichschwebenden Aufmerksamkeit: Der Therapeut soll ohne Wertung verfolgen, was der Patient berichtet, ohne vorschnell ein bestimmtes Thema zu fokussieren. Hier wird ein wichtiger Aspekt der analytischen Haltung gegenüber Regeln und Struktur deutlich: Klare Grenzen nach außen hin, Freiraum im therapeutischen Geschehen, damit sich im Zusammenspiel von Übertragung und Gegenübertragung bedeutsame Beziehungskonstellationen herstellen können. Regeln werden so zum Schutzzaun für angstfreie Wiederholung bestehender Beziehungsmuster und für neue Beziehungserfahrungen. Schutz für den Patienten: Die Grenzen sollen verhindern, dass die Neuauflage früherer, oft destruktiver Beziehungsmuster anderen oder ihm selbst schaden. Schutz für den Therapeuten: Die Grenzen garantieren, dass nicht ausuferndes Agieren, zu dem ja gerade unsere Patienten neigen, sondern Reflexion und Durcharbeiten die Oberhand behalten.

Strukturierung erfolgt also nicht nur durch das Setting, sondern wesentlich in der therapeutischen Beziehung. Destruktive Beziehungsszenen sollen vom Therapeuten nicht einfach mitagiert werden. Hier ist nicht nur nachträgliche Deutung, sondern mitunter auch sehr aktives Eingreifen des Therapeuten gefragt. Interventionen wie: „In diesem Ton spreche ich nicht mit Ihnen weiter!“ sind meines

Erachtens nicht unanalytisch. Freilich sollte sich daran die Suche anschließen, wie in einer für beide Seiten befriedigenden Art gesprochen werden kann. „Nicht so, aber anders“ ist ein Interventionsmuster, das klare Strukturierung mit einem Beziehungsangebot verbindet.

Jeder klinische Psychologe im Vollzug weiß, dass Gefangene gesetzte Regeln nicht einfach akzeptieren. Sie versuchen, den Rahmen zu erweitern, die Grenzen stückchenweise hinauszuschieben. Am Kampf um Regeln können Therapien entgleisen und scheitern. In unserer Wohngruppe gibt es – wie wohl in jeder vergleichbaren Einrichtung – die Regel, dass Gewalt oder Androhung von Gewalt zur Rückverlegung führt. Es gibt natürlich Grenzfälle. Entscheidet sich das Team für den Verbleib auf der Abteilung, ist in den Augen der Insassen die Regel relativiert und beim nächsten Vorkommnis wird von uns verlangt, aus Gründen der Gleichbehandlung auch ein Auge zuzudrücken. Eine andere Regel der Abteilung verlangt die Rückverlegung bei Drogenkonsum. Als wir vor Jahren eine Haschrunde nicht auf diese Weise, sondern ausschließlich mit Disziplinarmaßnahmen sanktionierten – die Insassenzahl wäre sonst drastisch gesunken –, war klar, dass jeder einen ‚Freischuss' habe. Ständiger Diskussionsstoff ist die Regel, dass, wer in die Abteilung aufgenommen werden möchte, auf seinen Privatfernseher verzichten muss. Die Regel wurde eingeführt, weil sich, als TV-Geräte noch erlaubt waren, etliche Insassen im Freizeitbereich aus der Gruppe stark isolierten. Wir sind Argumenten ausgesetzt wie: „Knast ist doch eh schon hart und Sie nehmen uns auch noch diese Freude.“ oder: „Sie gehen jetzt heim und schauen sich einen Film an, uns gönnen Sie das nicht.“ Die Insassen bringen die Regeln mit solchen Argumenten von der Sach- auf die Beziehungsebene. Und nur auf dieser Ebene kann eine fruchtbare Auseinandersetzung erfolgen. Forderungen sind hart formulierte Wünsche. Vorwürfe sind Wünsche, die ihre Haltbarkeitsgrenze überschritten und zu gären begonnen haben. Mit diesen Wünschen, die eben auch Beziehungswünsche sind, zu arbeiten, ist meiner Meinung nach ein fruchtbarer Weg des Umgangs mit Regeln. Und dabei müssen diese Wünsche keineswegs erfüllt oder zumindest nicht in der eingeforderten Weise erfüllt werden.

Aus Diskussionen über das Verbot von Privatfernsehern ergaben sich in der Wohngruppe durchaus Fragestellungen, die therapeutisch relevant sind: Inwieweit sind Wünsche nach Ablenkung produktiv im Sinne von notwendiger Entspannung, inwieweit stellen sie Fluchtversuche vor der notwendigen Auseinandersetzung mit anstehenden Problemen dar? Kann das Bedürfnis nach Entspannung auch in Formen befriedigt werden, die mehr Aktivität statt Passivität fordern und warum fällt es einzelnen so schwer, aktiv zu werden und z. B. eine Spielerrunde, ein Kickerturnier zu organisieren? Warum muss der einzelne gegen Grenzen und Verbote ständig rebellieren, der andere sich resigniert zurückziehen? Kann eine positive Beziehung zum Betreuungsteam bestehen, obwohl es Grenzen setzt? An welchen unserer Verhaltensweisen macht der einzelne fest, ob wir ihm wohlwollend oder feindlich gesinnt sind?

Da unsere Klienten oft Experten darin sind zu manipulieren, Schuldgefühle einzuflößen, rhetorisch durchaus gut geführte Sachdiskussionen zu führen, werden Gespräche über Regeln von Betreuern meiner Meinung nach oft deshalb nicht geführt oder schnell mit Machtworten beendet aus der Angst heraus, am Schluss doch nachgeben zu müssen. Ein anderer Grund, warum wir uns mit diesen Gesprächen schwer tun, ist, dass wir hinter manchen Regeln selbst nicht oder nicht ganz stehen können und uns deshalb insgeheim auf die Seite der Gefangenen schlagen.

In einer Umfrage unter tiefenpsychologisch orientierten Therapeutinnen und Therapeuten (Pecher 1999) bezogen sich einige Fragen meines Fragebogens auf Übertragung und Gegenübertragung, also die Einstellungen und Gefühle, die Patienten ihrem Therapeuten entgegenbringen, und die Art und Weise, wie Therapeuten auf diese reagieren. Die Fragen waren offen formuliert. Die nach den Übertragungen lautete: Gibt es Ihrer Erfahrung nach für eine Therapie im Gefängnis typische oder besonders häufig anzutreffende Übertragungsmuster? In knapp über der Hälfte der Antworten zu diesem Fragenkomplex werden unter anderem institutionelle Einflüsse thematisiert. Und zwar beschreibt jeweils die Hälfte Übertragungen, die die Macht des Therapeuten als Teil der Institution betonen, und die andere Hälfte Übertragungen, die den Therapeuten als Helfer gegen die mächtige Institution phantasieren. Die Frage nach den Gegenübertragungsreaktionen lautete: Gibt es Ihrer Erfahrung nach für eine Therapie im Gefängnis typische oder besonders häufig anzutreffende Formen der Gegenübertragung? Bei den Antworten wurde entsprechend unterschieden: Analog der Übertragung auf den Therapeuten als Teil der mächtigen Institution entsteht in der Gegenübertragung ein Gefühl der Macht. Die Übertragung auf den Therapeuten als Helfer gegen die Institution korrespondiert in der Gegenübertragung mit einem Gefühl der Ohnmacht, des Ausgeliefert-Seins an die Institution.

Antworten, die als Gegenübertragungsreaktion die Ohnmacht des Therapeuten betonen, wurden doppelt so häufig genannt wie solche, die dessen Macht fokussieren. Weil bei den Antworten zu den Übertragungen das Verhältnis Macht-Ohnmacht noch in etwa gleich war, scheinen Therapeutinnen und Therapeuten in ihrer Gegenübertragung besonders anfällig für Gefühle der Ohnmacht der Institution gegenüber zu sein. Hier ergibt sich ein Anknüpfungspunkt für Identifikationen mit dem Gefangenen.

Hinter der Regel, keinen Privatfernseher betreiben zu dürfen, die wir selbst eingeführt haben, können wir als Behandlungsteam ganz anders stehen als etwa hinter der Regel, dass der Gefangene keine Privatwäsche tragen darf, die einfach vorgegeben ist.

2. Innere Struktur

Sehr verkürzt dargestellt, formt sich nach psychoanalytischer Auffassung die Persönlichkeit eines Menschen durch Beziehungserfahrungen, die verinnerlicht werden. Ob es nur oder hauptsächlich ganz frühe Erfahrungen sind, ist meiner Meinung nach nicht zentral. Zum Beispiel bildet sich das innere System an Normen und Idealen, in der Psychoanalyse Über-Ich genannt, durch solche Interaktionen mit Bezugspersonen. Aus Normen, die von Bezugspersonen gesetzt werden, formt sich im Laufe der Entwicklung das Über-Ich im engeren Sinn und aus der narzisstischen Bestätigung, die diese Bezugspersonen geben, der andere Teil des Über-Ichs, das Ich-Ideal. Ein Großteil dieser verinnerlichten Normen und Ideale ist unbewusst und oft nur aus ihren Folgen mit symptomatischem Charakter erschließbar. Auch die Entstehung des Selbst, des Bewusstseins der eigenen Person, bildet sich im Kontakt zu und in Abgrenzung von frühen Bezugspersonen (Abelin 1975).

Wie nun die Persönlichkeit eines Menschen als zu Struktur geronnene Beziehungserfahrungen angesehen werden kann, ist die Therapie als umgekehrter Prozess zu verstehen: die innere Struktur wird wieder verflüssigt, wieder als Beziehung zwischen Therapeut und Patient erlebbar. Eine zwanghafte Persönlichkeitsstruktur des Patienten wird sich darin ausdrücken, dass Macht und Kontrolle ein zentrales Element in der Therapeut-Patient-Beziehung sein werden. Eine narzisstische Störung wird dazu führen, dass es in der Therapie wesentlich um Bewundern und Bewundert-Werden und um Kränkung, also Verletzungen des Selbstwertgefühls, gehen wird. Und antisoziale Persönlichkeitsanteile werden zur Folge haben, dass Manipulationsversuche vorkommen und überhaupt schwer eine vertrauensvolle therapeutische Beziehung entstehen wird.

Die Therapeut-Patient-Beziehung ist nach psychoanalytischer Auffassung *der* zentrale Wirkfaktor der Behandlung. Die Grundstruktur der Persönlichkeit des Patienten wird in der therapeutischen Beziehung aktualisiert. Sie kann in der Beziehung erlebbar gemacht und modifiziert werden – in psychoanalytischer Begrifflichkeit der Prozess des Durcharbeitens – und dann in veränderter Form wieder als innere Struktur übernommen werden. Bei persönlichkeitsgestörten Patienten werden manche Strukturen, die sich bisher nicht ausbilden konnten, zum ersten Mal durch die therapeutische Beziehung aufgebaut. Moderne psychoanalytische Behandlung ist deshalb entgegen einem gängigen Vorurteil keine Therapie im Dort und Damals, sondern im Hier und Jetzt. Nicht das Berichten über frühere und früheste Erfahrungen und eine kognitive Reflexion darüber – Deutung wird häufig so missverstanden – führen zu einer Veränderung, sondern die Wiederbelebung früherer und frühester Erfahrungen im Hier und Jetzt mit dem Therapeuten, das emotionale Verstehen, eine korrigierende emotionale Erfahrung und schließlich deren Verinnerlichung kennzeichnen den Weg der Behandlung.

Strukturgebung durch den Therapeuten vollzieht sich auf verschiedenen Ebenen:

innere Struktur		strukturgebende Interventionen
Über-Ich	Über-Ich im engeren Sinn	Regeln, Normen, Ge- und Verbote setzen
	Ich-Ideal	Zuwendung, Bestätigung geben
Ich	Wahrnehmung	Aufzeigen nicht wahrgenommener Aspekte der Realität
	Erinnerung	Container-Funktion: externalisiertes Gedächtnis
	Antizipation	Mit-Planen, Abwägungsprozesse
	Abwehr	Bewusst machen abgewehrter Anteile oder Stärkung der Abwehr

Zur Strukturierung des Über-Ichs im engeren Sinn ist es also wichtig, auf die Einhaltung von Regeln zu bestehen. Das Ich-Ideal konsolidiert sich durch narzisstische Gratifikationen in Form von Zuwendung und Bestätigung. Im Bereich der Ich-Funktionen wird die Wahrnehmungsfähigkeit strukturiert, indem auf nicht wahrgenommene Aspekte der Realität hingewiesen wird. Im Bereich der Erinnerung geht es nicht in erster Linie um kognitive, sondern um emotionale Inhalte. Bei persönlichkeitsgestörten Patienten ist diese Funktion häufig geschwächt. Sie können sich an frühere Erfahrungen zwar erinnern, haben aber oft keinen emotionalen Zugang mehr dazu. Hier kann der Therapeut als eine Art externalisiertes Gedächtnis des Patienten immer wieder auf den Bedeutungsgehalt von Erfahrungen hinweisen. Bion (1963) prägte dafür den Begriff des ‚Containing': der Therapeut gibt Affekte, die der Patient bei ihm auslöst, nicht sofort zurück, sondern bewahrt sie in sich auf und stellt sie später in ‚verdauter Form' dem Patienten zur Verfügung. Im Bereich der Antizipation geht es darum, mit dem Patienten zu planen und Folgen künftigen Verhaltens abzuwägen. Bei der Abwehr kann das Vorgehen je nach Störungsbild verschieden sein: entweder Bewusstmachung der abgewehrten Anteile. Hier haben Deutung und Traumanalyse ihren Platz. Oder auch Stärkung der Abwehr, wenn diese ungenügend ausgeprägt ist. Zu rigide Strukturen müssen aufgeweicht und flexibler gestaltet werden, bei brüchigen Strukturen muss der Therapeut in seinen Interventionen Halt geben, im Bild gesprochen ‚Klebstoff' dazutun.

Hier kommt der in der modernen Psychoanalyse zentrale Begriff des 'Strukturniveaus' ins Spiel. Strukturen sind dabei nach Kernberg (1985, 17) „relativ stabile Konfigurationen psychischer Prozesse, ... verschiedene Organisationsebenen psychischen Funktionierens." In der Operationalisierten Psychodynamischen Diagnostik (Arbeitskreis OPD, 2001) werden vier Ausprägungsgrade des Strukturniveaus unterschieden:

	Strukturniveau			
Aspekte der Persönlichkeit	gute Integration	mäßige Integration	geringe Integration	Desintegration
Selbstwahrnehmung Selbststeuerung Abwehr Objektwahrnehmung Kommunikation Bindung	Intrapsychisch und interpersonell regulierende Funktionen sind prinzipiell verfügbar,. bleiben unabhängig von äußeren Belastungssituationen erhalten oder können wiedergewonnen werden. Vorherrschen intrapsychischer Konflikte.	Verfügbarkeit über Funktionen und Fähigkeiten ist prinzipiell gegeben, zugleich aber situativ herabgesetzt. Vorherrschen intrapsychischer Konflikte.	Verfügbarkeit über Funktionen deutlich reduziert, entweder dauerhaft i. S. eines Entwicklungsdefizits oder immer wieder in Belastungssituationen i. S. einer strukturellen Vulnerabilität. Seelischer Binnenraum wenig entwickelt. Vorherrschen interpersoneller Konflikte.	Keine kohärente Selbststruktur ausgebildet. Bei Belastungen Gefahr der Desintegration oder Fragmentierung. Reparationsversuche durch Abspaltung, Verleugnung, Projektion wesentlicher Triebimpulse und narzisstischer Bedürfnisse.

notwendige Strukturgebung	niedrig →		hoch
Strukturierung bezieht sich auf	Gestaltung des Arbeitsbündnisses (Abstinenz)		zusätzlich Realbeziehung (kontrollierte Bedürfnisbefriedigung)
Richtung des therapeutischen Prozesses	←		
Behandlungssetting	Psychotherapie	Behandlungsgruppen / Sozialtherapie	Psychiatrie

In meiner bereits erwähnten Umfrage unter tiefenpsychologisch orientierten Therapeuten im Vollzug (Pecher 1999, 110 ff.) bestätigte sich, dass Regeln und Strukturen in Sozialtherapeutischen Einrichtungen und Behandlungsgruppen eine größere Rolle spielen:

- Therapeuten in Sozialtherapeutischen Einrichtungen führen hochsignifikant mehr Regeln ein als ihre Kollegen, die Psychotherapie im Rahmen des Normalvollzugs praktizierten.
- Sind die Therapiepatienten in Behandlungsgruppen untergebracht, wird bei Regelverstößen signifikant klarer sanktioniert.

Dies dürfte u. a. damit zusammenhängen, dass isolierte Psychotherapie tendenziell öfter mit Patienten auf höherem Strukturniveau praktiziert wird, bei denen Strukturierung nicht in dem Ausmaß notwendig ist wie bei schwer persönlichkeitsgestörten Patienten, die sich in Behandlungsgruppen und Sozialtherapeutischen Einrichtungen konzentrieren.

Bei niedrig strukturierten Patienten ist ein Eingreifen in die reale Welt erforderlich: kontrolliertes Bemuttern und Bevatern mit Güte und Strenge gleichzeitig, damit Defizite langsam ausgeglichen werden. Die korrigierende emotionale Erfahrung tritt in den Vordergrund. Deshalb sind integrative Konzepte hier angebracht: Psychotherapie verbindet sich mit Sozialarbeit und anderen Methoden. Rauchfleisch (1993, 288) versteht Straftäterbehandlung als „psychoanalytische Sozialarbeit oder sozialarbeiterische Psychoanalyse“ und fordert den Therapeuten auf, „aus seiner analytischen Zurückhaltung herauszutreten und recht aktiv in das Leben des Patienten einzugreifen“. In der Struktur der Patienten liegt damit auch ein Grund, warum wir in Behandlungsgruppen die strikten Trennungslinien zwischen den einzelnen Professionen aufgeben müssen.

Literatur

Arbeitskreis OPD (Hrsg.) (2001). *Operationalisierte Psychodynamische Diagnostik.* Bern, Göttingen, Toronto, Seattle: Hans Huber.

Abelin E. L. (1975). Some further Observations and Comments on the earliest Role of the Father. *International Journal of Psycho-Analysis, 56,* 293-302.

Bauriedl T. (1997). Psychotherapie in unserer Gesellschaft. In: Janssen et al. (Hrsg.), *Psychotherapie als Beruf.* Göttingen.

Bion W. R. (1963). *Elements of Psycho-Analysis.* London: Heinemann.

Eissler K. R. (1953). The effect of the structure of the ego on psychoanalytic technique. *Journal of the American Psychoanalytic Association, 1,* 104-143.

Kernberg O. (1985). *Schwere Persönlichkeitsstörungen. Theorie, Diagnose, Behandlungsstrategien.* Stuttgart: Klett-Cotta.

Lösel F. (2001). Behandlung oder Verwahrung? Ergebnisse und Perspektiven der Intervention bei „psychopathischen" Straftätern. In: Rehn G., Wischka B., Lösel F. & Walter M. (Hrsg.), *Behandlung „gefährlicher" Straftäter.* Herbolzheim: Centaurus, 42-53.

Pecher W. (1999). *Tiefenpsychologisch orientierte Psychotherapie im Justizvollzug.* Pfaffenweiler: Centaurus.

Rauchfleisch U. (1993). Die ambulante Behandlung von Straffälligen – eine Herausforderung für den Psychotherapeuten. In: Leygraf N., Volbert R., Horstkotte H. & Fried S. (Hrsg.), *Die Sprache des Verbrechens. Wege zu einer klinischen Kriminologie. Festschrift für Wilfried Rasch.* Stuttgart, Berlin, Köln: Kohlhammer, 284-289.

Wagner G. (1995). Behandlung im Justizvollzug: Etikett, Ideologie, Faktum. *Zeitschrift für Strafvollzug und Straffälligenhilfe, 44,* 96-101

‚Juliette und die Bombe' –

Gesellschaft, Gewalt und Sicherheit

Viktimisierung – Das Risiko, Opfer einer Straftat zu werden

von Rudolf Egg

1. Kriminalitätsfurcht – die „gefühlte" Kriminalität

Die wissenschaftliche Kriminologie, die sich als interdisziplinäre Disziplin im Schnittpunkt von Jurisprudenz, Sozial- und Biowissenschaften versteht (z. B. Meier 2003; Schneider 2001; Schwind 2005), befasste sich seit ihrem Entstehen, d. h. ab dem Ende des 19. Jahrhunderts, zunächst und überwiegend mit dem Täter, dessen Entwicklung und Persönlichkeit bzw. dessen Bestrafung, Erziehung, Behandlung. Dieser Fokussierung der Wissenschaft entsprach seitens der Kriminalpolitik, dass dort Ideen der Besserung und der Resozialisierung von Tätern lange Zeit als fortschrittlich galten. Dies änderte sich erst ab den 1960er und 1970er Jahren, nachdem – zunächst in den USA, dann auch in Europa – in den amtlichen Statistiken ein Anstieg von Gewaltdelikten beobachtet wurde, der den Ruf nach mehr Schutz vor Straftaten, nach mehr Sicherheit lauter werden ließ.

Die wissenschaftliche Erforschung der Wirksamkeit von Straftäterbehandlungen führte zunächst zu uneinheitlichen Ergebnissen. Eine umfangreiche Meta-Evaluation von Lipton et al. (1975), die mehrere hundert Arbeiten aus den Jahren 1945 bis 1967 umfasste, zeigte, dass viele Behandlungsansätze hinter den in sie gesetzten Erwartungen zurückblieben, und machte auf zahlreiche Lücken und Mängel in Wissenschaft und Praxis aufmerksam. Die von einem der Autoren dieser Studie vorab und einseitig propagierte These des „nothing works" (Martinson 1974) wurde von vielen Kritikern des Behandlungsgedankens aufgegriffen und damit sehr bald zu einem populären Slogan für eine Wende in der Kriminalpolitik: von der Resozialisierung der Täter zum Schutz der Opfer.

Diese neue Kriminalpolitik bedeutete zunächst die Forderung nach einer härteren Bestrafung der Täter und gipfelte in den 1990er Jahren mit der in den USA propagierten Strategie der „zero tolerance", einer kompromisslosen Verfolgung auch kleinster Straftaten und Ordnungsverstöße (vgl. Hassemer 1998). Gleichzeitig ermöglichte dieser Paradigmenwechsel aber auch präventive Konzepte des Opferschutzes, der Opferberatung, der Opferhilfe und des Täter-Opfer-Ausgleichs (vgl. Egg & Minthe 2003; Kerner 2003). Parallel zu dieser verstärkten praktischen Beschäftigung mit dem Verbrechensopfer entwickelte sich auch – als Teilgebiet der Kriminologie – eine neue wissenschaftliche Betrachtung des Opfers, der Opferwerdung, und der Opfererfahrung, die sog. Viktimologie, also die Lehre vom Verbrechensopfer (vgl. Kirchhoff & Sessar 1979; Schneider 1975).

Ein wesentliches Teilgebiet der Viktimologie ist die Betrachtung von Kriminalitätseinstellungen, speziell der Kriminalitäts- oder Verbrechensfurcht. Paradigmatisch hierfür ist das sog. *Standarditem* der Opferbefragungen (krit. Kury & Obergfell-Fuchs 1998; Reuband 2000): „Wie sicher fühlen Sie sich oder würden Sie sich fühlen, wenn Sie hier in Ihrer Wohngegend nachts draußen alleine sind bzw. alleine wären?" – Antwort: „Ich fühle mich sehr sicher, ziemlich sicher, etwas unsicher, sehr unsicher."

Ausgehend von diesem Standarditem entwickelte sich in den letzten zwei Jahrzehnten ein komplexes Forschungsgebiet mit zahlreichen Studien und Spezialfragestellungen (Regionalanalysen in Deutschland, regelmäßige Crime Surveys im Ausland, Vergleiche zwischen Alt und Jung, Männer und Frauen, Ost und West) und interessanten, teils paradoxen bzw. widersprüchlichen Ergebnissen (siehe z. B. Boers 1991; Kreuter 2002, Reuband 1992). Gegenstand solcher viktimologischen Studien waren vorwiegend sog. personal crimes, insbesondere die gewaltsame Straßenkriminalität wie Raub, Körperverletzung und sexuelle Gewalt, daneben auch Wohnungseinbruch, Kfz-Diebstahl, Vandalismus, Betrug, Umweltdelikte, kaum jedoch die sog. häusliche Gewalt (domestic violence) und schon gar nicht opferlose Verbrechen (Drogenkriminalität, Teile der Wirtschaftskriminalität, Korruption).

Erkenntnistheoretisch betrachtet ist Kriminalitätsfurcht keine feste Variable, kein eindeutig definiertes Merkmal von Personen, sondern ein Konstrukt, das unterschiedliche Facetten aufweist und daher – je nach Definition und Erfassung – auch zu unterschiedlichen Ergebnissen führt und führen muss. Dazu ein paar Erläuterungen:

Kriminalitätsfurcht ist – neben Einstellungen zur Schwere von Straftaten, zur Strafverfolgung und zur Kriminalpolitik – ein Teilaspekt von Kriminalitätseinstellungen. Diese sind gewissermaßen ein Spezialfall sozialer Einstellungen oder Attitüden. Dabei lassen sich regelmäßig drei inhaltliche Bereiche oder Ebenen unterscheiden:

1) Die emotionale oder affektive Ebene. Diese betrifft die Kriminalitätsfurcht im engeren Sinne, die durch das oben genannte Standarditem und ähnliche Fragen erfasst wird.
2) Die rationale oder kognitive Ebene, also das Wissen von und/oder das Denken über Kriminalität und eigene Opferwerdung. Beispielitems hierfür sind: „Wie wahrscheinlich ist es, dass ...?" „Wie oft denken Sie daran, dass ...?"
3) Die verhaltensbezogene (auch behaviorale oder konative) Ebene. Diese betrifft passives Vermeide- und aktives Schutzverhalten und wird erfasst durch Items wie: „Was tun Sie, um ... zu vermeiden?" „Wie schützen Sie sich vor ...?"

Eine weitere wichtige Unterscheidung betrifft den örtlichen Bezug bzw. die geographische Reichweite der jeweils erfragten Kriminalitätsfurcht: das eigene Wohngebiet, die Stadt, das Bundesland oder Deutschland insgesamt. Damit verbunden, wenngleich nicht identisch, ist die Einschätzung der persönlichen Bedrohung im Unterschied zu der Bewertung der Kriminalität als soziales Problem (personale und soziale Kriminalitätseinstellung). Typischerweise ist die subjektive Beurteilung der Kriminalitätslage umso besser, je geringer die berücksichtigte (geographische) Reichweite ist. Anders gesagt, die allgemeine Kriminalitätslage wird regelmäßig schlechter eingeschätzt als die Situation am eigenen Wohnort (vgl. Schwind 2005, 400).

2. Kriminalitätsfurcht in Deutschland

Anders als in anderen Ländern, wie etwa den USA und Großbritannien (z. B. Kershaw et al. 2000), gibt es in Deutschland bislang keine regelmäßigen Opferbefragungen mit systematischen Erhebungen der Kriminalitätsfurcht,[1] aber neben zahlreichen Einzelstudien und Regionalanalysen (z. B. Rüther 2000) auch sozialwissenschaftliche Zeitreihenerhebungen, die zumindest Teilaspekte dieser Thematik berücksichtigen (zusammenfassend Kreuter 2002, 41 ff., 234). Dazu zählt auch die seit 1991 jährlich durchgeführte Umfrage im Auftrag der r+v-Versicherung.[2] Diese Umfrage erfasst jeweils etwa 2.400 repräsentativ ausgewählte Bundesbürger ab 14 Jahren, die zu 16 Lebensrisiken und 9 Straftaten, darunter allerdings nicht sexuelle Gewaltdelikte, befragt werden. Auf einer Skala von 1 („gar keine Angst") bis 7 („sehr große Angst") soll das Ausmaß der jeweiligen Angst (also nur emotionale Ebene!) angegeben werden. Dabei ergibt sich unter anderem Folgendes:

1) Im Vergleich zu anderen Lebensrisiken spielt die Kriminalitätsfurcht eine eher untergeordnete Rolle, weitaus größer ist die Angst vor wirtschaftlichen Problemen, Arbeitslosigkeit und Krankheit.
2) Die Kriminalitätsfurcht in Deutschland ist in den letzten Jahren rückläufig.
3) Die Lebens- und Verbrechensängste in Ostdeutschland sind größer als im Westen.
4) Die Lebens- und Verbrechensängste von Frauen sind fast durchwegs größer als jene von Männern.
5) Die Lebens- und Verbrechensängste älterer Menschen sind meist größer als die junger Menschen (allerdings ist sexuelle Gewalt hier nicht berücksichtigt).

---

[1] Im Jahre 2002 entwickelte eine von der Bundesregierung eingesetzte Arbeitsgruppe Vorschläge für solche regelmäßigen Opferbefragungen.
[2] Ergebnisse im Internet unter www.ruv.de (Bereich Presse/Infocenter).

Zu den beiden letzten Punkten, der höheren Kriminalitätsfurcht von Frauen und älteren Menschen, die sich auch aus anderen Studien ersehen lassen, findet sich in der Literatur immer wieder der Hinweis auf ein angebliches *Kriminalitätsfurcht-Paradox* (vgl. Boers 1991, 57 ff.). Damit ist gemeint, dass anscheinend jene Menschen am meisten Angst vor Straftaten haben, die objektiv am wenigsten davon betroffen sind (also ältere Frauen), während umgekehrt Personen mit hohem Opfer- oder Viktimisierungsrisiko (junge Männer) die geringste Kriminalitätsfurcht haben. Dabei wurde u. a. gefragt, ob die Furcht älterer Menschen, speziell älterer Frauen, irrational sei, und die Vermutung geäußert, dass für ältere Menschen die Furcht vor Kriminalität ein größeres Problem darstellen könnte als die Kriminalität selbst.

Dies ergibt sich auf den ersten Blick auch bei der r+v-Studie. Differenzierte Analysen zeigen aber, dass wir es hier zumindest teilweise mit einem Artefakt zu tun haben, d. h. einem Effekt, der maßgeblich durch das verwendete Erhebungsinstrument bewirkt wird. Setzt man nämlich nicht nur das sog. Standarditem ein, sondern fragt differenziert nach unterschiedlichen Delikten (z. B. Kury et al., 2005), also nach der spezifischen und nicht bloß nach der allgemeinen Kriminalitätsfurcht, so zeigt sich, dass etwa die Furcht vor einer Vergewaltigung – entsprechend dem objektiven Opferrisiko – bei jungen Frauen am größten ist, während bei anderen Gewaltdelikten, wie z. B. Raub, jüngere wie ältere Menschen die höchsten Angstwerte aufweisen. Auch dort, wo sich dieses Paradox finden lässt, kann es aber nicht einfach mit dem Hinweis auf die angeblich irrationale Furcht älterer Menschen bzw. die Unbekümmertheit junger Menschen erklärt werden. Vielmehr ist zu beachten, dass Frauen und ältere Menschen oft persönlich verletzbarer, also vulnerabler, sein können als etwa junge Männer. Eine gewaltsame Opferwerdung ist für sie dann konsequenterweise auch folgenreicher, so dass eine höhere Furcht vor solchen Straftaten in diesem Sinne durchaus rational sein kann.

Insgesamt zeigen die vorliegenden empirischen Studien zur Kriminalitätsfurcht, dass das Risiko, Opfer einer Straftat zu werden, im Vergleich zu anderen Sorgen und Ängsten, bei den meisten Menschen offenbar nicht jenen hohen Stellenwert einnimmt, der vielfach durch die Berichterstattung in den Medien vermittelt wird. Dies gilt erst recht, wenn bei den Befragungen neben oder anstelle des Standarditems differenziertere Verfahren angewandt werden (vgl. Kury et al., 2005). Zusätzlich ist festzustellen, dass die Kriminalitätsfurcht – wiederum entgegen einem medial vermittelten Vorurteil – nicht ständig wächst, sondern zumindest seit Mitte der 1990er Jahre in Deutschland (Ost und West) abnimmt. Repressive Tendenzen in der Kriminalpolitik[3] können sich also nicht auf die Abwehr massiver und zunehmender Ängste der Bevölkerung stützen.

[3] Vgl. z.B. die Verschärfungen bezüglich der Anordnung der Sicherungsverwahrung im Rahmen des Gesetzes zur Bekämpfung von Sexualdelikten und anderen gefährlichen Straftaten (1998), die Ein-

3. Kriminalitätsfurcht - Wissenschaftliche Erklärungsansätze

Wie lässt sich die Kriminalitätsfurcht wissenschaftlich erklären? Was bestimmt ihr Ausmaß und ihre Entwicklung und wie entstehen die Unterschiede zwischen verschiedenen Personen(gruppen)? Nach der Dissertation von Boers (1991), die mit Recht als ein Standardwerk zur Kriminologie der Kriminalitätsfurcht gilt, sind dabei vor allem drei Modelle zu unterscheiden:

1) Viktimisierungsperspektive:
Dieses vor allem in Studien der 1960er und 1970er Jahre zu Grunde gelegte Modell betrachtet Kriminalitätsfurcht primär als Folge einer individuellen Opferwerdung. Eine solche Verknüpfung (größere Furchtindizes bei früheren Opfern von Gewaltdelikten) lässt sich in dieser strengen Form allerdings empirisch nicht bestätigen, allenfalls gibt es einen Zusammenhang mit Belästigungsdelikten wie Betteln und persönlicher Risikoeinschätzung; gewisse Korrelationen bestehen auch mit mittelbarer, indirekter Opfererfahrung (z. B. von Angehörigen, Freunden, Nachbarn). Bei schweren Delikten ist dagegen schon wegen der relativ geringen Häufigkeit solcher Ereignisse ein empirischer Beleg kaum zu finden.

2) Soziale Kontroll-Perspektive:
Damit ist gemeint, dass der äußere Zustand eines Wohnviertels (Graffiti, Verunreinigungen, herumlungernde Jugendliche, Stadtstreicher, Drogenabhängige) sowie die Sichtbarkeit der Polizei, die Qualität der Nachbarschaftskontakte etc. das persönliche (Un-)Sicherheitsgefühl der Bewohner und damit auch die Kriminalitätsfurcht bestimmen. Dieser Ansatz lässt sich teilweise bestätigen, er gilt aber nicht uneingeschränkt und wohl am ehesten für die persönliche Risikoeinschätzung, die mit dem positiven oder negativen Erleben der eigenen Wohnumgebung verknüpft ist.

3) Soziale Problem-Perspektive:
Dieser Ansatz meint vor allem den Einfluss der Medien auf das Bild der Bevölkerung von der Kriminalität. Verbrechensfurcht wird also hier als Folge einer übertriebenen und einseitigen Berichterstattung über Gewalttaten in den Medien angesehen. Auch wenn diese These populär ist, fällt deren empirische Bestätigung dennoch schwer. So haben Massenmedien allgemein allenfalls eine verstärkende, ausformende Wirkung, aber keine kausale Funktion bezüglich Verhalten und Einstellungen. Nur dann, wenn Medienberichte sich auch auf den Wohnort oder auf die konkrete Lebenssituation der Konsumenten

---

führung der vorbehaltenen Sicherungsverwahrung gem. § 66a StGB (2002) und der nachträglichen Sicherungsverwahrung gem. § 66b StGB (2004).

beziehen, kann sich ein Zusammenhang mit der persönlichen Risikoeinschätzung ergeben. Im Übrigen können Berichte über Gewalttaten an anderen Orten sogar einen teilweise beruhigenden Effekt haben („Bei uns geht es noch, aber woanders ist es eben schlimmer").

Keiner dieser drei Ansätze konnte bislang eine nachhaltige Erklärung der Entstehungszusammenhänge von Kriminalitätsfurcht und damit verwandten Kriminalitätseinstellungen liefern, so dass die Forderung nach mehr Forschung, nach regelmäßigen Opferbefragungen und vor allem nach differenzierten, multivariaten Analysen mehr als berechtigt erscheint. Freilich handelt es sich bei der Kriminalitätsfurcht lediglich um so etwas wie die „gefühlte" Kriminalität. Was aber wissen wir über das tatsächliche Kriminalitätsgeschehen, die Kriminalitätswirklichkeit?

4. Kriminalitätswirklichkeit - Was wissen wir über die Kriminalität?

4.1 Vorbemerkungen

1) Der Begriff der Kriminalität wird durch unsere Strafgesetze definiert. Diese unterliegen allerdings einem ständigen Wandel, nicht nur hinsichtlich der Rechtsfolgen (Strafzumessung, Sicherungsverwahrung), sondern auch bezüglich der Strafbarkeit als solcher (Bsp.: Drogendelikte, Homosexualität, Strafbarkeit von Ehebruch vs. Vergewaltigung in der Ehe). Der Kriminalitätsbegriff ist daher im historischen und auch im internationalen Vergleich unscharf bzw. variabel.

2) Die Kriminologie kennt und verwendet auch den aus den Sozialwissenschaften stammenden Begriff des abweichenden Verhaltens (z. B. Böhnisch 2001). der umfassender ist als der Kriminalitätsbegriff und nicht allein von formalen Kriterien (Gesetzen) abhängt. Allerdings wird dabei auf die soziale Definition von „normal" und „abweichend" abgestellt, die ebenfalls einem ständigen sozialen Wandel unterliegt und insofern auch keine stabile und eindeutige Grundlage für die wissenschaftliche Betrachtung liefern kann.

3) Kriminalität kann nicht direkt und eindeutig gemessen werden wie physikalische Größen (z. B. Luftdruck), biologische Variablen (z. B. Alter, Körpergröße) oder soziologische Parameter (z. B. Familienstand, Einkommen); erfassbar ist lediglich die soziale Realität oder soziale Konstruktion der Kriminalität im Rahmen der Strafverfolgung durch Polizei und Justiz.

4) Allgemein bekannt ist die Unterscheidung zwischen dem Hellfeld und dem Dunkelfeld der Kriminalität. Damit ist gemeint, dass nur ein Teil der begangenen Straftaten entdeckt, angezeigt und verfolgt wird. Die sog. Aufdeckungs-

quote meint den relativen Anteil der aus dem Dunkelfeld ins Hellfeld gebrachten, also bekannt gewordenen Straftaten. Diese darf nicht mit der Aufklärungsquote verwechselt werden, die lediglich jenen Anteil der im Hellfeld erfassten Straftaten meint, für die ein Tatverdächtiger ermittelt wurde[4]

4.2 Die Kriminalstatistik - Grundlagen

Eine wesentliche Datenquelle bezüglich des Kriminalitätsgeschehens in Deutschland liefern Rechtspflegestatistiken von Polizei und Justiz (vgl. Jehle 1997). Von besonderer Bedeutung ist dabei die Polizeiliche Kriminalstatistik (PKS).

- Sie erscheint seit über 50 Jahren jährlich auf Bundes- und Länderebene (hrsg. von BKA, LKAs) und erfasst die von der Polizei bearbeiteten Straftaten einschl. der vom Zoll bearbeiteten Drogendelikte.
- Die PKS ist eine Ausgangsstatistik, d. h. die bekannt gewordenen Straftaten werden erst nach Abschluss der polizeilichen Ermittlungen vor Aktenabgabe an Staatsanwaltschaft oder Gericht registriert.
- Die Einteilung der PKS erfolgt nach: bekannt gewordenen Fällen, aufgeklärten Fällen, Tatverdächtigen. Bei bestimmten Deliktsgruppen gibt es auch Angaben zu den Opfern (Alter, Geschlecht), zur Opfer-Tatverdächtigen-Beziehung (z. B. verwandt, bekannt, Art der Vorbeziehung), zur Schadenshöhe und zu sonstigen Merkmalen.
- Die Angaben in der PKS beinhalten zum einen absolute Zahlen (Fälle, Tatverdächtige, Opfer), zum anderen Relativzahlen (Häufigkeitszahl der Fälle, Tatverdächtigenbelastungszahl, Opfergefährdungszahl), die eine bessere Gegenüberstellung ermöglichen, etwa für Ländervergleiche oder Zeitreihen.
- Verzichtet wird in der PKS übrigens auf die irreführende, aber besonders bei Medien beliebte Berechnung der sog. Verbrechensuhr. Der Zeittakt einer solchen Uhr (z. B.: „alle vier Minuten ein Wohnungseinbruch") wird bestimmt von der Zahl der registrierten Delikte in einer bestimmten Region. Darum tickt diese Uhr für Deutschland logischerweise viel schneller als die entsprechende Uhr für Holland oder die Schweiz, aber langsamer als die Weltverbrechensuhr, ohne dass damit sinnvolle Aussagen über die jeweilige Sicherheitslage gemacht werden könnten.

---

[4] Zwischen diesen beiden Variablen bestehen übrigens keine eindeutigen Zusammenhänge. So kann die Aufklärungsquote auch bei geringer Aufdeckungsquote hoch sein (Bsp.: Ladendiebstahl, 95% Aufklärung, vermutlich hohe Dunkelziffer) oder umgekehrt (Bsp. Wohnungseinbruch, 18% Aufklärung bei sehr hoher Aufdeckung).

Die Struktur der Kriminalität

Nach der PKS (für Deutschland zuletzt: Bundeskriminalamt, 2004) ergibt sich regelmäßig eine klare Dominanz der Eigentums- und Vermögensdelikte (rd. 50% Diebstahlsdelikte), während die Gewaltkriminalität[5] insgesamt lediglich 3% der polizeilich registrierten Fälle ausmacht. Noch geringer sind die Anteile für Sexualdelikte (0,8%) sowie für Tötungsdelikte (einschließlich Versuche, 0,04%).

Entwicklung der Kriminalität

Die Häufigkeitszahl (Delikte pro 100.000 Einwohner) der polizeilich registrierten Straftaten hat sich seit Mitte der 1950er Jahre etwas mehr als verdoppelt. Sie stieg von 3.018 im Jahre 1955 auf 8.337 im Jahre 1993. Danach zeigte sich ein leichter, wenngleich nicht ganz kontinuierlicher Rückgang. Seit 1998 liegen die Werte stets unter 8.000 (HZ 2003: 7.963).

Bei der Interpretation der Entwicklung der PKS-Zahlen ist zu beachten, dass dabei unterschiedliche Faktoren eine Rolle spielen (können). So kann es sich dabei nicht nur um „echte" Kriminalitätsveränderungen, also um Änderungen im Dunkelfeld handeln, sondern auch um bloße Veränderungen im Anzeigeverhalten, z. B. nach der Neugestaltung von Versicherungsleistungen oder als Folge eines gesellschaftlichen Wandels (vgl. dazu Schwind et al., 2001, 205 ff.). Dadurch ist es möglich, dass die Fallzahlen im polizeilich erfassten Hellfeld steigen, während sich für das durch Opferbefragungen definierte Dunkelfeld keine entsprechenden oder gar entgegengesetzte Trends zeigen.[6]

Bei sog. Kontrolldelikten (z. B. Drogen-, Wirtschaftsdelikte, Kinderpornographie, Schwarzfahren) entscheidet das Ausmaß der polizeilichen oder behördlichen Kontrolle wesentlich über die Aufdeckung des Dunkelfeldes und damit über die Fallzahlen in der PKS. Des Weiteren wirken sich auch Änderungen in der statistischen Erfassung von Delikten und nicht zuletzt auch Novellierungen des Strafrechts (z. B. bei Sexualdelikten) auf das durch die PKS abgebildete Kriminalitätsgeschehen aus, ohne dass damit Aussagen über die Kriminalität „an sich" möglich wären.

Die oben erwähnte langfristige Zunahme der in der PKS registrierten Kriminalität ist weitgehend auf die Entwicklung im Bereich der Eigentums- und Vermögensdelikte zurückzuführen, insbesondere im Bereich des einfachen Diebstahls

[5] Dazu zählen nach dem Summenschlüssel der PKS: Mord und Totschlag, sexuelle Gewalt, Raub und Erpressung, Körperverletzung (ohne einfache Körperverletzung), erpresserischer Menschenraub, Geiselnahme, Angriff auf den Luft- und Seeverkehr.

[6] Dies konnte z. B. für die Gewaltkriminalität in den USA für die Jahre 1973-1999 gezeigt werden (Bundesministerium des Innern & Bundesministerium der Justiz 2001, 11 ff.).

(Ladendiebstahl). Zumindest ein Teil dieser Zunahme dürfte dabei auf Veränderungen im Anzeigeverhalten sowie auf verstärkte oder veränderte Kontrollmaßnahmen im Einzelhandel zurückführbar sein.

Eine Zunahme weisen allerdings auch die Zahlen für Gewaltdelikte auf, namentlich für Körperverletzung und Raub. Dagegen ist die Zahl der Tötungsdelikte und der Sexualdelikte langfristig im Wesentlichen stabil geblieben oder gar rückläufig (z. B. beim sexuellen Kindesmissbrauch und beim Sexualmord). Auch bei Gewaltdelikten kann allerdings das Anzeigeverhalten einen Einfluss auf die PKS-Zahlen nehmen. Dazu ein Zitat aus dem „Ersten Periodischen Sicherheitsbericht" der Bundesregierung (Bundesministerium des Innern & Bundesministerium der Justiz 2001, 73):

> „... die im Abstand von jeweils mehr als zehn Jahren (1975, 1986 und 1998) wiederholt durchgeführten Bochumer Opferbefragungen [zeigen], dass es in dieser Stadt eine deutliche Zunahme der Anzeigequote bei Körperverletzungsdelikten gegeben hat. Während im Jahr 1975 auf eine angezeigte Körperverletzung sieben nicht angezeigte Delikte festzustellen waren, belief sich diese Relation 1986 auf 1:6 und im Jahr 1998 auf 1:3. Eine Zunahme der registrierten Körperverletzungen könnte danach in Bochum zumindest zu einem erheblichen Anteil auf eine gestiegene Anzeigebereitschaft zurückzuführen sein, die sich dort etwa verdoppelt hat. Würde dies auf die Bundesrepublik übertragen, so wäre der Anstieg der polizeilich registrierten Körperverletzungen zwischen 1975 und 1998 von 150% real wesentlich niedriger und würde sich auf lediglich 30% belaufen."

Damit wurde eine andere wichtige Datenquelle der Kriminologie für die Erfassung der Kriminalitätswirklichkeit angesprochen, nämlich Befragungen zur Kriminalitätsbelastung der Bevölkerung.

4.4 Kriminalitätsbelastungsstudien - Erhebungen im Dunkelfeld

Unter Kriminalitätsbelastungsstudien versteht man ein- oder mehrmalige, im Idealfall sogar regelmäßige Befragungen von Bevölkerungsstichproben zur Viktimisierung (Opferbefragungen) oder auch zu verübten Delikten (Täterbefragungen). Diese werden oft mit den oben erläuterten Studien zur Kriminalitätsfurcht kombiniert. Wie bereits dort ausgeführt, gibt es in Deutschland eine regelmäßige, systematische, nationale Erhebung solcher Dunkelfelddaten bislang nicht, obwohl seitens der Bundesregierung entsprechende Überlegungen bestehen (s. Fn. 1), deren Ergebnis derzeit freilich noch nicht absehbar ist.

Was sind die Vorteile und Probleme derartiger Kriminalitätsbelastungsstudien?

- In Ergänzung zu der PKS ist damit eine Erfassung nicht angezeigter Delikte möglich, wodurch sich eine bessere Einschätzung der Kriminalitätswirklichkeit (z. B. im Sinne jährlicher Prävalenzraten) erzielen lässt.
- Allerdings sind dafür sehr große Stichproben (weit über 10.000) erforderlich, um auch seltene Viktimisierungen zu erfassen. Dies lässt sich anhand eines Beispiels erläutern: Die Opfergefährdungszahl (der PKS 2003) bei vollendetem Raub betrug 67,4 (Bundeskriminalamt 2004, 59). Unterstellt man ein Dunkelfeld von 1:5, so bedeutet dies eine Zahl von 337 Viktimisierungen pro 100.000 Einwohner. Um nun bei einer Befragung wenigstens 30 Opfer von Raubüberfällen zu erfassen, müsste die entsprechende Befragungsstichprobe ≥ 10.000 sein.
- Die verwendeten Items müssen umgangssprachlich formuliert sein und dennoch strafrechtliche Tatbestände adäquat und eindeutig erfassen, da die subjektive Opferwerdung nicht in jedem Falle auch rechtliche relevante Vorfälle betreffen muss. Dies ist vor allem bei komplexen Tatbeständen (z. B. Betrug) nicht einfach.
- Dunkelfeldbefragungen, die sich nicht auf das vergangene Jahr bzw. die letzten 12 Monate beziehen, sondern die sog. Lifetime-Prävalenz erfassen wollen, haben verstärkt mit Verzerrungen durch (Fehl-)Erinnerungen zu kämpfen.
- Der Wahrheitsgehalt (Simulation, Dissimulation) der erhaltenen Angaben ist schwer überprüfbar. Vor allem bei schweren und seltenen Delikten ist fraglich, ob Opfer oder Täter eine bisher verschwiegene Tat im Rahmen einer wissenschaftlichen Studie offenbaren möchten (Problem des sog. doppelten Dunkelfelds).
- Bestimmte Opfergruppen sind mit gängigen wissenschaftlichen Erhebungsmethoden kaum oder gar nicht erreichbar: Drogenabhängige, Obdachlose, sozial randständig Lebende, Heimbewohner, Gefängnisinsassen etc.
- Bei Tötungsdelikten kann eine Schätzung des Dunkelfeldes nicht durch Befragung erfolgen. Schätzungen sind hier aber evtl. durch die Auswertung rechtsmedizinischer Aufdeckungsquoten bei Obduktionen möglich (vgl. hierzu Brinkmann 2002; Rückert 2000).
- Sog. opferlose Delikte (Drogendelikte, Steuerhinterziehung, Umweltkriminalität etc.) können im Dunkelfeld allenfalls über anonyme Täterbefragungen ermittelt werden.

Trotz des offensichtlichen Vorteils, den Dunkelfeldbefragungen zur Erfassung der Kriminalitätswirklichkeit jenseits der offiziell registrierten Delikte bieten können, gibt es also auch hier eine Reihe von Schwierigkeiten, die dem Wunsch, das „eigentliche" Kriminalitätsgeschehen zu erfassen, entgegenstehen.

5. Schlussfolgerungen

Wir haben gesehen, dass die Frage der individuellen Viktimisierung, also die Bestimmung des Risikos, Opfer einer Straftat zu werden, keine leicht zu beantwortende Aufgabe darstellt. Wir dürfen uns dabei nicht einfach auf unser Gefühl verlassen, schon gar nicht auf die durch empirische Umfragen ermittelte Kriminalitätsfurcht, weil diese zu sehr durch die öffentliche Präsentation von Kriminalität in den Medien und auch durch methodische Artefakte verzerrt sein kann. Ein zwar nicht unwichtiges, aber letztlich doch nur ausschnitthaftes und interpretationsbedürftiges Bild der Viktimisierung liefern offizielle Kriminalstatistiken und selbst regelmäßige Kriminalitätsbelastungsstudien (wenn wir sie denn in Deutschland hätten) vermögen uns keine wirklich schlüssige Antwort zu geben.

Wenn wir eine rationale Kriminalpolitik (zwischen offener Gesellschaft und Sicherheitsgesellschaft) anstreben, die sich der Kriminalprävention und dem Schutz von Verbrechensopfern aktiv und umfassend zuwendet, brauchen wir einen sachlich fundierten Diskurs über Kriminalität, deren Ursachen und Entwicklung sowie deren Verhinderung und Verfolgung. Hierzu sind mehrstufige Erkenntnisquellen erforderlich, die – trotz der jeweils bestehenden Mängel und Einschränkungen hinsichtlich Reichweite und Aussagekraft – ein hinreichend zuverlässiges Bild der Kriminalitätswirklichkeit und -risiken ergeben.

Dazu zählen neben zuverlässigen Rechtspflegestatistiken von Polizei und Justiz, die bundesweit einheitlich zu führen sind, systematische Kriminalitätsbelastungsstudien in Form von regelmäßigen bundesweiten Dunkelfeldbefragungen, regionale Analysen zur Kriminalitätsbelastung und Kriminalprävention sowie spezifische kriminologische Studien, namentlich zur Wirksamkeit von kriminalpolitischen und kriminalrechtlichen Maßnahmen. Der „Erste Periodische Sicherheitsbericht“ der Bundesregierung (Bundesministerium des Innern & Bundesministerium der Justiz, 2001) war ein ermutigender Schritt in diese Richtung[7], weil darin für die Darstellung der einzelnen Kriminalitätsbereiche erstmalig eine Triangulation verschiedener Datenquellen versucht wurde. Freilich wurden dabei auch bestehende Lücken deutlich, so dass für eine zufriedenstellende Erfassung der Kriminalitätswirklichkeit und der Viktimisierung als Grundlage einer neuen, besseren Kriminalpolitik offenbar noch ein weiter Weg vor uns liegt.

---

[7] Gegenwärtig bereitet das bereits für den ersten Bericht verantwortliche Gremium einen zweiten Bericht vor, der im Jahre 2006 erscheinen soll.

Literatur

Böhnisch L. (2001). *Abweichendes Verhalten – eine pädagogisch-soziologische Einführung, 2. Aufl.* Weinheim: Juventa.

Boers K. (1991). *Kriminalitätsfurcht. Über den Entstehungszusammenhang und die Folgen eines sozialen Problems.* Pfaffenweiler: Centaurus.

Brinkmann B. (2002). Dunkelfeld bei Tötungsdelikten – rechtsmedizinische Aspekte. In: Egg R. (Hrsg.), *Tötungsdelikte – mediale Wahrnehmung, kriminologische Erkenntnisse, juristische Aufarbeitung. Kriminologie und Praxis (KuP) (Bd. 36).* Wiesbaden: Eigenverlag der Kriminologischen Zentralstelle, 31-44.

Bundeskriminalamt (Hrsg.) (2004). *Polizeiliche Kriminalstatistik – Bundesrepublik Deutschland. Berichtsjahr 2003.* Wiesbaden: Bundeskriminalamt.

Bundesministerium des Innern & Bundesministerium der Justiz (2001). *Erster Periodischer Sicherheitsbericht.* Berlin.

Egg R. & Minthe E. (Hrsg.) (2003). *Opfer von Straftaten. Kriminologische, rechtliche und praktische Aspekte. Kriminologie und Praxis (KuP) (Bd. 40).* Wiesbaden: Eigenverlag der Kriminologischen Zentralstelle.

Hassemer W. (1998). "Zero tolerance" – Ein neues Strafkonzept? In Albrecht H.-J.; Dünkel F.; Kerner H.-J.; Kürzinger J.; Schöch H.; Sessar K. & Villmow B. (Hrsg.), *Internationale Perspektiven in Kriminologie und Strafrecht. Festschrift für Günther Kaiser zum 70. Geburtstag.* Berlin: Duncker und Humblot, 793-814.

Jehle J.-M. (1997). *Strafrechtspflege in Deutschland. Fakten und Zahlen.* Hrsg. vom Bundesministerium der Justiz. Mönchengladbach: Forum-Verlag.

Kerner H.-J. (Hrsg.) (2003). *Opfer und Täter. Eine Bibliographie zu Außergerichtlichem Tatausgleich, Konfliktausgleich, Mediation, Opferhilfe, Opferschutz, Schadenswiedergutmachung, Täter-Opfer-Ausgleich und weiteren damit verbundenen Problembereichen, 2. Aufl.* Tübingen: TOBIAS-lib.

Kershaw C., Budd T., Kinshott G., Mattinson J., Mayhew P. & Myhill, A. (Eds.) (2000). The 2000 British Crime Survey: England and Wales. *Home Office Statistical Bulletin, 18.* London: Home Office.

Kirchhoff F. & Sessar K. (Hrsg.) (1979). *Das Verbrechensopfer. Ein Reader zur Viktimologie.* Bochum: Studienverlag Brockmeyer.

Kreuter F. (2002). *Kriminalitätsfurcht. Messung und methodische Probleme.* Opladen: Leske und Budrich.

Kury H. & Obergfell-Fuchs J. (1998). Kriminalitätsfurcht in Deutschland. Eine Untersuchung unter besonderer Berücksichtigung der Abhängigkeit des Phänomens vom Alter. *Kriminalistik, 52,* 26-36.

Lipton D., Martinson R. & Wilks J. (1975). *The Effectiveness of Correctional Treatment. A Survey of Treatment Evaluation Studies.* New York, Washington, London: Praeger Publishers.

Martinson R. (1974). What works? Questions and Answers about Prison Reform. *The Public Interest, 36,* 22-54.

Meier B.-D. (2003). *Kriminologie.* München: Beck.

Reuband K.-H. (1992). Objektive und subjektive Bedrohung durch Kriminalität: ein Vergleich der Kriminalitätsfurcht in der Bundesrepublik Deutschland und den USA 1965-1990. *Kölner Zeitschrift für Soziologie und Sozialpsychologie, 44,* 341-353.

Reuband K.-H. (2000). Der „Standardindikator" zur Messung der Kriminalitätsfurcht. In „skandalöser Weise" unspezifisch und in der Praxis dennoch brauchbar? *Monatsschrift für Kriminologie und Strafrechtsreform, 83,* 185-195.

Rückert S. (2000). *Tote haben keine Lobby. Die Dunkelziffer der vertuschten Morde, 2. Aufl.* Hamburg: Hoffmann und Campe.

Rüther W. (2000*). Kriminologische Regionalanalyse Bonn 1998/99. Auswertung offizieller Kriminalitätsdaten und einer Bürgerbefragung zum Sicherheitsgefühl in der Stadt Bonn. Gesamtbericht, 2. Aufl.* Bonn: Kriminologisches Seminar der Universität Bonn.

Schneider H. J. (1975*). Viktimologie. Wissenschaft vom Verbrechensopfer.* Tübingen: Mohr.

Schneider H. J. (2001). *Kriminologie für das 21. Jahrhundert.* Münster: Lit.

Schwind H.-D. (2005). *Kriminologie, 15. Aufl.* Heidelberg: Kriminalistik-Verlag.

Schwind H.-D., Fetchenhauer D., Ahlborn W., Weiß R. et al. (2001). *Kriminalitätsphänomene im Langzeitvergleich am Beispiel einer deutschen Großstadt: Bochum 1975 – 1986 – 1998.* Hrsg. vom Bundeskriminalamt (BKA), Kriminalistisches Institut. Neuwied: Luchterhand.

Mein Feind, der Terrorist

Die neue Zweiklassen-Jurisprudenz unterscheidet Bürgerstrafrecht und Feindstrafrecht, sie wird einen Strafvollzug für Bürger kennen und einen Strafvollzug für Feinde

von Heribert Prantl

Wenn ein Schily nicht Schily, sondern Cicero, und wenn ein Beckstein nicht Beckstein, sondern Cato wäre, wenn die beiden Politiker der inneren Sicherheit also Politiker nicht in der Bundes-, sondern in der Republik des alten Rom wären, dann sähe die Terrorbekämpfung so aus: Es würde ein senatus consultum ultimum gefasst, ein Senatsbeschluss zur Verteidigung des Staates, darin der innere Gegner benannt, und dieser Gegner samt allen, die ihm helfen, zu Staatsfeinden erklärt würden. Diese „Feinderklärung" des römischen Staatsrechts war kein Urteil im üblichen Sinn, ihm ging keine Gerichtsverhandlung voraus, sie beendete aber die bürgerliche Existenz aller Betroffenen; sie wurden vom Bürger zum Feind, sie hatten keine Rechte mehr.

Der innere Feind wurde als Barbar behandelt, also barbarisch. So verfuhr Rom mit dem Verschwörer Catilina und seinen Anhängern. Cicero hatte zuvor die außergewöhnlichen Gefahren für den Staat beschworen, die außergewöhnliche Mittel gegen die Catilinarier erforderlich machten – wie aktuell das klingt! Und Cato, der von einem Verbrechen sprach, das zwar noch nicht begangen sei, das aber gegebenenfalls furchtbare Folgen hätte, hatte „zum Schutz des Staates" dafür plädiert, die Verschwörer zu behandeln wie Schwerverbrecher, die bei Begehung der Tat gestellt werden – sie also ohne Verfahren zu richten. So geschah es.

Natürlich will niemand in Deutschland, auch härteste Hardliner nicht, echte oder angebliche Terroristen erdrosseln, so wie das im römischen Carcer mit den Catilinariern geschah. Außerdem kennt man heute die Gefahrpersonen gar nicht so genau. Aber ein Gedanke, der hinter der „Feinderklärung" steckt, hat Politiker der inneren Sicherheit angesteckt: Kann man, soll man mit fundamentalistischen Gefahrpersonen so verfahren, wie man mit normalen Straftätern verfährt? Muss man, der außerordentlichen Gefahren wegen, hier nicht die geltenden Prinzipien des Rechtsstaats auf Eis legen oder gar umkehren – nicht im Zweifel für, sondern gegen den Angeklagten also? Muss man diese Personen wirklich ausstatten mit den Rechten, die der Rechtsstaat bereit hält? Sind, so wird im politischen Berlin derzeit noch halblaut gefragt, islamistische Fundamentalisten eigentlich resozialisierbar?

Wenn man ihnen Verbrechen nachweist, wenn man sie dann verurteilt, wenn man sie einsperrt – was bringt das? Was soll also hier der Satz, mit dem das Strafvollzugsgesetz beginnt: „Im Vollzug der Freiheitsstrafe soll der Gefangene fähig werden, künftig in sozialer Verantwortung ein Leben ohne Straftaten zu führen."

Müssen, so wird gefragt, da nicht ganz andere Saiten aufgezogen werden? Muss es da nicht andere Mittel und Methoden geben – vorbeugende Sicherungsverwahrung vielleicht, präventives Einsperren auf unbeschränkte Zeit zur Abschreckung und zum Schutz von Volk und Staat? Kurzum – müssen nicht die Regeln des Rechtsstaats in diesem Kontext storniert werden? Im Mittelalter gab es das auch: Über innere Feinde wurde Acht und Bann verhängt. Im Frankreich der Revolution wurde eine rote Fahne aus dem Fenster gehängt, dann waren die Grundrechte suspendiert. Ist das ein Vorbild für Terrorbekämpfung heutzutage?

Wer so fragt, denkt minoisch: Die archaische Kultur von Minos hat dem Ungeheuer Minotauros alljährlich ihre Kinder geopfert, um so vermeintlich Sicherheit zu gewinnen. Eine demokratische Kultur, die ihre Prinzipien dem Terrorismus opfert, handelt nicht anders. Sie arbeitet den gewalttätigen Islamisten in die Hände. Denen geht es nämlich um den Versuch einer Zeitverschiebung. Sie wollen zurück in die Zeit vor der Aufklärung. Exakt dahin führen alle Überlegungen, ein Sonderstrafrecht, ein Feindstrafrecht einzuführen, das die Rechtsgarantien, die seit der Aufklärung etabliert worden sind, negiert.

Der islamistische Fundamentalismus ist die religiös motivierte Generalabsage an die Moderne als kulturelle, politische und rechtliche Norm. Islamisten wollen zurück in die Zeit vor der Aufklärung, zurück in die absolute Unterwerfung des Menschen unter religiöse Dogmen, über die man nicht diskutieren darf, weil sie angeblich von Gott geschaffen sind; gegen Gottes Wort gibt es aber keinen Protest, da werden alle Freiheiten, da wird die Ausübung von Grundrechten zur Blasphemie. Wer ein Sonderrecht schafft, das bestimmte Personen in Deutschland exlex, außerhalb des Rechts, stellt, der stellt sich auf diese Stufe, weil er die Gleichheit vor dem Gesetz abschafft.

In der Strafrechtswissenschaft ist freilich dafür schon der Boden bereitet. Dort gibt es Überlegungen zur Kodifizierung eines Feindstrafrechts: „Wer als Person behandelt werden will", schreibt der Bonner Strafrechtsprofessor Günther Jakobs, „muss seinerseits eine gewisse Garantie dafür geben, dass er sich als Person verhalten wird. Bleibt diese Garantie aus oder wird diese sogar ausdrücklich verweigert, wandelt sich das Strafrecht von einer Reaktion der Gesellschaft auf die Tat eines ihrer Mitglieder zu einer Reaktion gegen einen Feind." Wer sich nicht als Person verhält (das mögen dann je nach aktueller Hysterie und Gefahrenlage auch Sexualtäter oder organisierte Kriminelle sein), der wird von der Person zur Unperson, der wird also zum Feind – zum Kriegsgegner eines Kriegs im Inland. Diese Argumentation rechtfertigt Guantanamo und geht noch darüber hinaus. Sie ist die

Rehabilitation des Staatsrechtlers und Nazi-Apologeten Carl Schmitt, der dem Staat das Kriegsrecht auch im Inneren und damit das Recht der Bestimmung des inneren Feindes eingeräumt hat. Während der RAF-Zeit hat man sich das noch nicht so offen zu sagen getraut: Der Staat hat die RAF-Mitglieder, bei aller Panik, letztlich doch als Straftäter betrachtet, wenn auch einer ganz besonders gefährlichen Art.

Feindstrafrecht? Es gibt Wörter, Begriffe und Lehren, die sind wie Infektionskrankheiten: Der Erreger bricht irgendwo auf, steckt an, findet einen Wirtsorganismus, der für den Keim empfänglich ist. Dann kann er sich halten, vermehren, wird zur Seuche und gemeingefährlich. So ist es mit dem Begriff „Feindstrafrecht" und der Lehre, die sich damit verbindet. Dieser Erreger hat sich 1999 auf den Weg gemacht: In einem Diskussionsbeitrag bei einer Veranstaltung über die „Deutsche Strafrechtswissenschaft vor der Jahrtausendwende" in Berlin vertrat Günther Jakobs erstmals die Ansicht, man brauche nicht nur das normale Strafrecht, sondern noch ein zweites, davon losgelöstes, radikales Strafrecht – das Feindstrafrecht. Das normale Strafrecht mit seinen rechtsstaatlichen Regeln sei nur für den normalen Bürger da. Das andere, das radikale Strafrecht, für alle Feinde des Staates; Jakobs nennt sie „Unpersonen" und er meint damit Terroristen, organisierte Kriminelle, Sexualstraftäter – kurz alle, „die sich dauerhaft vom Recht abgewandt haben". Die sollen von den Rechtsgarantien des normalen Strafrechts nicht mehr profitieren. Die Feinde müssen, formuliert Jakobs, außerhalb des Rechtsstaates „kaltgestellt" werden.

Auf die Thesen von Jakobs hat die Wissenschaft längere Zeit gar nicht reagiert, als könne sie nicht glauben, dass da einer tatsächlich die partielle Rückabwicklung des Rechtsstaats, dass da einer den Kulturbruch postuliert – und dies mit einem Vokabular, wie man es in Deutschland seit sechs Jahrzehnten nicht mehr gehört hat. Aber das Reden über ein Feindstrafrecht hat Eingang gefunden in viele Diskussionen und rechtspolitische Überlegungen: Denn es erlaubt, was ansonsten verboten ist; es schafft ein System, in dem sogar Folter und sonstige bisher verbotene Vernehmungsmethoden systemkonform wären und in dem bei Gefahr, ohne lang zu fackeln, verhaftet und eingesperrt werden kann – weil es in diesem Feindstrafrecht nicht um „Normgeltung" geht, sondern darum, dass man „Gefahren bekämpft".

Dieses Feindstrafrechts-Modell besitzt eine diabolische Potenz, weil es all die Maßnahmen, mit denen sich ein Rechtsstaat schwer tut, ohne Weiteres ermöglicht. Es hätte die Beweisschwierigkeiten in den Hamburger Prozessen gegen die mutmaßlichen Helfer beim Attentat vom 11. September 2001 (Motassadeq und Mzoudi) nicht gegeben, als die USA das Material und die Zeugen nicht herausgaben. Die heutige Justiz spricht im Zweifel auch dann frei, wenn der Prozess nicht nach rechtsstaatlichen Beweisregeln geführt werden kann. Unter der Geltung eines Feindstrafrechts hätte man solche Skrupel nicht.

Das Feindstrafrecht verlockt mit Einstiegsangeboten: Etwa das vorbeugende und dauerhafte Einsperren von Kindsmissbrauchern, wie es die CSU aktuell nach dem Mord an einem neunjährigen Kind in München fordert – mit dem Modell des Feindstrafrechts ist das kein Problem. Der Kindsmissbraucher bietet nämlich, so die Lehre Jakobs, „keine hinreichende kognitive Sicherheit personalen Verhaltens", er sei also ein Feind, er könne deshalb „nicht nur nicht erwarten, noch als Person behandelt zu werden, sondern der Staat darf ihn nicht als Person behandeln, weil er ansonsten das Recht auf Sicherheit der anderen Personen verletzen würde". Alle Maßnahmen der inneren Sicherheit der vergangenen Jahre, für die das Verfassungsgericht immer wieder strenge Auflagen gemacht hat, sind nach dem Modell des Feindstrafrechts auch ohne Auflage möglich: geheimdienstliche Ermittlungsmethoden, Lauschangriffe, Telefonüberwachungen und so weiter. Der „Feind" darf nicht erwarten, dass er behandelt wird wie ein Bürger, der gefehlt hat: Nur für den Bürger gilt der Grundsatz des fairen Verfahrens – nur für ihn gelten also die Rechtsgarantien, die den Rechtsstaat ausmachen. Jakobs hat sich bei Fichte („Wer den Bürgervertrag verlässt, wird rechtlos") oder Kant (Denjenigen, der das Leben in einem „gemeinschaftlich-gesetzlichen Zustand" nicht mitmacht, kann man „als einen Feind behandeln") Zitate zusammengesucht; und er bastelt daraus ein ideologisches Gerüst, in dem die Grundrechte des Menschen keine Rolle spielen: „Ein Individuum, das sich nicht in einen bürgerlichen Zustand zwingen lässt, kann den Segnungen des Begriffs Person nicht teilhaftig werden". Gegen solche „Unpersonen" führt er das Feindstrafrecht ein, den „gebändigten Krieg" gegen das Individuum.

Unpersonen kaltstellen, ausgrenzen, ihnen den Anspruch verweigern, als Person behandelt zu werden – das ist ein Wortschatz, den wir seit dem Ende des Nationalsozialismus nicht mehr gehört haben. Der Frankfurter Rechtsanwalt Rainer Hamm, Mitglied im Strafrechtsausschuss des Deutschen Anwaltvereins, hat auf einem Symposium festgestellt: „Seit 1945 hat sich niemand mehr getraut, sich so auszudrücken, wenn es um die Subjekte, Objekte oder Prädikate eines in der Demokratie auch nur halbwegs rechtsstaatlich praktizierten Strafrechts ging".

Jakobs ist kein Radaubruder, er ist ein seriöser Wissenschaftler – wie auch der Staatsrechtslehrer Carl Schmitt, der NS-Apologet, einer war. Schmitt hat in seiner Schrift über den „Begriff des Politischen" (1932), „die Unterscheidung von Freund und Feind" getroffen. Er hat gegen die „Fiktionen lückenloser Legalität" agitiert, gegen die „Herrschaft des Gesetzes" polemisiert und die Einrichtung von dauerhaften „Ausklammerungen" für notwendig gehalten. Nicht Kant, sondern Carl Schmitt, einer der Vordenker der Vernichtung, ist der geistige Ahnherr des Feindstrafrechts.

Es geht um die Ausbürgerung von Menschen aus dem normalen Recht. Der Neffe, der seinen Erbonkel erschlägt, soll noch nach den Regeln des normalen, des Bürgerstrafrechts, behandelt werden – weil der böse Neffe ja nicht den Staat gefährdet, sondern im Gegenteil auf diesen Staat vertraut und von ihm den Schutz des ererbten Vermögens erwartet. Für die anderen Verbrecher, die sich aus dem Gemeinwesen verabschieden, gibt es Krieg. Wie der genau aussieht, führt die Lehre vom Feindstrafrecht noch nicht aus; man kann es sich ausmalen. Rechtsbrüche wie in Guantanamo oder im Irak erhalten so die höheren Weihen.

Und also erhält auch der Strafvollzug ein neues Gesicht: Der kleine Witz, der 1985 in der Zeitschrift für Rechtspolitik abgedruckt war, würde zum Einstieg in eine völlig neues Strafvollzugsrecht – ein Feindstrafvollzugsrecht. In der ZRP 1985 also trieb ein Heilbronner Richter seinen grimmigen Spott mit den Forderungen nach mehr Abschreckung und mehr Sühne: Er plädierte dafür, Anstaltskost künftig in unterschiedlicher Quantität und Qualität zu servieren, Brandstiftern das Essen nur kalt hinzustellen oder Betrügern „besondere Bitterstoffe" beizumischen, abhängig von der Straftat und der Schwere der Schuld. Den Lesestoff von Terroristen sollte man, so der Richter weiter, im Sinne einer bürgerlichen Resozialisierung auf Romane von Hedwig Courths-Mahler beschränken. Die Frankfurter Rundschau nahm seinerzeit die sarkastische Glosse für bare Münze und druckte sie mit einem Vorspann voller Verwunderung über solche „vordemokratische Vorschläge" ab. Solche Gedankengänge, die heute nicht mehr so aberwitzig klingen wie vor zwanzig Jahren, führen alsbald in den Abgrund des Feindstrafvollzugs: Warum sollte man dann islamistische Terroristen im Gefängnis nicht so behandeln, wie die es „zu Hause" gewohnt sind – Ketten und Folter inklusive?

In einem hat Jakobs freilich recht: Die Differenzierung zwischen Feindstrafrecht und Bürgerstrafrecht ist sauber und klar. Die Begriffe Krieg, Kampf und Strafverfahren geraten dann nicht mehr durcheinander. Dafür ginge etwas anderes zu Ende: Bisher stehen die Menschenrechte jedem zu, allein aufgrund der Tatsache, Mensch zu sein. Der Status der Rechtsperson ist nicht, wie bei Jakobs, an „kognitive Voraussetzungen" geknüpft, nicht daran also, dass man den Staat, das Recht, sich selbst oder sonst etwas achtet. Man muss nicht anständig und nicht einmal ein wenig gut sein, um vom Recht als Person behandelt zu werden. Das ist der Kern des Rechtsstaates. Wenn der Staat Menschen, die sich vom Recht abgewandt haben, nicht mehr nach dem Recht behandelt, ist er kein Rechtsstaat mehr. Dann stirbt er an seiner vermeintlichen Verteidigung.

Wer ein Feindstrafrecht zu brauchen glaubt, der glaubt nicht an die Überlegenheit des Rechtsstaates über den Fundamentalismus. Der Rechtsstaat hat die Mittel, die er braucht, um sich zu wehren: Sie beginnen damit, dass er die Menschen, die er ins Land lässt, gut auswählt. Und die, die hier sind, behandelt er nach den für alle geltenden Gesetzen, die fürwahr nicht lasch sein müssen. Das Recht kann

Gefahrpersonen, die noch nicht straffällig geworden sind, mit Kontrollregeln und Auflagen unter Kuratel halten. Und es kann Gefahrpersonen ausweisen; dieses Instrumentarium ist längst gut geschärft. Es gibt die bisher nicht genutzte Möglichkeit des Grundgesetzes, bestimmte Grundrechte für verwirkt zu erklären. Es gibt die Möglichkeiten, nicht nur bekannte Verdächtige, sondern alle Hinweise, Dokumente, Bilder und Spuren zu erfassen und so mittels Recherchetechnologie auch unbekannte Terroristen zu ermitteln. Es gibt im Strafvollzugsgesetz schließlich den Satz, dass Freiheitsstrafe „auch dem Schutz der Allgemeinheit vor weiteren Straftaten dient".

Der Terrorist ist mein Feind. Aber der Rechtstaat braucht kein Feindstrafrecht, sondern rechtsstaatliche Phantasie. Ein starker Staat ist er dann, wenn er seine Prinzipien verteidigt. Seine innere Stärke ergibt sich aus einem unerschütterlichen Vertrauen in die Grundrechte der Verfassung.

Identitätspolitik zwischen kosmopolitischer Euphorie und fremdenfeindlicher Ausgrenzung

von Heiner Keupp

1. Die Implosion der feindlichen Blöcke: Die Chance für ein friedliches Europa?

Als Georg Wagner 1987 sein Buch „Der rationale Wahn. Nuklearaggression und Abwehrsystem" veröffentlichte, stand er ganz unter dem Eindruck der gerade zurückliegenden neuen Schraube der Nuklearabschreckung, die – trotz einer für die Bundesrepublik beispiellosen – Protestwelle eine weitere Eskalation genozidaler Waffenpotentiale brachte. Die Implosion der Blockbildung in Europa, vor allem den völligen Zusammenbruch des staatssozialitischen Systems, hat zu diesem Zeitpunkt niemand voraussehen können. Vor allem auch die zerstörerischen Potentiale, die durch die Überwindung der Blockbildung ausgelöst und sichtbar geworden sind (von ethnisch begründeten Kriegen im ehemaligen Jugoslawien, zu den überall aufflackernden mörderischen Konflikten im Gebiet der ehemaligen Sowjetunion und nicht zuletzt auch bis zu den terroristischen Gewalteskalationen und den weltweiten kriegerischen Brutalitäten), haben uns sehr schnell von der Illusion befreit, dass nach dem Ende des Ost-West-Konfliktes das kriegerische Bedrohungspotential, das die Signatur des 20. Jahrhunderts bestimmt hatte, unter Kontrolle einer neuen internationalen Friedensordnung verschwinden würde.

Mit vielen anderen hat sich Georg Wagner die Frage gestellt: Wie können destruktive gesellschaftliche Dynamiken, die einzelne Staaten oder die ganze Gattung bedrohen oder zerstören könnten, gezähmt oder kontrolliert werden? Die Neuzeit hat vor allem auf den Staat gesetzt. Norbert Elias (1976) hat in seiner Rekonstruktion des abendländischen Zivilisationsprozesses aufgezeigt, dass die Monopolisierung der Gewalt als ihre Zentralisierung in den Händen des Staates die europäische Perspektive wurde. Die Menschen wurden als triebgesteuerte Quellen von Destruktion und Gewalt gesehen, denen in ihrer Sozialisation eine möglichst perfekt funktionierende „Selbstzwangapparatur" (Elias) eingepflanzt werden müsse. Dieses Projekt der Pazifizierung der Subjekte hat sie zu Objekten der Kontrolle gemacht. Dieser Konstruktion nach tragen sie in erster Linie dadurch zu einer friedlicheren Welt bei, dass sie den staatlich initiierten „Fremdzwang“ in „Selbstzwang“ transformieren. Das zu Beginn der Neuzeit „entdeckte“ Individuum und der vor allem den Kapitalismus tragende neue Wirtschaftsbürger wurden genau diesem Dispositiv staatlicher Kontrolle unterworfen. Bürgerinnen und Bürgern wurde nicht zugetraut, innergesellschaftliche Konflikte und Interessenunterschiede friedlich auszutragen. Die Ordnung der Dinge konnte nie von den Subjekten selbst erwartet werden, sondern sie musste aufgeherrscht werden.

Ein zentraler Anspruch der Moderne zielte auf die Möglichkeit, rationale Ordnungen zu stiften. Dieser Anspruch bezog seine Sicherheit aus einer immer perfekteren wissenschaftlichen Erschließung der Naturgesetze und ihrer technologischen Nutzung. Eine andere Quelle des Ordnungsversprechens war die Etablierung von Nationalstaaten (Toulmin 1991). Die Staatenbildung garantierte jeweils für ein spezifisches Territorium Regeln und Normen, nach denen innergesellschaftliches Chaos einer berechenbaren Ordnung unterworfen wurde. Vor allem das staatliche Gewaltmonopol sicherte den staatlichen Institutionen ihr Ordnungsmandat. Wie Zygmunt Bauman aufzeigt, verdichtete sich im Staat in operativer Weise der Selbstanspruch der Moderne auf Herstellung eines vernunftgeleiteten Systems. Die staatlichen Institutionen werden als ein Kanon von Regeln und Normen verstanden, „mit denen man hoffte, Kontingenz in Bestimmtheit, Ambivalenz in Eindeutigkeit, Zufall in Notwendigkeit – kurz: Chaos in Ordnung verwandeln zu können“ (Bauman 1996, 655).

Innerstaatliche Ordnung mochte so hergestellt werden, aber damit ist eine Regulation von zwischenstaatlichen Interessenkonflikten noch nicht handhabbar und entsprechend haben diese Konflikte auch schnell zu Kriegen eskalieren können. Globale Politik zielte zunächst auf die Wahrung der Souveränität jedes Nationalstaates. Sie mündete aber seit 1945 für fast ein halbes Jahrhundert in einer Blockbildung. In der prekären Machtbalance zwischen den beiden Machtblöcken und ihrer jeweiligen „Meta-Souveränität“ (Bauman) lag die Entscheidung über Krieg und Frieden.

In dem Maße, wie Nationalstaaten und deren Verknüpfung zu politischen Blöcken ihre friedensregulative Funktion verlieren, richten sich die Blicke in ganz unterschiedliche Richtungen: Einerseits auf transnationale Institutionen und Regeln, die verhindern sollen, dass Interessenkonflikte eine destruktive Dynamik annehmen können. Andererseits zieht die Mikroebene der alltäglichen Herstellung einer lebbaren gemeinsamen Ordnung wachsendes Interesse auf sich. In der allgemeinen Staatsfixiertheit, die vom rechten bis zum linken politischen Rand reichte, war zunächst einmal der Blick für die alltäglichen Herstellungsleistungen von innergesellschaftlichem Konsens, Solidarität und Ordnung getrübt. Die Erosion nationalstaatlicher Souveränitäten im Zuge der ökonomischen Globalisierung und die Implosion des sozialistischen Blocks haben zunehmend die Frage nach Qualität und Funktion zivilgesellschaftlicher Prozesse aufgeworfen.

2. Impressionen im veränderten Europa

Eine Woche Anfang August 2003 hat mir Erfahrungen vermittelt, die die Ambivalenz, die mein Titel anspricht, zum Ausdruck bringt. Das Sommersemester ist erfolgreich beendet und ehe der traditionsreiche Frankenurlaub beginnt, fahre ich in das polnische Dorf Krzyzowa in der Nähe von Breslau, das in Deutschland Kreisau heißt und durch das Moltke-Schloß und noch bekannter durch den Kreisauer Kreis wurde, der den aktivsten Kern des deutschen Widerstandes gegen das Naziregime darstellte. Das Schloss Krzyzowa ist zu einer Internationalen Begegnungsstätte ausgebaut worden. Dort war ich als Referent vom Theodor-Heuss-Kolleg eingeladen worden. Es trafen sich 25 StudentInnen aus 12 osteuropäischen Staaten zu einer 2wöchigen Tagung mit dem Thema „Das Fremde in mir, das Eigcnc im Fremden". Einen Teil dieser Tagung habe ich miterlebt. Sie war geprägt von einer ungeheuren Neugier herauszufinden, was jeweils das „Eigene" und das „Fremde" sein könnte. In einem Brief habe ich aus Kreisau meine unmittelbaren Eindrücke so aufgeschrieben: „Es hat unheimlich Spaß gemacht, weil diese 20-25jährigen Frauen und Männer voller Diskussionsfreude waren. Es war einfach spannend, aus ihrer Perspektive die dramatischen Änderungen in ihren Heimatländern erzählt und reflektiert zu bekommen. Beeindruckt hat mich auch der ungeheuere Optimismus dieser jungen Leute, die aus Ländern kommen, in denen die Lebensverhältnisse, verglichen mit Deutschland, teilweise dramatisch sind. Man sieht die Chance, selber zu gestalten und kann nicht auf den reichen Onkel aus Amerika oder aus Westdeutschland hoffen. Nichts von dieser Jammerkultur, die mich bei uns inzwischen wirklich ankotzt. Ich habe ja nun schon ein paar Jahre Lehrerfahrungen in Deutschland, Österreich und Italien, also mit westlichen StudentInnen, aber so viel Neu- und Wissbegier wie ich sie in Kreisau erlebt habe, ist mir neu gewesen." Offensichtlich ist mir hier eine Generation junger AkademikerInnen begegnet, die die Überwindung von Grenzen als ihre große Chance ansehen und dabei sind, eine kosmopolitische Orientierung zu entwickeln.

Das war die erste Erfahrung, die die „kosmopolitische Euphorie" transportiert hat. Die zweite ist auch noch an meinen Polenbesuch gekoppelt. Ich habe in den Gesprächen mit Polen mitbekommen, wie sehr sie die Debatte um ein Denkmal der Vertreibung in Berlin beunruhigt und alte Ängste wieder belebt. Dieses Denkmal löst sich aus dem historischen Kontext, in dem sich faschistische Aggression, ein mörderisches deutsches Besatzungsregime und die Leiden der deutschen Flüchtlinge nach der Niederwerfung von Nazideutschland durchdringen. Die Herauslösung der Vertreibungsleiden aus dem historischen Gesamtzusammenhang wird von vielen Polen als Geschichtsrevision nationalistischer Provenienz gesehen, das besorgte Fragen und tief sitzende Ängste auslöst. Als ein Ausdruck kosmopolitischen Bewusstseins kann dieses geplante Denkmal jedenfalls nicht begriffen werden. Dann müsste man an einem gesamteuropäischen Ort des Erinnerns der vielen Opfer in Europa gedenken, die im Gefolge von Kriegen, ethnischen Säuberungen und Genoziden entstanden sind.

Am Ende dieser polnischen Woche begann dann die fränkische Sommerfrische mit dem Besuch in meiner Heimatregion. In Selb im Fichtelgebirge, das das Zentrum der deutschen Porzellanindustrie ist (war?), findet Anfang August ein riesiger Porzellanflohmarkt statt. Aus diesem Anlass treibt es viele in diese kleine Stadt und sie wird für einen Tag ein einziger großer Basar für altes Porzellan. Seit einiger Zeit spürt man, von Jahr zu Jahr mehr, dass dieses fröhliche Treiben auf einer hochgradig gefährdeten Basis stattfindet, die in einzelnen symptomatischen Episoden auch an die Oberfläche gespült wird: So treffe ich Menschen, die ein wunderbares Rosenthal-Service aus den 1960er Jahren anbieten (unser Hochzeitsservice!) und auf Nachfrage kommt heraus, dass das ihr eigenes Hochzeitsservice war, das sie jetzt verkaufen, um ihre Kasse aufzubessern, die seit der Schließung eines Werkes in Selb und dem Verlust ihres Arbeitsplatzes ziemlich schmal geworden ist. In Selb und in der gesamten Porzellanregion sind in den vergangenen Jahren eine Reihe traditionsreicher Werke geschlossen worden oder sie sind von Firmen aus England oder Frankreich aufgekauft worden. An ihre Stelle sind keine Ersatzarbeitsplätze gekommen und für einen Großteil der jungen Leute ist ihre Heimatregion kein Ort mehr, an dem sie sich beruflich und damit auch familiär verorten können. Die Gründe für diese Krise, die man als depressive Grundstimmung überall spürt, liegen in der Überwindung der europäischen Grenzpfähle bzw. des Stacheldrahts. Selb liegt wenige Kilometer von der Grenze zu Tschechien entfernt. Früher war diese Grenze schier unüberwindlich. Die Grenzregion hat ihren Standortnachteil durch Programme der Grenzlandförderung kompensieren können, die nach 1989 zurückgefahren wurden. Anfangs hat die große Konsumgüternachfrage aus der ehemaligen DDR und aus Tschechien eher günstige ökonomische Perspektiven für die Region versprochen. Doch diese Erwartung war schnell verflogen. Am Anfang waren es Grenzpendler, die den ohnehin prekären Arbeitsmarkt mit billiger „Schwarzarbeit" noch schwieriger gemacht haben. Dann sind es die Billigimporte von Porzellan aus Tschechien und anderen osteuropäischen Ländern gewesen, die den oberfränkischen Standort sehr bedroht und letztlich auch abgehängt haben. Inzwischen ist durch die EU-Erweiterung die Sorge um die eigenen Arbeitsplätze noch weiter gestiegen. „Angst vor den Schweijks" war ein Artikel der SZ vom 29. Dezember 2003 überschrieben. Die örtliche Gewerkschaft rechnet mit einem Lohndumping im ostbayerischen Raum und sie fordert ein „Tariftreuegesetz", um die schlimmsten Folgen abzupuffern. Ein tschechischer Unternehmer sieht die Entwicklung sehr optimistisch und setzt auf die Regulationskraft des Marktes. Sie wird möglicherweise dafür sorgen, dass Facharbeiter aus der nordbayerischen Region in der blühenden Porzellanindustrie Böhmens beschäftigt werden können. Eine etwas ungewohnte Vorstellung, dass deutsche Gastarbeiter in Ländern Osteuropas Arbeit finden können. Ab 2007 jedenfalls fallen alle Beschränkungen der Arbeitswanderung von Ost nach West und umgekehrt weg. Die dadurch entstehenden Gefühle sind auf jeden Fall ambivalent und für die Menschen in meiner Heimatregion eher von Sorgen und Ängsten geprägt. Von kosmopolitisch im euphorischen Sinne kann hier keine Rede sein. Es ist eher Zukunftsangst und vor allem die Angst, seine Heimat zu verlieren.

Und noch eine letzte Impression aus dieser ersten Augustwoche 2003. Von Selb ist man mit dem Auto in einer halben Stunde in Cheb oder Eger, der Stadt Wallensteins. Eine wunderbare kleine Stadt. Aber auf dem Weg dorthin, wie auf den ganzen grenznahen Straßen begegnet einem die florierende Straßenprostitution und aus mehreren Recherchen weiß man, dass Eger ein Zentrum der Kinderprostitution geworden ist. Jeder Babywäsche, die man an einem Fenster in Eger hängen sieht, folgt die Phantasie, dass hier westdeutsche Männer sich an Babys und kleinen Kindern vergehen. Man beginnt, sich die Insassen der anderen westdeutschen Autos, die über Grenze fahren, genau anzuschauen. Männer im mittleren Alter, die alleine unterwegs sind, geraten sofort in die „Situation des Verdachts“, Kinderschänder zu sein. Auch angesichts solcher Bilder kann keine positive Stimmung aufkommen, wenn man die kosmopolitische Perspektive Europas im Blick hat.

Was sollen diese Erfahrungssplitter zu unserem Thema beitragen? Sie sollen aufzeigen, dass der Weg zu einem kosmopolitischen Europa kein einfacher ist und längst nicht von allen BürgerInnen positiv besetzt werden kann. Er eröffnet für viele Menschen ganz neue Möglichkeiten selbstbestimmter Positionierung jenseits von erstarrten Normalitätsmustern, aber er löst auch Sorgen und Ängste aus, die ernst genommen werden müssen.

3. Eine kosmopolitische Perspektive

Die größten und fruchtbarsten Kontroversen der europäischen Aufklärung sind mit der kosmopolitischen Perspektive verbunden – und in Vergessenheit geraten. Die einen wendeten, wie Heinrich Laube in der Mitte des 19. Jahrhunderts, den therapeutischen Wert des Vaterlandes gegen die angebliche Überforderung durch den Kosmopolitismus: „Der Patriotismus ist einseitig, klein, aber er ist praktisch, nützlich, beglückend, beruhigend; der Kosmopolitismus ist herrlich, groß, aber für einen Menschen fast zu groß, der Gedanke ist schön, aber das Resultat für dieses

Leben ist innere Zerrissenheit ..." (Laube 1938, 88). Am Ende reduziert sich der Kosmopolitismus auf eine schöne Idee: „Über der Menschheit vergisst man jetzt gewöhnlich die Menschen und in dieser Zeit der Brände, Kanonen und glühenden Reden ist es doch Erbärmlichkeit. Die Idee ist eine ganz schöne Sache, für fast alle zu groß und sie bleibt immer nur Idee. Vermengt sie sich nicht mit dem Individuum, mit der Gestalt, so ist sie so gut wie nicht da gewesen" (ebd., 131). Dagegen prophezeite zur gleichen Zeit Heinrich Heine, der sich selbst als eine Verkörperung des Kosmopolitismus sah, „daß dieses am Ende die allgemeine Gesinnung wird in Europa, und ... mehr Zukunft habe, als unsere deutschen Volkstümler, diese sterblichen Menschen, die nur der Vergangenheit angehören" (Heine 1997, 710). Er kritisierte den Patriotismus des Deutschen, der darin bestehe, „daß sein Herz enger wird, daß es sich zusammenzieht wie Leder in der Kälte, daß er das Fremdländische haßt, daß er nicht mehr Weltbürger, nicht mehr Europäer, sondern nur noch ein enger Deutscher sein will". Er geißelt „die schäbige, plumpe, ungewaschene Opposition gegen eine Gesinnung, die eben das Herrlichste und Heiligste ist, was Deutschland hervorgebracht hat, nämlich gegen jene Humanität, gegen jene allgemeine Menschen-Verbrüderung, gegen jenen Kosmopolitismus, dem unsere großen Geister, Lessing, Herder, Schiller, Goethe, Jean Paul, dem alle Gebildeten in Deutschland immer gehuldigt haben" (Heine 1997, 379; die Zitate sind Thielking 2000 entnommen).

In meinem Titel habe ich zwei erklärungsbedürftige Begriffe. Was wollen wir unter Kosmopolitismus verstehen und was unter Identitätspolitik. Im Zuge der zunehmenden Globalisierung entsteht immer mehr die „eine Welt", in der ökonomische, ökologische, politische und kulturelle Probleme grenzüberschreitenden Charakter annehmen. Weder die sich weltweit ausdehnenden Wirtschaftsprozesse, noch die globale Klimakatastrophe, auch nicht die Terrornetzwerke halten sich an nationale Grenzziehungen. Die globalisierte Welt ist kosmopolitisch – ob wir wollen oder nicht. Das ist eher ein Sachzwang, dem wir uns nicht entziehen können. Ich spreche ja in meinem Titel auch von „kosmopolitischer Euphorie". Was ich damit meine, kommt in einer Formulierung von Ulrich Beck (2004), zum Ausdruck, der sich ja in letzter Zeit mit großer Intensität des Themas Kosmopolitismus angenommen hat. Er schreibt: Es sei ein „vitales Thema der europäischen Zivilisation, des europäischen Bewusstseins und, weit darüber hinaus, der Welterfahrung, weil im kosmopolitischen Blick, methodologisch verfasst, die Kraft schlummert und geweckt werden könnte, den selbstzentrierten Narzissmus des nationalen Blicks und das taube Unverständnis, in dem er das Denken und Handeln gefangen hält, aufzubrechen und die Menschen aufzuklären über die wirkliche, innere Kosmopolitisierung ihrer Lebenswelten und Institutionen. Was befähigt und ermächtigt den Begriff des Kosmopolitismus dazu? Paradoxerweise zwei sich widersprechende Tendenzen: dass er eine uralte, unerschlossene, unerschöpfte

Tradition und Schatzkammer ist – und dass er durch die Hölle auf Erden gegangen ist" (Beck 2004). Diese „Hölle auf Erden" bezieht sich auf die Geschichte des Holocaust und der stalinistischen Verbrechen. Für die Nationalsozialisten war der Begriff „Kosmopolit" identisch mit einem ungebundenen, heimatlosen und unzuverlässigen Subjekt, das als gefährlich eingestuft und damit der Vernichtung preisgegeben war. Meist war dieser Begriff auch identisch mit „dem Juden", dem eine unzweideutige Verortung und Zugehörigkeit prinzipiell bestritten wurde. Und was war schlimmer als die mangelnde ethnisch-nationale Eindeutigkeit?

Wenn heute das Kosmopolitische positiv konnotiert wird, dann scheint sich hier eine grundlegende Umorientierung abzuzeichnen, die offensichtlich in einer sich globalisierenden Welt, in einem „gemeinsamen Europa", erforderlich ist. Es bleibt aber immer noch die Frage offen und wir stellen und beantworten sie mit Ulrich Beck: „Was also meint ‚kosmopolitischer Blick'? Weltsinn, Grenzenlosigkeitssinn. Ein alltäglicher, ein historisch wacher, ein reflexiver Blick, ein dialogischer Blick für Ambivalenzen im Milieu verschwimmender Unterscheidungen und kultureller Widersprüche. Er zeigt nicht nur die ‚Zerrissenheit', sondern auch dic Möglichkeiten auf, das eigene Leben und Zusammenleben in kultureller Melange zu gestalten. Er ist zugleich ein skeptischer, illusionsloser, selbstkritischer Blick" (Beck 2004, 10). Die Begriffe „Weltsinn" und „Grenzenlosigkeitssinn" stammen aus den „Betrachtungen eines Unpolitischen" von Thomas Mann, in dem er seine Vorstellungen von „Weltbürgertum" entwickelt. Bleiben wir noch kurz im Revier der Literatur. In seinem klassischen Münchenroman *Erfolg. Drei Jahre Geschichte einer Provinz* (1930, 1993) stellt Lion Feuchtwanger in eindrucksvoller Form die Konfliktkulissen der Weimarer Republik auf. Auf der einen Seite die ein- und ausgrenzenden Formen nationalistischer Politik: „Man bekriegte sich beispielsweise aus nationalen Gründen, das heißt deshalb, weil man an verschiedenen Punkten der Erdoberfläche geboren war. Man schaltete den Gruppenaffekt ein, erklärte es für eine Tugend, Menschen, die außerhalb der eigenen von Behörden festgesetzten regionalen Grenzen geboren waren, für minderwertig zu halten und in gewissen, von der Regierung bestimmten Zeiten, auf sie zu schießen. Solche den Kindern von früh gelehrte und ähnliche Tugenden fasste man zusammen unter dem Begriff *Patriotismus*" (Feuchtwanger 1993, 203). Auf der anderen Seite der Weltbürger, der als Nomade nicht mehr in den Koordinaten territorialer Einwurzelung zu begreifen ist: „Überall ist heute der Nomade der wichtigere, lebensfähigere Typ geworden, der den schwerfälligen Bauern verdrängt... Was früher den Juden von ihren Gegnern als ihre verächtliche Eigenschaft vorgeworfen wurde ..., das erweist sich plötzlich als ungeheurer Vorzug. Dass sie seit Jahrhunderten umgetrieben wurden, dass sie sich immerzu neuen Menschen, neuen Verhältnissen anpassen mussten, macht sie in einer rasch veränderlichen Zeit schnellsten Verkehrs denen überlegen, die sich nur auf ihrer Scholle bewegen können" (Feuchtwanger 1984, 465).

Kosmopolitisches Weltbürgertum ist meist als utopische Figur entworfen worden und – gerade in der deutschen Geistesgeschichte – als kompensatorisches Gegenbild vor dem Hintergrund einer nationalstaatlich verspäteten Strukturbildung. In dieser phantasmatischen Konstruktion schwingen meist euphorische Töne mit. Feuchtwanger bleibt in seinen Formulierungen auf dem Boden pragmatischer Lebensbewältigung und in einem zweiten Anlauf landet dort auch Ulrich Beck. Noch einmal fragt er: „Was also meint kosmopolitischer Blick?" Und antwortet: „Nicht die Morgenröte der allgemeinen Völkerverbrüderung, nicht das Heraufdämmern der Weltrepublik, nicht einen freischwebenden Weltblick, keine verordnete Fremdenliebe. Kosmopolitismus ist auch kein Supplement, das Nationalismus und Provinzialismus ersetzen soll, und zwar schon deswegen nicht, weil die Idee der Menschenrechte und der Demokratie einen nationalen Boden benötigen. Kosmopolitischer Blick meint: In einer Welt globaler Krisen und zivilisatorisch erzeugter Gefahren verlieren die alten Unterscheidungen von innen und außen, national und international, Wir und die Anderen ihre Verbindlichkeit, und es bedarf eines neuen, kosmopolitischen Realismus, um zu überleben" (Beck 2004).

4. Die Ambivalenz von Identitätspolitik

Zu klären bleibt noch: Was ist Identitätspolitik? Die Identität ist die Antwort auf die Frage „Wer bin ich?" und wenn es um die kollektive Identität geht, wird das *wir* thematisiert: „Wer sind wir?" Identität ist nie einfach gegeben, sei es durch die Natur oder durch eine unveränderliche Schöpfungsordnung, auch wenn viele Identität genau darauf beziehen und sich dadurch zu stabilisieren versuchen, sondern Identität wird konstruiert. Die Vorstellungen vom Ich und die Vorstellungen vom Wir sind aktive Herstellungsprozesse und haben die Aufgabe, Sinn herzustellen, der wiederum die Basis für die individuelle und kollektive Handlungsfähigkeit bildet. Identitätskonstruktionen begründen eine sinnhafte Ordnung darüber, dass sie Grenzen ziehen für das, was mich oder uns betrifft, und sie tun das durch Abgrenzung zum Anderen, durch Differenzsetzungen. Sie schaffen „claims", die wir für uns beanspruchen, sie definieren Rechte, die daraus folgen, sie produzieren Motivationen für die Verteidigung oder Ausweitung von claims. Sie schaffen, mit anderen Worten, Zugehörigkeiten und sichern darüber Verortung und Beheimatung. „Die Konstruktion von Identitäten bezieht ihre Baumaterialien aus Geschichte, Geografie, Biologie, von produktiven und reproduktiven Institutionen, aus dem kollektiven Gedächtnis und aus persönlichen Phantasien, von Machtapparaten und aus religiösen Offenbarungen" (Castells 2002, 9). Identitätspolitik sind nun alle symbolischen und realen Handlungen, über die anderen und einem selbst angezeigt werden soll, wo das Eigene vom Fremden abgegrenzt werden muss, wo Bedrohungen dieser Grenzziehungen gesehen werden und abgewehrt werden müssen. Identitätspolitik findet jeden Tag und überall statt, in der Mikropolitik persönlicher Begegnungen, in der Kommunikation zwischen Gruppen und Organisationen, in den Beziehungen zwischen Staaten. Sie wird uns meist aber nur dann bewusst, wenn eingeschliffene Identitätskonstruktionen bedroht sind und neu verhandelt werden müssen. Globalisierungsprozesse erzeugen unter diesem Aspekt ein einziges Dominoszenarium: Die eingefahrenen und eingegrenzten Identitätssphären werden in allen denkbaren Lebensbereichen dekonstruiert, verlieren ihre Passform. Die eingespielten Identitätsmuster und die durch sie gesicherten Normalitätsvorstellungen brechen zusammen und ein Identitätsdominostein reißt den anderen mit. Diese aktuellen Erfahrungen mit der Demontage unserer stabilen Identitätsgehäuse könnte man mit der klassischen Formulierung aus dem Kommunistischen Manifest kaum besser ausdrücken. Die Rede ist da von der „ununterbrochene(n) Erschütterung aller gesellschaftlichen Zustände, die ewige Unsicherheit und Bewegung zeichnet die Bourgeoisieepoche vor allen anderen aus. Alle festen eingerosteten Verhältnisse mit ihrem Gefolge von altehrwürdigen Vorstellungen und Anschauungen werden aufgelöst, alle neugebildeten veralten, ehe sie verknöchern können. Alles Ständische und Stehende verdampft, alles Heilige wird entweiht ..." (Marx & Engels 1966, 29). Die wichtigste Beunruhigung der Veränderungsprozesse, die wir im Blick haben, rührt aus der Tatsache, dass sie auch die „Festung Alltag" schleifen. Anthony Giddens (2001), einer der wichtigsten sozialwissenschaftlichen Zeitdiagnostiker hat in seinem neuesten Buch „Entfesselte Welt. Wie die Globalisierung unser Leben verändert" geschrieben: „Die wichtigste der gegenwärtigen globalen Veränderungen betrifft unser Privatleben – Sexualität, Beziehungen, Ehe und Familie. Unsere Einstellungen zu uns selbst und zu der Art und Weise, wie wir Bindungen und Beziehungen mit anderen gestalten, unterliegt überall auf der Welt einer revolutionären Umwälzung. (...) In mancher Hinsicht sind die Veränderungen in diesem Bereich komplizierter und beunruhigender als auf allen anderen Gebieten. (...) Doch dem Strudel der Veränderungen, die unser innerstes Gefühlsleben betreffen, können wir uns nicht entziehen" (Giddens 2001, 69). Offensichtlich ist es nicht möglich, Reservate gegen die Globalisierungsfolgen zu errichten und sie mit einer Schutzmauer zu umgeben und trotzdem wird es immer wieder versucht.

Die Globalisierung lässt sich als Prozess der Entgrenzung bezeichnen, der – in den variationsreichen Formulierungen von Ulrich Beck (2004, 15) – zu einer Dekonstruktion des „Gesellschaftsbild(es) der gefrorenen, getrennten Welten und Identitäten", der „territoriale(n) Entweder-Oder-Theorie der Identität", der „territorialen Gefängnistheorie von Identität, Gesellschaft und Politik" oder dem „*Gefängnis-Irrtum* der Identität". Aber diese dramatisch verabschiedeten Identitätskonstruktionen haben für die meisten Menschen ihr bisheriges Leben geprägt und Normalitäten garantiert. Noch immer wird auf breiter Grundlage versucht, an den abbruchreifen Identitätsgehäusen festzuhalten, sie zu verteidigen und möglichst auch Schuldige für die Erschütterungen und Bedrohungen auszumachen. Aber die Veränderungen sind so allgegenwärtig, komplex und diffus zugleich, dass sie kaum in einfache Ursache-Wirkungs- oder Täter-Opfer-Figurationen gebracht werden können. Gleichwohl sehen wir, dass in den privaten Welten, an den Stammtischen und auch in den Deutungsangeboten der Medien und der politischen Klasse „Erklärungen“ angeboten werden, die nach diesem Muster funktionieren.

Rüdiger Safranski (2003) stellt mit dem Titel seines letzten Buch die Frage „Wie viel Globalisierung verträgt der Mensch?“ und dieser Frage wird man sich notwendigerweise stellen müssen, wenn man das aktuelle Spektrum identitätspolitischer Muster in den Blick nimmt. Allerdings stelle ich sie nicht philosophisch-anthropologisch, weil mir auf dieser Ebene die Antworten unzureichend essentialistisch ausfallen. Ich versuche eine sozialpsychologische Antwort und die formuliere die Frage anders: Wie gut sind Menschen auf eine global-gesellschaftliche Entwicklung vorbereitet, die die Selbstverständlichkeiten und Normalitäten ihres Alltags grundlegend in Frage stellt, und welche Ressourcen bräuchten sie, um diese Veränderungen produktiv gestaltend und als Chance für neue Lebensentwürfe zu nutzen?

Ich sehe drei sozialpsychologisch unterscheidbare identitätspolitische Antwortmuster auf

1. die (irrationale) Furcht vor der Freiheit, die sich in regressiven Strategien Schutzmauern gegen Veränderungen errichtet.
2. die (legitime) Sorge um das Eigene, die den Anspruch auf den eigenen Weg oder die eigene Heimat gegen eine globalisierende Vereinheitlichung aufrechterhält.
3. die Chance kosmopolitisch-hybrider Selbstentwürfe, die genutzt wird, um sich produktiv gestaltend an einer zivilgesellschaftlichen Perspektive der Globalisierung zu beteiligen.

4.1 Die (irrationale) Furcht vor der Freiheit

Das erste Identitätsmuster kommt aus einem Angstmilieu und weist regressive Züge auf. In seinem Buch Unbehagen in der Postmoderne versucht Zygmunt Bauman (1999) vier Dimensionen der „gegenwärtigen Ungewissheit“ zu umreißen, die eine „Atmosphäre uns umgebender Furcht“ konstituieren:

> 1. „Die neue Weltunordnung. Auf ein halbes Jahrhundert eindeutiger Trennlinien, klar umrissener Interessenlagen und keinerlei Zweifeln unterliegender politischer Ziele und Strategien folgte eine Welt ohne jede erkennbare Struktur und ohne jede – auch

noch so finstere – Logik. Die Politik der Machtblöcke, die bis vor kurzem noch die Welt dominierte, verbreitete Angst infolge ihrer schreckenerregenden Möglichkeiten; was immer nun an ihre Stelle getreten ist, macht Angst durch seinen Mangel an Konsistenz und Zielgerichtetheit – und das heißt, durch die Grenzenlosigkeit der nur erahnten Möglichkeiten“ (S. 44).

2. „Die universelle Deregulierung – die fraglose und uneingeschränkte Priorität, die der Irrationalität eingeräumt wird, die grenzenlose Freiheit, die Kapital und Finanzen auf Kosten aller anderen Freiheiten genießen, das Zerreißen der gesellschaftlich geknüpften und instandgehaltenen Sicherheitsnetze und das Leugnen aller Argumente mit Ausnahme von wirtschaftlichen – versetzte dem erbarmungslosen Polarisierungsprozess einen neuen Schub“ (S. 45).
„Kein Arbeitsplatz ist garantiert, keine Position narrensicher, keine Kompetenz von dauerhaftem Nutzen; Erfahrungen, Know-how wandeln sich zu Nachteilen, kaum dass sie Aktiva wurden, verlockende Karrieren erweisen sich allzu oft als Harakiri-Unternehmen“ (S. 46).

3. „Die anderen Sicherheitsnetze, selbstgeknüpft und instand gehalten, jene Rückzugslinien, die einst der nachbarschaftliche oder der Familienverband boten und hinter die man sich mit seinen Wunden aus den Scharmützeln auf dem freien Markt zurückziehen konnte, sind, wenn nicht ganz zerfallen, so doch zumindest erheblich geschwächt“ (S. 46 f.).

4. „... die essentielle Unsicherheit und formbare Weichheit der Welt: In dieser Welt ist alles möglich und alles machbar, doch nichts ein für allemal – und was auch passiert, es geschieht unangekündigt und verschwindet genauso sang- und klanglos wieder. In dieser Welt werden Bindungen zu einer Folge von Bewegungen verfälscht, Identitäten zu aufeinander folgenden Masken, Lebensgeschichten zu Episodenreihen, deren einzige bleibende Bedeutung in der gleichermaßen kurzlebigen Erinnerung an sie liegt. Nichts lässt sich mit Sicherheit wissen, und alles, was man weiß, lässt sich auch anders wissen. (...) Und so gibt es wenig auf der Welt, was man als solide und zuverlässig betrachten könnte, nichts, was an festen Kettfäden erinnern würde, in die man das Tuch des eigenen Lebensweges hineinweben könnte.
Wie alles andere zersplittert auch das Selbstbild des Menschen in eine Ansammlung von Schnappschüssen, deren jeder seine eigene Bedeutung beschwören, enthalten und ausdrücken muss, meist ohne Beziehung zu anderen Momentaufnahmen. Statt seine Identität schrittweise und geduldig aufzubauen, wie man ein Haus errichtet – durch allmähliches An- und Ausbauen von Böden, Decken, Zimmern und Durchgängen –, experimentiert man mit einer Reihe von ‚Neuanfängen', mit kurzfristig montierten, leicht wieder zu demontierenden Erscheinungsformen, die einfach übereinandergemalt werden: einer Palimpsest-Identität“ (S. 48).

Ist das „Schwindel der Freiheit“, der uns erfasst hat? Muss nicht Angst entstehen, wenn wir kein stabiles Identitätsgehäuse mehr haben? Der Verlust von verlässlichen Fundamenten, die ein Gefühl der Beheimatung in sich selber ermöglichen, muss Verunsicherungen und Gefühle des Unbehagens auslösen. Aber nicht jede Verunsicherung treibt notwendig in die Regression, in die (illusionäre) Hoffnung, dass man sich in den geschlossenen Gehäusen von Fremdenfeindlichkeit,

Fundamentalismus oder Nationalismus Sicherheit, Eindeutigkeit und Heimat holen könne. Wie aber könnten produktive Formen der Angstbewältigung aussehen, in der – im Sinne von Kierkegaards Formulierung – die „Angst als Möglichkeit der Freiheit" genutzt werden kann? Wir wissen relativ viel über das Scheitern. Am meisten darüber gelernt habe ich in Erich Fromms Buch „Escape for freedom" (deutsch: „Furcht vor der Freiheit"), in dem er 1941 auf die gesellschaftlichen Ursachen von Angst und Ohnmachtsgefühlen eingeht, die den Nationalsozialismus möglich gemacht haben. Seine These ist bis heute überzeugend: In deutschen Familien sind in hohem Maße autoritäre Charakterstrukturen gefördert worden, kritische Ich-Fähigkeiten hingegen kaum. Die tiefen Verunsicherungen der Deutschen in den 1920er Jahren, die mit der Weltwirtschaftskrise und vor dem Hintergrund des verlorenen ersten Weltkriegs eine besondere Dramatik erhielten, wurden nicht als Chance für einen gesellschaftlichen Neuanfang, sondern wurden mit „Fluchtmechanismen" beantwortet. Erich Fromm sieht in seiner psychoanalytisch inspirierten Anthropologie in der existentiellen Grundausstattung des Menschen das Potential zur Freiheit, der produktiven, lebensbejahenden Veränderungen, aber er bleibt nicht bei einer philosophischen Position stehen, sondern fragt nach psychologischen und gesellschaftlichen Bedingungen der Möglichkeit der Freiheit. Im Unterschied zu konservativen Denkern wie Arnold Gehlen, der in der Angst des Menschen den Hinweis auf seine „Mangelhaftigkeit" sieht, die durch autoritäre gesellschaftliche Arrangements aufgefangen werden müssen, sehen Erich Fromm oder auch Alexander Mitscherlich in der mangelhaften Instinktausstattung des Menschen die Basis für Emanzipation und Selbstverantwortung.

Identitätspolitik kann Identität auch wie eine „Waffe" oder – eher defensiv – als „Panzer" verstehen, die eingesetzt werden in einem als Dschungel erlebten gesellschaftlichen Überlebenskampf. Es gibt eine Identitätspolitik von rechts. Da gerät dann Identität in die Nachbarschaft zu Konzepten, die aus der Waffenkammer der Vergangenheit kommen. Zygmunt Bauman (1992) hat kürzlich einen Aufsatz so überschrieben: „Boden, Blut und Identität". In diesem Aufsatz zeigt Bauman auf, wie verzweifelt die Suche der „postmodernen Nomaden" oder „Landstreicher" sein kann, denen jedes gesicherte Gefüge, jeder verlässliche Ort und eine ungefährdete Gemeinschaftseinbindung abhanden gekommen sind. Sie sind dauernd damit beschäftigt, ihre Identitäten zu konstruieren, aber es sind immer nur „Augenblicks-Identitäten", „Identitäten für heute" oder „Identitäten bis auf weiteres" (1992, 694). Unter dem Titel „Wir sind wie Landstreicher" hat Zygmunt Bauman (1998, 295 f.) die „ontologische Bodenlosigkeit der Postmoderne" so beschrieben:

> „Die Postmoderne ist der Punkt, wo das moderne Freisetzen aller gebundenen Identität zum Abschluss kommt. Es ist jetzt nicht nur leicht, Identität zu wählen, aber nicht mehr möglich, sie festzuhalten. Im Augenblick des höchsten Triumphs muss Befreiung erleben, dass sie den Gegenstand der Befreiung vernichtet hat. Je freier die Entscheidung ist, desto weniger wird sie als Entscheidung empfunden. Jederzeit widerrufbar, mangelt es ihr an Gewicht und Festigkeit – sie bindet niemanden, auch nicht den Entscheider selbst; sie hinterlässt keine bleibende Spur, da sie weder Rechte verleiht noch Verantwortung fordert und ihre Folgen, als unangenehm empfunden und unbefriedigend geworden, nach Belieben kündbar sind. Freiheit gerät zu Beliebigkeit; das berühmte Zu-allem-Befähigen, für das sie hochgelobt wird, hat den postmodernen Identitätssuchern alle Gewalt eines Sisyphos verliehen. Die Postmoderne ist jener Zustand der Beliebigkeit, von dem sich nun zeigt, dass er unheilbar ist. Nichts ist unmöglich, geschweige denn unvorstellbar. Alles, was ist, ist bis auf weiteres. Nichts, was war, ist für die Gegenwart verbindlich, während die Gegenwart nur wenig über die Zukunft vermag. Heutzutage scheint alles sich gegen ferne Ziele, lebenslange Entwürfe, dauerhafte Bindungen, ewige Bündnisse, unwandelbare Identitäten zu verschwören. Ich kann nicht langfristig auf meinen Arbeitsplatz, meinen Beruf, ja nicht einmal auf meine eigenen Fähigkeiten bauen."

Bauman sieht die „ontologische Bodenlosigkeit" der postmodernen Lebensverhältnisse als letztlich nicht heilbar, aber er sieht zugleich das ungestillte Bedürfnis nach unverrückbaren Fundamenten. „Territoriale Grenzen", „Heimat", die der Nationalstaat lieferte und noch mehr die vermeintlich biologisch gesicherten rassischen Blutskoordinaten scheinen diese Fundamente so zu konstruieren, dass sie als quasi natürliche Fundamente erscheinen, die einem keiner streitig machen kann. In dem Intelligenzlerblatt der neuen Rechten, der „Jungen Freiheit", habe ich ein Beispiel für die Identitätsangebote von diesem Typus gefunden:

> „Andere beklagen, dass es ‚keine weltoffene Heimat' gebe. (...) So streng ist es ja wohl auch nicht, und Grenzen gehören nun mal zum menschlichen Leben. Begrenztheit wiederum hat nicht nur einen geographischen Charakter. (...) Heimat, das scheint gewisse Kreise doch zu schmerzen, ist nun mal immer Heimat ‚für uns', ist ein ‚bei sich selbst zu Hause sein' dürfen. Und Heimat hat auch etwas mit Identität zu tun. Was in der Logik mit dem Zeichensatz 'a = a' abstrakt als Identität symbolisiert wird, das tritt in der politischen Wirklichkeit in dem vielfach angegriffenen Satz vom 'Mia san mia' (Wir sind wir) zutage. Tja, und warum sollen wir nicht wir sein?" (Jürgen Hatzenbichler 1994).

Was wissen wir empirisch über Fluchtmechanismen heute? Die Arbeitsgruppe um Wilhelm Heitmeyer (2003) untersucht seit 2002 in jährlichem Abstand unter dem Titel „Deutsche Zustände" die mentalen Reaktionen auf die aktuelle soziokulturell-politische Situation. Befragt wird eine repräsentativ ausgewählte Gruppe von 3.000 deutschen BürgerInnen. Sie beobachten eine stärker werdende Syndromatik, die sie als „gruppenbezogene Menschenfeindlichkeit" bezeichnen. Es meint die latente bis offene Bereitschaft, Gruppen von Menschen auszugrenzen, sie außerhalb der selbstgezogenen Wir-Grenzen zu stellen. Einbezogen sind in dieses Muster rassistische, fremdenfeindliche, antisemitische, heterophobische, islamphobische und sexistische Einstellungen und die Betonung von Vorrechten der Etablierten, also derjenigen, die schon immer hier leben. Diese Einstellungsmuster tauchen meist im Zusammenhang auf und – je nach aktueller Problematik – ist mal das eine mal das andere an der Spitze. Wie sehen die Daten für 2003 aus?

- *Rassismus:* 18% stimmen der Auffassung zu, dass „die Weißen" zu Recht in der Welt führend sind.
- *Fremdenfeindlichkeit*: 59% finden, dass es in Deutschland zu viele Ausländer gibt.
- *Antisemitismus*: 23% sind der Überzeugung, dass Juden „zu viel Einfluss" in Deutschland hätten; fast 18% sehen eine Mitschuld der Juden an ihrer Verfolgung; und 55% sind der Auffassung, dass sie aus der Vergangenheit Vorteile ziehen.
- *Heterophobie*, also die Ablehnung oder Abwertung von „Abweichenden": 46% empfinden Obdachlose als „unangenehm", 37% sind für ihre Entfernung aus den Fußgängerzonen; 36% empfinden Ekel, wenn sie sehen, wie sich Homosexuelle küssen.
- *Islamphobie:* 65% meinen, dass der Islam nicht zur westlichen Kultur passt und so hoch ist auch der Anteil derer, die ein generelles Misstrauen gegenüber Muslimen haben; 50% möchten nicht in eine Gegend ziehen, in der viele Muslime leben; mehr als 30% sagten, dass sie sich aufgrund der in Deutschland lebenden Muslime als Fremde im eigenen Land empfinden; 25% plädieren für ein Zuwanderungsverbot für Muslime.
- *Etabliertenvorrechte*: 35% sind der Auffassung, dass diejenigen, die schon immer in Deutschland leben, mehr Rechte haben sollten, als diejenigen, die zugezogen sind.
- *Sexismus*: 31% vertreten die Auffassung, dass Frauen sich wieder auf die Rolle der Ehefrau und Mutter besinnen sollten.

Verglichen mit dem Vorjahr sind vor allem im Bereich Fremdenfeindlichkeit, Antisemitismus und Heterophobie die Werte leicht angestiegen. Diese mentalen Abwehrmuster sind gepaart mit der Einschätzung, dass sich die eigene Lebenssituation verschlechtert hat: 38% sehen das in ihrer finanziellen Lage (gegenüber 24% im Vorjahr), das Gefühl abnehmender sozialer Sicherheit haben 42% (10% mehr als ein Jahr zuvor) und die Angst vor Arbeitslosigkeit stieg auf 35% (Anstieg von 8% gegenüber 2002). Gleichzeitig wächst das Gefühl, keinen Einfluss nehmen zu können. Wilhelm Heitmeyer sieht die Gefahr, dass „scheinbar harmlose distanzierende Einstellungen sich in unsicheren Zeiten in feindselige Normalität verwandeln" können, ja zu einem „Normalitätspanzer" werden.

Die Identitätspolitik des beschriebenen Typs ist defensiv ausgerichtet und orientiert sich an einer Vorstellung kollektiver Identität, die den Container des Nationalstaates nicht verlassen kann und mit seinen Ein- und Ausschließungspraxen die aufplatzenden Schweißnähte dieser Containeridentität zu flicken versucht. Einen Entwurf in die Zukunft gibt es nicht, denn diese kann man sich nur als Restauration des verloren gehenden status quo vorstellen.

4.2. Die (legitime) Sorge um das Eigene

Es wäre fatal, jede Skepsis gegenüber Globalisierungsfolgen als defensiv oder gar regressiv einzuordnen. Die Sorge meiner oberfränkischen Landsleute vor dem erweiterten Europa ist berechtigt und erfahrungsgesättigt. Hier ist es notwendig, die kosmopolitische Perspektive des Denkens in der Kategorie „einer Welt" von der ökonomischen Dynamik der Globalisierung klar zu differenzieren. Es macht einen Unterschied, ob wir über fremdenfeindliche Ausschließungspraxen oder eine rassistisch geprägte Dominanz- oder Hegemonialkultur sprechen oder über die fatalen Folgen des grenzüberschreitenden Netzwerkkapitalismus, der auf Sozialstandards, regionale Besonderheiten und kulturelle Eigenständigkeiten keinerlei Rücksicht nimmt und allein die maximale Profitrate als Leitprinzip hat. Aus der Sorge um das Eigene, die den Anspruch auf den eigenen Weg oder die eigene Heimat gegen eine globalisierende Vereinheitlichung aufrechterhält, entstehen wichtige „Widerstandsidentitäten" (im Sinne von Castells), die nicht gefeit sind vor einer regressiven und ressentimentgeladenen Transformation, aber im Kern bilden sie erst einmal eine Verteidigungslinie, die aus einer Wertschätzung für eigene kulturelle Entwicklungen, für regionale Besonderheiten und für soziale Standards errichtet wird. Die zunehmende Globalisierung hat der Eigensinnigkeit des Regionalen, Kommunalen und Lokalen eine neue Bedeutung verliehen, aber es geht dabei weniger um die räumlich-geographische Ortsidentität, sondern um die Einbindung in ein Netzwerk, in dem das Gefühl der Zugehörigkeit, das der Anerkennung und letztlich die eigene Verortung entstehen kann. Dieses „Wir" darf sich und muss sich nicht selten gegen die hegemonialen Ansprüche der „global players" und der universellen Kulturindustrie zur Wehr setzen und das kann ohne eine Wagenburgmentalität und die Konstruktion einer feindlichen Außenwelt geschehen. Entscheidend ist die Erfahrung der kollektiven Handlungsfähigkeit und der Schaffung eigener Projekte, in denen die Selbstwirksamkeit der eigenen Handlungen erlebbar wird.

Auch in einer kosmopolitisch gedachten und gestalteten Welt bleibt das Problem der kollektiven Zugehörigkeit und Verortung, die Suche nach Ligaturen, die so etwas wie eine Beheimatung ermöglichen. Beheimatung ist also eine individuelle und auch soziokulturelle Aufgabe, für deren Bewältigung Menschen vielfältige Ressourcen brauchen. Es wird uns immer mehr bewusst, dass Gefühle der Zugehörigkeit und des Vertrauens in eine sichere Welt, die wir mit dem Heimatgefühl verknüpfen, keine gesicherten „Besitzstände" sein können. Aber es kann aus einem individuellen und gemeinschaftlichen Herstellungsprozess immer wieder entstehen. Das ist der unabschließbare Prozess der Beheimatung.

4.3. Die Chance kosmopolitisch-hybrider Selbstentwürfe

Manuel Castells hat noch einen weiteren Typus von Identitätspolitik beschrieben und als „Projektidentität" bezeichnet. Sie ist – in den Worten von Castells (2002, 10) – gegeben, „wenn sozial Handelnde auf der Grundlage irgendwelcher ihnen verfügbarer kultureller Materialien eine neue Identität aufbauen, die ihre Lage in der Gesellschaft neu bestimmt und damit eine Transformation der gesamten Gesellschaftsstruktur zu erreichen suchen."

Die StudentInnen aus Osteuropa, von denen ich anfangs erzählt habe, hatten sich neben der Reflexionsarbeit, die im Zusammenhang mit der Frage nach Identitäten in einer sich verändernden Welt zu leisten war, auch eine Projektwerkstatt vorgenommen, die zukunftsfähige Lebensformen in Gesellschaften des Übergangs initiieren und unterstützen sollten. Eindrucksvoll war die Fülle von Ideen, die sich entweder auf Probleme wie Fremdenfeindlichkeit, Antisemitismus, Gewalt bezogen oder auf die kreative Gestaltung von Bildung- und Erziehungsprozessen. Auch die Vereinbarkeit von Familie und Beruf für Frauen und Männer war ein wichtiges Thema. In dieser Werkstatt ist Kosmopolitismus praktiziert worden, indem Lösungsideen quer zu nationalen Sonderbezirken entwickelt und unterstützt wurden, aber die Eigenständigkeit kultureller Erfahrungen ist dabei nicht ausgestrichen worden. Auf dem Hintergrund ihrer je unterschiedlichen Heimaten, Sprachen, Geschichten und Erfahrungen, die nie ausgeblendet wurden und so etwas wie eine sichere Bindung ausstrahlten, ist experimentell gearbeitet worden, sind eigenwillige neue Kombinatoriken ersonnen worden, die nicht mehr die Reinheit einer nationalistisch geprägten Identitätspolitik aufwiesen, sondern gerade durch ihre Hybridität, durch ihren Patchworkcharakter an Lösungskreativität gewonnen haben. Das Reinheitsgebot mögen wir aus guten Gründen für unser Bier hochhalten, im politisch-gesellschaftlichen Raum ist es nicht nur unrealistisch, sondern auch gefährlich. Es muss notwendigerweise ein- und ausschließen, es fördert eine Stammeskultur, die ihre sozialen Zugänge militant bewachen und verteidigen muss. Es verhindert den Blick auf die vielen kreativen Wege, die durch den Begriff der Hybridität überschrieben werden: monokulturelle Gettos überschreitende Lernprozesse, die hohen sozialen Kompetenzen, die durch das gleichzeitige Leben in mehreren Teilkulturen möglich wird, die spezifische Kreativität, die aus den Verknüpfungen dieser Teilkulturen in der Literatur, in der Musik oder im Sport entsteht. Wie groß sind die Lernchancen von Kindern bei einer bikulturellen Elternschaft? Lernen sie nicht in selbstverständlicher Weise die Pluralität von Lebensformen zu akzeptieren und gegenüber „Reinheitsimperativen" reflexiv auf Abstand zu gehen?

Kann man mit solchen eher ausgelesen-untypischen Gruppen und Beispielen etwas sichtbar machen, was Anspruch auf Allgemeingültigkeit haben kann? Egal, ob sie aus Polen, Tschechien, Ungarn, Estland oder Russland kommen, sie sind sich – bei allen Unterschieden im einzelnen – einig, dass wir in einer globalen Gesellschaft leben, die gekennzeichnet ist durch

- tiefgreifende kulturelle, politische und ökonomische Umbrüche, die durch einen global agierenden digitalen Netzwerkkapitalismus bestimmt werden;
- sich ändernde biographische Schnittmuster, die immer weniger aus bislang bestimmenden normalbiographischen Vorstellungen bezogen werden können;
- Wertewandel, der einerseits neue Lebenskonzepte stützt, der aber zugleich in seiner pluralisierten Form zu einem Verlust unbefragt als gültig angesehener Werte führt und mehr selbst begründete Wertentscheidungen verlangt;
- veränderte Geschlechterkonstruktionen, die gleichwohl untergründig wirksame patriachale Normen und Familienmuster nicht überwunden haben;
- die Pluralisierung und Entstandardisierung familiärer Lebensmuster, deren Bestand immer weniger gesichert ist und von den beteiligten Personen hohe Eigenleistungen in der Beziehungsarbeit verlangt;
- die wachsende Ungleichheit im Zugang der Menschen zu materiellem, sozialem und symbolischem Kapital, die gleichzeitig auch zu einer ungleichen Verteilung von Lebenschancen führt;
- zunehmende Migration und daraus folgenden Erfahrungen mit kulturellen Differenzen und einem Patchwork der Verknüpfung dieser Differenzen zu neuen Hybriditäten, die aber von spezifischen Bevölkerungsgruppen als Bedrohung erlebt werden;
- wachsenden Einfluss der Medien, die nicht nur längst den Status einer zentralen Erziehungs- und Bildungsinstanz haben, sondern auch mit ihrem hohen Maß an Gewaltpräsentation zumindest die Gewöhnung an Gewalt wesentlich fördern;
- hegemoniale Ansprüche, die die Mittel von Krieg und Terror einsetzen, um ihre jeweiligen ideologischen Vorstellungen einer Weltordnung jenseits demokratischer Legitimation durchzusetzen.

Und einig sind sich die TeilnehmerInnen unseres Seminars auch gewesen, dass die souveräne Bewältigung einer solchen globalen Gesellschaft spezifischer Ressourcen bedarf. Was brauchen Menschen dazu?

- Sie müssen ihre eigene Lebenserzählung finden, die für sie einen kohärenten Sinnzusammenhang stiftet.
- Sie müssen in einer Welt der universellen Grenzüberschreitungen ihr eigenes „boundary management“ in Bezug auf Identität, Wertehorizont und Optionsvielfalt vornehmen.
- Sie brauchen die „einbettende Kultur“ sozialer Netzwerke und die soziale Kompetenz, um diese auch immer wieder mit zu erzeugen.
- Sie benötigen die erforderliche materielle Basissicherung, die eine Zugangsvoraussetzung für die Verteilung von Lebenschancen bildet.
- Sie benötigen die Erfahrung der Zugehörigkeit zu der Gesellschaft, in der sie ihr Lebensprojekt verwirklichen wollen.
- Sie brauchen einen Kontext der Anerkennung, der die basale Voraussetzung für eine gelingende Identitätsarbeit ist.
- Sie brauchen Voraussetzungen für den alltäglichen interkulturellen Diskurs, der in einer Einwanderungsgesellschaft alle Erfahrungsbereiche durchdringt.
- Sie müssen die Chance haben, in Projekten des bürgerschaftlichen Engagements zivilgesellschaftliche Basiskompetenzen zu erwerben.

Ich habe kürzlich einen Brief von einer aus Italien stammenden Psychologin erhalten, mit der ich vor Jahren in einem Diskussionszusammenhang war. Sie leitet die „Akademie der Nationen“ beim Caritasverband. Sie schreibt mir: Deren „Ziel ist im wesentlichen die Gestaltung einer kosmopolitischen Bürgergesellschaft, die den ‚Anderen' als Chance und nicht als Problem sieht“. Das wär's doch: Eine „Akademie der Nationen“ müssten wir werden!

Literatur

Bauman Z. (1996). Glokalisierung oder: Was für die einen Globalisierung, ist für die anderen Lokalisierung. *Das Argument 217*, *38*, 653-664.

Bauman Z. (1998). Vom Pilger zum Touristen – Postmoderne Identitätsprojekte. In: Keupp H. (Hrsg.). *Der Mensch als soziales Wesen*. München: Piper, 295-300.

Bauman Z. (1999). *Unbehagen in der Postmoderne*. Hamburg: Hamburger Edition.

Beck U. (2004). *Der kosmopolitische Blick oder Krieg ist Frieden*. Frankfurt a. M.: Suhrkamp.

Castells M. (1997). *The power of identity. Vol. II von The information age: Economy, society and culture*. Oxford: Blackwell. (dt. 2002).

Elias N. (1976). *Der Prozess der Zivilisation*. Frankfurt a. M.: Suhrkamp.

Feuchtwanger L. (1932): Psalm des Weltbürgers. In: Feuchtwanger L.: *Der jüdische Krieg*, Berlin: Propyläen.

Feuchtwanger L. (1984): Der historische Prozeß der Juden. In Feuchtwanger L.: *Ein Buch nur für meine Freunde*, Frankfurt a. M.: Fischer.

Feuchtwanger L. (1993): *Erfolg. Drei Jahre Geschichte einer Provinz.* Berlin: Fischer.

Fromm E. (1966). *Die Furcht vor der Freiheit.* Frankfurt a. M.: Europäische Verlagsanstalt.

Giddens A. (2001). *Entfesselte Welt. Wie die Globalisierung unser Leben verändert.* Frankfurt a. M.: Suhrkamp.

Heitmeyer W. (2003). Feindselige Normalität. *Die ZEIT,* 11. Dezember.

Mann T. (1990). Betrachtungen eines Unpolitischen. In: *Reden und Aufsätze. Gesammelte Werke, Bd. XII.* Frankfurt a. M.: Fischer.

Marx K. & Engels F. (1848). *Manifest der Kommunistischen Partei.* In: Marx K. & Engels F., *Ausgewählte Schriften. Band I.* Berlin (DDR): Dietz-Verlag 1966, 17-57.

Safranski R. (2003). *Wie viel Globalisierung verträgt der Mensch?* München: Hanser.

Thielking S. (2000). *Weltbürgertum: kosmopolitische Ideen in Literatur und politischer Publizistik seit dem achtzehnten Jahrhundert.* München: Fink.

Toulmin S. (1991). *Kosmopolis. Die unerkannten Aufgaben der Moderne.* Frankfurt a. M.: Suhrkamp.

Wagner G. (1987). *Der rationale Wahn. Nuklearaggression und Abwehrsystem.* Frankfurt a. M.: Fischer.

Strafgedanke und Psychologie in der Nuklearstrategie

von Wilfried Murad Hofmann

Mit der atomaren Zerstörung der Stadtkerne von Hiroshima und Nagasaki am 06. bzw. 09. August 1945 wurde nicht nur der japanische Widerstand so gebrochen, dass der 2. Weltkrieg auch im Pazifik sein Ende fand; mit dieser Demonstration einer neuen, fürchterlichen Militärtechnologie trat die Geschichte der Menschheit schlechthin in ein neues Zeitalter ein.

Von nun an gab es eine bis dato unbekannte, waffentechnologisch fundierte Hierarchisierung der internationalen Beziehungen: Man war Atomwaffenstaat oder man war es nicht. War man es, war man auch in den demokratisch angelegten Vereinten Nationen privilegiert. Jeder Staat, groß oder klein, hatte nur eine Stimme: Doch diese Maxime galt de facto nur unter den nuklearen Habenichtsen. Denn die frühen Atomwaffenmächte fanden sich schon bei Gründung der obersten Weltorganisation und bis heute in seinem Sicherheitsrat wieder, wo sie nach wie vor vetoberechtigt sind.

Kein Wunder, dass die USA, China, Frankreich, Großbritannien und die Sowjetunion alles daran setzen, diesen ihren Club-Status zu verewigen. Dem diente der Atomwaffensperrvertrag, der fast der gesamten Staatenwelt mit (nicht nur sanfter) Gewalt aufoktroyiert wurde. Die Spätankömmlinge Israel, Indien, Pakistan und Korea – in dieser Reihenfolge – destabilisierten das System trotz ihrer Unbotmäßigkeit aber letztlich nicht.

An Hiroshima und Nagasaki hatte sich im übrigen die Erwartung geknüpft, dass Kriege von nun an unmöglich seien; die Menschheit gehe nun endlich unter dem Atomschirm einer friedlichen Entwicklung entgegen.

Dieser Traum hat sich bekanntlich nicht erfüllt. Seit 1945 wurden, auch in Europa, bereits fast 200 „konventionelle" Kriege geführt. Es zeigte sich, dass Kriegsführung unter bestimmten Umständen unterhalb der sog. nuklearen Schwelle möglich blieb. Dies war jedenfalls der Fall, wenn

- beide kriegsführenden Parteien über keine nuklearen Waffen, jedoch über eine nukleare Schutzmacht verfügten, oder
- die Kriegsführenden kein ausreichendes wirtschaftliches oder strategisches Eigengewicht hatten, das ein atomares Eingreifen – und sei es nur in Form der Androhung – kostenanalytisch gerechtfertigt hätte.

Wider Erwarten erlaubte dies sogar den Nuklearmächten selbst, nach 1945 weiterhin unmittelbare Kriegspartei zu werden, so wie China in Korea, Frankreich und später die USA in Vietnam, Großbritannien gegen Argentinien und die Sowjetunion in Afghanistan.

Dieses Phänomen beruhte auf der neuen strategischen Kategorie der Abschreckung (engl. deterrence; frz. dissuasion), welches die internationalen Beziehungen der Nachkriegszeit nun tatsächlich revolutionierte. In der bisherigen Militärgeschichte hatten es jeweils beide Seiten darauf angelegt, die andere über die wahren eigenen militärischen Fähigkeiten im Unklaren zu lassen.

Noch in den dreißiger Jahren gelang es den Deutschen, ihre potentiellen Widersacher zur See über die wirkliche Tonnage der Schlachtschiffe „Scharnhorst“, „Gneisenau“ und „Bismarck“ zu täuschen. Wie dick die Festungsmauern waren, die Kaliber der Artillerie, die Geschwindigkeit der Torpedoboote, die Reichweite der Bomber – dies und vieles andere sollte streng geheim bleiben. Wenn man schon, wie dies meist der Fall war, den potentiellen Gegner nicht durch Bluff von cincm Angriff abhalten konnte, so sollte er doch seine böse Überraschung erleben, sobald er zur Waffe griff.

Die Verfügbarkeit von Nuklearwaffen änderte die Psychologie der Strategen und damit die tatsächliche Lage grundlegend. Die Zerstörungsgewalt der Nuklearwaffen konnte ja bis in den Megatonnen-Bereich gesteigert werden. Von solchen Waffen konnte man erwarten, dass sie jeden Angriff verhindern, aber doch nur, wenn die andere Seite darüber Bescheid wusste. Die hochkalibrigen Atomwaffen waren also nicht zum Einsetzen da, sondern zum Vorzeigen.

Dem kam im übrigen zugute, dass Atomwaffenversuche dieser Größenordnung ohnehin nicht zu verbergen waren, selbst wenn man sie unterirdisch und auf eigenem Territorium durchführte.

Nichts zeigte den Wandel des strategischen Denkens besser als die damals bei einigen selbsternannten Vordenkern auftauchende Vorstellung, man könne einen trotz allem ausgebrochenen konventionellen militärischen Konflikt schnell beenden, indem man eine große Atomwaffe zur bloßen Demonstration des Eskalationsrisikos weithin sichtbar einsetzte, nicht gegen gegnerische Ziele und nicht am Boden, sondern als sog. *air burst* hoch und weithin sichtbar in der Luft. (Man weiß heute, dass man damit wegen der damals noch unbekannten elektromagnetischen Nebenwirkungen einer nuklearen Explosion absurderweise schlagartig die eigene Führungs- und Reaktionsfähigkeit weitflächig lahm gelegt hätte.)

Doch mit dem Andenken eines demonstrativen Einsatzes von Nuklearwaffen hatte man bereits ein psychologisches Spiel zu spielen begonnen, das für die Nuklearstrategie im Ost-West-Zusammenhang prototypisch wurde: Könnte, so fragte man sich, ein demonstrativer Einsatz nicht das Gegenteil des Erhofften bewirken? Könnte der Gegner daraus nicht etwa schließen, dass man sich zu einem militärischen Einsatz, der wirklich weh tut, gar nicht durchringen könne? War dies dann nicht ein geradezu fatales Signal eigener mentaler Schwäche, nämlich mangelnder Entschlossenheit, wenn nicht einer Selbstabschreckung?

Noch schlimmer: Könnte die andere Seite aus dem demonstrativen Einsatz nicht auch schließen, dass dies die allerletzte Warnung sei, dass der militärische Einsatz nuklearer Mittel also unmittelbar bevorstehe? Wenn der Gegner aber annehme, man sei schon dabei „to go nuclear", würde er dann nicht seinerseits präventiv die nukleare Schwelle überschreiten? Solche Selbstgespräche hatten einen kaum bewusst gemachten Schwachpunkt: Sie beruhten auf der Grundannahme, dass der potentielle Gegner – im gegebenen Falle die sowjetische Führung, darunter ein Nikita Chrustchev und ein alkoholgeneigter Boris Jelzin – ebenso rational vorgingen wie man selbst. Dass ein Betrunkener, ein wahnsinnig Gewordener oder ein bereits totkranker Fanatiker irrational auf den roten Knopf drücken könnte, durfte kaum in Betracht gezogen werden, wollte man der vernunftgeprägten eigenen Gesamtstrategie nicht den Teppich unter den Füßen wegziehen.

Vernunftgeprägt? War es wirklich vernünftig, das Überleben der Menschheit auf Abschreckung mit so fürchterlichen Waffen zu stützen? War dies, um mit Georg Wagner zu sprechen, nicht ebenfalls ein „rationaler Wahn"? Vernünftig oder nicht: Die nuklearen Planer beider Seiten hatten keine andere Wahl.

Sie waren zu einem fast „magischen Glauben an die Abschreckung" (Georg Wagner) geradezu verdammt; sahen doch beide Seiten sich einem fast autistisch anwachsenden nuklearen Potential gegenüber, das weltweit einsetzbar war und innerhalb von 15 bis 30 Minuten seine interkontinentalen Ziele dank „overkill capacity" mit tödlicher Sicherheit vernichten konnte. Nicht nuklear abschrecken zu wollen, hieße unter diesen Umständen, seinen Kopf in den Sand zu stecken – gewiss keine rationale Alternative.

Diese Situation war in der Tat in höchstem Maße unstabil; denn es bedeutete, dass derjenige gewinnen würde, der zuerst auf den Knopf drückt. Die Antwort darauf war das beiderseitige Wettrüsten zur Erlangung einer „gesicherten Zweitschlagfähigkeit". Darunter wurde die Fähigkeit verstanden, dem Gegner auch nach Absorbieren eines großen Nuklearschlags im Wege der Vergeltung (retaliation), d. h. durch einen „Zweitschlag", noch unannehmbaren Schaden zuzufügen.

Diese Fähigkeit wurde durch Stärkung der Überlebensfähigkeit der wichtigsten strategischen Waffenträger hergestellt. Jetzt wurden nukleare U-Boote in Dienst gestellt, die monatelang unbeweglich auf Meeresgrund liegen und ihre Interkontinentalraketen unter Wasser zünden konnten. Landgestützte Interkontinentalraketen wurden in gehärtete Silos verlegt und die in Europa dislozierten Mittelstreckenraketen hoch mobil gemacht (SS-20; Pershing 11). Und strategische Langstreckenbomber befanden sich Tag und Nacht in der Luft.

Damit lautete die Formel nicht mehr „wer zuerst schießt, hat gewonnen" sondern „wer zuerst schießt, stirbt als zweiter."

Daneben gab es eine ganze Reihe von Maßnahmen, welche das inzwischen hergestellte „Gleichgewicht des Schreckens" weiter stabilisieren sollten. Eine davon war höchst vernünftig: die Unterrichtung des potentiellen Gegners über die eigenen Fähigkeiten, darunter über die eigenen Vorkehrungen zur Verhinderung eines nicht autorisierten Gebrauchs nuklearer Waffen. Die Einrichtung eines roten Telefons zwischen Washington und Moskau nach der Kuba-Krise diente dem gleichen Zweck und auch die Vorankündigung von Manövern und Probeabschüssen, die andernfalls mit fatalen Folgen missverstanden werden konnten.

Weniger vernünftig war der zum Glück bald aufgegebene Versuch, einen konventionellen Waffengang durch sog. nukleare Gefechtsfeldwaffen zu entscheiden, darunter nukleare Sprengmittel (Atomic Demolition Munition / ADM) und nukleare Panzerfäuste (Davy Crocket), ohne dabei den großen atomaren Schlagabtausch auszulösen.

Zumindest die europäischen NATO-Partner konnten kein Interesse daran haben, die nukleare Schwelle für den Gefechtsfeldgebrauch (battle field use) zu senken u. a. durch sog. Neutronenwaffen mit geringer Sprengkraft, aber tödlicher atomarer Strahlung, seinerzeit von Egon Bahr als perverse Waffen abqualifiziert.

Es ging den Westeuropäern ja nicht um das Gewinnen einer Schlacht, sondern ihre Verhinderung, zumal alles dafür sprach, dass ein – wie auch immer – nuklear gewordener Krieg fast gesetzmäßig weiter nuklear eskalieren würde.

Ein zweiter Versuch zur Wiedergewinnung der nuklearen Initiative, m. E. ebenfalls unvernünftig, bestand (und besteht) darin, dem potentiellen Gegner die Erstschlagfähigkeit durch Anti-Raketen-Raketen (ABM) zu nehmen. Diese unter den Präsidenten Ronald Reagan und George Bush sen. popularisierte Idee stellte das gesamte strategische System in Frage, da dies bisher auf gesicherter Zweitschlagfähigkeit beruhte.

Dies gilt selbst dann, wenn ein voll wirksamer ABM-Schirm erwartungsgemäß ein schöner technologischer Traum bleibt. Denn selbst wenn ein weltraumgestütztes *Anti Ballistic Missiles System* keine Unverwundbarkeit garantieren kann, wird schon seine Planung die Gegenseite gefährlich verunsichern.

Wären wir mit nur einseitiger Erstschlagsfähigkeit nicht wieder da, wo wir schon einmal waren, als die nukleare Welt am explosivsten war?

Das sagt sich leicht und klingt vernünftig. Doch wie soll man verhindern, dass es trotz gesicherter Zweitschlagfähigkeit nicht zu einem Unterlaufen des nuklearen Schutzes kommt?

Dafür bietet der 2. Weltkrieg ein konkretes geschichtliches Beispiel hinsichtlich der damaligen beidseitigen chemischen Rüstung. Beide Kriegsgegner des 1. Weltkriegs waren über die unkalkulierbaren, ja kontraproduktiven Wirkungen des Giftgaseinsatzes offenbar so nachhaltig erschrocken, dass sie 1939 bis 1945 auf den Einsatz dieses Potentials verzichteten. Unter der Giftgasglocke aber breitete sich ein verheerend verlustreicher Krieg mit bloß „konventionellen“ Waffen aus, darunter Terrorangriffen gegen die Zivilbevölkerung (Rotterdam, Coventry, Hamburg, Tokyo, Dresden).

Man kann seither tatsächlich sagen, dass die Wahrscheinlichkeit eines konventionellen Kriegs zwischen nuklear Bewaffneten um so größer ist, je höher die Nuklearschwelle liegt.

Damit ist zugleich gesagt, dass Waffen Abschreckungswirkung nur entfalten, wenn ihr Einsatz *glaubwürdig* ist. Die *hardware* tut es also auch hier nicht, wenn die sozialpsychologische *software* nicht stimmt.

Doch wie verleiht man seinen Waffen Glaubwürdigkeit? Diese resultiert aus einer Gesamtanalyse der anderen Seite. Diese beruht auf der Wahrnehmung der psychologischen Befindlichkeit bzw. mentalen Stärke des Gegners, seiner Gesellschaft, Streitkräfte und Führung. Die Frage ist dabei, banal gesagt: Beißen bellende Hunde wirklich nicht? Bellen sie nur, um das Beißen zu vermeiden? Oder ist Bellen nur der erste Schritt zum Beißen?

Aus diesem Grunde war die Friedensbewegung der 1960er/70er Jahre, einschließlich Petra Kelly und General a. D. Gerd Bastian, *kriegsgefährdend* – so seltsam das klingen mag. Konnte sie doch Moskau suggerieren, dass es im Westen tatsächlich schon zur Selbst-Abschreckung gekommen sei. Fürchteten sich Anhänger der „Anti-Atomtod-Bewegung“ nicht weit mehr vor den eigenen als vor den gegnerischen Waffen? War ihnen wirklich jeder Tod lieber als durch radioaktive Strahlung ?

Ein solches Fehlurteil über den scheinbar entscheidungsunfähigen, im Grunde also „dekadenten“ Westen bot sich im Osten aus ideologischer Sicht ohnedies an.

Kein Wunder, dass die DDR damals – wie heute belegt – in sowjetischem Auftrag die deutsche Friedensbewegung zu instrumentalisieren suchte. Dies war ein groß angelegter Versuch, das Gleichgewicht des Schreckens auf der psychologischen, „moralischen“ Ebene derart auszuhebeln, dass die riesige konventionelle Überlegenheit des Warschauer Paktes wieder (nuklear ungestraft) zum Tragen käme.

Das damalige Schlagwort „Lieber rot als tot“ war daher geradezu existenzgefährdend. Deshalb steigerte ich es als Informationsdirektor der NATO und Leiter ihres Information Service (NATIS) Anfang der 1980er Jahre ins Absurde: „Lieber rot als tot, sagte der Hummer, bevor er ins kochende Wasser sprang.“ In der Tat war ein bisschen Waffenklirren, darunter 1982 der sog. Doppelbeschluss der NATO (Beseitigung des sowjetischen Mittelstreckenpotentials oder westliche „Nachrüstung“ mit entsprechenden Pershing 11-Raketen) damals friedenserhaltender als alle parallelen Kampagnen für den „Nichtersteinsatz" (non first use) der eigenen Nuklearwaffen.

Auch letztere Forderung war zwar menschlich-emotional verständlich, aber in rationaler Betrachtung sicherheitspolitisch fatal. Denn wenn ich von vorneherein und unter allen Umständen auf den Einsatz eines Potentials verzichte, kann ich es gleich verschrotten, weil es seinem Hauptzweck, der Kriegsverhütung, nicht mehr dient. Ohne ein Maß an Ungewissheit darüber, ob meine Waffen beim Angriff des Gegners losgehen, bleibt logisch nur die präventive Kapitulation.

Nein, das viele ängstigende, im Grunde aber höchst stabile „Gleichgewicht des Schreckens" konnte nicht auf diese Weise, durch *psychologische* Abrüstung, überwunden werden, sondern nur durch echte. Dem dienten die großen, geradezu institutionalisierten Abrüstungsverhandlungen der 1970er Jahre, wie diejenigen in Wien (Mutual and Balanced Force Reductions / MBFR) zwischen NATO und Warschauer Pakt und die Strategic Arms Limitation Talks (SALT) zwischen den USA und der Sowjetunion. Beide Veranstaltungen zeigten indessen schon bald, dass wahre Abrüstung nicht von Verträgen zwischen antagonistischen, sich misstrauisch beäugenden Parteien zu erwarten ist, sondern allenfalls vom zuvorigen Wegschmelzen des die beiden Bündnisse und Weltmächte entzweienden ideologischen Antagonismus. „Vertrauensbildende Maßnahmen" wurden daher zu Recht zum begrifflichen Knüller.

In der Tat, solange die Sowjetunion sich als marxistisch-leninistische Führungsmacht mit ideologischem Weltmachtanspruch verstand und vom Westen daher als eine tödliche Gefahr für sein eigenes Wertesystem gesehen werden musste, konnten die Abrüstungsverhandlungen stets nur Ergebnisse bringen, welche das gegenseitige Kräfteverhältnis in Wahrheit nicht veränderten. Man verzichtete auf ohnedies obsolet gewordene Waffensysteme, verringerte die weiterbestehende Overkill-Kapazität oder reagierte im Rüstungsbereich in erster Linie auf finanzielle Engpässe.

Es war also klar, dass Rüstungskontrollverhandlungen geradezu ein Symptom für gestörte internationale Beziehungen sind. Denn wenn sie nicht gestört wären, würden die fraglichen Waffensysteme ganz von selbst verschwinden. Dies hat sich ja denn auch seit 1990 auf beiden Seiten ereignet.

Die Überwindung des weltanschaulichen Grabens, das Verschwinden der kommunistischen Pseudo-Religion und der Verfall der Sowjetunion als weltweit intervenierende Führungsmacht führten zum rapiden Verfall der Arsenale. Ein großer Teil der oben verwandten Begriffe, ja diese Begriffswelt, wirkten schon nach einer Dekade wirklicher Entspannung anachronistisch.

Gleichzeitig hat selbst die damals nur *gesinnungs*ethisch argumentierende sog. 68er Generation zur *verantwortungs*ethischen Betrachtung des Faktors Macht und Gewalt auch in zwischenstaatlichen Beziehungen zurückgefunden. Ausgerechnet eine rot-grüne Koalition billigte so Schritt für Schritt den Einsatz deutscher militärischer Machtmittel – zunächst ohne, dann aber auch mit Waffengebrauch. Inzwischen – nach AWACS-Einsatz im Iraq-Krieg über der Türkei und dem „friedensherstellenden" Einsatz der Bundeswehr im Kosovo – ist auch die (vom Grundgesetz gar nicht geforderte) deutsche militärische Selbstbeschränkung auf das NATO-Gebiet Vergangenheit.

Die Deutschen wissen wieder, was sie verdrängt zu haben glaubten: Ohne Kräftegleichgewicht, ohne Abschreckungsfähigkeit, ohne notfalls gewaltsame Durchsetzung von Völkerrechtsnormen geht es nicht. Es genügt nicht, den Frieden zu lieben; man muss ihn, notfalls mit dem Bajonett, durchsetzen und gestalten.

Dabei entdeckten ausgerechnet diejenigen, welche die nukleare Abschreckung aus moralischen Gründen verworfen hatten, moralische Gründe nicht nur für Abschreckung, sondern für den Einsatz konventioneller Waffen, nämlich aus humanitären Gründen, insbesondere zur Gewährleistung der Menschenrechte weltweit: in Serbien, Afghanistan, im Iraq.

Zwar nicht mehr am deutschen Wesen soll die sich globalisierende Welt genesen, offenbar aber am *westlichen*. Was für ein *salto mortale* der öffentlichen Psychologie im militärischen Bereich!

Doch die Furcht vor nuklearem Missbrauch ist seither nicht geschwunden. Im Gegenteil: Seit dem 11. September 2001 fühlen sich selbst die Vereinigten Staaten von Amerika als einzig verbliebene Supermacht verwundbarer und sogar bedrohter als auf dem Höhepunkt des Kalten Krieges. Denn nun ist möglich geworden, dass nukleare Waffen von Terroristen, sozusagen privat, eingesetzt werden – Waffen, die im Handgepäck mitgeführt und daher von Anti-Raketen-Raketen nicht abgefangen werden können.

Schlimmer noch: Erstmals kann man nicht mehr davon ausgehen, dass der potentielle Gegner, zumal transzendental-terroristische Netzwerke, vernunftgeleitet sind. Mit al-Qa'ida kann man keine strategischen Spiele spielen. Damit soll nicht bestritten werden, dass auch ein Usama b. Laden innerhalb seines Bezugssystems rational vorgeht. Allerdings sind die Denkmuster beider Seiten inkompatibel. Diese Lage aber steht in krassem Gegensatz zum Kalten Krieg.

Das wiederum bedeutet, dass es eben doch ein verheerendes und nicht mehr gut zu machendes Fehlurteil war – ein Georg Wagner'scher „rationaler Wahn" – 1945 den nuklearen Geist aus der Flasche zu lassen.

Diese Beobachtungen und Gedanken, die mir schon 1967 bis 1970 in der Nuklearen Planungsgruppe der NATO (NPG), 1973 bis 1976 während der MBFR-Verhandlungen in Wien und 1976/77 während der KSZE-Folgekonferenz in Belgrad gekommen waren, widme ich meinem alten und stets hochgeschätzten Schulfreund Georg Wagner in Erinnerung an die gedankenschweren Dialoge, die wir als Studenten in den 1950er Jahren auf nächtlichen Spaziergängen durch unser heimatliches Aschaffenburg führten, mit wahrer intellektueller Leidenschaft .

Unsere beruflichen Wege trennten sich. Während ich mich ganz der Juristerei und Diplomatie verschrieb, entwickelte er sich über die Mathematik zum maßgeblichen, ja wegweisenden Psychologen im humanitären Strafvollzug.

Doch wie obige Schilderungen zeigen, sind wir uns doch näher geblieben als es den Anschein hat. Ist doch nukleare Strategie, wenngleich auf staatlicher Ebene, eng mit Strafen, Abschrecken durch Strafandrohung, mentaler Stärke und der psychologischen Einschätzung des anderen, des Gegenüber, verbunden.

Kinder in den Medien: Engel oder Teufel?

von Corinna Bruder

Einleitung

„Beobachten Sie, und enthalten Sie sich eines Urteils" war der eindringliche und wiederholte Ratschlag, den mir Georg Wagner erteilte, als er im Jahr 1994 meine Diplomarbeit in Psychologie betreute. Mein Ziel war, die Haft- und Lebensbedingungen von Insassen einer Strafanstalt in München, Deutschland, und in Quito, Ecuador, zu vergleichen. Über mehrere Wochen führte ich ein Tagebuch, das zur Basis einer teilnehmenden Beobachtung in zwei Strafvollzugsanstalten wurde. Unverständnis, Empörung und moralisierende Ansichten waren häufig meine Reaktionen auf die ecuadorianischen Verhältnisse, von denen ich Georg Wagner am Telefon berichtete. Jedes Mal verwies er mich an Flaubert und seinen Roman ‚Madame Bovary' (1994), in dem die Frau eines kleinbürgerlichen Landarztes Ehebruch beging und sich in Schulden stürzte, um der häuslichen Enge und der ehelichen Langeweile zu entfliehen – ein Verhalten, das zu Lebzeiten von Flaubert (1821-1880) als skandalös und unmoralisch verurteilt worden war: „Sie müssen lernen, eine Haltung einzunehmen wie Flaubert – beobachten, beschreiben, aber niemals verurteilen", ermahnte er mich.

Im selben Jahr zog ich nach England, und arbeitete über mehrere Jahre mit ehemaligen Strafgefangenen und mit Männern, die Kinder sexuell missbraucht hatten. Rückblickend erkenne ich, wie unentbehrlich mir Georg Wagners Einstellung wurde, die zu erkunden suchte anstatt zu verdammen. Ich bin zu der Überzeugung gekommen, dass sich Vorfälle und Menschen meinem Verständnis entziehen werden, solange ich nicht versuche, mich von meinen Vorurteilen und eingeschliffenen Sichtweisen zu distanzieren und statt dessen meine Aufmerksamkeit auf das Sammeln einer Vielfalt von Informationen, Perspektiven und Beobachtungen zu lenken, so wie ich es unter Georg Wagners Einfluss während meiner Diplomarbeit tat.

Verbrechen und Verbrecher gehören Themenbereichen an, die eine Vielfalt von starken Emotionen und Stereotypen auslösen. Urteile werden nicht nur in Gerichten gefällt. Öffentliche Reaktionen können ebenso erfolgreich darin sein, Personen zu stigmatisieren und gesellschaftlich auszuschließen. Die Medien scheinen in diesem Prozess eine entscheidende Rolle zu spielen, da sie bestimmte Vorfälle aufgreifen und spezielle Darstellungsweisen wählen. Aggressive Medienkampagnen gegen Männer, die Kinder sexuell missbraucht hatten, konnten meine Arbeit mit dieser

Gruppe von Menschen dramatisch erschweren. Als ich daraufhin begann, mich für die Medien und ihre Berichterstattung zu interessieren, ging mir die Darstellung von Kindern und Verbrechen in den Medien, mit der ich mich im Folgenden beschäftigen werde, besonders nahe.

Ein Vater hält folgenden Vorfall in Tagebuchform fest:
Nachbarskind M. sagt zu C.: „Komm, lass uns das Baby hauen."
C. antwortet: „Nein, lass es uns lieber töten!"

Welche Reaktionen löst eine solche Szene aus? Oder hängen die Reaktionen davon ab, wie die Szene interpretiert wird, oder in welchem Licht sie erscheint, wenn man weiß, was zu einem späteren Zeitpunkt geschehen ist?

1993 wurden zwei Zehnjährige für den Mord an dem Kleinkind James Bulger verurteilt. Die beiden Kinder waren befreundet, und anstatt zur Schule zu gehen, nahmen sie ein zweijähriges Kind bei der Hand, führten es aus einem Einkaufszentrum hinaus und weg von seiner Mutter, quälten es und töteten es in der Nähe einer stillgelegten Eisenbahnstrecke.

Im Sommer 2002 wurden zwei zehnjährige Freundinnen, Jessica und Holly, nach einer dreiwöchigen Suchaktion tot aufgefunden. Sie hatten das Elternhaus zusammen verlassen, beide in den roten T-Shirts des Fußballklubs Arsenal gekleidet. Niemand wusste, was sie vorhatten. Der Hausmeister ihrer Schule wurde des Mordes verdächtigt und verhaftet.

Beide Vorfälle wurden fast täglich von den Medien aufgegriffen. Der Mord von James Bulger machte im Sommer 2001 wieder Schlagzeilen, als die verurteilten Kinder Jonathan Venables und Robert Thompson ihre Strafe verbüßt hatten und aus der geschlossenen Unterbringung entlassen werden sollten. Der Tod der Freundinnen Jessica Chapman und Holly Wells ein Jahr später entfachte erneute Debatten über die Gefahr von sexuell motivierten Kindsentführungen und -tötungen. Der Tagebucheintrag eines Vaters, der Teile einer Unterredung zwischen seinem fünfjährigen Kind und einem Nachbarskind aufgeschnappt hatte, hätte der Vater von Jonathan, Robert, Jessica oder Holly sein können. Wären die Medien über diesen Vorfall informiert worden, hätten sie darüber mit großer Wahrscheinlichkeit nur im Falle von Jonathan und Robert berichtet. Hier wäre es als zusätzlicher Beweis für deren abgrundtiefen Hass gegenüber kleinen Kindern und der Boshaftigkeit der beiden Jungen schon in frühen Jahren verstanden worden. Im Falle von Jessica und Holly wäre diese „Morddrohung" wahrscheinlich nicht weiter ernst genommen worden und als normale eifersüchtige Reaktion eines älteren Kindes auf ein Baby in der Familie gedeutet worden. Es wäre nicht in den Zeitungen erschienen, da es nicht in das Bild passte, das die Medien porträtierten. Medien geben nicht nur die Fakten, die Zusammenhänge und die dramatischen Ereignisse wieder, die sich in unserer Gesellschaft abspielen. Sie verarbeiten sie gezielt, und sie fordern uns auf zu interpretieren. Die Bilder, die uns die Medien anbieten, um das Verhalten von Kindern zu verstehen, sind die von unschuldigen Engeln oder gottlosen Teufeln.

1. Kinder als Täter

Kinder sind schwach und schutzbedürftig. Kinder sind Teil ihrer Eltern, entwickeln sich unter dem Einfluss ihrer Eltern, verkörpern die Zukunft – eine bessere und hoffnungsvollere Zukunft. Kinder werden als „unschuldig" wahrgenommen – eine Charakterisierung, die vielfältig von den Medien aufgegriffen und oft auch ausgeschlachtet wird. Armut und Hungersnot in anderen Ländern wird meist mit Bildern von abgerissenen und unterernährten Kindern dargestellt. In Kriegssituationen wird der Tod von „unschuldigen" Frauen und Kindern angeklagt. (Sind Männer automatisch schuldig?) Ein Kind, das mordet, ist zumindest während der Ausführung der Tat weder schwach, noch hilflos oder unschuldig. Es ist ein Kind, das stärker ist, das aktiv handelt, das Macht über ein anderes Lebewesen hat und diese Macht missbraucht. So ein Individuum lässt sich nicht mehr in das gängige Klischee eines Kindes pressen.

Young (1996) zeigt auf, wie Kinder, die gemordet haben, als Täuschungen und als Trugbilder verstanden werden: Unter dem Deckmantel eines Kindes verbirgt sich ein Monster. Die Medien griffen dieses Bild im Falle von John Venables und Robert Thompson wiederholt auf: „Freaks of nature" lautete zum Beispiel die Schlagzeile im *Daily Express* (2. November 1993, zitiert in Young 1996). Darunter war zu lesen: „The faces of normal boys but they had hearts of evil." Besonders Roberts Verhalten ließ sich von den Medien leicht in diesem Zusammenhang interpretieren. Während der Gerichtsverhandlung erwiderte er neugierige und fragende Blicke ohne mit der Wimper zu zucken. Die Kriminalbeamten, die ihn verhörten, beschrieben ihn als „canny, intelligent and *frightening*. They were unnerved by his failure to react like a confused child, and some came to hate him" (Kelso 2001). Berichtet wurde ebenfalls, dass Robert im Gericht gähnte, als der Mord an James Bulger beschrieben wurde (Burke & Harris 2001). Dieses Verhalten wurde nicht im Rahmen einer wochenlangen Verhandlung in einem Gericht für Erwachsene interpretiert, die das Verständnisvermögen der beiden Jungen deutlich überstieg. Diese Reaktionen wurden als entscheidender Teil der Charaktere der angeklagten Kinder verstanden. Solche Kinder erfüllten die Erwartungen von Stereotypen nicht mehr. Daher lösten sie nicht nur Verwirrung aus, sondern sogar Angst und Hass.

Das englische Strafrecht scheint ebenfalls von diesem Gedanken beeinflusst zu sein. England ist das einzige Land in West-Europa, in dem Kinder im Alter von 10 Jahren (8 Jahre in Schottland) im strafrechtlichen Sinne verantwortlich sind. Im

Falle von Kapitalverbrechen können sie von einem Richter und einer Jury wie Erwachsene im Gericht verurteilt werden. Jonathan und Robert wurden zwar psychiatrisch begutachtet, erhielten aber keine psychiatrische oder psychologische Betreuung aus Sorge, dass ihre Aussagen verfälscht werden könnten. Nachdem beide Jungen verhaftet worden waren, dauerten die polizeilichen Ermittlungen acht Monate, das Gerichtsverfahren dauerte 17 Tage. Beide Jungen waren jeden Tag als Angeklagte zugegen (Sereny 1995). Die Identität von Kindern unter 18 Jahren wird auch in England vom Strafgericht geschützt. Die beiden Jungen wurden während des Gerichtsverfahrens dementsprechend nur als „Child A" und „Child B" bekannt. Doch bei ihrer Verurteilung machte der Richter eine Ausnahme und identifizierte sie als Jonathan Venables und Robert Thompson. Kinder, die älter als 10 Jahre sind und die ein Kapitalverbrechens begangen haben, werden also auch vom Gesetz nicht mehr als Kinder behandelt. Allan Levy, ein führender Experte im Strafrecht für Kinder, bestätigte dies (zitiert in Murray 2001): „We are treating them as adults and expecting them to cope with the adult language and adult procedures of the legal system". Sie scheinen den Schutz eines Familiengerichts, eines Jugendrichters und den Schutz der Anonymität nicht zu benötigen. Sie sind nicht Kinder, die morden, sondern Mörder – unverständlich, Furcht einflößend, die Verkörperung des Bösen.

Einmal als die Antithese zum Kind entlarvt, löste nicht nur die Entlassung von Jonathan und Robert im Jahre 2001 nach 8 Jahren geschlossener Unterbringung Empörung aus. Ebenso unakzeptabel schien die Tatsache, dass die beiden Jungen neue Identitäten erhielten und die Veröffentlichung von Informationen, die zu einer Identifikation der Jungen führen könnte, gerichtlich verboten wurde. Damit schienen Jonathan und Robert wieder getarnt. Sie konnten unter der Maske normaler 18jähriger Jugendlicher ihre „Unmenschlichkeit" verbergen. In den Augen der Medien, und oft der Öffentlichkeit, sind Kinder verletzlich und benötigen Schutz. Mörder dagegen sind Monster. Statt sie vor dem Hass und der Wut der Öffentlichkeit zu schützen, muss die Öffentlichkeit sich vor ihnen schützen – durch Entlarvung, Stigmatisierung und vorzugsweise durch Ausschluss aus der Gesellschaft durch eine lebenslange Gefängnisstrafe.

Prompt veröffentlichte die Zeitung *Manchester Evening News* Details über die geschlossene Unterbringung eines der Jungen (Dyer 2001). Es wurde gedroht, ein verschwommenes CCTV Bild des 18jährigen Robert, das ihn während eines Ausgangs festhielt, im Internet zu verschicken (Travis 2001 a). Die Mutter von James Bulger, die eine Kampagne gegen die Entlassung der Mörder ihres Sohnes anführte, warnte öffentlich: „Thompson and Venables may think they got off lightly and can hide. But I know different. I know no matter where they go, someone out there is waiting". Der Justizminister David Blunkett räumte ein, „ .... [there is] a real and strong possibility that their lives would be put at risk if their identities became known" (Travis 2001 b).

Diese Kinder „von Natur aus" als anders und als abgrundtief schlecht zu verstehen, ist eine deterministische Sichtweise. „Schlechte" und „gottlose" Gene sind statisch und unveränderbar. Somit ist eine Besserung und Resozialisierung unmöglich. Es erschien vielen undenkbar, dass die Kinder, die James Bulger ermordeten, nun zu Jugendlichen herangewachsen sein könnten, die nicht mehr „unmenschlich" sind.

2. Kinder als Opfer

Am anderen Ende dieser Polarisierung zwischen dem unschuldigen und dem unmenschlichen Kind befinden sich oft die Kinder, die Verbrechen zum Opfer fallen. Die Medien treffen in ihrer Berichterstattung von Kindern als Opfer eine gezielte Auswahl. Zwei Drittel aller Tötungen von 10jährigen Kindern wird von den Medien aufgegriffen. Babys und Jugendliche unterliegen einem wesentlich größeren Risiko, umgebracht zu werden. Die Berichterstattung derartiger Verbrechen an Kindern in diesen Risikogruppen ist jedoch prozentual sehr viel geringer (Barker 2002). Der Anteil von Mädchen im Schulalter, die getötet werden, ist geringer als die jeder anderen gesellschaftlichen Gruppe – einschließlich der von Jungen desselben Alters (Walker 2002). Doch es ist speziell der Tod dieser Mädchen, der in der Berichterstattung der Medien die größte Rolle spielt.

Ein Verbrechen, das wiederholt Schlagzeilen machte, war die Entführung und Ermordung von zwei Mädchen. Das Verschwinden und das Auffinden der Leichen von Jessica Chapman und Holly Wells im Sommer 2001 war ein Prozess, der täglich einen Monat lang von den Medien verfolgt wurde (zum Beispiel Kelso 2001). Das Geschlecht der Kinder, ihr Alter, ihr sozialer Hintergrund und die Art des Verbrechens, dem sie zum Opfer fielen, schienen sie als ideales „Medienfutter" auszuzeichnen. Das Ideal von einem Kind ist unschuldig, passiv und naiv. Sehr kleine Kinder, wie der zweijährige Jamie Bulger, oder aber Mädchen scheinen diese Charakteristiken am leichtesten zu verdeutlichen. Verwandte und Nachbarn beschrieben diese Kinder, die Kapitalverbrechen zum Opfer fielen, in den Medien als fröhliche, sorgenfreie, charismatische Kinder, die keiner Fliege etwas zu leide tun konnten. Dieses Bild wurde niemals von irgendwelchen Schwächen getrübt.

Jessica und Holly wurden in ähnlicher Weise idealisiert wie zwei Jahre zuvor die achtjährige ermordete Sarah Payne. In der Gewinnung dieser symbolhaften Stellung spielten mehrere Fakten ein ausschlaggebende Rolle. Entscheidend war der Zeitraum, den die Polizei benötigte, um in beiden Fällen die Mädchen tot aufzufinden. Drei Wochen verstrichen mit der Suche von Sarah; 2 Wochen blieb das

Verschwinden von Jessica und Holly unaufgeklärt. Während dieses Zeitraums ereignete sich wenig, was hätte Schlagzeilen machen können. So bereiteten die Medien die verzweifelte Suche nach den Mädchen täglich in einer sentimentalen und sensationslüsternen Form auf. Auf diese Weise hatten die Leser und Fernsehzuschauer genügend Zeit, das Gefühl zu entwickeln, sie hätten diese Kinder persönlich gekannt. Die Reaktionen auf ihr Verschwinden begann besonders im Falle von Jessica und Holly dem öffentlichen Gefühlsausbruch zu ähneln, der den Tod der Prinzessin Diana begleitete (Lawson 2000). Nachrichtenprogramme zeigten Fotomontagen der beiden Kinder – eine Art der Untermalung der neuesten Entwicklungen, die sonst nur berühmten Persönlichkeiten vorbehalten ist. Berge von Blumen und Stofftieren zusammen mit persönlichen Nachrichten wurden in der Nähe der Stätte niedergelegt, wo sie tot aufgefunden worden waren. Verzweiflung und Mitgefühl konnten in „Kondolenzbüchern" im Internet zum Ausdruck gebracht werden. Diese Art, die Trauer der Öffentlichkeit zu kanalisieren, begann mit dem Tod Dianas, als die königliche Website 600.000 Nachrichten in der Woche ihrer Beerdigung erhielt. Celia Minnett, die Verantwortliche für Jessicas und Hollys Website, äußerte im Guardian (Hall 2002): "We're getting about 20 [mails] a minute – it is amazing. All of them are really moving ... [even] people in Australia can express their thoughts to the parents in a direct way." So wie Diana das Ideal der schönen und tragischen Prinzessin verkörperte, ließen sich Jessica und Holly mit Hilfe des Klischees des anziehenden, rührend-hilflosen und unschuldigen Verbrechensopfers im Gedächtnis der Öffentlichkeit verewigen.

„Ideale Kinder" lösen positive Gefühle und ein Bedürfnis zu beschützen in Erwachsenen aus – niedliche und großäugige Kinder haben hier einen Vorteil. Jessica und Holly waren beide langhaarige, hübsche Mädchen, deren Fotos täglich in den Nachrichten gezeigt wurden. Auf diesen Bildern standen sie lächelnd nebeneinander. Beide trugen T-Shirts und Shorts des Fußballklubs Arsenal. Die Kleidung wirkte jungenhaft, unterstrich ihre Geschlechtslosigkeit und unterstrich so den Eindruck sexueller Unschuld. Im krassen Gegensatz dazu stand das vermutete Verbrechensmotiv – ein sexuelles. Das „ideale Kind" ist aber auch ein geliebtes Kind. Eltern, die ihre Kinder lieben, bitten die ganze Nachbarschaft, sich auf die Suche nach ihren Kindern zu begeben, wie Jessicas und Hollys Eltern. Sie erscheinen mit tränenerstickten Aufrufen in den Nachrichten. Jeder kann an ihrem Verlust und ihrem Schmerz teilnehmen.

Das Verschwinden von zehnjährigen Jungen wird niemals auf den Titelblättern der Medien berichtet. Am 14. November 2002, nur wenige Monate, nachdem Jessica und Holly tot aufgefunden worden waren, wurde der 14jährige Adam Morell in Loughborough getötet (Gerrard 2004). Adam wurde von vier Jugendlichen im Alter von 17 bis 20 Jahren, mit denen er „befreundet" gewesen war, getreten, geschlagen, verbrannt, gequält und schließlich erwürgt, als er drohte, der Polizei von deren Drogenkonsum zu berichten. Sein in Stücke gesägter Körper wurde drei Tage nach dem Mord in dem Grand Union Kanal gefunden. Gerrard ist der Meinung, dass die Medien und die Öffentlichkeit kein Interesse an Adams gewalttätigen Tod hatten, da er ein Junge war, der sich vor seinem Tod einige Tage nicht zu Hause hatte blicken lassen. Er hatte bereits begonnen, sich von seinem Elternhaus abzulösen, und hatte sich mit älteren „Freunden" eingelassen, die in einer Welt von Drogen, Alkohol und Gewalt lebten.

Ebenso löst das Verschwinden älterer Mädchen, gefolgt von deren Tod, sehr viel gedämpftere Reaktionen in der Öffentlichkeit aus. Nicht nur erscheinen sie weniger schutzbedürftig, zudem kann ihre Unschuld in sexueller Hinsicht nicht mehr in demselben Grade zerstört werden, wie die zehnjähriger Mädchen. Das Schicksal von Kindern, die nicht in geordneten Elternhäusern leben, findet ebenfalls in weit geringerem Maße das Interesse der Öffentlichkeit. Ein Kind, das zum Beispiel in einem Heim groß wird, verkörpert nicht mehr das Ideal einer glücklichen und unschuldigen Kindheit. Auf einmal wird wie im Falle von Adam eine Mitschuld vermutet, Verdorbenheit angenommen, Mitleid erstickt. Gerrard (2004) zitiert den Journalisten Bright (*The Observer*), der die Regeln der Medien für die Berichterstattung von verschwundenen Kindern wie folgt beschrieb: „the missing person game. Don't be a boy, don't be black, don't be working class. As for persistent runaways, children in care or teenagers with drug problems ... forget it". Dieselben Regeln scheinen sich auf das Interesse der Medien an Kindstötungen übertragen zu lassen.

In einem der televisierten Aufrufe, die an den Entführer ihrer Töchter gerichtet war, machten Jessicas und Hollys Eltern eine interessante Aussage: „Let them go. They don't belong to you, they are *our* children". Damit betonten diese Eltern das Besitzverhältnis, das zwischen ihnen und ihren Kindern bestand. Kinder als Teil einer Familie „gehören" ihren Eltern. Damit wird traditionell auch ein Element von „gewollt sein" und „geliebt sein" angenommen. Die Tatsache, dass Jessica und Holly Kinder waren, schien nicht genug, um zu verlangen, dass ihnen kein Leid geschah. Ausschlaggebend war, dass *unseren* Kindern nichts zustoßen durfte. Was geschieht jedoch, wenn Kinder von niemanden eingefordert werden, oder wenn ihnen Leid zugefügt wird von denjenigen, von denen sie geliebt sein sollten und zu denen sie „gehören"?

3. Die vergessenen Kinder

Der durch die Medien geförderte Eindruck, dass Fremde die größte Bedrohung für Kinder darstellen, ist inkorrekt. Jedes Jahr werden ungefähr 80 Kinder ermordet (James 2000). Nur 6 bis 7% dieser Kindstötungen werden von Fremden begangen

(Inman 2000). Opfer von Gewalttaten werden Kinder hauptsächlich durch die Hand ihrer Eltern, von denen die Mehrheit ein unterdurchschnittliches Einkommen hat. Die Medien greifen Fälle, in denen Eltern für den Tod ihrer Kinder verantwortlich sind, auch durchaus auf. Aber die Berichterstattung unterscheidet sich von den obigen Beispielen. Die Reaktion der Öffentlichkeit ist ebenfalls eine andere.

Auf Seite 4 der Zeitung *The Guardian* (Branigan & Gillan, 2002) beschreibt ein Artikel den Tod von Ainlee Labonte im Zusammenhang mit der Verurteilung ihrer Eltern, die für ihren Tod verantwortlich waren. Der Artikel ist nicht sentimental, sondern sachlich. Die zweijährige Ainlee wurde von ihren Eltern gekniffen, geschlagen, mit heißem Wasser übergossen, mit Zigaretten verbrannt, und völlig unterversorgt bis sie schließlich verhungerte. Ihre Eltern wurden wegen Totschlags und besonderer Grausamkeit zu einer Gefängnisstrafe verurteilt. Das verantwortliche Jugendamt wurde kritisiert, da Ainlee in den fünf Monaten vor ihrem Tod nicht mehr von einem Sozialarbeiter zu Hause aufgesucht worden war, obwohl ihr Fall seit 18 Monaten der Verantwortung des Jugendamts unterlag. Der Artikel zitierte keine Nachbarn, die den Lesern mitteilten, was für ein liebenswertes Kind Ainlee gewesen war. Keine Angehörigen, keine Anwohner, die Ainlees Schreie gehört hatten, drückten ihre Verzweiflung über ihr Schicksal aus. Nur „officers with many years experience were truly shocked and upset at what this little girl endured." Mehr Raum nehmen Details des desolaten Werdegangs der Eltern ein. Mit diesem Bericht am 21. September endet das Medieninteresse an Ainlees Tod. Sie ist schnell vergessen – und es ist zu bezweifeln, ob die meisten englischen Leser sich ihrer Existenz jemals bewusst wurden.

Ein Sprecher der NSPCC (eine Organisation, die sich dem Kinderschutz widmet) bezeichnete die Anzahl von Kindesmorden im UK als „national outrage" (Branigan & Gillan 2002). Doch vor den Türen des Gerichts, in dem Ainlees Eltern angeklagt waren, befand sich keine aufgebrachte, schreiende Menschenmenge. Jonathan und Roberts Gerichtverhandlung provozierte einen wütenden Mob zu Rufen nach dem Galgen. Der Hausmeister, der für den Tod von Jessica und Holly unter Anklage stand, löste eine Debatte über die Wiedereinführung der Todesstrafe aus. Ainlees Tod schien niemanden außer die NSPCC zu empören.

Obwohl die Medien Kinder, für deren Tod Familienmitglieder verantwortlich sind, in ihre Berichterstattung einschließen, wird solch ein Vorfall selten länger als ein oder zwei Tage verfolgt. Eine Ausnahme war der Fall von Victoria Climbie, einer Achtjährigen, die im Februar 2000 im Norden von London starb. Ihr Körper wies 128 Verletzungen auf. Ihre Großtante und deren Freund wurden wegen Mordes verurteilt (McVeight 2001). Dieser Tod löste eine lang dauernde, von den Medien verfolgte Debatte über die Unzulänglichkeiten verschiedener Berufsgruppen aus. Doch der Unterschied zu Ainlee war, dass Victoria von der Elfenbeinküste kam und ihre Eltern sie einer Großtante zur Erziehung in England anvertraut hatten. Victorias verzweifelte Eltern waren während der Gerichtsverhandlung zugegen und drohten „police officers and care workers whose negligence contributed to her murder" zu verklagen (Carvel 2001). Hiermit wurde deutlich gemacht, dass Victoria von ihren Eltern durchaus gewollt und geliebt und ihr Tod ungewollt war. Eltern, die von dem gewaltsamen Verlust ihrer Kinder in Verzweiflung gestürzt werden, halten die Erinnerung an das Kind wach und finden in den Medien oft einen Verbündeten. Der Name der ermordeten Sarah Payne wird jedem Leser im Zusammenhang mit der Hetzjagd auf Pädophile im Gedächtnis bleiben. Die Medien verlangten zeitweilig auch die Einführung von „Sarah's Law", was Anwohnern das Recht gegeben hätte, die Namen von Pädophilen in ihrer Nachbarschaft zu erfahren. Victoria Climbie machte das Versagen von Kinderschutzorganisationen transparent, und ihr Name wird regelmäßig in ähnlichen Tragödien als Präzedenzfall genannt und verewigt. Eltern, die ihre Kinder misshandelt und getötet haben, halten den Namen ihrer Kinder der Öffentlichkeit und den Medien nicht anklagend und wiederholt vor. Und während das Schicksal von Sarah, Jessica, Holly, James und auch Victoria den Medien und somit einer breiten Öffentlichkeit zum Anliegen wurde, schien sich niemand zu finden, der Ainlees Tod vor dem Vergessen bewahren wollte.

Ainlee war das Kind von „asozialen" Eltern. Sie war ungeliebt. Sie muss mit ihren Verbrennungen, ihren blauen Flecken und ihrem verhungerten kleinen Körper unansehnlicher gewesen sein als James oder Jessica und Holly. Die Vermutung liegt nahe, dass sie zu einem „schwierigen" Mädchen herangewachsen wäre, hätte sie diese frühen Jahre überlebt. Für Ainlee fand keine glückliche Kindheit ein plötzliches und sinnloses Ende. Ihre Kindheit war trostlos, und ihr Tod war eine nahe liegende, nahezu zwingende Folge. Es ist quälend, sich ihren stumpfen Blick, ihre Schreie und ihre Abgezehrtheit vorzustellen. So ein Bild erhöht die Verkaufszahlen einer Zeitung nicht. Es lässt sich ebenfalls nicht ohne Schwierigkeiten in eine vereinfachte Gegenüberstellung von Gut und Böse, von Unschuld und Schuld einordnen. Die Medien assoziieren „gut" mit Attributen wie schön, geliebt und lächelnd. Ainlee wurde keines dieser Attribute gegeben. Gleichzeitig hatte sie jedoch keinen Einfluss und keine Macht, war klein und hilflos und ein Opfer von Grausamkeit. Sie verkörperte ein Kind, das nicht in ein überzogenes Ideal oder ein stumpfes Klischee passte. Sie war real und sie repräsentierte eine Realität, die sich nicht vereinfachen ließ, die sich nicht als Grundlage für eine Bestätigung bestehender Stereotype manipulieren ließ. Mit solch einer Realität ist den Medien nicht gedient. Einer Realität ins Auge zu sehen ist unbequem, verlangt oft nach geistiger Auseinandersetzung und erschwert das Übersehen unangenehmer Details.

4. Verleugnung, Vergessen, Verstehen

„With the truth one cannot live. To be able to live one needs illusions."
(Rank 1936, 251)

Die obigen Ausführungen machen deutlich, dass die Medien eine Selektion treffen hinsichtlich der Ereignisse, über die sie berichten, welche Details sie in die Berichterstattung einfließen lassen, und wie sie ihre Darstellungen ausarbeiten. Dabei greifen sie häufig auf die Verwendung von Stereotypen und auf vereinfachende Polarisierungen zurück. Die Annahme liegt nahe, dass Leser diese Form von Berichterstattung vorziehen und sich zu eigen machen, da sie ihnen hilft, Angst auslösende Informationen zu verarbeiten, ohne sich von ihnen überwältigt zu fühlen.

Für das Verstehen von Kindern nur zwei Bilder zur Verfügung zu haben (das der Unschuld und das der Schlechtigkeit), ist eine Form von Verleugnung. Wenn Kinder, die töten nur „freaks of nature" sind, muss die Gesellschaft keine Verantwortung übernehmen (Barker 2002). Ihre soziale Benachteilung, ihr Elternhaus, das Leid, das ihnen zugefügt worden ist, und ihr gesellschaftlicher Ausschluss spielen keine Rolle mehr. Frei von jeglicher Verantwortung und Schuld ist die Gesellschaft auch, wenn ein Außenstehender ein Kind entführt und tötet. Alle Schuld und aller Hass kann dem Täter zugeschrieben werden.

Der Gewinn, den eine derartig klischeehafte Sichtweise bietet, wird noch deutlicher, wenn man die Schicksale von Kindern wie Ainlee näher betrachtet. Hier hatten Sozialarbeiter, Polizeibeamte, Ärzte und Nachbarn Kontakt mit Ainlee und ihren Eltern gehabt und sie gleichzeitig nicht vor einem tragischen Leben und Tod bewahren können. Dass Ainlees Eltern, die sie so grausam behandelten, selbst in traumatisierenden Kindheitssituationen gelebt hatten, wurde von niemandem bestritten. Ainlees Schicksal ist so unangenehm, da es sehr viel komplizierter ist als „böses Kind tötet unschuldiges Baby" oder „Monster entführt geliebte Tochter". Und in ihrer sachlicheren Berichterstattung greifen sogar die Medien einige von den Themen auf, gegen die wir uns in der verzerrten Darstellung der anderen beiden Morde schützen können: So scheint zum Beispiel die Dynamik zwischen zwei psychisch schwer beschädigten Menschen oft zerstörerischer zu sein als die einer Einzelperson. Dies wird im Zusammenspiel von Ainlees Eltern deutlich, trifft jedoch vielleicht ebenso auf die Freundschaft zwischen Jonathan und Robert zu. Schwerer ist es auch, mit dem Wissen zu leben, dass nicht alle Kinder gewollt sind (Ainlees Mutter wollte ursprünglich das Kind abtreiben). Wer kümmert sich um die ungeliebten Kinder? Kann sich ein Kind unter der professionellen Anteilnahme einer Berufsgruppe entfalten und liebenswerte Qualitäten entwickeln oder benötigt es jemanden, der gewillt ist wie Jessicas und Hollys Eltern, eine ganze Nachbarschaft zu mobilisieren?

Und schließlich bleibt auch die Frage, ob es einer Gesellschaft je möglich ist, ihre Kinder zu verstehen. Verantwortlichkeit und Unverantwortlichkeit, Schuld und Unschuld, das sind letztlich moralische Konstrukte von Erwachsenen. Young (1996) nimmt an, dass Erwachsene oft ein fundamentales Unverständnis besitzen, wenn sie mit Kindern, ihrem Spiel und mit ihrer kindlichen Welt konfrontiert werden. Wir haben keine klare Erinnerung daran, wie wir uns als Kinder zwischen Spiel und Ernst bewegten. Wir wissen nicht mehr, wie wir begannen, Schuld und Unschuld zu begreifen. Wir erinnern uns nicht gern an die Augenblicke, als wir unsere Wut an anderen Kindern ausließen, was unsere Beweggründe waren, und was wir fühlten, als wir deren Schmerz mit ansahen. Das Kind, das zu einem Nachbarskind sagte „Nein, lass es [das Baby] uns lieber töten" war ich. Ich habe keine Erinnerung an diesen Vorfall. Der Drang, meine kleine Schwester töten zu wollen, erscheint mir heute fremd – die unbändige Wut jedoch ihr gegenüber, die mit dieser Aussage verbunden gewesen sein muss, verfolgt mich noch heute in meinen Träumen.

Wenn Kinder in Klischees gepresst werden, wird die Tatsache geleugnet, dass die Handlungen von Kindern nicht nur Folge ihres Charakters und ihrer Persönlichkeit sind, sondern dass es ebenso bestimmter Konstellationen und Situationen bedarf, um ein Kind in eine Lage zu bringen, in der es nicht nur töten will, sondern tatsächlich tötet. Dem Versuch zu verhindern, dass Kinder wie Jonathan und Robert anderen Kindern Gewalt antun und sie im extremsten Fall töten, ist die Leugnung einer komplexen Realität abträglich. Und auch den Kindern, die Opfer von Gewalttaten werden, ist mit derart starren Stereotypen nicht gedient. Holly und Jessica werden von ihren Eltern niemals vergessen werden, auch wenn sie ihre Geschwister piesacken konnten und wie jedes andere Kind eigenwillig und manchmal destruktiv waren. Ainlees Tod hätte vielleicht verhindert werden können, wenn nicht bestimmten Familien und damit auch ihren Kindern und Opfern das Stigma von Außenseitern und Asozialen gegeben worden wäre, so dass sich wenige persönlich berührt fühlten, helfend einzugreifen.

Literatur

Barker M. (2002). The evil that men, women and children do. *The Psychologist, 15,* 568-571.

Branigan T. & Gillan A. (2002,). Couple who starved and killed girl, 2, are jailed. *The Guardian,* September 21.

Burke J. & Harris P. (2001). New lives, new terrors for little James's killers. *The Guardian*, June 17.

Carvel J. (2001). Climbie parents may sue over care failings. *The Guardian*, November 20.

Dyer C. (2001). Newspaper asked to explain Bulger breach. *The Guardian*, June 26.

Flaubert G. (1994). *Madame Bovary*. Insel Verlag.

Gerrard N. (2004). For whom the bells don't toll. *The Guardian*, July 31.

Hall S. (2001). More than 20,000 people email condolences to grieving families. *The Guardian*, August 21.

Inman K. (2000). Eyes wide open. *The Guardian*, August 16.

James O. (2000). Parents' plea for killer to be caught. More about the Sarah Payne case. *The Guardian*, July 19.

Kelso P. (2001). The cool one who did not cry. *The Guardian*, June 23.

Kelso P (2002). Soham, media fuelled trauma. *The Guardian*, August 24.

Lawson M. (2000). After Sarah. *The Guardian*, August 5.

McVeight T. (2001). Slow Ordeal of the Climbie Family. *The Guardian*, December 9.

Murray M. (2001). Child defendants need more protection, say experts. *The Guardian*, February 27.

Rank O. (1936) *Will, Therapy and Truth and Reality*, New York: Knopf.

Sereny G. (1995). Appendix: The Murder of James Bulger. In: Sereny G. (ed), *The Case of Mary Bell.* London: Pimlico.

Travis A. (2001 a). New pasts. New names. New lives. *The Guardian*, June 23.

Travis A. (2001 b). Freed but to what future? *The Guardian*, June 23.

Walker D. (2002). Mixed-up kids. *The Guardian*, August 28.

Young A. (1996). *Imagining Crime*. London: Sage.

Juliette und die Bombe[1]

von Georg Wagner

Es war im Zusammenhang mit den jüngsten Abrüstungsvorschlägen, dass mir in einem Zeitungskommentar wieder einmal das Wort „vorsintflutlich" auffiel. Der Autor ironisierte damit den technischen Stand der seit den sechziger Jahren in der Bundesrepublik stationierten Pershings 1 A. Die 72 Raketen sind für Sprengköpfe mit einer Explosionskraft zwischen sechzig und vierhundert Kilotonnen vorgesehen. Hiroshima wurde mit einer 20-Kilotonnen-Bombe zerstört. Die Pershings 1 A können demnach, entsprechend bestückt, 216 bis maximal 1440 Großstädte mit der Einwohnerzahl Hiroshimas vernichten. Nehmen wir jeweils hunderttausend Tote an, dann bedrohen die „vorsintflutlichen" Raketen zwischen 21 und 144 Millionen Menschenleben. Eine Milchmädchenrechnung, zugegeben, aber wo bewegen wir uns in Rüstungsfragen bisher oberhalb des Niveaus?

Die achtlose Wortwahl, das Beispiel selbst und seine Rolle im „Raketenpoker" (ein ähnlich leichtgewichtiges Wort) machen unsere in Jahrzehnten des Wettrüstens erworbenen Denkgewohnheiten, den vertrauten Umgang mit nuklearer Vernichtungstechnik deutlich. Zudem nimmt der in Abschreckungskategorien denkende Mensch für sich in Anspruch, die bestehende erdumspannende Tötungsmaschinerie selber gar nicht zu wollen. Er sieht sich als Mensch ganz anders, moralisch, ein friedliches Wesen – ein „Peace-Maker". Das überwältigende Ausmaß an Unschuld nach einem Atomkrieg – soweit Überlebende noch vorhanden sind – lässt sich schon absehen. Dies alles bedacht, muss an dem gängigen Menschenbild, dass wir doch grundsätzlich das Gute wollen, dass unser Gewissen uns vor Bösem bewahren könnte, etwas nicht stimmen.

Wenn Vernichtungstechnik nicht nur unsere wissenschaftlichen, sondern – wie anzunehmen – auch unsere moralischen Fähigkeiten und Mängel sichtbar macht, dann passt dazu ein „anderer Mensch" besser. Realistischer erscheint ein düsteres Bild vom Menschen – eine „schwarze Anthropologie". Doch wir mögen auf dem besten Weg zur Weltvernichtung sein, Tierarten ausrotten, die Erde zur Wüste machen, Menschenmassen verhungern lassen, das Klima zerstören, die Meere vergiften – das Bild des Menschen von sich selbst bleibt heil. Was ist wohl

[1] Die ZEIT - Nr. 35 - 21. August 1987. Abdruck mit freundlicher Genehmigung des Verlags.

erstaunlicher: Die Zerstörungslust der Menschheit oder die schuldig/unschuldige Naivität, mit der sie sich selbst aus der Verantwortung nimmt?

Eine „schwarze Anthropologie“, eine nicht einfach pessimistische, sondern konsequent von einem düsteren Menschenbild bestimmte, ist selten. De Sade, der sonderbarste Philosoph an der Schwelle zum 19. Jahrhundert, machte darin eine Ausnahme. Kaum befangen von den sich ankündigenden Problemen der industriellen Revolution und schon gar nicht von denen unserer heutigen nuklearen Ära, ist er mit unserer Zeit sozusagen weder verwandt noch verschwägert. Dies macht ihn zu einem zuverlässigen Zeugen, der erstaunlich aktuell ist angesichts dessen, was im zwanzigsten Jahrhundert bisher geschah und – wie nicht zu hoffen ist – für Künftiges.

Den größten Teil seines Lebens verbrachte de Sade hinter Kerkermauern. Seine Werke wurden verboten und verbrannt; es erhielt sich allein der Begriff „Sadismus“. Donatien Alphonse Francois Marquis de Sade hatte eine fremdartige Lust zu quälen und gequält zu werden zum Schicksal. Er erlebte die Blutströme der Guillotine. Er erlebte am eigenen Leib jahrzehntelange Einkerkerung. Sie zwang ihn, seine ungewöhnlichen Neigungen in der Phantasie auszuleben. Als einem Angehörigen einer adligen und dazu angesehenen Familie gab man ihm Gelegenheit zum Schreiben; er wurde Verfasser eines umfangreichen Werkes. In seinen Büchern verherrlicht er Laster und Verbrechen. Er stellt sie in allen möglichen, vor allem in sexuellen Arten und Abarten dar.

Im Jahre 1796 erscheint seine „Histoire de Juliette ou Les prospérités du vice“. Die „Geschichte der Juliette oder die Wonnen des Lasters“ ist einer der damals üblichen und beliebten Reiseromane, in denen der Wechsel des Schauplatzes für Abwechslung sorgt. Die Heldin bereist Italien und lernt berühmte Verbrecher und – mit immer neuem Entzücken – ihre entsetzlichen Untaten kennen. In Neapel schildert Juliette mit Enthusiasmus das Theater der Grausamkeit: „In jeder Loge hängen sieben Gemälde mit sieben verschiedenen Hinrichtungsarten. Auf einer Art Klingelbrett drückt man hier auf den gewünschten Knopf, und sogleich wird von vier stämmigen Henkern die Exekution vollzogen: Feuer, Auspeitschung, Galgen, Rad, Pfählung, Enthauptung oder Zerstückelung – fast 1200 Opfer bei jeder Vorstellung!“ In Rom freundet sich Juliette mit der lesbischen Prinzessin Olympe Borghese an und lernt den Polizeipräsidenten Ghigi kennen. Nach dem Motto: „Eines der wichtigsten Gesetze der Natur ist, dass es nichts Unnützes auf der Welt gibt", steckt Ghigi die 37 römischen Krankenhäuser und Asyle für arme Mädchen in Brand. Der bedeutendste Physiker Europas, Graf Braciani, hilft ihm, „dass keines der durch die umsichtige Politik oder vielmehr durch die wollüstige Boshaftigkeit von Ghigi zu Tode verurteilten Opfer entkommt“!

Juliette genießt Grausamkeiten nicht nur passiv. Nach einer Serie weiterer vergnüglicher Verbrechen beschließt sie mit einer anderen Freundin, bei einem Ausflug auf den Vesuv Prinzessin Borghese in den Krater zu werfen. Sie stürzen sich auf sie. „Wir entkleideten sie, wir befingerten sie und quälten sie an allen ihren Körperteilen. Nach zwei Stunden schrecklicher Quälereien nahmen wir ihr schließlich die Fesseln ab und stürzten sie in die Mitte des Vulkans, aus dem wir mehr als sechs Minuten lang das Geräusch ihres stürzenden Körpers hörten, der sich stieß und auf die spitzen Ecken aufschlug, die ihn von einer zur anderen warfen und völlig zerfetzten."

Gegen Ende ihrer Erzählung bricht Juliette in einen Preisgesang des Lasters aus: „So verhält es sich also mit der glücklichen Lage, in der Sie mich sehen, meine Freunde. Ich gestehe, dass ich das Verbrechen leidenschaftlich liebe und dass nur das Verbrechen allein meine Sinne erregt; bis zum letzten Augenblick meines Lebens werde ich seinen Prinzipien treu bleiben. Da ich weder die von der Religion veranlasste Furcht kenne noch die Gesetze befolge, möchte ich wissen, welche göttliche oder menschliche Macht meine Begierden mäßigen sollte? Die Vergangenheit ermutigt mich, die Gegenwart erregt mich, die Zukunft fürchte ich wenig. Ich hoffe also, dass der Rest meines Lebens meine Jugend an Ausschweifungen übertrifft."

Soweit eine kleine Auswahl dessen, was de Sade in immer wieder ähnlichen Variationen ausbreitet. Die Füllmasse nicht enden wollender Grausamkeiten bricht für de Sade aus dem eigentlichen Angelpunkt menschlichen Seins, dem von ihm konzipierten destruktiven Begriff der Natur. „Alles im Universum zerstört sich, mit Ausnahme der profunden Gesetze des Gleichgewichts. Nur durch Missetaten erhält sich die Natur und erobert sie die Rechte zurück, die die Tugend ihr streitig macht. Wir gehorchen ihr also, wenn wir uns dem Bösen hingeben." Juliette erhebt Anspruch auf eine Grausamkeit ohne Maskerade. Morde, Perversionen, Folter, Massaker sind nichts anderes als die Natur des Menschen, das Böse als Naturkraft.

Überraschenderweise gleicht de Sades eigene Biographie nur sehr begrenzt den Talenten und Neigungen Juliettes als seiner geistigen Tochter. Wie schon erwähnt, neigte er zu verschiedenen Perversionen. Es ließen sich ihm auch einige Vergehen nachweisen, nach heutigem Strafrecht beging er jedoch keine Kapitaldelikte, keinen Mord. Als de Sade in der blutigsten Phase der Französischen Revolution mit öffentlicher Zustimmung die bei Juliette reichlich beschriebenen Talente hätte einsetzen können, verhielt er sich gegen seine selbst geschaffene Reputation.

Der Marquis gehörte zu den Gefangenen, die mit dem historischen Sturm auf die Bastille am 14. Juli 1789 befreit wurden. Er war bis dahin 17 Jahre eingekerkert und erschien wie wenige andere Adelige frei von der Schuld des Ancien regime. Er hatte also die vielversprechendsten Aussichten, unter der Ordnung der Revolution Karriere zu machen. Er wird Gerichtsvorsitzender und Staatsanwalt. „Was de Sade zu dieser Zeit mit finsterem Interesse beobachtete und hellsichtig durchschaute", schreibt Walter Lennig in seiner trefflichen de Sade-Biographie, „war das johlende Vergnügen der Menschenmassen um die Guillotine, die tausendfältigen Schreie der Freude, wenn wieder ein blutiges Haupt in die Höhe gehoben und dem Volke gezeigt wurde, und die lustvolle Spannung, sobald ein neues Opfer die Holztreppe erstieg oder hinaufgestoßen wurde, die zynischen Witze der Henker, wenn sie den schon festgeschnallten Frauen die Röcke hochhoben, das dichte Gedränge um die kopflosen Leichname."

Eines Tages erhält de Sade in seiner Eigenschaft als Gerichtsvorsitzender eine Anklage gegen seine Schwiegermutter. Man muss wissen, dass die an Geld und Einfluss reiche Frau Haupttriebfeder seiner Verurteilungen und seines 17jährigen Aufenthaltes hinter Mauern und Gittern war. Es hätte ihn nur einen Wink gekostet, in weniger als einer halben Stunde das Todesurteil gegen die „Feindin der Republik" zu verhängen. Doch was macht de Sade? Er schiebt die Anklage ständig an die unterste Stelle seiner Akten, bis die Schwiegermutter sich, für das Gericht unerreichbar, über die Landesgrenze abgesetzt hat. „Wegen seiner auch im übrigen milden Haltung in den Schnellverfahren muss sich de Sade etliche Male rechtfertigen und schließlich den Vorsitz an einen tüchtigeren Blutrichter abgeben." De Sade gilt als unzuverlässig und wird eingesperrt, entgeht mit knapper Not der Guillotine und kommt, nachdem der Terror der Revolution gebrochen ist, wieder frei.

Der Gegensatz zwischen Literatur und Leben, zwischen Juliette und ihrem Autor beschäftigt: Warum nutzen so viele andere, Marat, Saint Just, Robespierre die Gelegenheit, das Fallbeil in Gang zu halten, der Literat des Massenmords dagegen ausgerechnet nicht? Simone de Beauvoir ging in einem Essay dieser Frage nach, kommt jedoch zu keiner einheitlichen Antwort. Einmal meint sie, der „Gedanke an Mord" habe de Sade „ehrlich angewidert". Nun, Juliette bestätigt weniges eindeutiger, als dass ihr Autor vom „Gedanken an Mord" nicht nur fasziniert, sondern geradezu besessen war. Dann erklärt die Beauvoir diese de Sadesche Abstinenz aus seiner Ablehnung der Todesstrafe: „Wenn der Mord durch die Verfassung erlaubt wird, ist er nur noch der abscheuliche Ausdruck abstrakter Prinzipien."

Der Marquis war kein Mörder. Das mag die naheliegendste, aber wohl auch gewichtigste Erklärung sein. Er verfügte aus einiger Erfahrung wohl über größere Sensitivität für die Anwendung physischer und zumal tödlicher Gewalt als andere. Auch lag ihm weder im Ancien regime – wo er durch Nichterscheinen bei Hof ungünstig auffiel – noch unter der Herrschaft der Revolution im besonderen Maße daran, auf Erwartungen anderer einzugehen. Um Robespierre nachzueifern, hatte de Sade zu wenig von dessen Tugend, um Eichmann vorwegzunehmen, zu wenig Organisationstalent. Um überhaupt im Vernichtungswesen seiner Zeit zu einiger Bedeutung zu gelangen, fehlte es ihm an einer grundlegenden Voraussetzung, nämlich an einem vulgären, für die verschiedensten Zwecke einsetzbaren Sadismus.

Es bleibt „Juliette“, und es bleibt – von der Untauglichkeit des Marquis de Sade zum Mord abgesehen – die eigentümliche Realität seiner literarischen Artefakte: Die dargestellten Massenmorde geschehen ja im wirklichen Leben. Es sind zwar nicht 20.000 Patienten der Krankenhäuser Roms – wie in „Juliette“ – verbrannt. Eine Statistik nennt jedoch 70.273 bis September 1941 im damaligen Deutschen Reich durch Gas getötete Geisteskranke. Juliette beobachtet und begeht Massaker, die inzwischen tatsächlich geschehen sind. Sie veranstaltet ihre Blutbäder aber als Lustmorde. Das ist das einzig Phantastische und Irreale daran. De Sade behandelt nicht die technische Zukunft, sondern die der menschlichen Seele. Er träumt mit Jérôme, einer seiner weiteren Gestalten: „Was wir hier tun, ist nur ein Abglanz dessen, was wir tun möchten. Die Sonne ergreifen, sie der Welt wegnehmen oder uns ihrer bedienen, um die Welt in Flammen zu setzen, ja, das wären wirkliche Verbrechen.“

De Sade war trotzdem nicht allzu weitblickend. Er bedachte zwar die Perversionen des Fleisches, jedoch zu wenig die der Moral. Die Möglichkeiten künftiger Technologien gingen ihm fast überhaupt nicht auf. Allerdings greift er in vielem über die Beschreibung des bloßen Sadismus hinaus. Mit einer ihrer letzten über sie berichteten Schandtaten vergiftet Juliette einen Brunnen, um die Bewohner eines Dorfes zu töten. „Innerhalb von vier Tagen waren alle vergiftet. Fünfhundert Personen wurden vernichtet, und fast ebenso viele wurden in solche Schmerzen versetzt, dass man sie nach dem Tode rufen hörte.“ Das phantasierte Massentöten ist als Beispiel interessant: Es ist nämlich kein Lustmord mehr. De Sade beschreibt in wenigen Sätzen ein technisch einfach angelegtes Verbrechen, die Endlösung für ein kleines Dorf. Nachdem die Brunnen vergiftet wurden, verhalten sich die Täter als Voyeure. Sie beobachten nicht kopulierende Liebespaare oder eine Peep-Show, sondern sterbende Menschen.

Mit Juliette haben wir eine nahezu unaufhörliche, sich stets erneuernde Lust an der Beobachtung von Vernichtung gemeinsam. Der moderne Mensch verhält sich allerdings diskreter. Wir konsumieren physische Gewalt nicht direkt, unserem unmittelbaren Zugriff ausgesetzt, sondern medial: Massaker und Katastrophen in Wiedergaben, als Text, in bewegten und unbewegten Bildern. Von noch größerem Ausmaß ist der Konsum simulierter Szenen und Vorgänge mit physischer Gewalt. Sie sind nicht an die Grenzen konkreter Vorfälle gebunden. Sie umfassen alles, was an Illusionen von Grausamkeiten und Tod über Medien herstellbar ist. Die Lust an der Beobachtung, auch die Vorstellung von Vernichtung allein ist das letztlich wesentliche Motiv zum Aufbau, zur Bedienung oder auch nur zum Auslösen technischer Vernichtungsabläufe. Die Lust, mittels eigener körperlicher Anstrengung zu töten, ist nicht erforderlich. Sie ist als Handlungsantrieb für technisches Massentöten nicht nur überflüssig; sie wäre auch zu schwach.

„Mäßigen Sie sich also“, rät ein erfahrener Bösewicht Juliette nach einigen schlimmen Taten, „unglücklicherweise bieten sich uns die Verbrechen nicht im Verhältnis zu dem Bedürfnis an, das wir haben, sie zu begehen... Ist es nicht richtig, meine schöne Freundin, dass Sie bereits entdeckt haben, dass Ihre Wünsche Ihre Mittel übersteigen?“ Diese Probleme der Quantität der eigenen Mittel hat der Voyeur kaum, ebenso lösen sie sich mit Einsatz technischer Vernichtungsmittel weitgehend auf. In der Vorstellung gelten keine quantitativen Beschränkungen, durch Distanz und Abstraktion des Vernichtungsvorgangs lässt sich ihm jeder Zweck zuschreiben.

Andre Glucksmann predigt in der Maske einer Nuklearrakete: „Auf den Feldern der bisherigen Vernichtungsschlachten hat man bereits vor meiner Zeit und ohne mich beachtliche Siege eingeheimst. Wenn man dem Knüppel, dem Messer, der Kalaschnikow genug Zeit lässt, schlagen sie mühelos die Rekorde von Hiroshima und Nagasaki.“ Richtig ist, dass Menschen mit relativ einfachen Mitteln zu Orgien der Vernichtung in der Lage sind. Während der Gallischen Kriege wurde ein Drittel der „wehrfähigen“ männlichen Bevölkerung umgebracht. Ein Drittel aller Einwohner des Landes soll außerdem verhungert oder sonst wie zu Tode gekommen sein. Im Dreißigjährigen Krieg hatten technische Vernichtungsmittel, außer einfachen Feuerwaffen, noch keine allzu große Bedeutung. Gleichwohl wurde die deutsche Bevölkerung um etwa ein Drittel reduziert.

Nun waren Hiroshima und Nagasaki, die Glucksmann einfacheren Formen der Vernichtung gegenüberstellt, sicher große Massaker. Sie stellten jedoch bei weitem keine Rekorde nuklearer Zerstörung dar. Es waren bescheidene Anfänge dessen, was heutzutage, wenige Jahrzehnte später möglich ist. Glucksmanns Gegenüberstellung ist mithin nicht stimmig. Autonome nukleare Vernichtungssysteme machen sich außerdem im Augenblick ihrer Auslösung von sie begleitenden menschlichen Bedürfnissen unabhängig. Es herrscht das Diktat der eingespeicherten Programme, der extrem kurzen Reaktionszeiten sowie das der nuklearen Sprengwirkung.

Angesichts der extrem kurzen Vorwarnfristen geht die Entwicklung – mit der strategischen Verteidigungsinitiative SDI – in Richtung auf neue technische Systeme, die die menschliche Reaktion ersetzen und die bestehenden Zeitabstände zwischen Schlag und Gegenschlag unterbieten: „Die Kampfmanagement-Systeme einer totalen BMD (ballistic missile defense oder ballistische Raketenabwehr)“, schreibt Klaus Haefner in einer Studie, „müssen mit Hunderttausenden von Objekten fertig werden. Dafür sind Computer nötig, die viele hundert Millionen, wenn nicht Milliarden Rechenvorgänge in der Sekunde durchführen können. Fortschritte der Computertechnologie lassen es möglich erscheinen, dass die Hardware – also die Prozessrechner und ihre Peripheriegeräte selbst – für diese monumentale Aufgabe künftig verfügbar sein wird.“

Es versteht sich von selbst, dass unter den raumzeitlichen Bedingungen der derzeit möglichen und der künftig zu erwartenden Vernichtungsvorgänge menschlichem Geschehen kein Raum mehr gegeben ist. Im Augenblick der Vernichtung wird eine bemerkenswerte seelische Leere eintreten. Es bleibt tatsächlich die Schaulust, reduziert auf die Vorstellung eines ungeheuren Verbrechens. Für Juliette ist Beobachtung ein wesentlicher Bestandteil des sadistischen Arrangements. Kein Lustmord geschieht im Dunkeln. Die meisten Morde werden von anderen begangen und reißen Juliette als Zuschauerin mit ins Geschehen. Ein Massentöten, wie durch die Brunnenvergifung ausgelöst, schafft ihr zwar Entzücken; es kann jedoch durch eigenes orgiastisches Erleben nicht mehr verlebendigt werden. Es bleibt bei der Beobachtung.

Die heutige Schaulust ist ein Massenphänomen. In den Vereinigten Staaten liegt der Fernsehkonsum bei 420 Minuten täglich. Die Sehgewohnheiten der Menschen bedeuten natürlich einem jeden etwas anderes, Ersatz eigenen Erlebens, dessen Vermeidung oder Überhöhung, persönliche Bereicherung, ein nach außen verlegtes Tagträumen und anderes mehr. Wirklichkeit wird auf diesem Wege medial, zu unterscheiden vom tatsächlichen Geschehen sozusagen aus erster Hand. Das Bild, die Geschichte, das Zeichen für etwas wird übermächtig. Umberto Eco fasst all diese Zeichenhaftigkeit unter dem Begriff des „Hyperrealen“ zusammen. Hyperrealität erscheint im Fernsehen, in Videoclips, im Film, in Dioramen, in der Holographie und so fort. Es ist eine Kultur der Rekonstruktion, nicht nur Abbild von Wirklichkeit, sondern Herstellung neuer Wirklichkeiten: Superman, Donald Duck, Vampire, Zombies, Frankenstein ... Der Produktion des hyperrealen Grauens ist eine eigene Abteilung gewidmet. „Alles muss wie in Wirklichkeit sein, auch wenn diese Wirklichkeit reinste Erfindung ist.“

Für sich gesehen, als molekulares individuelles Ereignis, ist diese Schaulust harmlos. Sadismus wird in homöopathischen Dosen gesucht und befriedigt, weit entfernt von der tatsächlichen, der nicht-medialen Wirklichkeit, weit entfernt von eigenen Handlungen. Es findet ein steter Wechsel zwischen medialem und realem Geschehen statt, zwischen abgebildetem und tatsächlichem Sein, zwischen Fiktion und deren medialer Verwirklichung.

Nun mögen wir uns subjektiv doch besser fühlen und den modernen Voyeurismus bekömmlicher finden. Der damit verbundene Wechsel der Ebenen an Wirklichkeit ist uns geläufig. Wir reisen nicht nur ins „Reich der Hyperrealität“, so der Titel von Ecos Essay, wir leben darin. Auch die vielfältigen Formen der Technik bieten nicht Realität, sondern Signale dafür, Chiffren des Seins. Zwischen dem häuslichen Bildschirm, der die hyperreale Darstellung eines Atompilzes zeigt, und dem Monitor, der eine reale Explosion wiedergibt, besteht ein lediglich rational erfassbarer Unterschied der Bedeutung.

Für Paul Virilio haben Wahrnehmung und Schaulust im kriegerischen Massentöten ursprünglichen Charakter. Ihre Bedeutung erhielten sie nicht erst mit der Verwendung moderner Video- und Radartechniken. „Das Schlachtfeld", schreibt Virilio, „war von Anfang an ein Wahrnehmungsfeld, und das Kriegsgerät für Heerführer und Waffenträger ein Darstellungsmittel, vergleichbar dem Pinsel und der Palette des Malers." Mag einem der Vergleich nicht in jeder Hinsicht stimmig anmuten, so haben die heutigen, auf Distanz wirkenden Vernichtungsmittel doch das großräumige Massaker als Wahrnehmungsfeld für seinen Urheber geschaffen. Er braucht Vernichtung nicht mehr als einen Vorgang der Angst, der Lust oder gar der eigenen Muskeltätigkeit zu erleben. Es ist gerade umgekehrt wie bei Durchführung eines Massakers mit eigenen Körperkräften oder in nächster Nähe. Obwohl Vernichtung auslösend, sieht der Pilot im Bombenflugzeug ihren Ablauf aus weiter Distanz, formal verfremdet, ein abstrahiertes Erscheinungsbild. Das Wahrnehmungsfeld des Massentötens ist so nahezu mühelos den Ausdeutungen seines „Schöpfers" überlassen.

„Ich erinnere mich noch, welchen Effekt ich in einer kleinen Gruppe des Galla-Stammes hervorrief, die sich um einen schwarzgekleideten Mann drängte", berichtete Mussolinis Sohn Vittorio während des Abessinienkrieges 1935/36. „Im Sturzflug platzierte ich meine Bombe genau in ihrer Mitte, und die Gruppe öffnete sich wie eine aufblühende Rose."

Verzeichnis der Autoren und Herausgeber

Bennefeld-Kersten Katharina, Diplom-Psychologin; 1991-2002 Anstaltsleiterin der JVA Salinenmoor, jetzt Leiterin des Kriminologischen Dienstes im Bildungsinstitut des niedersächsischen Justizvollzuges.

Biermannstraße 14, 29221 Celle

Bergmann-Caffell Susanne, Diplom-Psychologin, Psychologische Psychotherapeutin; seit 2003 Leiterin der Sozialtherapeutischen Abteilung für Sexualstraftäter in der Justizvollzugsanstalt Straubing.

Äußere Passauer Straße 90, 94315 Straubing

Bickel Albert, Diplom-Sozialpädagoge (FH), Oberamtsrat a. D an der Bayerischen Justizvollzugsschule Straubing, (Lehr-)Supervisor (DGSv), Trainer für Gruppendynamik (DAGG); Team- und Organisationsberater für ambulante und klinische sozialtherapeutische Einrichtungen, Aus- und Fortbildung ehrenamtlicher Helfer in der Strafrechtspflege, Telefonseelsorge und Hospizarbeit, Gutachter und Berater an Ausbildungsinstitutionen für Supervision; Publikationen über Sozialtherapie und Supervision in der Strafrechtspflege.

Zwieslerwaldhaus 57, 94227 Lindberg

Bruder Corinna, Diplom-Psychologin; MSc (Master of Science) in Legal and Forensic Psychology; Doctorate in Clinical Psychology; A-Grade Clinical Psychologist in a Child and Family Service in Wolverhampton, England.

114 Bevan Lee Road, Cannock. Staffordshire WS11 4PT, U.K.,
corinnabruder@yahoo.co.uk

Dolde Gabriele, Dr.rer.soc., Diplom-Soziologin; Leiterin des Kriminologischen Dienstes, stellv. Leiterin der Justizvollzugsschule Baden-Württemberg bis Ende Juni 2005; Forschungen und Publikationen zur Sozialisation, kriminellen Karriere und Rückfälligkeit von Strafgefangenen, zur Sozialtherapie, zum Kurzstrafenvollzug und zur Ersatzfreiheitsstrafe, zur Drogen- und Alkoholproblematik der Gefangenen, zur Organisations- und Personalentwicklung im Justizvollzug (Mitarbeiterbefragungen) und zu den Aufgaben und Möglichkeiten des Kriminologischen Dienstes nach §166 StVollzG.

Gähkopf 27A, 70192 Stuttgart

Dünkel Frieder, Prof. Dr. jur.; 1979-92 Referent am Max-Planck-Institut für ausländisches und internationales Strafrecht, Forschungsgruppe Kriminologie in Freiburg i. Br.; seit 1992 Inhaber des Lehrstuhls für Kriminologie an der Ernst-Moritz-Arndt-Universität Greifswald; Forschung und Veröffentlichungen zur Rechtswirkungsforschung, insbesondere im Bereich der strafrechtlichen Sanktionen und des Strafvollzugs, der Jugendkriminalität, der Kriminalprävention, des Alkohols im Straßenverkehr und der Menschenrechte im Strafvollzug; seit 1989 Mitherausgeber der Zeitschrift „Neue Kriminalpolitik" und seit 2003 des „European Journal of Criminology".

Domstr. 20, 17487 Greifswald, duenkel@uni-greifswald.de

Egg Rudolf, Diplom-Psychologe, Dr. phil., Dr. phil. habil., Fachpsychologe für Rechtspsychologie; apl. Professor an der Universität Erlangen-Nürnberg (1990); Direktor der Kriminologischen Zentralstelle in Wiesbaden (seit 1997); weitere Informationen und Publikationsverzeichnis: www.krimz.de.

Viktoriastr. 35, 65189 Wiesbaden, r.egg@krimz.de

Endres Johann, Dr. phil., Diplom-Psychologe, Fachpsychologe für Rechtspsychologie; Abteilungsleiter an der JVA Ebrach; Forschung und Veröffentlichungen zu den Themen: Einstellungen zur Strafe; Schuldfähigkeit; Kriminalprognose; Aussagesuggestibilität von Kindern; Diagnostik und Gutachtenerstellung.

Marktplatz 1, 96157 Ebrach, johann.endres@jva-ebra.bayern.de

Federl Gerhard, Diplom-Psychologe, Gruppendynamiker, Supervisor BDP und DGsV; bis Februar 2004 stellvertretender Leiter der Bayerischen Justizvollzugsschule.

Hagen-Allee 38, 94315 Straubing

Hofmann Murad Wilfried, Dr. jur. (Univ. München), LL.M. (Harvard Law School), Volljurist; 1961-1994 im Höheren Auswärtigen Dienst, 1967-70 für Nukleare Planung an der deutschen NATO-Vertretung in Paris / Brüssel. Zuletzt Informationsdirektor der NATO sowie Botschafter in Algerien und Marokko. Mehrfache Mekka-Pilgerschaft; zahlreiche Bücher über den Islam, darunter „Der Islam als Alternative" und „Der Islam im 3. Jahrtausend".

Am Jesuitenhof 10, 53117 Bonn

Jung Heike, Prof. Dr. jur., Dr. h.c. (Uppsala); Inhaber des Lehrstuhls für Strafrecht, Strafprozessrecht, Kriminologie und Strafrechtsvergleichung an der Universität des Saarlandes; langjährige Tätigkeit als Richter im zweiten Hauptamt; verschiedene Gastprofessuren im Ausland; Mitglied des Fachbeirates des Max-Planck-Instituts für ausländisches und internationales Strafrecht in Freiburg, Sachverständigentätigkeit für den Europarat, Mitglied der Gruppe des Arbeitskreises der Alternativ-Professoren; zahlreiche Veröffentlichungen auf dem Gebiet des Strafrechts, Strafprozessrechts, der Kriminologie, der Strafrechtsvergleichung, des europäischen Strafrechts und des Medizinrechts, darunter als Monographien zuletzt „Was ist Strafe?“ und „Kriminalsoziologie“.

Postfach 15 11 50, 66041Saarbrücken, h.jung@mx.uni-saarland.de

Keupp Heiner, Diplom-Psychologe, Dr. phil., Dr. phil. habil.; seit 1978 Professor für Sozial- und Gemeindepsychologie an der Universität München (http://www.-lrz-muenchen.de/~Reflexive_Sozialpsychologie). Gastprofessuren an den Universitäten in Innsbruck und Bozen; Arbeitsinteressen: soziale Netzwerke, gemeindenahe Versorgung, Gesundheitsförderung, Jugendforschung, individuelle und kollektive Identitäten in der Reflexiven Moderne und Bürgerschaftliches Engagement; erster Preisträger der Deutschen Gesellschaft für Verhaltenstherapie (2000); Publikationen z. B.: Identitätskonstruktionen – Das Patchwork der Identitäten in der Spätmoderne (2002); Bürgerschaftliches Engagement in der reflexiven Moderne (2005); Subjektkonzeptionen im Diskurs (2005).

Leopoldstr. 13, 80803 München, Keupp@psy.uni-muenchen.de

Konrad Norbert, Prof. Dr. med., Arzt für Neurologie und Psychiatrie, Psychotherapie; Professor für Forensische Psychiatrie an der Charite-Universitätsmedizin Berlin (www.forensik-berlin.de); zugleich Chefarzt der Abteilung für Psychiatrie und Psychotherapie im Krankenhaus der Berliner Vollzugsanstalten; Publikationen z. B. Rasch & Konrad (2004): Forensische Psychiatrie.

Friedrich-Olbricht-Damm 17, 13627 Berlin, norbert.konrad@charite.de

Müller-Dietz Heinz, Prof. Dr. jur., Dr. h. c. (Tokyo); Lehrstuhl für Strafrecht, Strafprozessrecht, Strafvollzug und Kriminologie an der Universität des Saarlandes (seit 1997 emeritiert); 1961-1966 Tätigkeit im baden-württembergischen Strafvollzug, 1966-1969 Lehrtätigkeit an verschiedenen Universitäten, seit 1969 in Saarbrücken; zahlreiche strafrechtliche, strafprozessuale, strafvollzugsrechtliche, pönologische, kriminologische und rechtsgeschichtliche Veröffentlichungen. Forschungsschwerpunkte: Sanktionenrecht, Strafvollzug, Literatur und Recht.

Neubergweg 21, 79295 Sulzburg

Pecher Willi, Diplom-Psychologe, Dr. phil., Psychologischer Psychotherapeut; klinische und organisationspsychologische Tätigkeit in der JVA München, Lehraufträge an der Ludwig-Maximilians-Universität München und an der Fachhochschule für öffentliche Verwaltung und Rechtspflege in Bayern; Publikationen z. B. Pecher (2004) (Hrsg.): Justizvollzugspsychologie in Schlüsselbegriffen.

Stadelheimer Str. 12, 81549 München, Dr.Pecher@t-online.de

Prantl Heribert, Dr. jur.; Ressortchef Innenpolitik und Leitartikler der Süddeutschen Zeitung; zuvor, bis 1988, Richter und Staatsanwalt; Lehrbeauftragter an der rechtswissenschaftlichen Fakultät der Universität Bielefeld und an den Journalistenschulen in München und Hamburg; Auszeichnungen unter anderem: Geschwister-Scholl-Preis, Kurt-Tucholsky-Preis für literarische Publizistik und „Rede des Jahres 2004" (Universität Tübingen); zahlreiche Bücher, zuletzt: „Verdächtig. Der starke Staat und die Politik der inneren Unsicherheit" (2002), „Kein schöner Land. Die Zerstörung der sozialen Gerechtigkeit" (2005); Mitglied des deutschen PEN.

Sendlingerstraße 8, 80331 München, heribert.prantl@sueddeutsche.de

Pfundstein Annegret, Diplom-Psychologin; seit 1973 tätig in der JVA Zweibrücken, ebenfalls seit 1973 Geschäftsführerin der Bundesarbeitsgemeinschaft der Ärzte und Psychologen in der Straffälligenhilfe (BAGÄP).

Johann-Schwebel-Str. 33, 66482 Zweibrücken

Rappold Günter, Diplom-Psychologe; bis April 2005 Abteilungsleiter für den offenen Vollzug in der JVA Landsberg am Lech.

Escherholzweg 12, 82205 Gilching, g.rappold@t-online.de

Rehn Gerhard, Diplom-Soziologe und Sozialarbeiter, Dr. phil.; bis Dezember 2000 Leiter der Abteilung Vollzugsgestaltung im Strafvollzugsamt der Justizbehörde Hamburg, davor Referent und 10 Jahre Leiter der Sozialtherapeutischen Anstalt Altengamme.

Am Pulverberg 9, 22869 Schenefeld, gerhardarehn@aol.com

Rotthaus Karl Peter, Dr. jur.; Präsident des Justizvollzugsamts Rheinland von 1984 bis 1992, zuvor: 1968 Leiter der Strafvollzugsschule Nordrhein-Westfalen, 1974 Leiter der Sozialtherapeutischen Anstalt Gelsenkirchen; stellvertretender Schriftleiter der Zeitschrift für Strafvollzug und Straffälligenhilfe.

Mövenweg 13, 86938 Schondorf

Schöner Elsava, Dipl.Psychologin, Psychologische Psychotherapeutin; Leiterin der Sozialtherapeutischen Anstalt Erlangen.

Schuhstr. 41, 91052 Erlangen, elsava.schoener@jva-er.bayern.de

Skroblin Guntram, Diplom-Psychologe, Studium in München, Tübingen und Münster; seit 1977 bis zur Pensionierung im Mai 2003 in der JVA Münster tätig; Arbeit mit männlichen erwachsenen Gefangenen: mit Untersuchungsgefangenen, Kurzstrafigen, Langstrafigen, im Erstvollzug und im Regelvollzug, mit zu lebenslanger Strafe Verurteilten, Sicherungsverwahrten, Drogenabhängigen, im Pädagogischen Zentrum (Schulabschluss), in einer Pflegeabteilung und in einer Abteilung für drogenabhängige Strafgefangene.

Am Stenpatt 22, 48341 Altenberge, skroblin@t-online.de

Steinhilper Monica, Dr. phil., Diplom-Psychologin; Ministerialdirigentin, Leiterin der Abteilung Justizvollzug im Niedersächsischen Justizministerium; Veröffentlichungen zu Personal- und Organisationsentwicklung, neuen Steuerungsmodellen im Justizvollzug, zu Frauen- und Untersuchungshaftvollzug, zur ressortübergreifenden Prävention.

Waterlooplatz 5 A, 30159 Hannover, Monica.Steinhilper@mj.niedersachsen.de

von Rosenstiel Lutz, Diplom-Psychologe, Dr. phil., Dr. rer. pol. h.c.; seit 1977 Inhaber des Lehrstuhls für Organisations- und Wirtschaftspsychologie der Ludwig-Maximilians-Universität München, von 1991-1999 Prorektor dieser Universität.

Leopoldstr. 13, 80802 München

Wiegand Cornelia, Diplom-Psychologin; 1982-1985 JVA Niederschönenfeld, 1985-1995 JVA Kaisheim; verstorben 1995.

Wiencke Henner, Diplom-Psychologe; Regierungsdirektor bei der JVA Amberg, Abteilungsleiter und weiterer Vertreter des Anstaltsleiters, Drogenbeauftragter der Anstalt.

Werner-von-Siemens-Str. 2, 92224 Amberg, henner.wiencke@jva-am.bayern.de

Wohlgemuth Rüdiger, Diplom-Psychologe, seit 1973 verschiedene Verwendungen im Justizvollzug: Anstaltspsychologe, Leiter der Einweisungsabteilung für Niedersachsen, Vertreter des Anstaltsleiters in der Sozialtherapeutischen Anstalt Bad Gandersheim und der JVA Lingen, Leiter der Jugendanstalt Göttingen-Leineberg, 10 Jahre Leiter der Langstrafen- und Sicherheitsanstalt Celle, zur Zeit Leiter der Führungsakademie für den Justizvollzug in Celle; Mitarbeiter in verschiedensten Reformkommissionen, z. B. zur Privatisierung in Hessen; Interessenschwerpunkt: Vollzugsmanagement; Glaubensüberzeugung: Der Vollzug ist am wirkungsvollsten, wenn er wie ein Unternehmen geführt wird.

Schlossplatz 1, 29221 Celle, wohlgemuth@fajv.de

Wydra Bernhard, Diplom-Psychologe und Jurist; seit Ende 1968 im Strafvollzug: 1968-1970 in der Justizvollzugsanstalt München, 1970-1974 in der Justizvollzugsanstalt Straubing jeweils als juristischer Mitarbeiter, 1975-1978 stellvertretender Anstaltsleiter in der Justizvollzugsanstalt Straubing; 1979-1985 Leiter der Justizvollzugsanstalten Bamberg und Kronach; 1985-2003 Leiter der Bayerischen Justizvollzugsschule; Weiterbildung zum Supervisor und Psychotherapeuten; zur Zeit als Experte für „Human Resources Development" des Europarates in der Türkei.

Graslilienanger 11/VI, 80937 München, bernhard.wydra@web.de

Schrifttumverzeichnis Georg Wagner

Bücher

1) *Psychologie im Strafvollzug. Analysen und Reformvorschläge.* München, 1972: Goldmann Verlag.
2) *Das absurde System. Strafurteil und Strafvollzug in unserer Gesellschaft.* Heidelberg, 1985: C. F. Müller Juristischer Verlag.
3) *Der rationale Wahn. Nuklearaggression und Abwehrsystem.* Frankfurt a. M, 1987: Fischer Taschenbuch Verlag.

Bücher- und Zeitschriftenbeiträge

1) Das sogenannte Elternrecht und die konfessionelle Organisation des Schulwesens in Bayern (I). In: Szczesny G., *Vorgänge – eine kulturpolitische Korrespondenz,* 1966, 264-271.
2) Das so genannte Elternrecht und die konfessionelle Organisation des Schulwesens in Bayern (II). In: Szczesny G., *Vorgänge – eine kulturpolitische Korrespondenz,* 1966, 303-310.
3) Wie sieht der Strafvollzugsbedienstete den Gefangenen? (Hypothesen zur Einstellungsbildung). *Zeitschrift für Strafvollzug und Straffälligenhilfe,* 14, 1966, 339-347.
4) Einige allgemeine Grundsätze zur Entwicklung von Aus- und Fortbildung im bayerischen Strafvollzug. *Der Strafvollzugsbeamte,* Nr. 8 / 1966 sowie Nrn. 1 bis 4 / 1967.
5) Schulpolitik im Übergang. In: Szczesny G., *Vorgänge – eine kulturpolitische Korrespondenz,* 1967, 162-163.
6) Der Erfolg der CSU – Eine unbequeme Analyse. In: Szczesny G., *Vorgänge – eine kulturpolitische Korrespondenz,* 1967, 388-389.
7) Ein Jahr Mitsprache der Gefangenen in der Justizvollzugsanstalt Landsberg am Lech (zusammen mit Elmar Groß). *Zeitschrift für Strafvollzug und Straffälligenhilfe, 19*, 1970, 69-80.
8) Förderung der Zusammenarbeit der Vollzugsbediensteten auf der Basis von Fortbildungsveranstaltungen. *Zeitschrift für Strafvollzug und Straffälligenhilfe, 20*, 1972, 258-262.

9) Probleme zwischen Vollzugsbediensteten und Gefangenen – Bericht über eine Arbeitstagung für Beamte des Aufsichtsdienstes und des mittleren Werkdienstes unter Beteiligung von Gefangenen (zusammen mit Rudolf Schmuck). *Zeitschrift für Strafvollzug und Straffälligenhilfe, 22*, 1974, 11-18.

10) Personalschulung zwischen Traditionalismus und Praxisveränderung - Systemorientierte Personalschulung ist nach den im bayerischen Vollzug durchgeführten Formen möglich. *Zeitschrift für Strafvollzug und Straffälligenhilfe, 22*, 1974, 3-8.

11) Vollzugspsychologie für Bedienstete in Justizvollzugsanstalten. (zusammen mit Wolfgang Ballhausen, Gerhard Federl und Dieter Schott). München, 1974: Eigenverlag Bayerisches Staatsministerium der Justiz.

12) Organisatorisches Konzept zur Einrichtung einer Behandlungsabteilung. *Zeitschrift für Strafvollzug und Straffälligenhilfe, 27*, 1979, 4-6.

13) Aufgaben und Probleme des Psychologen im Strafvollzug. In: Lösel F. (Hrsg.), *Kriminalpsychologie – Grundlagen und Anwendungsgebiete.* Weinheim und Basel, 1983: Beltz-Verlag, 209-216.

14) Tatschuldausgleich und vollzugliche Entscheidungen – Überlegungen zum Beschluss des Bundesverfassungsgerichts vom 28. Juni 1983 (zusammen mit Walter Bayer u. a.). *Monatsschrift für Kriminologie und Strafrechtsreform, 66*, 1983, 167-174.

15) Sühne im Strafrecht und im Strafvollzug. In: Blank J. & Werbick J (Hrsg.), *Theologie zur Zeit, Bd. 1 Sühne und Versöhnung.* Düsseldorf, 1986: Patmos-Verlag, 143-156.

16) Sicherheit und Ordnung als seelischer Komplex – Gefängnis als Innenzustand. *Kriminalpädagogische Praxis, 16*, 1988, 8-14.

17) Die vereinfachte Welt der Gefangenen. In: Greive W. (Hrsg.), *Die Lebenswelt der Gefangenen – Die Wahrnehmung der Realität des Strafvollzugs.* Loccumer Protokolle 2/1989, 1. Aufl. 1990, 154-163.

18) Kontinuität oder Umbruch – Probleme des künftigen Strafvollzugs. *Zeitschrift für Strafvollzug und Straffälligenhilfe, 41*, 1992, 55-58.

19) Die Gesellschaft sperrt ein – dient sie damit ihrer Sicherheit? In: Cremer-Schäfer H. (Hrsg.), *Im Namen des Volkes? Strafvollzug und Haftbedingungen in einem freien Land.* Idstein, 1992: Wissenschaftlicher Verlag Dr. Schulz-Kirchner, 51-57.

20) Institution Strafvollzug zwischen unerfüllten Reformansprüchen und neuen kriminalpolitischen Aufgaben. In: Nickolai W. und Reindl R. (Hrsg.), *Sozialarbeit und Kriminalpolitik.* Freiburg i. Br., 1993: Lambertus, 110-125.

21) Strafurteil und Freiheitsstrafe als kollektive Philosophie. Betrachtung über die Einheit der Wissenschaften von einem scheinbar entlegenen Standort aus. In: Busch M., Eder G. & Müller-Dietz H. (Hrsg.), *Gefängnis und Gesellschaft.* Pfaffenweiler, 1994: Centaurus, 95-102.

22) Strafvollzug. In: von Rosenstiel L., Hockel C. M. & Molt W., *Handbuch der angewandten Psychologie.* Landsberg a. Lech, 1994: ecomed.

23) Justizvollzug und Gefährlichkeit der Insassen. In: Jung H. & Müller-Dietz H. (Hrsg.), *Langer Freiheitsentzug – wie lange noch? Plädoyer für eine antizyklische Kriminalpolitik.* Bonn, 1994: Forum-Verlag, 189-193.

24) Strafurteil und Freiheitsstrafe als kollektive Philosophie – Betrachtung über die Einheit der Wissenschaften von einem scheinbar entlegenen Standpunkt aus. In: Busch M., Edel G. & Müller-Dietz H. (Hrsg.), *Gefängnis und Gesellschaft – Gedächtnisschrift für Albert Krebs.* Pfaffenweiler, 1994: Centaurus, 95-102.

25) Behandlung im Justizvollzug: Etikett, Ideologie, Faktum. Zusammenfassung und Anmerkungen zum 8. Bundeskongress der Psychologen im Justizvollzug, 10. bis 14.10.1994 in Fischbachau. *Zeitschrift für Strafvollzug und Straffälligenhilfe, 44,* 1995, 96-101.

26) Strafvollzug und Sicherheitspolitik. In: Müller-Dietz H. & Walter M. (Hrsg.), *Strafvollzug in den 90er Jahren – Perspektiven und Herausforderungen.* Pfaffenweiler, 1995: Centaurus, 183-190.

27) Rezension zu Axel Dessecker: „Suchtbehandlung als strafrechtliche Sanktion". *Zeitschrift für Strafvollzug und Straffälligenhilfe, 46,* 1997, 189-191.

28) Zur Entwicklung von massenmedialer Berichterstattung, öffentlicher Meinung und Kriminalpolitik bei Sexualdelinquenten in Deutschland und England (zusammen mit Corinna Bruder). *Zeitschrift für Strafvollzug und Straffälligenhilfe, 50,* 2001, 228-233.

29) Harte Urteile – volle Gefängnisse. Ursachen zu Strafverschärfung und ihr Einfluss auf das Vollzugsziel. *Kriminalpädagogische Praxis, 29,* 2001, 38-44.

Zeitungsartikel

1) Wo Heuchelei und Willkür drohen. Rechte Juristen fordern: Im Strafvollzug soll wieder Sühne erzwungen werden. *Die ZEIT*, 29. Mai 1987.
2) Juliette und die Bombe. *Die ZEIT*, 21. August 1987.
3) Sühne ist sinnlos. Die Resozialisierung von Straftätern weicht immer mehr dem Einkerkern alten Stils. *Die ZEIT*, 8.April 1988.
4) Warnung vor dem Kraftakt. Gedanken über Strafvollzug und Kriminalpolitik nach dem Gladbecker Geiseldrama. *Süddeutsche Zeitung*, 8.Oktober 1988.
5) Eine Sitzkur, nicht mehr. In deutschen Gefängnissen bleibt die Therapie des Häftlings dem Zufall überlassen. *Die ZEIT*, 3. März 1989.
6) Wenn eine apokalyptische Kunde die andere ablöst... Die Entwicklung der Vernichtungstechnik geht weiter / Über die Unfähigkeit zum Entsetzen. *Frankfurter Rundschau*, 8. Mai 1989.
7) Uralte Sorge vor einer zu milden Strafe. Der gerichtlich verhängte Freiheitsentzug macht Repression immer unvermeidlich. *Süddeutsche Zeitung*, 21. Juni 1989.
8) Anders als jede Arbeit: Dienst hinter Gittern. Die ständige Nähe zum Strafgefangenen belastet das Ansehen des Vollzugsbeamten. *Süddeutsche Zeitung*; 9. Dezember 1989.
9) Die „Unwirklichkeit" in der real existierenden Haftanstalt. Nach der Amnestie vom letzten Dezember und vor der Vereinigung: Das Dilemma mit der Freiheitsstrafe. *Süddeutsche Zeitung*, 11. August 1990.
10) Faszinosum Mord. Das Töten schafft sich mit der Zahl der Beteiligten seine eigene Legitimation: Gedanken über eine anthropologische Konstante. *Süddeutsche Zeitung*, 9. November 1991.
11) Die riesige Grauzone des Unrechts. Grenzen der Justiz, dargestellt am Fall Honeckers und der Stasi-Spitzel. *Süddeutsche Zeitung*, 11. März 1992.
12) Das Gefängnis ist ein magisches Haus. Von der arbeitsteiligen Behandlung des Menschen. 29 Jahre Dienst im Strafvollzug – Rückblick nicht ohne Zorn. *Süddeutsche Zeitung*, 12. Dezember 1992.
13) Chiffren vom Drogenmarkt. Die Mini-Connection, ein Heroin-Deal, der Ameisenhändler – Exkursionen in Gerichtssäle. *Süddeutsche Zeitung*, 28. Mai 1994.
14) Die Putzfrau und ihr Mann. Das Ausländergesetz, der Schwarze Peter der Strafjustiz – Exkursionen in Gerichtssäle. *Süddeutsche Zeitung*, 20. August 1994.

15) Verlierer. Die Litanei der Gewalt – Exkursionen in Gerichtssäle. *Süddeutsche Zeitung,* 18. Februar 1995.

16) Schatten flüstern. Als die 1000 Jahre begannen, war ich drei. *Süddeutsche Zeitung*, 20. Mai 1995.

17) Flucht in die Öffentlichkeit. Wenn Häftlinge ihren Ausbruch als ein medienwirksames Happening inszenieren. *Süddeutsche Zeitung*, 26. Mai 1995.

18) Die Utopie der gerechten Strafe. Immer noch hat Franz von Liszts Diktum Gültigkeit: Strafzumessung ist „ein Griff ins Dunkle". *Süddeutsche Zeitung*, 28. Dezember 1995.

19) Dr. Jekyll und Mr. Hyde. Über das Spannungsverhältnis von Therapie- und Sicherungsauftrag beim Umgang mit kranken Kriminellen. *Süddeutsche Zeitung,* 5. Januar 1996.

20) Der magische Glaube an die Abschreckung. Von den Medien geschürte Kriminalitätsangst erzeugt die falsche Vorstellung von der Wirksamkeit härterer Strafen. *Süddeutsche Zeitung*, 10. September 1996.

21) Diebstahl wird härter bestraft als mehrfache Vergewaltigung. Sensationelle Berichterstattung kann sadistische Phantasien anregen (Interview mit Georg Wagner im Fürstenfeldbrucker Lokalteil der SZ). *Süddeutsche Zeitung,*
22. Februar 1997.

22) Einbruchstelle für schärfere Gesetze. Entgegen der allgemeinen Einschätzung ist die Zahl der sexuellen Delikte nicht gestiegen. *Süddeutsche Zeitung,* 25. Februar 1997.

23) Der Strafvollzug vollzieht – sonst nichts. Das Ziel der Resozialisierung bleibt bislang kaum mehr als ein edler Grundsatz. *Süddeutsche Zeitung,* 18. November 1997.

24) Die fragwürdige Ideologie der Abschreckung. Christina Nytsch ist bereits das zehnte Kindermord-Opfer nach dem Fall „Natalie", der den Anstoß zu Strafverschärfungen bei Sexualdelikten gegeben hat. *Süddeutsche Zeitung,* 31. März 1998.

25) Die Frau, das ewige Opfer. Eine Gefängnisdirektorin berichtet über ihre Geiselhaft (Rezension zu: Bennefeld-Kersten, Katharina: Die Geisel. Eine Gefängnisdirektorin in der Gewalt des Häftlings H.M.). *Süddeutsche Zeitung*, 7. September 1998.

26) D-Eltern. Ihre Kinder sind Diebe, Räuber und Mörder. Wenn ihre Kinder im Gefängnis landen, sind auch die Eltern mitbetroffen. Aber sind sie auch schuld, wie manche meinen? *Süddeutsche Zeitung*, 26. September 1998.

27) Harte Urteile – volle Gefängnisse. Nicht die Kriminalität ist in der vergangenen Jahren gestiegen, sondern der Populismus – Anmerkungen eines Praktikers. *Süddeutsche Zeitung*, 2. November 1999.

28) Mythos „Härte". Nach brutalen Verbrechen werden jetzt höhere Freiheitsstrafen für Jugendliche gefordert – doch deren Wirkung ist fraglich. *Süddeutsche Zeitung*, 24. Februar 2001.

FSC
www.fsc.org
MIX
Papier | Fördert gute Waldnutzung
FSC® C083411

Kolibri 360 GmbH
Ferdinand-Jühlke-Straße 7
99095 Erfurt, Deutschland
produktsicherheit@kolibri360.de